建设人民满意的
服务型政府

—新中国行政改革70年沉思与展望

JIANSHE RENMIN MANYI DE FUWU XING ZHENGFU
–XINZHONGGUO XINGZHENG GAIGE 70NIAN
CHENSI YU ZHANWANG

主　编◎石亚军
撰稿人◎杨　斌　程广鑫　高　红
　　　　王　琴　王　妍　邱　倩
　　　　霍　沛　欧阳果华

中国政法大学出版社

2022 · 北京

图书在版编目（ＣＩＰ）数据

建设人民满意的服务型政府：新中国行政改革70年沉思与展望/石亚军主编.—北京：中国政法大学出版社，2022.11
ISBN 978-7-5764-0000-7

Ⅰ.①建…　Ⅱ.①石…　Ⅲ.①国家行政机关－行政管理－体制改革－研究－中国
Ⅳ.①D630.1

中国版本图书馆CIP数据核字(2022)第051294号

出 版 者	中国政法大学出版社
地　　址	北京市海淀区西土城路 25 号
邮　　箱	fadapress@163.com
网　　址	http://www.cuplpress.com (网络实名：中国政法大学出版社)
电　　话	010-58908435(第一编辑部) 58908334(邮购部)
承　　印	北京九州迅驰传媒文化有限公司
开　　本	720mm×960mm　1/16
印　　张	19.5
字　　数	299 千字
版　　次	2022 年 11 月第 1 版
印　　次	2022 年 11 月第 1 次印刷
定　　价	62.00 元

序　言

　　中华人民共和国成立 70 年的历史，是中华民族在世界民族之林真正拥有尊严、具有尊荣、获得尊重的光辉历史。在 20 世纪下半叶以来的 70 年，中国奇迹般地缩短了与世界发展进程之间的距离，创造出天翻地覆的惊世伟绩和雄辩事实，中华民族彻底结束了积弱不振、挨打受辱的悲惨命运，取而代之的是"站起来、富起来、强起来"的进步节奏和辉煌前程。如今，中华民族正充满力量，稳健前行在实现民族伟大复兴的康庄大道上。面对许许多多在之前令国人不可想象，在之中令世人难以理解的发展奇迹究其为什么，只有把探寻的眼光从溯源的角度投向对制度的考量上，才能找出在基础薄弱中成功施展大国治理绩效的奥秘。

　　从 1949 年 10 月 1 日起，五星红旗在中国大地上迎风飘扬，标志着充满美好国运的崭新纪元的到来，在中国共产党领导下生机勃勃的新中国顺应历史和人民的选择意志应运而生，中华民族经过这一历史拐点从此步入可以扬眉吐气的时代。我们的国家，历来不缺乏生存空间、人力资源和自然条件，过去这些非但没能为国家带来独立、富强，相反让国家一度陷入被侵略与贫穷之中，历史反复印证，国家富强、民族昌盛、人民幸福在根本上取决于好的国家制度。用马克思主义武装起来的中国共产党，领导人民以社会主义的名义探索、创建符合国家前途的制度模式，最终确立起以党的领导、人民当家作主、依法治国有机统一为标志的中国特色社会主义制度和国家治理体系。"实践证明，中国特色社会主义制度和国家治理体系是以马克思主义为指导、植根中国大地、具有深厚中华文化根基、深得人民拥护的制度和治理体系，是具有强大生命力和巨大优越性的制度和治理体系，是能够持续推动拥有近十四亿人口大国进步和发展、确保拥有五千多年文明史的中华民族实现'两个一百年'奋斗目标进而实现伟大复兴的制度和治理体系。"[1]

中国的行政体制，是中国特色社会主义制度的重要构成，是由中国特色社会主义根本制度和基本制度决定和派生，体现国家行政资源配置状况和运行法则的重要制度，行政体制因行政权力对社会运行要素的法定分配效力，牵动着政治、经济、社会、文化、生态环境发展的每一根神经、每一条经络、每一方结构、每一个效果，因而承载着在政权与人民之间直接落实国家各项根本制度的宗旨、各项基本制度的价值的使命。中国的政府治理，是中国特色社会主义制度下国家治理体系的重要组成，是在中国特色社会主义行政体制提供的职能、机构、人员、法规、程序中，以政务方针、政策，政府决策、执行，行政审批、监管，以及政府主导与社会共治相结合对经济社会发展进行方向、结构、秩序、速率、公平、规范的行政把控，影响着国家安全、社会稳定、人民福祉的各个方面、各种要件、各一环节，体现着国家治理体系的成果和能效。

底色以象征性的视觉效果反映事物的本质属性，决定人们对事物整体性质的认知和判断。中国特色社会主义作为造福国家和人民的唯一法宝成为中国制度和面貌的逻辑底色，并在历史的长河中铸就了强大的生命力和强劲的规律性，决定中国的行政体制在彰显社会主义本质属性中，具有政治与行政相统一、中央与地方相统一、效率与公平相统一的鲜明特点。中国的行政体制，是实行中国共产党全面统一领导的行政体制，党的领导体现在政府机构的设置中，体现在政府职能内涵和运行"始终以落实党的路线方针政策为己任"中，政府治理是党领导下的国家治理的行政板块。中国的行政体制，是全心全意为人民服务的行政体制，以人民为中心成为政府的信仰承诺、为政态度、履职行为，政府没有超越人民利益的任何作为的存在理由和容身之地。中国的行政体制，是平衡效率和公平的行政体制，政府把握持久性效率与广泛性公平对应的法则、节奏、频率，有效推动不同地区、民族、创业主体、

---

〔1〕"中共中央关于坚持和完善中国特色社会主义制度　推进国家治理体系和治理能力现代化若干重大问题的决定（2019 年 10 月 31 日中国共产党第十九届中央委员会第四次全体会议通过）"，载《人民日报》2019 年 11 月 6 日，第 1 版。

事业群体朝着共同富裕的目标稳健前行，政府治理追求"止于至善"。中国的行政体制，是尊重客观规律的行政体制，政府按照经济社会发展在注入时代创新要素后形成的新的趋向和要求，不断以新的理念改变行政构成、行政方式、行政规范、行政机制，用符合时代趋势的行政适应性催生经济社会发展的旺盛增长力，政府涌动着创新的激情和活力。中国的行政体制，是中央和地方在高度统一的基础上各自发挥积极性的行政体制，中央政府着眼全国作出改革、建设、发展的规划、方案、政策、措施的部署，实行宏观治理；地方政府着眼辖区全局和区情，创造性运用法定权力和手段把中央政府的部署落实到本地生动的改革具象、建设进程、发展形态中，实行中观和微观治理。这样的体制并不需要从带有特定价值观的评价中获得存在和保持的理由，它给中国经济社会带来的快速稳定发展比任何说辞更具有和显现出其正当性与说服力。在西方，不少人搞不懂在中国为什么共产党一党长期执政的政权可以产生巨大的国家能量和社会活力，为什么不实行西方三权分立行政体系却会有极大的治理效率，为什么行政体制能够把市场经济与社会主义结合起来运用得天衣无缝，为什么在大一统体制中国家处处生机勃勃、阔步前行，其实，只要读懂了中国行政体制的历史必然、制度根基、价值取向、系统逻辑、体系机理、结构能效，这些问题都不是问题。

任何事物旺盛的生命力，无一不是在秉持起点的基因而呼吸并汲取新鲜养分的吐故纳新中孕成和勃发的，符合这一扬弃的道理，中国行政体制从建立不久，就伴随经济社会发展的必定目标、必须要素、必要条件的变化，以及内部和外部关系的调整，经历了持续不断的改革，在改革中不断作出调整、不断走向完善、不断施展成效。中华人民共和国成立以来，在党的领导下，遵循马克思主义基本原理和中国特色社会主义理论体系，立足中国国情，借鉴国外有益的治理经验，我国行政体制适应经济社会转型的需要，通过一步步扎实稳健的改革，不断变革着体制构成，不断焕发出体制新貌，在没有任何现成模式可效仿的情况下，创造出卓有成效的国家行政工作的体制梁柱。中国的行政体制改革，是中国特色社会主义行政体制自我完善的改革，行政体制为什么改革、做什么改革、改革成什么状况，从来不会背离中国特色社会主义的政治方向，纵使改革的措施猛烈、改革的成效巨大，根本上也是为了更好地发挥和体现中国特色社会主义制度的优越性。中国的行政体制改革，是以建设人民满意的服务型政府为最终目标的改革，中国共产党全心全意为人民服务的宗旨，铸就了行政体制改革的灵魂，行政机构大小相兼的调整、行政职能宽严相济的转变、行政法治点面相继的完善、行政运行纵横相序的优化，都是为了使政府手中的权力握得合理，用得正当，切实充分发挥"维护好、实现好、发展好最广大人民群众根本利益"的作用。中国的行政体制改革，是回应经济社会发展要求的改革，哪个时期和阶段，行政体制在哪个要素、部位、层面、环节造成对经济社会发展的阻碍、钳制，这个时期和阶段，改革的火力就集中在使经济社会发展不顺畅的地方，不论面对怎样的阻力、需要付出多大力气，改革的决心不曾动摇、改革的进程不曾中断。中国的行政体制改革，是上下左右协同贯通的改革，党中央作出改革战略决策和部署，国务院制定改革实施方案和安排，各级地方政府按照整体决策、部署和方案、安排逐级贯彻落实，基层一线政府就改革的重点项目先行先试，构成行政体制改革的整体格局。其中，自上而下有指令、有范式、有督促、有纠偏，自下而上有呼应、有建树、有创新、有典型，形成全国步调一致且形式丰富的生动改革局面。中国的行政体制改革，是注重实效的改革，每一轮改革都有切中时弊的重点对象和整体目标，以及解决问题的有力措施。改革的脚步从不停顿和永远在路上的理由，来自对行政体制需要不断适应时代发展要求的信念和对体制机制深层次问题及痼疾深挖彻排的决心，随着改革一步步走向深处，经济社会发展不许可、人民群众不答应的问题一个个被解决，改革的成效率、显示度，政府的执行力、公信力，人民群众对改革的获得感、满意度都在不断提升。

70年逐轮推进的行政体制改革的历程中，涌现出卓有成效、可圈可点的体制建树和创新，70年不断积累的行政体制改革的经验，形成了成就改革、继续前行的体制宝鉴和财富，经济社会发展在向着宏伟目标继续迈进，行政体制改革在伴随这一主旋律不断前行。在庆祝中华人民共和国成立70年之际，对我国行政体制改革的历程和经验进行系统回顾、沉思、总结，并展望为适应新时代发展目标而深化行政体制改革的路径，是非常必要的。本课题遵循习近平总书记在考察中国政法大学时强调养成"历史思维、辩证思维、系统思维、创新思维"的指示，从理论与实践相结合、历史与现实相结合、叙事与分析相结合、动机与效果相结合、回顾与展望相结合的角度，以马克思主义、毛泽东思想、邓小平理论、"三个代表"重要思想、科学发展观、习近平新时代中国特色社会主义思想为指导，以建设人民满意的服务型政府为主线，以各级政府富有创造性的生动的改革实践为依据，基于需求意识、问题意识、目标意识、发展意识、建设意识，通过理论研究、文献研究、实证研究、典型研究，系统梳理了70年行政体制改革的历程，客观分析了行政体制存在的问题和阶段性改革留下的不足，真实反映了改革取得的成果和带来的变化，全面总结了改革实践积淀的宝贵经验，深入回答了深化行政体制改革必须解决好的重大理论和实践问题，并对面向未来继续深化改革的目标和措施提出对策和建议。

全书构成完整的体系，共分为六章。第一章题为服务型政府建设的思想指南，基于行政体制改革必须坚持"以正确的思想理论为指导"的思考，围绕"从服务型政府建设到人民满意的服务型政府建设"指导思想的发展，阐述了毛泽东思想、邓小平理论、"三个代表"重要思想、科学发展观、习近平新时代中国特色社会主义思想对建设什么样的政府、怎样建设全心全意为人民服务的政府的思想和理论指导。第二章题为70年行政体制改革的历程，基于行政体制改革必然在适应经济社会发展中奏响时代旋律的思考，作出以精简机构和人员为核心的改革阶段、逐步转向以政府职能转变为核心的改革阶段、切实实行以政府职能转变为核心的改革阶段、全面深化改革视域下统筹党政机构职能整体优化的改革阶段的划分，叙述了行政体制改革的整体历程、阶段性目标、重点、措施和做法。第三章题为70年行政体制改革的主旨、成果与变化，基于行政体制改革必定切中时弊焕发新姿的思考，围绕建设人民满意的服务型政府这一由我国行政体制性质决定的改革主旨，从七个方面归纳了不断深化改革取得的显著成果，从五个方面描述了深化改革使行政体制的面貌及对经济社会发展的作用呈现的变化。第四章题为70年行政体制改革的意义与经验，基于行政体制改革必有价值可显规律可循的思考，从四个方面概括了改革彰显的意义，从七个方面总结了改革制胜的经验。第五章题为中国行政体制改革始终必须解决好的若干问题，基于行政体制改革必保正确定力的思考，围绕九个涉及改革方向与路径，具有原则性、根本性、全局性、重大性的理论和实践问题进行深入论述。第六章题为加快新时代人民满意的服务型政府建设步伐，基于行政体制改革必将踏出新时代的节奏继续前行的思考，分析了新时代对深化改革提出的新的要求，提出了建设人民满意的服务型政府的三维目标，并从六个方面阐述了深化改革的对策建议。

系统总结新中国行政体制改革70年的历程、经验，是一个极大的学术挑战，课题组在迎接挑战中把力求对任务内含的提问作出回答与提升我们的学术水平和能力结合起来，在"中国行政体制现状调查与改革研究"和"内涵式大部制改革视野下政府职能根本转变研究"两个国家社科基金重大课题相继研究取得的实证调研资料和学术研究成果的基础上，广泛吸纳充分运用学术界研究成果，形成了本课题的最终成果。在成果中，我们在对我国行政体制改革进行回顾、总结、分析、展望中提出观点、判断、论断，仅仅是我们的尝试。囿于水平，成果还存在许多不成熟、不完善之处。

本书是课题组全体成员集体攻关的习作，每一位成员都抱以极大的政治、学术责任感参与学术研究的每一个环节和整个过程。课题负责人石亚军教授制定课题的研究计划和方案，确定全书的主题、主线，搭建全书的体系和结构，定夺章节的核心命题、概念、观点，撰写各章节的重要内容，并对成果进行审稿和定稿。王湘军教授和高红副教授承担课题研究具体组织工作。各章节撰写任务分工情况如下：第一章，杨斌；第二章，程广鑫；第三章，高红、杨斌；第四章，王琴、王妍；第五章，邱倩、霍沛；第六章，欧阳果华。

课题负责人　石亚军

2022 年 5 月

目　录

第一章　服务型政府建设的思想指南

"建设一个什么样的政府"是行政体制改革的核心问题。我国是人民当家作主的社会主义国家，政府是为人民服务、对人民负责、受人民监督的政府。中华人民共和国成立以来，我党高度重视人民政府的建设，领导人民以马克思主义为指导，植根中国大地，不断探索实践，不断改革创新，建立起中国特色社会主义行政体制，取得服务型政府建设的历史性成就。服务型政府的建设，需要强大的思想理论为其指引方向、奠定路基、推动前行。毛泽东思想、邓小平理论、"三个代表"重要思想、科学发展观和习近平新时代中国特色社会主义思想为不断推进行政体制改革、建设服务型政府提供了科学的思想指南，是服务型政府建设取得成功的理论法宝。

一、毛泽东思想是建设为人民服务的政府的思想指南

"以毛泽东同志为核心的党的第一代中央领导集体带领全党全国各族人民完成了新民主主义革命，进行了社会主义改造，确立了社会主义基本制度，成功实现了中国历史上最深刻最伟大的社会变革，为当代中国一切发展进步奠定了根本政治前提和制度基础。……为新的历史时期开创中国特色社会主义提供了宝贵经验、理论准备、物质基础。"[1]

服务型政府概念虽然提出于 2002 年之后，但是服务型政府概念基本内涵的思想源泉可以追溯至中华人民共和国成立之初。围绕新型政权建设，以毛

---

[1]　胡锦涛：《坚定不移沿着中国特色社会主义道路前进　为全面建成小康社会而奋斗——在中国共产党第十八次全国代表大会上的报告》，人民出版社 2012 年版，第 10 页。

泽东同志为主要代表的中国共产党人面临的一个核心问题是如何界定政府的根本性质和根本宗旨，即回答中国政府是谁的政府、是什么样的政府和为谁服务的政府的问题。毛泽东思想对此作出了深刻鲜明的论述，形成了以"一切为了群众，一切依靠群众，从群众中来，到群众中去"的群众路线和"全心全意为人民服务"的根本宗旨为标志的理论，界定了我国政府的根本性质，奠定了我国政府的基本架构和运行机制的理论基础，为政府建设和改革指明了方向。

（一）人民的政府

中华人民共和国的政府，是人民的政府。毛泽东思想源起于革命战争时期，发展和完善于社会主义革命和建设时期。早在革命战争时期，毛泽东同志就指出，"革命的组织形式应该服从于革命斗争的需要，如果组织形式已经与斗争的需要不相适合时，则应取消这个组织形式"。[1]这一论断集中体现了毛泽东思想对于革命时期政府组织形式的深刻认识，即政府的组织形式应该适应形势的变化，做到组织形式与形势变化的匹配。我国《宪法》第1条第1款规定，"中华人民共和国是工人阶级领导的、以工农联盟为基础的人民民主专政的社会主义国家"。对于"人民民主专政"的"人民"是什么，毛泽东同志在《论人民民主专政》一文中对"人民"在我国的含义作出了清晰界定，"人民是什么？在中国，在现阶段，是工人阶级，农民阶级，城市小资产阶级和民族资产阶级"。[2]中华人民共和国成立后，人民在国家中的主体性地位得到根本确立。那么，政府的组织形式必须做到与国家性质相匹配，即在政府组织形式中彰显"人民当家作主"的主体性地位，进而厘定"政府的根本性质，谁的政府，为谁服务"的问题。可以说，虽然在不同的阶段有不同的表述和不同的侧重，但是人民作为国家的主人，作为政府最终权力来源的问题的厘定成为后续阶段我国政府改革的根本法则。

那么，人民的主体性地位如何在政府的组织形式中予以保障？首先，以人民政府的名称冠名政府的本质。有的国家通过联邦政府或者内阁等形式命

---

〔1〕 中共中央文献研究室编：《毛泽东文集》（第三卷），人民出版社1996年版，第20页。

〔2〕 毛泽东：《毛泽东选集》（第四卷），人民出版社1991年版，第1475页。

名中央政府，用以凸显国家性质和结构形式的不同，进而表达国家和社会的关系问题。而在我国，"人民民主专政"的国家性质决定了人民之于政府的主体性地位。在1948年9月8日的中共中央政治局会议的报告中，毛泽东明确指出，"我们是人民民主专政，各级政府都要加上'人民'二字，各种政权机关都要加上'人民'二字，如法院叫人民法院，解放军叫人民解放军，以示和蒋介石政权不同"[1]。此后，"人民政府"的名称被正式采用为对我国国家行政机构的正式称谓。其次，人民的需求是人民政府行政的方向。毛泽东认为人民是政府行政决策活动的利益主体、认识主体和实践主体，[2]"我们这个队伍完全是为着解放人民的，是彻底地为人民的利益工作的"。[3]他关于"人民，只有人民，才是创造世界历史的动力"[4]的论断，《论联合政府》一文关于共产党的政权是为全国人民服务的论述，当时党的具体纲领关于明确中国人民的现实要求的提法，体现了毛泽东思想的人民主体论。最后，以群众路线作为人民政府行政的路径指南。一切为了群众，一切依靠群众，从群众中来，到群众中去是毛泽东为我们党确定的群众路线，毛泽东指出，要"相信群众、依靠群众、放手发动群众、尊重群众首创精神"，[5]群众路线成为毛泽东思想活的灵魂。习近平总书记在纪念毛泽东同志诞辰120周年座谈会上谈到，"群众路线是我们党的生命线和根本工作路线，是我们党永保青春活力和战斗力的重要传家宝。不论过去、现在和将来，我们都要坚持一切为了群众，一切依靠群众，从群众中来，到群众中去，把党的正确主张变为群众的自觉行动，把群众路线贯彻到治国理政全部活动之中"。[6]

（二）为人民服务

人民的政府，必须为人民服务。在明确了人民民主专政下人民主体性地

---

〔1〕　贺永泰："'人民政府'名称的提出和确立"，载《党史文苑》2009年第3期。

〔2〕　参见毛劲歌：《毛泽东邓小平行政决策思想研究》，湖南人民出版社2011年版，第86～94页。

〔3〕　毛泽东：《毛泽东选集》（第三卷），人民出版社1991年版，第1004页。

〔4〕　毛泽东：《毛泽东选集》（第三卷），人民出版社1991年版，第1031页。

〔5〕　冯俊主编：《执政的生命线——党的群众路线群众工作研究》，人民出版社2014年版，第274页。

〔6〕　习近平：《在纪念毛泽东同志诞辰120周年座谈会上的讲话》，人民出版社2013年版，第23页。

位、人民的政府、政府的行政路线等一系列关键问题以后，在为谁服务的问题上，毛泽东旗帜鲜明地指出，"全心全意地为人民服务，一刻也不脱离群众；一切从人民的利益出发，而不是从个人或小集团的利益出发；向人民负责和向党的领导机关负责的一致性；这些就是我们的出发点"。[1]"我们一切工作干部，不论职位高低，都是人民的勤务员，我们所做的一切，都是为人民服务"。[2]在明确政府的根本宗旨是"全心全意为人民服务"的前提下，政府面临的是如何为人民服务的问题，即服务的方式和服务的范畴：

1. 共同富裕是人民政府为人民服务的终极目标。人民政府建设和人民政府行政是在中国共产党的领导下进行的，二者的目标高度一致。共同富裕，既是社会主义的本质要求，更是中国共产党人始终如一的根本价值取向。[3]毛泽东将共同富裕看作实现社会公平的标尺，并贯彻于社会主义革命与建设的实践之中，从革命时期的"平均地权"到建立社会主义公有制，都是为实现社会公平而建立的基本经济制度基础。由此可见，人民政府全心全意为人民服务的终极目标应该是实现共同富裕，而且是建立在社会公平基础上的共同富裕。

2. 人民的检验是人民政府为人民服务的唯一标准。毛泽东指出，"人民是最好的鉴定人"，[4]政府的政策是否正确应当由人民来检验和决定，"我们任何一项政策的正确性都必须由群众来检验"。[5]例如，对于1941年李鼎铭等人提出的精兵简政议案，毛泽东曾这样回应，"'精兵简政'这一条意见，就是党外人士李鼎铭先生提出来的；他提得好，对人民有好处，我们就采用了"。[6]在政府施政过程中，毛泽东认为群众的立场、群众的利益、群众的实践是政府行政和政策落实的根本保障和最终归宿。

3. "两个务必"和群众路线是人民政府为人民服务的行政作风和行政方

---

〔1〕 毛泽东：《毛泽东选集》（第三卷），人民出版社1991年版，第1094～1095页。

〔2〕 中共中央文献研究室编：《毛泽东文集》（第三卷），人民出版社1996年版，第243页。

〔3〕 参见"什么时候实现全体人民共同富裕？"，载中央纪委监察部网，http://www.ccdi.gov.cn/special/zmsjd/zm19da_zm19da/201712/t20171206_113306.html，最后访问时间：2019年10月1日。

〔4〕 毛泽东：《毛泽东选集》（第三卷），人民出版社1991年版，第1038页。

〔5〕 中共中央文献研究室编：《毛泽东文集》（第三卷），人民出版社1996年版，第188页。

〔6〕 毛泽东：《毛泽东选集》（第三卷），人民出版社1991年版，第1004页。

式。在党的七届二中全会上，毛泽东提出了"两个务必"的思想，"务必使同志们继续地保持谦虚、谨慎、不骄、不躁的作风，务必使同志们继续地保持艰苦奋斗的作风"。[1]与之联系，坚决反对官僚主义和命令主义，例如，在针对政府经济工作中出现的"不作为"和"出政绩"这两种"不为"和"胡为"问题，毛泽东认为"动员群众的方式，不应该是官僚主义的……应该是群众化的方式，即是每一个工人、农民所喜欢接受的方式"，也不应该是命令主义的，他认为命令主义会失去群众的信任，造成政府蛮横的摊派，也是不能成功的。[2]

可见，毛泽东关于政府的根本性质，谁的政府、为谁服务等根本问题的科学论断和有力诠释，从政府的名称、政府如何体现人民主体性地位和为人民服务，以及政府的行政路线三个方面为后续的服务型政府建设指明了方向。而在这一时期，国家机构的建立和调整始终坚持"精兵简政"原则，以减轻人民的负担，政府的施政纲领也始终围绕"为人民服务"的根本宗旨，发挥人民政府的本职。

二、邓小平理论、"三个代表"重要思想、科学发展观是改革开放以来建设服务型政府的思想指南

"以邓小平同志为核心的党的第二代中央领导集体带领全党全国各族人民深刻总结我国社会主义建设正反两方面经验，借鉴世界社会主义历史经验，作出把党和国家工作中心转移到经济建设上来、实行改革开放的历史性决策，深刻揭示社会主义本质，确立社会主义初级阶段基本路线，明确提出走自己的路、建设中国特色社会主义，科学回答了建设中国特色社会主义的一系列基本问题，成功开创了中国特色社会主义。"[3]

1978年，随着改革开放的开启，我国步入了中国特色社会主义建设和发

---

〔1〕 毛泽东：《在中国共产党第七届中央委员会第二次全体会议上的报告》，人民出版社2004年版，第24页。

〔2〕 参见毛泽东：《毛泽东选集》（第一卷），人民出版社1991年版，第124～125页。

〔3〕 胡锦涛：《坚定不移沿着中国特色社会主义道路前进　为全面建成小康社会而奋斗——在中国共产党第十八次全国代表大会上的报告》，人民出版社2012年版，第11页。

展阶段。从封闭走向开放，从落后迈向先进，从站起来跃向富起来、强起来，政府建设承担了更加重大的使命，政府改革面临着更加重要的任务。为适应经济体制改革带来的经济社会迅速发展的需要，围绕不断优化政府管理，建设服务型政府，行政体制改革在不断走向深处中环环推进、步步接续。这期间，以邓小平同志、江泽民同志、胡锦涛同志为代表的中国共产党人高度重视行政体制改革和政府建设，在总结既往经验教训的基础上，进行了新形势下建设什么样的行政体制和政府，怎样建设的理论创新，形成了新的理论成果。邓小平理论、"三个代表"重要思想、科学发展观与毛泽东思想一脉相承，并丰富发展了以全心全意为人民服务为根本宗旨的人民政府建设的理念和内涵，从"发展才是硬道理"，到"发展是执政兴国的第一要务"，再到"以人为本、全面协调可持续发展"，强调政府行政由管理转变为服务，服务型政府建设的目的由促进建设转向满足人民更高层次需求和促进人的全面发展，为新时期行政体制改革和服务型政府建设提供了强大的思想指南。

（一）邓小平理论：奠定改革开放下服务型政府建设的基础

邓小平理论"阐明了在中国建设社会主义、巩固和发展社会主义的基本问题"。[1]中国特色社会主义是服务型政府建设的制度背景。在计划经济向市场经济转型的关键节点，为了给市场经济体制的建立创造空间和清除障碍，需要对政府的角色与功能进行调整，而政府角色与功能调整的前提是对政府的边界进行勘定。政府逐步向市场分权，向企业放权，改革的总基调是为了适应市场经济的发展，其中，必须始终清醒把握的是——改革不改向、变革不变色，不论行政体制怎么改，人民政府的根本性质和全心全意为人民服务的根本宗旨不能变。邓小平坚定奉行人民主体思想，称自己为"中国人民的儿子"，他在1985年《在中国共产党全国代表会议上的讲话》中强调"要全心全意为人民服务，深入群众倾听他们的呼声"，[2]他认为"政府是人民的，

---

〔1〕 中共中央宣传部编：《习近平新时代中国特色社会主义思想学习纲要》，学习出版社、人民出版社2019年版，第6页。

〔2〕 邓小平：《邓小平文选》（第三卷），人民出版社1993年版，第146页。

也是为人民的"，国家的权力属于人民，国家工作人员是"人民的公仆"，不是"人民的主人"。[1]邓小平同志认为"我们干的是社会主义事业，最终目的是实现共产主义。这一点，我希望宣传方面任何时候都不要忽略"。[2]虽然这一时期服务型政府的概念并未正式提出，但是对政府边界的勘定，从"无限政府"向"有限政府"的转变确立了建设服务型政府的前提。

1. 邓小平理论对服务型政府建设进行了道路边界勘定。邓小平同志认为中国的社会主义必须要与中国的历史和国情相结合，他强调，改革是一场新的伟大革命，我们通过改革开放"开始找到了一条建设有中国特色的社会主义的路子"[3]，"中国特色社会主义"这一概念是对我国服务型政府建设的道路边界设定，既是横向的边界设定，又是纵向的边界设定。"中国特色"作为服务型政府建设的横向边界，邓小平在 1982 年 9 月 1 日的中共十二大开幕词中讲道："无论是革命还是建设，都要注意学习和借鉴外国经验。但是，照抄照搬别国经验、别国模式，从来不能得到成功。"要"把马克思主义的普遍真理同我国的具体实际结合起来，走自己的道路，建设有中国特色的社会主义"。[4]"中国特色社会主义"作为服务型政府建设的纵向边界，社会主义初级阶段是服务型政府建设的历史方位，"不要离开现实和超越阶段采取一些'左'的办法，这样是搞不成社会主义的"。[5]"社会主义本身是共产主义的初级阶段，而我们中国又处在社会主义的初级阶段，就是不发达的阶段。一切都要从这个实际出发，根据这个实际来制订规划。"[6]在南方谈话中，他又进一步强调："我们搞社会主义才几十年，还处在初级阶段。巩固和发展社会主义制度，还需要一个很长的历史阶段，需要我们几代人、十几代人，甚至几

〔1〕 罗文东："坚持和发展邓小平的人民主体思想"，载《中国社会科学报》2014 年 9 月 24 日，第 B4 版。

〔2〕 邓小平：《邓小平文选》（第三卷），人民出版社 1993 年版，第 110 页。

〔3〕 中共中央文献研究室编：《邓小平关于建设有中国特色社会主义的论述专题摘编》，中央文献出版社 1992 年版，第 84 页。

〔4〕 中共机构编制委员会办公室编：《邓小平论行政管理体制和机构改革》，中央文献出版社 1996 年版，第 112 页。

〔5〕 邓小平：《邓小平文选》（第二卷），人民出版社 1994 年版，第 312 页。

〔6〕 邓小平：《邓小平文选》（第三卷），人民出版社 1993 年版，第 252 页。

十代人坚持不懈地努力奋斗，决不能掉以轻心。"〔1〕邓小平同志关于社会主义初级阶段的重要思想，是对社会主义建设的中国道路的纵向界定。道路边界的勘定为后续政府改革举措的提出和政府具体形式的创新提供了重要的界限依据。

2. 邓小平理论对服务型政府建设进行了任务边界勘定。邓小平理论关于社会主义初级阶段的论断一方面明确了我国社会主义的道路问题；另一方面阐明了我国落后的生产力不能充分满足人民物质文化需求的特征，其中生产力的落后是根本特征。因此，坚持"一个中心，两个基本点"的基本路线成为改革开放以来历届中央领导集体的基本共识。需要指出的是，邓小平并不是认为社会主义的唯一任务是经济建设，而是认为"现代化建设的任务是多方面的，各个方面需要综合平衡，不能单打一。但是说到最后，还是要把经济建设当作中心。离开了经济建设这个中心，就有丧失物质基础的危险"〔2〕。经济建设成为这一阶段我国政府改革的聚焦点，具体来讲，就是为建立社会主义市场经济扫除制度性障碍，"主要任务是发展生产力，使社会物质财富不断增长，人民生活一天天好起来"。〔3〕1982 年机构改革，作为改革开放后首轮大规模政府改革，以"精简机构"为突破口，逐步废除计划经济部门，接轨市场经济，39 个国务院部门被撤销，标示经济体制改革的"国家经济体制改革委员会"成立；1988 年的第二次机构改革，进一步清理阻碍经济转型的计划经济部门和成立适应市场经济体制的新部门，首次提出转变政府职能的要求，改革弱化了专业经济部门直接干预企业经营活动的职能，实现政府职能向宏观调控和行政管理的转变，尤其是变直接管理为间接管理，强化宏观管理职能，淡化微观管理职能。

3. 邓小平理论对服务型政府建设进行了人员边界勘定。人员是政府组织的重要组织要素，甚至可以说是关键要素，没有素质高、能力强的人员的组织只是一个"空壳"。改革开放初期，我国政府面临着领导干部队伍老龄化严重的问题。1980 年 8 月 18 日，邓小平在中共中央政治局扩大会议上谈到要逐

---

〔1〕 邓小平：《邓小平文选》（第三卷），人民出版社 1993 年版，第 379～380 页。

〔2〕 邓小平：《邓小平文选》（第二卷），人民出版社 1994 年版，第 250 页。

〔3〕 邓小平：《邓小平文选》（第三卷），人民出版社 1993 年版，第 171 页。

步实现领导人员的"四化",即革命化、年轻化、知识化和专业化,要"坚决解放思想,克服重重障碍,打破老框框,勇于改革不合时宜的组织制度、人事制度,大力培养、发现和破格使用优秀人才,坚决同一切压制和摧残人才的现象作斗争"[1]。而在领导干部的专业素养和职业品格问题上,邓小平也进行了界定,"要全心全意为人民服务,深入群众倾听他们的呼声;要敢说真话,反对说假话,不务虚名,多做实事;要公私分明,不拿原则换人情;要任人唯贤,反对任人唯亲";[2]"只有首先善于做群众的学生的人,才有可能做群众的先生,并且只有继续做学生,才能继续做先生"。[3]在 1982 年前后第一轮政府机构改革中,在领导班子方面,改革明确规定了各级各部的职数、年龄和文化结构,减少了副职,提高了素质。

4. 邓小平理论对我国政府建设与改革进行了法制边界勘定。邓小平同志指出,"为了保障人民民主,必须加强法制。必须使民主制度化、法律化,使这种制度和法律不因领导人的改变而改变,不因领导人的看法和注意力的改变而改变。"[4]这一阶段立法步伐明显加快,提出了"有法可依、有法必依、执法必严、违法必究"的"十六字"方针。在 1980 年 8 月 18 日召开的中共中央政治局扩大会议上题为《党和国家领导制度的改革》的讲话中,邓小平同志提出,为适应社会主义现代化建设的需要,必须对党和国家的领导制度进行改革,把党和国家的政治生活纳入民主化、法制化的轨道,从制度上防范人治的出现。[5]在行政法规方面,1989 年颁布了《中华人民共和国行政诉讼法》(以下简称《行政诉讼法》),行政诉讼制度正式建立,为公民、法人和其他组织提供了保护合法权益、监督行政机关依法行使行政职权的司法渠道,是我国法治政府建设的一大步。[6]

---

〔1〕 邓小平:《邓小平文选》(第二卷),人民出版社 1994 年版,第 326 页。

〔2〕 邓小平:《邓小平文选》(第三卷),人民出版社 1993 年版,第 146 页。

〔3〕 邓小平:《邓小平文选》(第一卷),人民出版社 1994 年版,第 218 页。

〔4〕 邓小平:《邓小平文选》(第二卷),人民出版社 1994 年版,第 146 页。

〔5〕 参见蒋传光:《建构中国法治社会的指南——邓小平法制思想研究》,安徽大学出版社 2000 年版,第 199 页。

〔6〕 参见"法治政府建设在改革开放中稳步推进",载中国共产党新闻网,http://theory. people. com. cn/n1/2018/0725/c40531 - 30168387. html,最后访问时间:2019 年 10 月 1 日。

（二）"三个代表"重要思想：指导服务型政府与市场关系的变革式调整

"以江泽民同志为核心的党的第三代中央领导集体带领全党全国各族人民坚持党的基本理论、基本路线，在国内外形势十分复杂、世界社会主义出现严重曲折的严峻考验面前捍卫了中国特色社会主义，依据新的实践确立了党的基本纲领、基本经验，确立了社会主义市场经济体制的改革目标和基本框架，确立了社会主义初级阶段的基本经济制度和分配制度，开创全面改革开放新局面，推进党的建设新的伟大工程，成功把中国特色社会主义推向二十一世纪。"[1]

"三个代表"重要思想作为第三代中央领导集体的智慧结晶，是这一阶段行政体制改革的思想指南和行动方针。"三个代表"重要思想的核心要义为中国共产党始终代表中国先进生产力的发展要求、中国先进文化的前进方向、中国最广大人民的根本利益。邓小平同志早已指出"发展才是硬道理"，江泽民同志指出"发展是执政兴国的第一要务"，因此，服务型政府的建设只有先促进生产力的发展，才能更好地代表最广大人民的根本利益。根据"三个代表"重要思想精神，这一阶段服务型政府建设的精神实质和行动逻辑主要是围绕适应市场展开，政府机构改革的目标是适应建设社会主义市场经济体制发展的需要。1992 年，江泽民同志在党的十四大报告中明确提出了"建立和完善社会主义市场经济体制"的经济体制改革目标，并进一步指出"要使市场在社会主义国家宏观调控下对资源配置起基础性作用"。[2]这是我国政府首次界定政府和市场的关系问题和政府在社会主义市场经济体制中的作用问题。江泽民同志还指出："机构改革，精兵简政，是政治体制改革的紧迫任务，也是深化经济改革、建立市场经济体制和加快现代化建设的重要条件。"[3]在党的十五大上，他指出：要"充分发挥市场机制作用，健全宏观调控体系。要加快国民经济市场化进程。继续发展各类市场，着重发展资本、劳动力、技术等生产要素市场，完善生产要素价格形成机制。……尽快建成统一开放、

---

〔1〕 胡锦涛：《坚定不移沿着中国特色社会主义道路前进 为全面建成小康社会而奋斗——在中国共产党第十八次全国代表大会上的报告》，人民出版社 2012 年版，第 11 页。

〔2〕 江泽民：《江泽民文选》（第一卷），人民出版社 2006 年版，第 226 页。

〔3〕 江泽民：《江泽民文选》（第一卷），人民出版社 2006 年版，第 237 页。

竞争有序的市场体系，进一步发挥市场对资源配置的基础性作用。"[1]"根据精简、统一、效能的原则进行机构改革，建立办事高效、运转协调、行为规范的行政管理体系，提高为人民服务的水平"。[2]在党的十六大上，他指出："进一步转变政府职能，改进管理方式，推行电子政务，提高行政效率，降低行政成本，形成行为规范、运转协调、公正透明、廉洁高效的行政管理体制。依法规范中央和地方的职能和权限，正确处理中央垂直管理部门和地方政府的关系。按照精简、统一、效能的原则和决策、执行、监督相协调的要求，继续推进政府机构改革，科学规范部门职能，合理设置机构，优化人员结构，实现机构和编制的法定化，切实解决层次过多、职能交叉、人员臃肿、权责脱节和多重多头执法等问题。按照政事分开原则，改革事业单位管理体制。"[3]

服务型政府的建设必须要处理好政府与市场的关系问题，这一时期虽然没有明确提出服务型政府的概念，但在"三个代表"重要思想的指导下大刀阔斧的政府机构改革为转变政府职能，处理好政府与市场的关系，建设服务型政府进一步夯实了基础。

1. 坚持政府行政权和企业经营权的分离。通过政府内部机构职能体系的调整优化，改变过去"政企不分，政府直接干预企业经营活动"的方式，从而消除市场经济发展的制度障碍，"要坚决把属于企业的权力放给企业，把应该由企业解决的问题，交由企业自己去解决"。[4]"要把政府职能切实转变到宏观调控、社会管理和公共服务方面来，把生产经营的权力真正交给企业"。[5]例如，1993年机构改革的目标是"适应社会主义市场经济发展的要求"；1998年机构改革的目标是"逐步建立适应社会主义市场经济体制的有中国特色的行政管理体制"。[6]

2. 坚持政府行政方式的转变。从单一的行政手段转向法律手段和依靠社会中介组织。例如，1993年机构改革强调要把经济活动中社会服务性和相当

---

[1]　江泽民：《江泽民文选》（第二卷），人民出版社2006年版，第23页。
[2]　江泽民：《江泽民文选》（第二卷），人民出版社2006年版，第31页。
[3]　江泽民：《江泽民文选》（第三卷），人民出版社2006年版，第556页。
[4]　《关于国务院机构改革方案的说明》（1993年）。
[5]　《关于国务院机构改革方案的说明》（1998年）。
[6]　《关于国务院机构改革方案的说明》（1998年）。

一部分监督性职能转交给市场中介组织；[1]1998 年机构改革采取"加强宏观经济调控部门，调整和减少专业经济部门，适当调整社会服务部门，加强执法监管部门，发展社会中介组织"的原则。[2]并按照依法行政的要求，加强行政体系的法制建设，为社会主义市场经济条件下政府行为制定了规范。

总体上，这阶段政府机构改革是为发展生产力和提高人民物质生活水平奠定组织基础，实践也证明，改革实现了经济的高速发展，人民生活水平显著提高，为后期服务型政府的建设打下了良好的物质基础。

（三）科学发展观：升华服务型政府的服务理念

以胡锦涛同志为总书记的党中央"抓住重要战略机遇期，在全面建设小康社会进程中推进实践创新、理论创新、制度创新，强调坚持以人为本、全面协调可持续发展，提出构建社会主义和谐社会、加快生态文明建设，形成中国特色社会主义事业总体布局，着力保障和改善民生，促进社会公平正义，推动建设和谐世界，推进党的执政能力建设和先进性建设，成功在新的历史起点上坚持和发展了中国特色社会主义"。[3]

党的十六大以来，以胡锦涛同志为代表的中国共产党人立足社会主义初级阶段，总结既往实践，秉持发展要义，提出了科学发展观重大战略思想。在党的十七大上，胡锦涛同志提出，科学发展观第一要义是发展，核心是以人为本，基本要求是全面协调可持续性，基本方法是统筹兼顾。遵循科学发展观关于在继续建立健全社会主义市场经济体制的基础上，构建和谐社会，推进社会建设，着力改善和保障民生的要求，服务型政府的建设问题被正式提出，在党的十六届六中全会上得到确定。以人为本、全面协调可持续的科学发展观，深刻阐述了"实现什么样的发展，怎样发展的问题"，是对粗放式发展理念的升华，在这一思想指导下，社会效益维度纳入了服务型政府建设的内涵，构建政府与社会的和谐关系纳入了服务型政府建设的议程，我国政府改革逐步实现从经济效益优先到经济与社会效益并重的转变。

---

〔1〕 参见《关于国务院机构改革方案的说明》（1993 年）。

〔2〕 参见《关于国务院机构改革方案的说明》（1998 年）。

〔3〕 胡锦涛：《坚定不移沿着中国特色社会主义道路前进 为全面建成小康社会而奋斗——在中国共产党第十八次全国代表大会上的报告》，人民出版社 2012 年版，第 11 页。

1. 科学发展观深刻阐述了服务型政府的服务内涵。2005 年《政府工作报告》明确提出要努力建设服务型政府，"创新政府管理方式，寓管理于服务之中，更好地为基层、企业和社会公众服务"，[1] 2006 年党的十六届六中全会通过的《中共中央关于构建社会主义和谐社会若干重大问题的决定》指出，"建设服务型政府，强化社会管理和公共服务职能"，"在服务中实施管理，在管理中体现服务"，"为人民服务是各级政府的神圣职责和全体公务员的基本准则"，[2] 对服务型政府的重点职能、管理方式和行为规范作出了原则性规定。2008 年《政府工作报告》指出，建设服务型政府需要"在加强和改善经济调节、市场监管的同时，更加注重社会管理和公共服务，维护社会公正和社会秩序"，[3] 这是对服务型政府服务价值内涵的明晰。

2. 科学发展观初步界定了服务型政府的服务体系。这一时期经济社会事务的纵深发展要求政府改革的精细化和深入化，我国政府宏观调控、市场监管、社会管理和公共服务的思想职能首次得到正式界定，其中社会管理和公共服务职能的提出是服务型政府建设的重要标示。《中华人民共和国国民经济和社会发展第十二个五年规划纲要》明确提出，加强社会建设，建立健全基本公共服务体系，公共服务内容涵盖了"公共教育、公共就业服务、社会保障、基本医疗卫生、基本住房保障、公共文化等"领域的基本公共服务。[4]《国家基本公共服务体系"十二五"规划》序言指出"建立健全基本公共服务体系，促进基本公共服务均等化，是深入贯彻落实科学发展观的重大举措，是构建社会主义和谐社会、维护社会公平正义的迫切需要，是全面建设服务型政府的内在要求"，[5] 通过服务型政府的建设，优化社会管理和公共服务职能，消除市场化改革带来的社会不公平、社会不信任和社会不稳定，采取了包括社会事业建设、社会组织建设、社区建设、社会管理等在内的社会建设

〔1〕　全国人民代表大会常务委员会办公厅编：《中华人民共和国第十届全国人民代表大会第三次会议文件汇编》，人民出版社 2005 年版，第 29 页。

〔2〕　"中共中央关于构建社会主义和谐社会若干重大问题的决定"，载《求是》2006 年第 20 期。

〔3〕　全国人民代表大会常务委员会办公厅编：《中华人民共和国第十一届全国人民代表大会第一次会议文件汇编》，人民出版社 2008 年版，第 38 页。

〔4〕　参见句华：《政府购买服务与事业单位改革衔接机制研究》，人民出版社 2017 年版，第 188 页。

〔5〕　黄书进主编：《实现中华民族伟大复兴的行动纲领》，人民出版社 2012 年版，第 133 页。

方略。[1]

3. 构建社会主义和谐社会的伟大构想指明了构建政府与社会和谐关系的方向。构建社会主义和谐社会的目标和主要任务既包括了"基本公共服务体系更加完备，政府管理和服务水平有较大提高"，又包括了"城乡、区域发展差距扩大的趋势逐步扭转，合理有序的收入分配格局基本形成，家庭财产普遍增加，人民过上更加富足的生活"，"努力形成全体人民各尽其能、各得其所而又和谐相处的局面"。[2]政府的有效运行和人民的生活富足是政府与社会和谐关系的生动写照，这需要在服务型政府建设中扩大社会参与，"健全社会公示、社会听证等制度，让人民群众更广泛地参与公共事务管理。大力推进政务公开，加强电子政务建设，增强政府工作透明度，提高政府公信力"。[3]

三、习近平新时代中国特色社会主义思想是新时代建设人民满意的服务型政府的思想指南

"党的十八大以来，以习近平同志为主要代表的中国共产党人，顺应时代发展，从理论和实践结合上系统回答了新时代坚持和发展什么样的中国特色社会主义、怎样坚持和发展中国特色社会主义这个重大时代课题，创立了习近平新时代中国特色社会主义思想。习近平新时代中国特色社会主义思想是对马克思列宁主义、毛泽东思想、邓小平理论、'三个代表'重要思想、科学发展观的继承和发展，是马克思主义中国化最新成果，是党和人民实践经验和集体智慧的结晶，是中国特色社会主义理论体系的重要组成部分，是全党全国人民为实现中华民族伟大复兴而奋斗的行动指南，必须长期坚持并不断发展。"[4]

坚持以人民为中心的发展思想，是习近平新时代中国特色社会主义思想的重要组成。为解决"党和国家机构设置和职能配置同统筹推进'五位一体'

---

〔1〕 参见何艳玲主编：《回归社会：中国社会建设之路》，人民出版社2013年版，第7~15页。

〔2〕 "中共中央关于构建社会主义和谐社会若干重大问题的决定"，载《求是》2006年第20期。

〔3〕 全国人民代表大会常务委员会办公厅编：《中华人民共和国第十届全国人民代表大会第三次会议文件汇编》，人民出版社2005年版，第29页。

〔4〕 《十九大党章学习手册》编写组编著：《十九大党章学习手册》，人民出版社2017年版，第33页。

总体布局、协调推进'四个全面'战略布局的要求还不完全适应，同实现国家治理体系和治理能力现代化的要求还不完全适应"[1]这两个"不适应"问题，继党的十八大作出构建"职能科学、结构优化、廉洁高效、人民满意的服务型政府"的部署后，十九大进一步要求"统筹考虑各类机构设置""统筹使用各类编制资源""转变政府职能，深化简政放权，创新监管方式，增强政府公信力和执行力，建设人民满意的服务型政府"。[2]"建设人民满意的服务型政府"，是具有鲜明中国特色和时代特点的命题，是对我国行政体制改革目标的最佳概括，是服务型政府建设的最新版中国方案，深刻回答了如何更好地推进行政体制改革，如何实现有效的政府治理，如何正确处理政府、市场、社会的关系问题。

（一）建设人民满意的服务型政府的根本遵循

人民满意的服务型政府这一概念，深深扎根于习近平新时代中国特色社会主义思想的沃土。在党的十九大报告中，习近平总书记指出："中国共产党人的初心和使命，就是为中国人民谋幸福，为中华民族谋复兴。这个初心和使命是激励中国共产党人不断前进的根本动力。全党同志一定要永远与人民同呼吸、共命运、心连心，永远把人民对美好生活的向往作为奋斗目标，以永不懈怠的精神状态和一往无前的奋斗姿态，继续朝着实现中华民族伟大复兴的宏伟目标奋勇前进。"[3]习近平新时代中国特色社会主义思想作为思想之基、理论之源、方法之则，为建设人民满意的服务型政府指明了时代背景和提供了思想指南。

1.建设人民满意的服务型政府的时代背景。党的十九大宣告，中国特色社会主义进入了新时代，这一我国发展的新的历史方位成为建设人民满意的服务型政府的鲜明时代背景，具体体现在：

---

〔1〕《中共中央关于深化党和国家机构改革的决定》编写组编著：《中共中央关于深化党和国家机构改革的决定》，人民出版社2018年版，第5页。

〔2〕习近平："决胜全面建成小康社会　夺取新时代中国特色社会主义伟大胜利——在中国共产党第十九次全国代表大会上的报告（2017年10月18日）"，载《人民日报》2017年10月28日，第1版。

〔3〕习近平："决胜全面建成小康社会　夺取新时代中国特色社会主义伟大胜利——在中国共产党第十九次全国代表大会上的报告（2017年10月18日）"，载《人民日报》2017年10月28日，第1版。

（1）在新时代，党和政府的责任更加重大。正如习近平总书记指出的："这个新时代，是承前启后、继往开来、在新的历史条件下继续夺取中国特色社会主义伟大胜利的时代，是决胜全面建成小康社会、进而全面建设社会主义现代化强国的时代，是全国各族人民团结奋斗、不断创造美好生活、逐步实现全体人民共同富裕的时代，是全体中华儿女勠力同心、奋力实现中华民族伟大复兴中国梦的时代，是我国日益走近世界舞台中央、不断为人类作出更大贡献的时代。"[1]在新时代，完成我们党进行伟大斗争、建设伟大工程、推进伟大事业、实现伟大梦想的使命，对深化行政体制改革，加强政府治理，建设人民满意的服务型政府提出了更高的要求，要求以"更加自觉地坚持党的领导和我国社会主义制度，坚决反对一切削弱、歪曲、否定党的领导和我国社会主义制度的言行；更加自觉地维护人民利益，坚决反对一切损害人民利益、脱离群众的行为；更加自觉地投身改革创新时代潮流，坚决破除一切顽瘴痼疾"的定式，建设"践行全心全意为人民服务的根本宗旨，把党的群众路线贯彻到治国理政全部活动之中，把人民对美好生活的向往作为奋斗目标，依靠人民创造历史伟业"的人民满意的服务型政府。[2]

（2）在新时代，我国社会主要矛盾发生了新的变化。"中国特色社会主义进入新时代，我国社会主要矛盾已经转化为人民日益增长的美好生活需要和不平衡不充分的发展之间的矛盾。"[3]这意味着我国已经基本告别了贫困落后的局面，社会主义生产力得到了极大提升，制约社会矛盾解决的因素不仅仅是生产力发展不充分的问题，更是造成不平衡的制度性障碍的问题。这就指明，如何"大力提升发展质量和效益，更好满足人民在经济、政治、文化、社会、生态等方面日益增长的需要，更好推动人的全面发展、社会全面进步"，[4]

---

〔1〕习近平："决胜全面建成小康社会　夺取新时代中国特色社会主义伟大胜利——在中国共产党第十九次全国代表大会上的报告（2017年10月18日）"，载《人民日报》2017年10月28日，第1版。

〔2〕习近平："决胜全面建成小康社会　夺取新时代中国特色社会主义伟大胜利——在中国共产党第十九次全国代表大会上的报告（2017年10月18日）"，载《人民日报》2017年10月28日，第1版。

〔3〕习近平："决胜全面建成小康社会　夺取新时代中国特色社会主义伟大胜利——在中国共产党第十九次全国代表大会上的报告（2017年10月18日）"，载《人民日报》2017年10月28日，第1版。

〔4〕习近平："决胜全面建成小康社会　夺取新时代中国特色社会主义伟大胜利——在中国共产党第十九次全国代表大会上的报告（2017年10月18日）"，载《人民日报》2017年10月28日，第1版。

成为夯实人民满意的服务型政府建设内涵的基本着力点。

2. 人民满意的服务型政府建设的思想指南。习近平新时代中国特色社会主义思想是新时代中国特色社会主义事业的指导思想，为建设人民满意的服务型政府提供了思想指南，彰显了服务型政府建设的四个鲜明属性：一是人民性，确定了人民满意的服务型政府建设的根本维系。习近平总书记指出："人民对美好生活的向往，就是我们的奋斗目标。"坚持以人民为中心的思想主张服务型政府的建设要"充分尊重人民所表达的意愿、所创造的经验、所拥有的权利、所发挥的作用，自觉拜人民为师，向能者求教，向智者问策"，[1]这是服务型政府建设的根本价值、原始动力和最终趋向，是从官僚制组织固有的"政府中心论"向"人民中心论"的超越；二是根本性，体现了人民满意的服务型政府建设的传承。社会主义新时代是中国特色社会主义建设一个崭新的历史方位，但是这个历史方位不是凭空创造的，而是一脉相承的，"中国特色社会主义是历史的结论、人民的选择"，[2]习近平总书记强调，马克思列宁主义、毛泽东思想一定不能丢，丢了就丧失根本，因此，在服务型政府建设中，人民满意的前提依然是坚持"全心全意为人民服务"的根本宗旨，现在的创新和发展是建立在历史的基础之上的，政府改革的底线是人民政府的根本性质和根本宗旨不能变；三是系统性，提供了人民满意的服务型政府建设的方法。"全面""统筹"是习近平新时代中国特色社会主义思想中的方法论范畴，其深刻的思想实质是以系统性、结构性和整体性的眼光、视域和手段、方式谋划并推进改革，实现治国理政体制机制的整体优化，在党和国家机构改革中，体现为党和国家各类机构整体性和结构性调整，在政府职能根本性转变中，体现为"简政放权、放管结合、优化服务"三位一体系统转变，在人民满意的服务型政府建设中，体现为建设各层级、各地方"全心全意为人民服务"的整体政府；四是变革性，体现了人民满意的服务型政府建设的趋向。习近平总书记指出："每个时代总有属于它自己的问题，只

---

〔1〕　中共中央宣传部编：《习近平新时代中国特色社会主义思想学习纲要》，学习出版社、人民出版社 2019 年版，第 43 页。

〔2〕　中共中央宣传部编：《习近平新时代中国特色社会主义思想学习纲要》，学习出版社、人民出版社 2019 年版，第 21 页。

要科学地认识、准确地把握、正确地解决这些问题，就能够把我们的社会不断推向前进。"[1]问题导向和调查研究是习近平总书记为服务型政府建设提供的创新思维方式，"调查研究是谋事之基、成事之道，没有调查就没有发言权，没有调查就没有决策权"，[2]"要善于具体问题具体分析，弄清楚哪些是体制机制弊端造成的问题，哪些是工作责任不落实造成的问题，哪些是条件不具备一时难以解决的问题"，"善于透过现象看本质，从繁杂问题中把握事物的规律性，从苗头问题中发现事物的倾向性，从偶然问题中揭示事物的必然性"，[3]"下决心破除制约改革发展的体制机制弊端，使党和国家机构设置更加科学、职能更加优化、权责更加协同、监督监管更加有力、运行更加高效"。[4]

（二）人民满意的服务型政府的新时代意涵

新时代新方位，新时代新挑战，新时代新任务。进入新时代，经济社会格局的新变化和社会主要矛盾的转变，使得新一届政府面临的不仅是历史遗留下来的"硬骨头"，还有层出不穷的新事物、新挑战。我们党领导人民统筹推进"五位一体"总体布局、协调推进"四个全面"战略布局，最终实现"两个一百年"奋斗目标进而实现中华民族伟大复兴，这离不开中国特色社会主义制度和国家治理体系提供的制度保障和治理效能。行政体制改革是国家治理体系和治理能力的重要组成部分，而人民满意的服务型政府是行政体制改革成功与否的组织基础。人民满意的服务型政府是习近平新时代中国特色社会主义思想的人民性、根本性、系统性和变革性思想智慧的制度性成果，是建立在我国政府改革的历史与实践经验基础上的新时代升级版。过去，在探索行政体制改革的道路上，我们明确了党的领导地位问题，但还需要将党的领导充分落实到党和国家机构职能体系中；我们正确回答了政府根本性质

---

〔1〕 习近平：《之江新语》，浙江人民出版社 2007 年版，第 235 页。

〔2〕 中共中央宣传部编：《习近平新时代中国特色社会主义思想学习纲要》，学习出版社、人民出版社 2019 年版，第 249 页。

〔3〕 中共中央宣传部编：《习近平新时代中国特色社会主义思想学习纲要》，学习出版社、人民出版社 2019 年版，第 248 页。

〔4〕 《中共中央关于深化党和国家机构改革的决定》编写组著：《中共中央关于深化党和国家机构改革的决定》，人民出版社 2018 年版，第 19 页。

和根本宗旨的问题，但还需要进一步解决如何使政府在履行职能中更好地落实为人民服务的问题；我们不断深化了对政府和市场、社会关系的认识问题，但还需要把三者辩证关系的认识落实为推动市场繁荣和社会发展的实际；我们回答了政府应该做什么的问题，但还需要进一步回答政府应该做到什么效度的问题。习近平新时代中国特色社会主义思想从主体意涵、职能体系、组织结构、效度指向这四个方面赋予了服务型政府建设深刻的新时代意涵，更加精细化、系统化、全面化地为人民满意的服务型政府建设提出了时代答案和制度方案。

1. 人民满意的服务型政府的主体意涵。党的十九大报告将"坚持党的领导、人民当家作主、依法治国有机统一"作为发展社会主义民主政治的首要战略任务。政府的职责，就是在依法行政中，将党的理论、路线、方针、政策，将一切为了人民、一切依靠人民，充分发挥广大人民群众积极性、主动性、创造性，实现好、维护好、发展好最广大人民根本利益贯彻落实到政府治理的方方面面。习近平总书记强调的党领导一切的领导主体地位和人民当家作主的国家主体地位，赋予人民满意的服务型政府建设的主体内涵，为政府在党的领导下不断提升人民满意的服务效能指明了方向。

"党的全面领导是深化党和国家机构改革的根本保证。"[1]习近平总书记指出："中国特色社会主义最本质的特征是中国共产党领导，中国特色社会主义制度的最大优势是中国共产党领导。"[2]在我国，党是最高政治领导力量，党的领导是中国特色社会主义事业取得成功和国家长治久安的根本保障。中国共产党与人民政府是执政与行政、领导与被领导的关系，高度统一于我们党"全心全意为人民服务"的根本宗旨。与西方国家实行的两院制、宪政民主、三权分立、多党制等政治制度，并导致在"政党分肥""政治献金""利益铁三角"中相互攻伐和恶性竞争，最终是公共价值弥散和社会信任沦丧不同，正如马克思所说的"一个单独的提琴手是自己指挥自己，一个乐队就需

---

〔1〕《中共中央关于深化党和国家机构改革的决定》编写组编著：《中共中央关于深化党和国家机构改革的决定》，人民出版社 2018 年版，第 17～18 页。

〔2〕习近平："决胜全面建成小康社会　夺取新时代中国特色社会主义伟大胜利——在中国共产党第十九次全国代表大会上的报告（2017 年 10 月 18 日）"，载《人民日报》2017 年 10 月 28 日，第 1 版。

要一个乐队指挥",[1]我们党代表人民和国家的整体意志和利益，充分发挥统领全局和协调各方的作用，党集中统一领导与政府有效执行相结合，以战略性整合资源和战术性运用资源的合力避免"碎片化"、降低内耗、克服"部门利益"、强化外部监督、集中力量办大事，促进人民满意的服务型政府建设任务的落地和目标的实现。

"坚持以人民为中心推进服务型政府建设"[2]，习近平总书记指出："人民是历史的创造者，是决定党和国家前途命运的根本力量。必须坚持人民主体地位，坚持立党为公、执政为民，践行全心全意为人民服务的根本宗旨，把党的群众路线贯彻到治国理政全部活动之中，把人民对美好生活的向往作为奋斗目标，依靠人民创造历史伟业。"[3]习近平总书记的要求表明，政府改革必须把以人民为中心作为根本立场。政府的组织结构一旦固化，便具有习惯性延续和示范性从容的偏好，形成官僚层级制的封闭保守性和规模扩张性，容易导致"政府中心主义"的思想意识，并形成行动逻辑束缚。这种状况在政府管理中，表现为政府把人民群众作为管理对象而不是服务对象，政府站在人民群众之上而不是之下行使行政权力，使权力主客体关系倒置，导致行政效率低、办事成本高，助长官僚主义、形式主义、部门利益；在政府改革中，表现为言改行不改、明改暗不改、改虚不改实、改轻不改重，导致"减而不简""转而不变""事转权不转"的现象[4]屡禁不止。而"以人民为中心"的改革立场则将人民的主体地位放到了前所未有的高度，通过突出人民的主体地位这一根本变量，以建设人民满意的服务型政府这个核心支点整体性撬动政府的机构职能体系的调整优化，使职能体系和机构设置不再是围绕政府自我评价是与否，而是围绕人民满意不满意进行调整优化，不再是如何有利于政府开展工作，而是有利于人民如何更方便地办事，不再是为了单纯

---

〔1〕 中共中央马克思恩格斯列宁斯大林著作编译局编译：《马克思恩格斯全集》（第四十四卷），人民出版社 2001 年版，第 384 页。

〔2〕 盛明科："坚持以人民为中心推进服务型政府建设"，载《湖南社会科学》2017 年第 6 期。

〔3〕 习近平："决胜全面建成小康社会 夺取新时代中国特色社会主义伟大胜利——在中国共产党第十九次全国代表大会上的报告（2017 年 10 月 18 日）"，载《人民日报》2017 年 10 月 28 日，第 1 版。

〔4〕 参见石亚军："转变政府职能须防止因形式主义和官僚主义转而不变"，载《中国行政管理》2013 年第 12 期。

提升政府的业绩，而是为了最终提高人民的获得感和满意度。

2. 人民满意的服务型政府的职能优化。建设人民满意的服务型政府，在明确了改革"谁来领导，谁是主体"的问题之后，必须回答的是人民满意的服务型政府服务什么的问题。在较长的一段历史时期内，由于时代条件的束缚，建立健全社会主义市场经济体制一直是行政体制改革的重点，经济职能的完善和加强是政府职能转变的重心。纵向来看，这样的政府改革路径是基于历史阶段和实际情境的策略选择，是时代背景下正确的决断。但是，市场经济有其固有的缺陷，市场在解决经济和社会转型中伴生的贫富分化、重量轻质、安全风险、信用缺失、生态破坏和环境污染等社会问题存在失灵之处，这需要在发挥市场配置资源的决定性作用时，更好地发挥政府的作用。政府职能是政府作用的具体体现，政府职能的界定是以科学认识政府、市场和社会三者间关系为前提的。进入新时代，需要我们总结既往正反两个方面的经验，以习近平新时代中国特色社会主义思想为行动指南，正确看待并把握政府与市场的对立统一关系，避免单一强调某一方都会导致结构性失衡的偏颇，这是人民满意的服务型政府职能体系构建的前提。

习近平总书记强调，新时代的社会主义现代化"本质是人的现代化"，"我们要建设的现代化是人与自然和谐共生的现代化"，要"推进国家治理体系和治理能力现代化"，"要在坚持以经济建设为中心的同时，全面推进经济建设、政治建设、文化建设、社会建设、生态文明建设，促进现代化建设各个环节、各个方面协调发展"[1]根据习近平总书记系列重要讲话精神，党的十八届三中全会作出了使市场在资源配置中起决定性作用和更好发挥政府作用的论断，党的十九届四中全会在部署坚持和完善中国特色社会主义行政体制，构建职责明确、依法行政的政府治理体系中，提出了"完善政府经济调节、市场监管、社会管理、公共服务、生态环境保护等职能，实行政府权责清单制度，厘清政府和市场、政府和社会关系"的任务，对基于市场配置资源的决定性作用优化政府职能体系指明了方向。服务型政府职能的确定、呈

---

[1]　中共中央宣传部编：《习近平新时代中国特色社会主义思想学习纲要》，学习出版社、人民出版社 2019 年版，第 59 页。

现和实施，往往以政府的服务事项为载体，在建设人民满意的服务型政府的过程中，体现人民为主体的政府服务事项应有两方面的意涵：

（1）从事务领域上看，服务事项应该是全领域、全覆盖的，在经济建设方面，人民满意的服务型政府应大力推进"放管服"改革，优化营商环境，构建新型的政商关系；在政治建设方面，人民满意的服务型政府应大力加强内部作风建设，牢牢确立"权为民有、权为民用、权为民享"的行政理念和观念，并落实到具体的审批、监管、服务工作中；在文化建设方面，人民满意的服务型政府应积极推进公共文化服务体系建设，建立健全把社会效益放在首位，社会效益和经济效益相统一的文化创作生产体制机制，以满足人民日益增长的精神文化需求；在社会建设方面，人民满意的服务型政府应有序放权社会，完善共建共治共享的社会治理制度，推动社会治理和服务重心向基层下移，把更多资源下沉到基层，更好提供精准化、精细化服务，积极构建社会治理共同体；在生态建设方面，人民满意的服务型政府应遵循自然发展规律，坚持和完善生态文明制度体系，对涉及生态环保的政府机构职能体系进行系统化整合优化，切实提高生态治理的有效性。

（2）从事务履行上看，服务事项的实现过程涉及决策、执行、监管、服务等不同的环节和层次，政府在履职全过程的各个环节和层次都必须意识到，人民不仅是行政相对人，更是政府权力的最终来源，服务型政府应当作为号召人、协调者和支持者，[1]做到按人民的意志和利益进行科学决策，为实现人民的意志和利益进行有力的执行和监管，为满足人民的需要提供优质高效的服务。

3. 人民满意的服务型政府的机构整合。习近平总书记指出，"党和国家机构职能中存在的一些深层次体制难题还没有解决；一些问题反映比较强烈、看得也比较准，但由于方方面面因素难以下决断；还有一些问题，由于以往主要是调整政府机构，受改革范围限制还没有涉及"。[2]组织结构的特征、维

---

〔1〕 See JohnM. Bryson, Barbara C. Crosby, and Laura Bloomberg, "Public Value Governance: Moving Beyond Traditional Public Administration and the New Public Management", *Public Administration Review*, vol 74, no. 4 (2014): pp. 445～456.

〔2〕《〈中共中央关于深化党和国家机构改革的决定〉〈深化党和国家机构改革方案〉辅导读本》编写组编著：《〈中共中央关于深化党和国家机构改革的决定〉〈深化党和国家机构改革方案〉辅导读本》，人民出版社 2018 年版，第 76～77 页。

度和形态直接关系组织绩效的高低，中国特色社会主义党和国家机构体系，应当突出提高党的领导力、增强政府执行力。中华人民共和国建立以来尤其是改革开放以来，我们党领导人民在长期探索、创新中，建立起符合中国国情的党和国家机构体系，为社会主义建设、改革开放事业和中国特色社会主义事业提供了强有力的组织保障。其中，在探索党的领导权和政府的行政权的关系中，积累了丰富经验，但也留下了值得吸取的教训。改革开放后的几次机构改革主要侧重于政府机构的调整，缺乏对党和国家机构的整体性调整优化，导致了机构改革的一些深层次问题无法得到根本解决。进入新时代，随着党情、国情、世情和社会主要矛盾的变化，以及社会事务的复杂性和人民需求的多元性呈现，对党的执政能力和政府的行政效能的整合提出了新的要求，"坚持和加强党的全面领导，在这一前提下处理好党政关系，打破所谓的党政界限，增强党的领导力，提高政府执行力"。[1]这是习近平新时代中国特色社会主义思想对党和国家机构改革，包括人民满意的服务型政府组织机构体系优化的要求。

为了推进党和国家机构间职能的相互衔接、相互融合，从而"推动党和国家各项工作协调行动、高效运行"。[2]人民满意的服务型政府的组织机构设置应采用"整合思维"，即进行党政机构的统一联动的综合性改革，从而全面完善党的机构的领导体制机制和政府机构的行政体制机制，党的机构和国家机构的职能机构体系分工明确又有机联系，领导权和行政权统合运行。作为人民满意的服务型政府的组织基础构建工程，最新一轮的党政国家机构改革"坚持党的全面领导，坚持以人民为中心，坚持优化协同高效，坚持全面依法治国"的改革原则，对党政国家机构进行重大调整，力图抓重点、补短板、强弱项、防风险：首先，完善党的全面领导制度，主要措施有：建立健全党对重大工作的领导体制机制，"强化党的组织在同级组织中的领导地位""更好发挥党的职能部门作用""统筹设置党政机构""推进党的纪律检查体制和

---

〔1〕　王晓晖："坚持优化协同高效推进党和国家机构改革"，载《人民日报》2018年3月19日，第8版。

〔2〕　王晓晖："坚持优化协同高效推进党和国家机构改革"，载《人民日报》2018年3月19日，第8版。

国家监察体制改革"；其次，优化政府机构设置和职能配置，主要措施有："合理配置宏观管理部门职能""深入推进简政放权""完善市场监管和执法体制""改革自然资源和生态环境管理体制""完善公共服务管理体制""强化事中事后监管""提高行政效率"；最后，统筹党政军群机构改革，致力于全方位理顺机构间关系，发挥最大效能；推进机构编制法定化，力图从源头上对编制进行定额限制和治理，并对编外人员进行了规范；"合理设置地方机构……科学设置中央和地方事权，理顺中央和地方职责关系，更好发挥中央和地方两个积极性"。[1]

4. 人民满意的服务型政府的效度指向。习近平总书记指出："时代是出卷人，我们是答卷人，人民是阅卷人。""党的执政水平和执政成效都不是由自己说了算，必须而且只能由人民来评判，最终都要看人民是否真正得到了实惠，人民生活是否真正得到了改善，人民权益是否真正得到了保障。""要坚持把人民拥护不拥护、赞成不赞成、高兴不高兴、答应不答应作为衡量一切工作得失的根本标准，努力向历史、向人民交出新的更加优异的答卷。"[2]实现全体人民共同富裕的目标需要一个很长的历史过程，是由一个一个阶段性目标逐步达成的，我国正处于并将长期处于社会主义初级阶段，我们不能做超越阶段的事情，但也不是说在逐步实现共同富裕方面就无所作为，而是要根据现有条件把能做的事情尽量做起来，积小胜为大胜，不断朝着全体人民共同富裕的目标前进。[3]共同富裕的终极目标在现阶段最好的指标效度就是人民的幸福感、获得感和安全感。在不强调以人民为主体的行政体制中，必然存在政府忽视人民群众需求的倾向，这是各国政府运行必须正视的共同问题。在"传统公共行政"时期，强调效率至上的标准，侧重于对行政原则的精雕细琢，但是却忽视了政府机构效率的提升，即政府工作人员的办事效率，不一定可以等同于民众所期待的效率，其中存在"政府中心主义"的主

〔1〕《中共中央关于深化党和国家机构改革的决定》编写组编著：《中共中央关于深化党和国家机构改革的决定》，人民出版社 2018 年版，第 33 页。

〔2〕 中共中央宣传部编：《习近平新时代中国特色社会主义思想学习纲要》，学习出版社、人民出版社 2019 年版，第 43 页。

〔3〕 参见中共中央宣传部编：《习近平新时代中国特色社会主义思想学习纲要》，学习出版社、人民出版社 2019 年版，第 46 页。

体置换的问题。沃尔多等"新公共行政学派"的代表认为应当注重政府的代表性和回应性问题，主张公共行政过程中对规则和程序的强调，但是这种规范主义的倾向也导致了繁文缛节这样的弊端，虽然可以限制腐败、权力滥用等问题的出现，但是设置重重关卡的同时也给民众办事"添堵"，而后的"新公共管理"改革虽然强调效率至上和顾客导向，但是也存在简化公民权利的问题，无法真正实现民众满意度的全面提升。

习近平总书记指出，"让老百姓过上好日子，是我们一切工作的出发点和落脚点"，[1]"以人民为中心"的发展思想为我国政府在改革中摆正政府与人民的关系、处理好效率与公平的关系从而提升政府服务效度提供了思想指南。为进一步推进社会主义现代化建设，解决前期经济发展带来的负效应和改革遗留的"硬骨头"，以实现人民对美好生活的期望，建设人民满意的服务型政府，以"人民满意"为冠名词，致力于通过协同高效的体制机制建设实现人民满意的根本目标：首先，精准识别人民的需求是人民满意的服务型政府建设的效度前提。群众路线是党的生命线和根本的工作路线，本次机构改革要求转变行政作风，试图通过贯彻落实群众路线加强政府和人民群众的联系，从而更好地识别和满足人民的需求。例如，在本轮机构改革过程中，广泛征求民意，经统计，各方面共提出修改意见 641 条，扣除重复意见后为 330 条，其中原则性意见 143 条，具体修改意见 407 条；具体修改意见中，实质性修改意见 396 条，文字性修改意见 11 条。党中央责成文件起草组认真梳理和研究这些意见和建议，对决定稿作出修改。文件起草组经过认真研究，共对决定稿作出 171 处修改，覆盖 192 条意见"。[2]其次，坚持问题导向和重视调查研究是人民满意的服务型政府建设的效度路径。习近平总书记指出，"问题是事物矛盾的表现形式，我们强调增强问题意识、坚持问题导向，就是承认矛盾的普遍性、客观性，就是要善于把认识和化解矛盾作为打开工作局面的突破口"。"没有调查就没有发言权，没有调查就没有决策权。党员、干部

---

〔1〕　人民日报社评论部编著：《"四个全面"学习读本》，人民出版社 2015 年版，第 53 页。

〔2〕　《〈中共中央关于深化党和国家机构改革的决定〉〈深化党和国家机构改革方案〉辅导读本》编写组编著：《〈中共中央关于深化党和国家机构改革的决定〉〈深化党和国家机构改革方案〉辅导读本》，人民出版社 2018 年版，第 81 页。

特别是领导干部要重视调查研究。开展调查研究要务求'深、实、细、准、效'，通过扎实深入的调查研究，把事情的真相和全貌调查清楚，把问题的本质和规律把握准确，把解决问题的思路和对策研究透彻"。[1]这有利于规避既往改革中闭门造车和任务导向的弊端，紧紧抓住人民最关心最直接最现实的利益问题，如教育、就业、收入分配和社会保障的问题，具体在本次机构改革中针对生态环保问题、基层执法问题、农村公共服务问题等重大民生问题在党政机构职能体系调整重点关切和着力解决。最后，"放权社会，赋权基层"是人民满意的服务型政府建设的效度成果。便民利企是"放管服"改革的重要出发点，限定时效，简化流程，监管后置，政府通过对自身的优化给企业和民众办事提供最大的便利，政府不再既是运动员又是裁判员，人民才是最高裁决者和最终批评者。例如，政府网站建设中的群众找错行动，正是这一思想的实践体现。促进共建、共享、共治的社会治理格局的形成是本轮改革的一大亮点，人民对美好生活的向往和人民对政府期许的提升，人民幸福感、获得感和安全感的获得不仅仅是物质层面的，还有政治参与层面的，在社会治理中提升人民的参与度，让人民参与公共服务供给和社会事务治理的过程，是人民当家作主主体性地位的切实体现。"科学设置中央和地方事权，理顺中央和地方职责关系，更好发挥中央和地方两个积极性，中央加强宏观事务管理，地方在保证党中央令行禁止前提下管理好本地区事务，合理设置和配置各层级机构及其职能"，"推动治理重心下移，尽可能把资源、服务、管理放到基层，使基层有人有权有物，保证基层事情基层办、基层权力给基层、基层事情有人办"。[2]

---

〔1〕《党的群众路线教育实践活动读本》编写组编著：《党的群众路线教育实践活动读本》，人民出版社2013年版，第67页。

〔2〕《中共中央关于深化党和国家机构改革的决定》编写组编著：《中共中央关于深化党和国家机构改革的决定》，人民出版社2018年版，第40页。

第二章　70年行政体制改革的历程

　　经济体制改革和政治体制改革，是我国改革战略的两大主体。[1]依据马克思主义关于经济基础与上层建筑之间的理论可知，一个国家的政治体制应与经济体制改革相适应。自1949年中华人民共和国成立以来，70年发展历程见证了我国计划经济向社会主义市场经济的变迁，以市场化为导向的发展模式改变了我国经济发展的特点、速度、结构、体量。为与之相适，经济体制改革与政治体制改革得以不断推进。"行政体制改革承接着经济与政治体制改革两部分，是二者之间的中介。"[2]一方面，行政体制改革是经济体制改革的客观结果，也是解决经济体制问题的重要杠杆；另一方面，行政体制改革是政治体制改革的重要组成，要为深层次的政治体制改革做好准备。[3]

　　邓小平曾指出："改革是中国的第二次革命"，[4]行政体制改革是政府不断适应经济社会发展需要，不断自我调整、自我规范、自我完善的自我革命。经济社会发展不会停顿，行政体制改革必然步步深化，每一次改革都有明确的目标，每一次改革目标之间都是承上启下的接续，这就注定了改革不可能一蹴而就，而是朝着一个个更高目标推进的过程。70年的行政体制改革，从单一目标向多元目标、从单边突进走向系统化推进、从外延式改革向内涵式改革、从"刀刃向外"向"刀刃向内"、从渐进改革向顶层设计、从单个行政系统向整体系统统筹转变，在调整机构、明晰责权、理顺机制等几个关键

---

〔1〕　参见金太军等：《政府职能梳理与重构》，广东人民出版社2002年版。

〔2〕　张康之："本次机构改革的深层意蕴"，载《中国党政干部论坛》2003年第4期。

〔3〕　参见张康之：《社会治理的历史叙事》，北京大学出版社2006年版。

〔4〕　邓小平：《邓小平文选》（第三卷），人民出版社1993年版，第113页。

领域取得突破，改革红利不断显现。

纵观现有的研究成果，学者们主要是从两个视角对行政体制进行研究，一是主体视角，二是要素视角，[1]两种研究视角均在一定程度上揭示了行政体制的意涵。这里主要基于要素视角，认为行政体制是"关于政府的职能定位、权力配置、运行规则和法律保障的总称"，[2]行政体制改革则是为适应经济变化、满足人民期待、克服传统体制积弊的客观要求，调整优化政府的职能定位、权力配置、运行规则、法律制度，建设人民满意的服务型政府的一系列改革。

建设人民满意的服务型政府，是习近平新时代中国特色社会主义思想为行政体制改革提出的目标要求，是马克思主义中国化最新成果的重要内容。中华人民共和国建立以来，我们党始终秉持全心全意为人民服务的宗旨，致力于把这一宗旨贯彻到政府建设和发展中，在历次行政体制改革中不断完善更好彰显这一宗旨的目标要求。自1949年以来，我国政府进行了多次行政体制改革，矢志克服体制积弊，适应不断建设社会主义市场经济的需要，使行政管理体制和政府行政不断满足人民的期待。2006年，党的十六届六中全会明确要求"建设服务型政府，强化社会管理和公共服务职能"。[3]2007年，党的十七大报告把"加快行政管理体制改革，建设服务型政府"作为发展社会主义民主政治的重要内容。[4]2012年，党的十八大提出"建设职能科学、结构优化、廉洁高效、人民满意的服务型政府"，明确将建设服务型政府变为建设人民满意的服务型政府。[5]党的十九大报告进一步强调"转变政府职能，深化简政放权，创新监管方式，增强政府公信力和执行力，建设人民满意的

---

〔1〕 参见主体角度认为"行政体制是政府序列的体制"，要素角度认为"行政体制包含权力结构变革、组织机构调整、政府职能转变、管理制度以及手段方式创新等"。（参见胡伟：《政府过程》，浙江人民出版社1998年版，第292页；马宝成、安森东："中国行政体制改革40年：主要成就和未来展望"，载《行政管理改革》2018年第10期。）

〔2〕 薛刚凌主编：《行政体制改革研究》，北京大学出版社2006年版，第6页。

〔3〕 "中共中央关于构建社会主义和谐社会若干重大问题的决定"，载《求是》2006年第20期。

〔4〕 参见胡锦涛："高举中国特色社会主义伟大旗帜　为夺取全面建设小康社会新胜利而奋斗——在中国共产党第十七次全国代表大会上的报告"，载《求是》2007年第21期。

〔5〕 参见胡锦涛：《坚定不移沿着中国特色社会主义道路前进　为全面建成小康社会而奋斗——在中国共产党第十八次全国代表大会上的报告》，人民出版社2012年版。

服务型政府"。[1]

　　围绕建设为人民服务的政府，我国行政体制改革在 70 年经历了若干历程，依据以精简机构和人员还是转变政府职能为核心来确定改革的针对和策略的选择，可将改革分为四个阶段：以精简机构和人员为核心的改革阶段（1949 年~1987 年）、逐步转向以政府职能转变为核心的改革阶段（1988年~2012 年）、切实实行以政府职能转变为核心的改革阶段（2013 年~2017年）、全面深化改革视域下统筹党政机构职能整体优化的阶段（2018 年至今）。第一阶段改革，着眼于精简机构和人员，重在解决机构臃肿、层次过多的积弊；第二阶段改革，旨在适应改革开放和社会主义现代化建设的要求，跳脱政府机构改革的怪圈，改变高度集权的计划经济模式，[2]逐步探索市场经济体制下的政府职能转变之路；第三阶段改革，是在"放管服"背景下，以行政审批制度改革为抓手，切实推动政府职能内涵式转变，建立起精简统一高效规范的服务型政府；第四阶段改革，改革范围发生显著变化，从行政系统内的改革优化扩展为党和国家整体系统的统筹优化，以更高的站位、更大的力度、更深的层次建设人民满意的服务型政府。

　　为了对 70 年的行政体制改革进行全景式描述，本章以关键事件和时间节点为线索，从上述四个阶段划分梳理改革历程。四个阶段之间存在的改革主线，就是不断探索建设人民满意的服务型政府。通过不断深化改革，服务型政府建设已取得不少硕果，政府的角色亦从"管理者"转变为"服务者"，但服务型政府建设的现状与新时代的各方面期许相比，依然存在短板与不足。"明者因时而变，知者随事而制"，如何在新时代语境下建设人民满意的服务型政府，仍是需要作出回答的重大课题。正所谓"知来路，明去路"，只有厘清每个阶段改革的背景、依据、旨在解决的问题、采取的措施、取得的成效，才能把握好行政体制改革和服务型政府建设的基本经验、衔接好今后改革的思路方案，更好、更快、更优地建设人民满意的服务型政府。

　　〔1〕　习近平："决胜全面建成小康社会　夺取新时代中国特色社会主义伟大胜利——在中国共产党第十九次全国代表大会上的报告（2017 年 10 月 18 日）"，载《人民日报》2017 年 10 月 28 日，第 1 版。

　　〔2〕　参见陈坚："改革开放以来我国政府机构改革历程述略"，载《党的文献》2008 年第 3 期。

一、以精简机构和人员为核心的改革阶段（1949 年～1987 年）

1949 年～1988 年这一阶段的改革主要围绕"精简机构和人员"展开，改革的主要任务是解决政府机构臃肿、层次过多、职责不清、缺乏效率的问题，实现政府的结构合理、功能齐全、运转协调、灵活高效。

（一）中华人民共和国成立至"文革"前的改革：精简编制与下放权力为重点（1949 年～1965 年）

中华人民共和国成立之后，我国面临着两大任务，即"巩固革命政权和尽快恢复被战争破坏了的社会经济"[1]，这对新生国家提出了严峻考验。"怎么发展经济？""如何管理国家？""设置哪些机构"等一系列问题并无自身的先例可循、经验可搬，在此情境下不得不选择现成的榜样，"以苏为师"成为退而求其次的选择，[2]计划经济体制基础上的行政体制由此建立。在当时，"大致建立了一个以中国共产党领导体制为核心、以行政体制为主体、以意识形态体制为推动力的比较稳定的组织结构和规范系统"[3]与计划经济体制相适应的行政体制运用指令性计划，在全国范围内配置人财物资源，集中力量办大事，保证重点建设，顺利完成"一五计划"。诚然，在形成之初，这种模式基本适应了当时我国的政治、经济、文化的发展状况，改变了国家成立之初的"一穷二白"，促进了国民经济的恢复和发展。随着经济社会的发展，计划经济模式及其与之适应的行政架构，在时间的推移中暴露出诸多问题，为解决这些问题，行政体制改革应运而生。

1. 第一次精简调整（1951 年～1953 年）。1949 年 9 月，"全国政协第一届会议制定了起临时宪法作用的《中国人民政治协商会议共同纲领》、《中华人民共和国中央人民政府组织法》"。[4]借鉴苏联模式，依据《中华人民共和

〔1〕 谢庆奎："中国行政机构改革的回顾与展望——兼论行政机构改革的长期性"，载《学习与探索》1997 年第 6 期。

〔2〕 参见丰存斌："从外延型到内涵型：我国政府机构改革的逻辑转进"，载《"中国特色社会主义行政管理体制"研讨会暨中国行政管理学会第 20 届年会论文集》。

〔3〕 王全有："新中国的七次'革命'——建国以来政府机构改革备忘录"，载《党史纵横》2002 年第 10 期。

〔4〕 中共中央统一战线工作部编：《党政干部统一战线知识读本》，华文出版社 1999 年版，第 235 页。

国中央人民政府组织法》，对中华人民共和国中央人民政府进行了最初的设置，[1]下设人民革命军事委员会、最高人民法院、最高人民检察署和政务院，[2]其中政务院是最高的执行机关，下设 35 个委、部、署、院。[3]但由于国家政权机构初创阶段经验不足，导致政府上下层配置不协调问题突出。"在上层方面产生了机关庞大、层次太多、头绪纷繁、人浮于事的现象，而在下层，特别是经济建设和文教建设这些方面，却缺乏必需的人员。"[4]为解决这一问题，1950 年 6 月政务院印发《关于统一全国各级人民政府党派群众团体员额暂行编制（草案）》，[5]1951 年中央人民政府政务院通过了《关于调整机构紧缩编制的决定（草案）》，1952 年中央人民政府委员会通过《关于调整中央人民政府机构的决议》和《关于调整地方人民政府机构的决议》，为此轮改革提供了制度依据。

本次改革的主要任务是精简编制。主要从以下几个方面着手：其一，调整紧缩上层，合理充实基层。减少中央和大区[6]两级党政群机关编制员额 1/5，减少省级党政群机关编制员额 1/10，精简后的编制员额充实到县、基层和新建单位。其二，合并分工不清和性质相近的机构。[7]其三，精简机构，减少层次。中央和大行政区各部的机构，一般只设部、司、科三级；省（市）各厅（局）的机构，一般只设厅（局）、科两级；省辖市以下，一般只设科不设局。其四，规定了干部与勤杂人员的比例。"中央、大行政区为 8∶1，省

---

〔1〕　参见这里的中央人民政府不同于 1954 年《宪法》规定成立的中央人民政府——国务院，此时它是最高权力机关，而非最高权力机关的执行机关，这个"政府"概念是广泛的。

〔2〕　参见雷明编著：《行政管理概论》，中国人事出版社 2004 年版。

〔3〕　参见 35 个工作部门分别是：秘书厅、内务部、外交部、情报总署、公安部、财政部、贸易部、重工业部、燃料工业部、纺织工业部、食品工业部、轻工业部、铁道部、邮电部、交通部、农业部、林垦部、水利部、劳动部、文化部、教育部、卫生部、司法部、科学院、海关总署、新闻总署、出版总署、人民银行、法制委员会、民族事务委员会、华侨事务委员会、政治法律委员会、财政经济委员会、文化教育委员会、人民监察委员会。

〔4〕　中共中央文献研究室编：《建国以来重要文献选编》（第二册），中国文献出版社 2011 年版，第 416 页。

〔5〕　参见宋世明："中国行政体制改革 70 年回顾与反思"，载《行政管理改革》2019 年第 9 期。

〔6〕　参见中华人民共和国建国初期划分的行政区，共有 6 个，为东北、华北、华东、中南、西北、西南等 6 大行政区，实行党政军一体化管理。

〔7〕　参见中央燃料工业部与重工业部、纺织工业部与轻工业部合并；大行政区以下各级政府的农业、林业、水利部门原则上实行合并，专署以下的民政与人事机构一律合并。

（市）为 8：1～9：1，地区行署、县、区公所为 9：1～10：1。其五，要求划清楚企业、事业机构和行政机构的编制和开支。到 1953 年底，政务院工作部门增加到 42 个"。[1]

2. 第二次精简调整（1954 年～1955 年）。第一个五年计划顺利实施后，我国初步建立起独立的工业体系，社会主义经济建设进入高潮。为适应这个新形势，更好地推动国民经济有计划按比例均衡地发展，政府需要对各业务部门的机构设置、业务分工和管理形式进行调整。[2]自 1954 年年底开始，中央和地方进行了第二次较大规模的精简。当时，各机关存在的问题主要有：其一，人员编制有增无减，不断膨胀。据统计，在中央部门中 5000 人以上的部有 5 个，3000 人以上的部有 5 个。其二，业务人员与非业务人员数量之间的比例失衡。其三，"编外人员与在编人员混淆不清，行政、事业、企业三种编制不清，互相挤占"。[3]

1954 年 9 月，第一届全国人民代表大会召开，会议决定成立最高国家行政机关——国务院，法院、检察院不再作为中央政府的工作部门，不再受中央政府的领导和监督，而是对全国人民代表大会及其常委会负责并报告工作。[4]会议通过了《中华人民共和国宪法》（以下简称《宪法》）、《中华人民共和国国务院组织法》（以下简称《国务院组织法》），加之陆续发布的《中央人民政府关于撤销大区一级行政机构和合并若干省、市建制的决定》《国务院关于设立、调整中央和地方国家行政机关及其有关事项的通知》，为解决精简编制难题的改革提供较为充分的法律制度依据。《宪法》《国务院组织法》明确了国家的政治及行政体制结构、运行原则（表 2-1）。[5]

---

〔1〕 高波："中国政府机构改革历程论析"，华中师范大学 2004 年硕士学位论文。

〔2〕 参见中国行政管理学会编：《新中国行政管理简史（1949-2000）》，人民出版社 2002 年版。

〔3〕 赵奇、刘太刚主编：《中国县级行政组织立法研究》，中国人民公安大学出版社 2001 年版，第 196 页。

〔4〕 参见陶学荣、陶睿：《中国行政体制改革研究》，人民出版社 2006 年版。

〔5〕 参见纵向上，一般分为四个层级，即中央、省、县、乡四个行政层次；横向上，县以上各级政府根据不同职能的划分，设置相应的工作部门。

表 2 - 1　国务院机构设置（1954 年）

国务院秘书厅	
组成部门 （35 个）	内务部、外交部、国防部、公安部、司法部、监察部、财政部、粮食部、商业部、地质部、铁道部、邮电部、交通部、农业部、林业部、水利部、卫生部、劳动部、文化部、教育部、重工业部、轻工业部、对外贸易部、国家计划委员会、国家建设委员会、地方工业部、第一机械工业部、第二机械工业部、燃料工业部、建筑工程部、纺织工业部、高等教育部、体育运动委员会、民族事务委员会、华侨事务委员会
办公机构 （8 个）	国务院第一办公室、国务院第二办公室、国务院第三办公室、国务院第四办公室、国务院第五办公室、国务院第六办公室、国务院第七办公室、国务院第八办公室
直属机构 （20 个）	国家统计局、国家计量局、中国人民银行、中央手工业管理局、中国民用航空局、中央气象局、中央工商行政管理局、新华通讯社、广播事业局、中国文字改革委员会、对外文化联络局、国务院宗教事务局、国务院法制局、国务院人事局、国家档案局、中央机要交通局、国务院参事室、国务院专家工作局、国务院机关事务管理局、国务院总理办公室

资料来源：根据中国政府网的资料整理。

根据这一部署，中央政府的精简规模和力度较大。"第一，划清各部门业务范围，调整和精简机构，按照工作需要合理地确定机构、核定人员。在原有的 48 个部门中，共减少了 2198 个处、科，内部机构层次从四级或五级制减为三级或二级制。第二，紧缩编制，明确了新的编制方案。国务院 51 个单位系统共减少 36 270 人，精简幅度为 40.1%"。[1]第三，撤销大区一级行政机构和合并若干省市建制。依据撤销大区的具体方案，撤销了松江省、宁夏省等省的建制，合并长春、武汉、广州、西安等市的建制。[2]同时，各级地方政府也进行了精简，省政府的派出机关专员公署和县政府的派出机关区公

〔1〕　乌杰主编：《中国政府与机构改革》（上册），国家行政学院出版社 1998 年版，第 311 页。

〔2〕　参见中央人民政府委员会第 32 次会议通过的《中央人民政府关于撤销大区一级行政机构和合并若干省、市建制的决定》规定：撤销辽东、辽西两省，合并改为辽宁省；撤销松江省建制，与黑龙江省合并为黑龙江省；撤销宁夏省建制，与甘肃省合并为甘肃省；将沈阳、旅大、鞍山、抚顺、本溪、哈尔滨、长春、武汉、广州、西安、重庆等 11 个中央直辖市，均改为省辖市；沈阳、旅大、鞍山、抚顺、本溪 5 市并入辽宁省的建制；哈尔滨市并入黑龙江省的建制；长春市并入吉林省的建制；武汉市并入湖北省的建制；广州市并入广东省的建制；西安市并入陕西省的建制；重庆市并入四川省的建制。

所精简比例较大。

与此同时，各级地方行政机关也出现了相应变化：一是"地方各级人民委员会不再兼具权力机关和行政机关双重职能的职权，而只是地方各级人民代表大会的执行机关，由同级人大产生并对它负责、报告工作，并且要对上一级国家行政机关负责并报告工作"。[1] 二是省人民委员会各工作部门与国务院有关主管部门存在业务领导关系，实行中央主管部门和地方政府双重领导。

3. 第三次精简调整（1956 年 ~ 1959 年）。伴随着第一个五年计划的完成和社会主义改造的结束，管理权限日益向中央政府集中，地方缺乏自主权的问题突出出来，中央政府高度集权，管得过严、统得过死，严重挤压了地方政府的自主权空间、压抑了地方办事的动力和积极性。对此，毛泽东在《论十大关系》中专门就中央和地方的关系这一状况进行了批评。[2] 在央地政府管理权限上失衡的同时，中央政府行政机构臃肿庞大、办事效率低下的问题仍然作为"老大难"问题存在。到 1956 年底，国务院工作部门达到 81个（表 2-2），达到了中华人民共和国成立以来中央政府机构数量的第一次高峰。[3]

为了解决地方政府、企业自主权薄弱以及中央政府机构臃肿、办事效率低下的问题，国务院于 1956 年 5 月 ~ 8 月召开了全国体制会议，重点讨论和审视中央集权过多、地方积极性不足的问题，依据"统一领导、分级管理、因地制宜、因事制宜"[4] 的原则和体制会议讨论的结果，制定了改革所依据的规范性文件《国务院关于改进国家行政体制的决议（草案）》《国务院关于

---

〔1〕 马少红："论人民代表大会制度在我国的确立"，载《东北师大学报（哲学社会科学版）》2006 年第 2 期。

〔2〕 参见 1956 年 4 月，毛泽东在《论十大关系》中批评了权力过分集中的现象，不能像苏联那样，把什么都集中到中央，把地方卡得死死的，一点机动权也没有，应当在巩固中央统一领导的前提下，扩大一点地方的权力，给地方更多的独立性，让地方办更多的事情。毛泽东明确提出要精简机构，他说："必须反对官僚主义，反对机构庞大。在一不死人二不废事的条件下，我建议党政机构进行大精简，砍掉它三分之二。"

〔3〕 参见高汉荣："我国政府机构改革中的行政权力调整及变动趋向"，载《新疆大学学报（哲学社会科学版）》2002 年第 2 期。

〔4〕 周恩来在党的八大上提出了改进国家行政管理体制、解决集权与分权问题的基本方针和七项原则，其中基本方针为"统一领导、分级管理、因地制宜、因事制宜"。

改进工业管理体制的规定》《国务院关于改进商业管理体制的规定》《国务院关于改进财政管理体制的规定》《中共中央、国务院关于改进计划管理体制的规定》。[1] 这些规范性文件，"总的精神是把一部分工业、商业、财务、计划权限，下放给地方行政机关和厂矿企业，改变中央集权过多、管得过死的现象，以便发挥地方和企业的主动性和积极性"。[2]

表 2 - 2　国务院机构设置（1956 年）

国务院秘书厅	
组成部门（48 个）	内务部、外交部、国防部、公安部、司法部、监察部、财政部、粮食部、商业部、水产部、地质部、铁道部、交通部、邮电部、农业部、农垦部、林业部、水利部、劳动部、文化部、教育部、卫生部、轻工业部、石油工业部、建筑工程部、城市建设部、纺织工业部、食品工业部、森林工业部、高等教育部、电力工业部、煤炭工业部、国家计划委员会、国家建设委员会、国家经济委员会、国家技术委员会、第一机械工业部、第二机械工业部、第三机械工业部、城市服务部、对外贸易部、冶金工业部、化学工业部、建筑材料工业部、电机制造工业部、体育运动委员会、民族事务委员会、华侨事务委员会
办公机构（8 个）	国务院第一办公室、国务院第二办公室、国务院第三办公室、国务院第四办公室、国务院第五办公室、国务院第六办公室、国务院第七办公室、国务院第八办公室
直属机构（24 个）	国家统计局、国家计量局、中国人民银行、国家档案局、国家测绘总局、物资供应总局、国务院参事室、中央气象局、国务院法制局、新华通讯社、广播事业局、国务院人事局、国务院宗教事务局、中国民用航空局、中央工商行政管理局、中国文字改革委员会、中央机要交通局、国务院外国专家局、国务院专家局、国务院出国工人管理局、国务院机关事务管理局、国务院总理办公室、中央手工业管理局、对外文化联络局

资料来源：根据中国政府网的资料整理。

---

〔1〕　参见张劲、陆逸琼："中国政府机构改革 60 年"，载《同济大学学报（社会科学版）》2009 年第 5 期。

〔2〕　徐之河、徐建中：《中国公有制企业管理发展史（1927—1965）》，上海社会科学院出版社 1992 年版，第 140、141 页。

《国务院关于改进国家行政体制的决议（草案）》规定给予各省（自治区、直辖市）一定的计划、财政、企业、物资、人事等管理权。"依据改革的方案设计，1958 年开始向地方企业下放权力，这实属建国以来第一次下放权力。据统计中央的直属企事业单位从 1957 年到 1958 年下放了 7100 个，占原有总数的 88%"。[1]与此同时，国务院所属机构进行了精简调整。到 1959 年底，"国务院工作部门由原来 81 个减为 60 个（表 2–3），其中包括 39 个部委、14 个直属机构、6 个办公室和 1 个秘书厅，工作人员也裁减到 3.6 万人"。[2]

表 2–3　国务院机构设置（1959 年）

国务院秘书厅	
组成部门（39 个）	内务部、外交部、国防部、公安部、财政部、粮食部、商业部、地质部、铁道部、交通部、邮电部、农业部、林业部、国家计划委员会、国家经济委员会、国家基本建设委员会、科学技术委员会、第一机械工业部、第二机械工业部、对外文化联络委员会、体育运动委员会、民族事务委员会、华侨事务委员会、文化部、教育部、卫生部、对外贸易部、冶金工业部、化学工业部、纺织工业部、水利电力部、农业机械部、煤炭工业部、石油工业部、建筑工程部、轻工业部、农垦部、水产部、劳动部
办公机构（6 个）	国务院政法办公室、国务院外事办公室、国务院工业交通办公室、国务院财贸办公室、国务院农林办公室、国务院文教办公室
直属机构（14 个）	国家统计局、国家测绘总局、中国人民银行、中央气象局、中央工商行政管理局、新华通讯社、广播事业局、中国文字改革委员会、国务院宗教事务局、国务院档案局、国务院参事室、国务院外国专家局、国务院机关事务管理局、国务院总理办公室

资料来源：根据中国政府网的资料整理。

4. 第四次精简调整（1960 年～1965 年）。1959 年到 1961 年期间，我国国民经济遭遇严重困难，中央决定对国民经济实行"调整、巩固、充实、提高"的八字方针，一方面，重新强调集中统一领导，将过去下放的权力适当

---

〔1〕　乌杰主编：《中国政府与机构改革》（上册），国家行政学院出版社 1998 年版，第 210 页。

〔2〕　乌杰主编：《中国政府与机构改革》（上册），国家行政学院出版社 1998 年版，第 210～211 页。

收回，另一方面，"为克服暂时的经济困难，大力压缩基本建设规模，停建缓建一批项目，对部分企业实行关、停、并、转；同时在全国精简在职员工，减少城市人口"。[1]

1961 年 1 月，中共中央颁布《中共中央关于调整管理体制的若干暂行规定》，为后来的精简干部和收回下放给地方的权力提供了制度依据。本次改革主要解决两个方面的问题：一是精简干部数量，减轻财政压力，匹配好人员与工作岗位的需求；二是"收回下放给地方的权力，重新实行高度集中的计划体制，恢复被过度分权破坏的中央综合平衡机制"。[2]这段时期进行了两次比较集中的精简调整。第一次精简在 1960 年 7 月至 1961 年 9 月之间，主要是针对于中央层面的行政部门和事业单位。精简后，"中央各部门司局级机关减少 15%，事业单位减少 26%；行政机关精简 1.6 万余人，事业单位精简 6.5 万余人"[3]。第二次精简在 1962 年 2 月至 1964 年之间，这次精简不仅包含中央层面，还包括了各级地方政府，精简规模和数量高达 81 万人。[4]精简之后，全国地方各级国家机关人员编制总数核定为 180 万人。

除此之外，中央收回 20 世纪 50 年代后期下放给地方的权力并恢复被撤销的机构。1961 年 1 月，中共中央颁布《中共中央关于调整管理体制的若干暂行规定》，"强调经济管理的大权应该集中到中央、中央局和省二级，在最近的两三年内，应该更多地集中到中央和中央局；要求 1958 年以来各省下放给地区、县、公社和企业的人权、财权、商权、工权，放得不适当的一律收回。成立华北、东北、华东、中南、西南、西北 6 个中央局，代表中央加强对建立区域性比较完整的经济体系工作的领导"。[5]到 1965 年底，国务院的机构数达到 79 个，为中华人民共和国成立后的第二次高峰（表 2－4）。

---

〔1〕 陶学荣、陶睿：《中国行政体制改革研究》，人民出版社 2006 年版，第 102 页。

〔2〕 杨晓燕："我国地方分权的未来走向及其现实分析"，载《兰州学刊》2007 年第 10 期。

〔3〕 范瑞光："新中国成立以来政府机构改革的演进逻辑——一个生态系统分析的解释框架"，载《中共宁波市委党校学报》2019 年第 5 期。

〔4〕 参见刘晓光："建国以来政府机构改革回顾和启示"，载《领导科学论坛》2014 年第 10 期。

〔5〕 高波："中国政府机构改革历程论析"，华中师范大学 2004 年硕士学位论文。

表 2 - 4　国务院机构设置（1965 年）

国务院秘书厅	
组成部门 （49 个）	外交部、国防部、公安部、内务部、农业部、农垦部、林业部、水产部、地质部、铁道部、交通部、教育部、卫生部、邮电部、劳动部、财政部、商业部、粮食部、文化部、物资管理部、对外贸易部、高等教育部、煤炭工业部、石油工业部、水利电力部、建筑工程部、纺织工业部、第一轻工业部、第二轻工业部、冶金工业部、化学工业部、体育运动委员会、第一机械工业部、第二机械工业部、第三机械工业部、第四机械工业部、第五机械工业部、第六机械工业部、第七机械工业部、第八机械工业部、国家计划委员会、国家经济委员会、建筑材料工业部、科学技术委员会、国家基本建设委员会、对外文化联络委员会、对外经济联络委员会、民族事务委员会、华侨事务委员会
办公机构 （7 个）	国务院外事办公室、国务院内务办公室、国务院工业交通办公室、国务院财贸办公室、国务院农林办公室、国务院文教办公室、国务院国防工业办公室
直属机构 （22 个）	国家统计局、国家测绘总局、中国人民银行、中国农业银行、中国民用航空总局、全国物价委员会、中央气象局、中央工商行政管理局、新华通讯社、广播事业局、中国文字改革委员会、外文出版发行事业局、中国旅行游览事业管理局、国家海洋局、国务院科学技术干部局、国务院宗教事务局等

资料来源：根据中国政府网的资料整理。

（二）"文革"期间的改革：非正常裁并与恢复重设（1966 年~1975 年）

1966 年 5 月到 1976 年 10 月，"文化大革命"严重冲击和破坏了各级政府机关。"1967 年 1 月开始，从中央到地方各级机关的党政大权都被造反派削去，成立革命委员会，实行党政合一体制，统揽党、政、财、文大权"。[1]1970 年初在进行"斗、批、改"中对已瘫痪的国务院机构进行大裁并。经过裁并，国务院工作部门由 79 个裁并为 32 个，但实际上只管理 19 个部门[2]，其他 13

---

〔1〕　高波："中国政府机构改革历程论析"，华中师范大学 2004 年硕士学位论文。

〔2〕　国务院实际管理的 19 个部门：外交部、公安部、农林部、交通部、对外贸易部、商业部、文化部、科教组、卫生部、轻工业部、财政部（中国人民银行并入）、冶金工业部、水利电力部、中国科学院、国家计划委员会、第一机械工业部、对外经济联络部、燃料化学工业部、国家基本建设委员会。

个部门分别划归中央文革和军队领导[1]。"国务院各部门的人员编制从'文革'5 万人裁减到 1 万人左右,裁下来的干部大多数被下放到农村或'五·七'干校劳动改造。据统计,全国省、地、市、县共下放干部 117.1 万人"。[2]

1971 年以后,周恩来总理主持中央日常工作,将一些划出去的部门重新收归国务院领导,并恢复增设了一些机构,比如"恢复了国务院国防工业办公室、体育运动委员会、中央气象局、国家测绘总局,恢复和增设了邮电部、国家标准计量局、国务院宗教事务局、中国文字改革委员会、国家地震局、国家文物事业管理局、国务院政工小组"。[3]到 1973 年底,国务院共设 45 个工作部门。1975 年 1 月,第四届全国人大第一次会议召开,周恩来在政府工作报告中重申四个现代化的宏伟目标,会后,由邓小平主持中共中央和国务院的日常工作,开始加强国家对经济工作的集中统一领导,国务院的机构也作了相应调整。到 1975 年底,国务院设立 52 个工作部门(表 2–5)。

表 2–5　国务院机构设置(1975 年)

国务院秘书厅	
组成部门 (29 个)	外交部、国防部、公安部、铁道部、交通部、邮电部、农林部、财政部、商业部、文化部、煤炭工业部、水利电力部、对外贸易部、对外经济联络部、冶金工业部、教育部、石油化学工业部、国家基本建设委员会、国家体育运动委员会等
办公机构(3 个)	国务院政工小组、国务院政治研究室、国务院国防工业办公室
直属机构 (19 个)	国家劳动总局、中国物资总局、国务院参事室、国家海洋局、中央气象局、国家地质总局、广播事业局、国家测绘总局、新华通讯社、国家出版事业管理局、国家文物事业管理局、中国文字改革委员会、中国民用航空总局、国务院机关事务管理局、外文出版发行事业局、国家建筑材料工业总局、第八机械工业局、国家标准计量局等

资料来源:根据中国政府网的资料整理。

---

[1]　中央文革和军队领导管理的 13 个部门:国防部、第二机械工业部、第三机械工业部、第四机械工业部、第五机械工业部、第六机械工业部、第七机械工业部、体育运动委员会、中国民用航空总局、国家海洋局、新华通讯社、广播事业局、外文出版发行事业局。

[2]　高波:"中国政府机构改革历程论析",华中师范大学 2004 年硕士学位论文。

[3]　乌杰主编:《中国政府与机构改革》(上册),国家行政学院出版社 1998 年版,第 342 页。

（三）"文革"结束以后的改革：干部人事制度改革有所突破（1976年～1987年）

1978 年 12 月，党的十一届三中全会召开，结束了十年"文革"，作出改革开放的重大历史性决定，从此我国走上了中国特色社会主义道路，在这条道路上确立了中国特色社会主义制度，并不断使之成熟、定型、完善、巩固。十一届三中全会以后，从农村到城市、从沿海到内地、从经济领域到政治及其他领域，改革开放成为推动中国特色社会主义事业的强大动力。[1]站在新的历史起点，改革开放要求改变束缚生产力发展的体制机制，取而代之建立充满生机活力的体制机制，这就倒逼行政管理体制必须适应生产力发展的要求，逐渐突破原有改革的路径依赖，不断提升政府机构改革的效能。

1976 年，"四人帮"被粉碎后，鉴于当时经济上已处于崩溃，故沿用并发展了 50 年代后期的管理体制和机构设置。1982 年改革形势迫在眉睫，新一轮的改革呼之欲出。一方面，各级政府机构膨胀严重，机构数量达到历史峰值。据统计，1981 年国务院工作部门增加到 100 个，其中包含 52 个部委、43个直属机构、5 个办公机构。[2]地方各级政府的机构编制也在不断增加，省一级党政工作机构设置 60 个～70 个，市一级设置 40 个～50 个，县级设置 30个～40 个，机构臃肿、运转失灵的问题较为严重。1980 年 8 月，邓小平在中央政治局扩大会议上指出："机构臃肿，人浮于事，办事拖拉，不讲效率，不负责任，不守信用，公文旅行，互相推诿，以至官气十足，……都已达到令人无法容忍的地步。"[3]另一方面，改革开放的推进倒逼政府机构改革。1978年 12 月，党的十一届三中全会决定把党的工作重点转移到社会主义现代化建设上来，实行改革开放政策，这就要求政府必须适应现代化建设的需要，对政府与之不相适应的部门配置和工作效果进行改变。1982 年 3 月 8 日，第五届全国人大常委会举行第 22 次会议，通过了《全国人民代表大会常务委员会关于国务院机构改革问题的决议》，旨在解决以下几个问题：一是明确各部门

---

〔1〕 参见杨值珍、张忠家："改革开放与中国特色社会主义"，载《光明日报》2018 年 8 月 23日，第 6 版。

〔2〕 参见胡珊琴："新中国行政机构改革的路径依赖分析"，载《中国行政管理》2008 年第 5 期。

〔3〕 邓小平：《邓小平文选》（第二卷），人民出版社 1994 年版，第 327 页。

的任务和职责范围，二是配备和建设好领导班子，三是认真安排好老干部退休离休和退居二线的工作，四是切实加强干部的轮训工作。

1982 年机构改革的基本方针是：用革命精神来进行这场重大的改革。邓小平同志明确指出："精简机构是一场革命。"[1] 1982 年所进行的这场深刻的革命，"是要改变国家行政机构中那些同经济、文化、政法等各项建设的需要不相适应的部分，是革臃肿机构的命、革不合理体制的命、革形形色色官僚主义作风的命，而不是革什么人的命。为解决体制改革这个难度最大的问题，国务院成立了国家经济体制改革委员会，由总理兼任主任，负责体制改革的总体设计"。[2]

国务院机构改革方面：一是改革领导体制。减少副总理的人数，设置国务委员职位，由国务院总理、副总理、国务委员和秘书长组成国务院常务会议。二是裁并工作部门。"将国务院工作机构由 100 个裁并为 61 个（表 2 - 6）"。[3] 其中一项很重要的改革，就是"通过修改《国务院组织法》，将国务院办公机构改为办事机构，由协助总理掌管某些部门改为协助总理办理专门事务"。[4] 三是精干领导班子。"部委的正副职配备 3～5 人，司局的正副职配备 2～3 人；部长的年龄一般不超过 65 岁，副部长和正副司局长的年龄一般不超过 60 岁"。[5] 四是紧缩编制。"在国务院各部门 5.1 万余人的基础上，精简 25%，核减 1.27 万余人。核减后的人员，只定编不定人，不定谁是编内、谁是编外，谁是精简对象、谁不是精简对象"。[6]

地方政府机构改革方面：一是配备领导班子。按照精干的原则和革命化、年轻化、知识化、专业化的方针选拔一批干部进入领导班子。对省级政府领导、委厅的局级领导、州政府领导、地区行署专员职数作出具体的限定，严禁超编。个别地区确因工作需要，可酌情增加 1 人～2 人。二是精简机构。

〔1〕　邓小平：《邓小平文选》（第二卷），人民出版社 1994 年版，第 396 页。

〔2〕　乌杰主编：《中国政府与机构改革》（上册），国家行政学院出版社 1998 年版，第 352 页。

〔3〕　沈荣华："我国政府机构改革 40 年的启示和新趋向"，载《行政管理改革》2018 年第 10 期。

〔4〕　张国顺："论政府再造与服务型政府的建构"，东南大学 2006 年硕士学位论文。

〔5〕　中国行政管理学会编：《新中国行政管理简史（1949－2000）》，人民出版社 2002 年版，第 395 页。

〔6〕　中国行政管理学会编：《新中国行政管理简史（1949－2000）》，人民出版社 2002 年版，第 395 页。

"省、自治区政府工作部门从 50~60 个减为 30~40 个；直辖市政府机构稍多于省政府工作部门；城市政府机构从 50~60 个减为 45 个左右；行署办事机构从 40 个左右减为 30 个左右，县政府部门从 40 多个减为 25 个左右"。[1]三是紧缩人员编制。"省和自治区一级根据人口多少、面积大小、行政区划单位多少和政治经济文化发展的不同情况，按照大、中、小分类确定编制。[2]四是地、市合并，实行市领导县体制。"以经济发达的城市为中心，以广大农村为基础，推进地、市合并，实行市领导县的体制"。[3]与此同时，保留的地区机关改为名副其实的派出机构。

表 2-6　国务院机构设置（1982 年）

国务院秘书厅	
组成部门 （43 个）	外交部、国防部、国家计划委员会、国家经济委员会、国家经济体制改革委员会、国家科学技术委员会、国防科学技术工业委员会、国家民族事务委员会、公安部、民政部、司法部、财政部、中国人民银行、商业部、对外经济贸易部、农牧渔业部、林业部、水利电力部、城乡建设环境保护部、地质矿产部、冶金工业部、机械工业部、核工业部、航空工业部、电子工业部、兵器工业部、航天工业部、煤炭工业部、石油工业部、化学工业部、纺织工业部、轻工业部、铁道部、交通部、邮电部、劳动人事部、文化部、新华通讯社、广播电视部、教育部、卫生部、国家体育运动委员会、国家计划生育委员会
办公机构（2 个）	国务院侨务办公室、国务院港澳办公室
直属机构 （15 个）	国家统计局、国家物价局、国家物资局、国家工商行政管理局、海关总署、国家气象局、中国民用航空局、国家海洋局、国家地震局、国家旅游局、中国文字改革委员会、国务院宗教事务局、国家档案局、国务院参事室、国务院机关事务管理局

资料来源：根据中国政府网的资料整理。

---

〔1〕 蓝煜昕："地方政府机构改革轨迹、阶段性特征及其下一步"，载《改革》2013 年第 9 期。

〔2〕 一般为 3000 人~5000 人，人口特多、经济文化事业发达的省可以多于 5000 人，反之少于 3000 人。直辖市党政群机关的人员编制按城市人口（不含市辖县的人口）的 4‰左右核定；一般市人员编制按照城市人口（不含市辖县的人口）的 3‰~4‰核定，郊区人口所占比重过大的，编制比例适当降低。

〔3〕 刘安庆："省直管县背景下地级市行政层级改革探析（上）"，载《机构与行政》2013 年第 4 期。

　　同年，党中央部门机构进行了改革，主要是解决各级党的机构和人员编制快速膨胀、各级领导班子人员过多、年龄老化的问题。改革后，"党中央设置 11 个部门，党中央 30 个直属机构的内设局级机构减少了 11%，处级机构减少了 10%，总编制减少 17.3%，各部门领导职数减少 15.7%"。[1]

二、逐步转向以政府职能转变为核心的改革阶段（1988 年 ~ 2012 年）

　　以往的机构改革容易陷入"精简—膨胀""合并—分开""上收—下放"的怪圈，呈现出严重的路径依赖。[2]但是，并不能否定这种"割韭菜式""刮胡子式"的改革[3]：一方面，任何一次改革都具有特定的阶段性特征，不能超越历史条件的制约回应当时的改革需求，其成果对解决行政体制存在的实际问题，推动经济发展与社会进步发挥了重要作用；另一方面，每一次机构改革都是寻找解决问题的新的思路和方案的积极探索和尝试，都为新一次机构改革打下了实践基础，积累了宝贵的经验和财富。1986 年，由经济学界首次引入"政府职能"的概念后，我国的理论界和实务界开始了对它的持续关注与探讨。[4]多数学者对"政府职能与政府机构"二者之间的关系达成共识，认为政府机构改革的关键在于政府职能。政府职能是政府机构设置及权力配置的基础，[5]"没有科学、合理的职能，政府机构就不可能有科学合理的结构、功能、制度、人员队伍、工作任务和发展目标"[6]，因此明确政府职能并以此为依据设置政府机构、配置公权力是应然的逻辑。

　　道格拉斯·C. 诺思的路径依赖理论说明，"报酬递增，以及以明显的交易费用为其特征的不完全市场"是制度变迁路径形塑的两种力量。因此，"发

〔1〕　薛习："改革开放以来历次党和国家机构改革盘点"，载《党史文苑》2018 年第 12 期。

〔2〕　参见胡珊琴："新中国行政机构改革的路径依赖分析"，载《中国行政管理》2008 年第 5 期。

〔3〕　参见黄仁宗："论我国政府机构改革'怪圈'的成因"，载《探索》2001 年第 5 期。

〔4〕　参见周望："改革开放以来政府机构改革的回溯、反思与展望"，载《行政论坛》2009 年第 5 期。

〔5〕　参见王湘军："大部门内部机构设置和权力结构研究"，载《中共中央党校学报》2014 年第 3 期。

〔6〕　彭国甫："当代中国政府机构改革与职能转变"，载《湖南社会科学》2000 年第 2 期。

展路径一旦被设定在一个特定的进程上，网络外部性组织学习过程，以及得自于历史的主观模型，就将强化这一进程，"[1] 这为政府机构改革如何跳出循环往复提供了一种理论解释。抓不住改革的核心，进入不了改革的中心场域，只在外围场域进行机构改革难以实现既定突破。职能决定机构显然是行政体制建构和运行的一个客观规律，特定的人员和群体为特定的事务而聚合，特定事务的变化必将导致特定人员和群体的重新组合，当某项职能成为政府工作的重点，为其负荷的机构或部门便会增加，反之亦然。只有抓住职能这个关键变量，才能抓住机构改革的"牛鼻子"，进入机构改革的中心场域。1986年5月，国务院在确定丹东、江门等16个城市为"中国第一批机构改革试点城市"时提出了"政府职能转变"的概念。[2] 在此之后，1988年的政府机构改革，正式拉开了以政府职能转变为核心的改革序幕。经过这一阶段改革的探索与突破，政府职能定位日渐清晰且愈加科学。政府从微观经济领域退出，不再扮演市场主体角色，更好地适应了党和国家工作重心转向经济建设及改革开放的要求；同时，积极承担起公共服务与社会管理职能，填补空白领域与增强薄弱环节同步推进，满足人民群众不断增长的公共需求和社会期待。

（一）职能转变的初步探索阶段（1988 年～1997 年）

1. 1988 年改革。1988 年机构改革是在我国改革开放的进程中，经济体制改革和政治体制改革日益深化的情况下进行的。经过 1982 年的机构精简，到 1988 年机构改革前，"国务院部委 45 个、直属机构 22 个、办事机构 4 个、部委归口管理的国家局 14 个、非常设机构 82 个"。[3] 尽管这些机构在推动经济和社会发展方面发挥了积极作用，但是随着经济体制改革的全面展开，其弊端愈益显现。主要表现为："政企不分，结构不合理，在职能上微观管得过多，宏观调控不力；机构臃肿、层次过多、职责不清、相互扯皮，工作效率不高；政府工作人员的素质和结构不适应经济的、法律的间接管理方式，等

---

〔1〕 ［美］道格拉斯·C. 诺思：《制度、制度变迁与经济绩效》，杭行译，格致出版社、上海三联书店、上海人民出版社 2008 年版，第 12 页。

〔2〕 黄仁宗："论我国政府机构改革'怪圈'的成因"，载《探索》2001 年第 5 期。

〔3〕 青锋、张水海："我国政府职能转变的历史演进及法制特点"，载《行政法学研究》2013 年第 4 期。

等。"[1]对此，党和国家领导人高度重视，1986年前后，邓小平多次论述经济体制改革与政治体制改革的辩证关系，[2]从政治体制改革的高度再次强调机构改革。他说："1980年就提出政治体制改革，但没有具体化，现在应该提到日程上来。不然的话，机构庞大，人浮于事，官僚主义，拖拖拉拉，互相扯皮，你这边往下放权，他那边往上收权，必然会阻碍经济体制改革，拖经济发展的后腿。"[3]1987年10月，中国共产党第十三次全国代表大会指出，目前进行政治体制改革的时机已经成熟，不进行政治体制改革，经济体制改革不可能最终取得成功。

1984年10月，党的十二届三中全会通过《中共中央关于经济体制改革的决定》（以下简称《决定》），《决定》提出"有计划的商品经济"这一概念，"商品经济"第一次被写进党的决议。《决定》对政府组织机构、实行政企职责分开、正确发挥政府管理经济的职能提出了改革要求，今后各级政府部门原则上不再直接管理企业，要按照为人民服务和精简、统一、效能的原则，改革组织机构，改造机关作风，扫除机构重叠、人浮于事、职责不明、互相扯皮的官僚主义积弊。党的十三大报告也指出，这次机构改革必须抓住转变职能这个关键。[4]根据《决定》和党的十二大提出的要求，国务院制定了机构改革方案。改革方案明确了机构改革的长期目标，即根据党政分开、政企分开和精简、统一、效能的原则，逐步建立具有中国特色的功能齐全、结构合理、运转协调、灵活高效的行政管理体系。[5]而此次机构改革的目标是，"理顺关系、转变职能，精干机构、精简人员，提高行政效率，克服官僚主义，增强机构活力。要创造条件，逐步理顺政府同企事业单位和人民团体的关系、政府各部门之间的关系以及中央政府同地方政府的关系"。[6]

---

〔1〕 参见《关于国务院机构改革方案的说明》（1988年）。

〔2〕 参见唐铁汉：《邓小平现代领导理论与实践》，人民出版社2001年版。

〔3〕 邓小平：《邓小平文选》（第三卷），人民出版社1993年版，第160页。

〔4〕 政府职能转变就是要按照经济体制改革和政企分开的要求，"增强政府的宏观调控职能，减少政府直接干预企业经营活动的职能，由微观管理转向宏观管理，由直接管理转向间接管理，由部门管理转向全行业管理，由'管'字当头转向监督与服务"。

〔5〕 参见《第七届全国人民代表大会第一次会议关于国务院机构改革方案的决定》。

〔6〕 参见《关于国务院机构改革方案的说明》（1988年）。

这次改革采取了自上而下、先中央政府后地方政府、分步实施的方式进行。[1]"改革的重点是转变政府职能，改革同经济体制改革关系极为密切的经济管理部门，特别是其中的专业管理部门和综合部门内的专业机构"。[2]"把相同或相近业务的部门予以撤并，其业务由一个部门承担；综合部门一般不设对口专业机构，行业管理工作由主管部门承担。对于新组建的部门，在转变职能的同时，搞好定职能、定机构、定人员的工作；对于撤销的部门，采取妥善的过渡措施，保证其工作的连续性；对于政法、文教、社会事务等部门，不作大的变动，但都要按改革的要求，转变职能，下放权力，调整内部结构，精简富余人员"。[3]通过改革，国务院机构总数降为 67 个。国务院部委由原有的 45 个减为 41 个，即撤销 12 个，新组建 9 个[4]，保留 32 个，转为事业单位的 1 个[5]；"直属机构从 22 个减为 19 个，非常设机构从 75 个减到 44 个，部委内司局机构减少 20%。在国务院 66 个部、委、局中，有 32 个部门共减少 1.5 万多人，有 30 个部门共增加 5300 人，增减相抵，机构改革后的国务院人员编制比原来减少了 9700 多人"（表 2-7）。[6]本轮改革首次使用"三定方案"，不仅在改革过程中起到巨大的规约作用，还在很大程度上保障了改革成果的法定化。"三定方案"的改革经验一直延续至今，仍然在继续使用。

"各部门精简后的富余人员，有的安排到财税、金融、物价、审计、监察、统计、工商行政管理等部门，有的充实到公、检、法、司等部门，较多的是转到公司、协会以及信息、咨询、科研等企业、事业单位和社会团体。

---

〔1〕 参见李萍、彭京京："政府机构编制改革初探——基于对我国适度公务员规模的分析"，载《华南理工大学学报（社会科学版）》2009 年第 3 期。

〔2〕 黄小勇："机构改革的历程及其内在逻辑"，载《行政管理改革》2018 年第 5 期。

〔3〕 参见中国行政管理学会编：《新中国行政管理简史（1949-2000）》，人民出版社 2002 年版。

〔4〕 1988 年改革不再保留的部（委）包括国家计委和国家经委、煤炭工业部、石油工业部、核工业部、国家机械工业委员会和电子工业部、劳动人事部、国家物资局、城乡建设环境保护部、航空工业部、航天工业部、水利电力部、国家计量局和国家标准局以及原国家经委质量局。新组建的部（委）：国家计委、能源部、机械电子工业部、人事部、劳动部、物资部、建设部、航空航天部、水利部。

〔5〕 1988 年改革将新华社改为国务院直属的事业单位，不再列入国务院行政机构序列。

〔6〕 《全国两会文件学习问答·2008》编写组编著：《全国两会文件学习问答·2008》，人民出版社 2008 年版，第 222 页。

另外，根据条件还选拔了一批具有专业知识与管理能力的干部到企业和企业集团工作，选送了一些青年干部进行专业培训，达到离退休年龄的人员按期办理离休退休等，使减下来的人员大都有合理安排和适当归宿"。[1]

表2-7 国务院机构设置（1988年）

国务院秘书厅	
组成部门 （41个）	外交部、国防部、国家计划委员会、国家经济体制改革委员会、国家教育委员会、国家科学技术委员会、国防科学技术工业委员会、国家民族事务委员会、公安部、国家安全部、监察部、民政部、司法部、财政部、人事部、劳动部、地质矿产部、建设部、能源部、铁道部、交通部、机械电子工业部、航空航天工业部、冶金工业部、化学工业部、轻工业部、纺织工业部、邮电部、水利部、农业部、林业部、商业部、对外经济贸易部、物资部、文化部、广播电影电视部、卫生部、国家体育运动委员会、国家计划生育委员会、中国人民银行、审计署
办公机构 （7个）	国务院法制局、国务院外事办公室、国务院侨务办公室、国务院港澳事务办公室、国务院特区办公室、国务院研究室、国台办
直属机构 （19个）	国家统计局、国家档案局、海关总署、国家物价局、国家海洋局、国家旅游局、国家气象局、国家地震局、国务院参事局、国家医药管理局、国家技术监督局、国家环境保护局、国家土地管理局、国务院机关事务管理局、国家工商行政管理局、中国民用航空局、国家建筑材料工业局、新闻出版署（国家版权局）、国家宗教事务局

资料来源：根据中国政府网的资料整理。

为了解决各级党的机构和人员编制快速膨胀、各级领导班子人员过多、年龄老化的问题，党中央部门也在1988年进行了改革。这次改革重点抓定职能、定机构、定编制的"三定"工作，实施党政职能分开，理顺党的工作部门和行政部门、党的工作机构和政府机构、党的群团组织和党务工作部门之间的关系，精简机构和人员编制，新组建中央宣传思想工作、政法工作、党建工作等领导小组或工作小组。这次改革还调整了部分中央机构设置，如撤

---

[1] 中国行政管理学会编：《新中国行政管理简史（1949-2000）》，人民出版社2002年版，第402页。

销了中央政法委；还撤销了设置在政府部门的党组（1989 年 6 月党的十三届四中全会后，党中央决定在政府部门恢复设立党组）。改革后，党中央设置 11 个部门，直属机构由改革前的 24 个精简为 17 个，直属工作部门人员减少 19.5%，直属事业单位人员编制减少 9.9%，与改革前相比，人员共减少 15.2%。[1]

【典型实践】

1988 年机构改革的目标是变革在传统计划经济体制条件下，逐步形成的政府职能配置和机构设置框架，将政府管理方式由直接管理为主转变为间接管理为主。[2]1988 年石狮市的改革思路设计契合了本轮改革的思路，并取得了具有显示度的改革成效。石狮市既是我国三级政府行政体制改革的试验区，又是福建省综合改革的试验区，其对行政体制改革的探索一直走在全国前列。1988 年，石狮市积极响应中央要求，探索建立以高效为准则的政府管理体制，逐步走出一条"小政府、大社会"的综合改革之路，旨在建立有利于提高效率、增加活力和调动各方面积极性的领导体制。[3]

石狮市坚持走"小政府、大社会"之路，为精简机构，很多党政部门合并，政府由注重经济建设转向优化服务。石狮市挂牌成立时，市委 5 套班子人数极少，低至 14 人，相当于一般县（市）的一半左右。1988 年 9 月 30 日石狮建市时，"党政工作机构 11 个，包括办公室、经济局、教科文卫局、侨台外事局、国土建设局、人事监察局、内务局、财政局、工商行政管理局、税务局、公安局"，[4]行政人员编制 200 名，仅占中央和省里规定县级市机构编制配备总数的 37% 和 26.6%。市政府设置了经济局、内务局、侨台外事局等 18 个工作部门，仅相当于一般县（市）的 1/3。[5]其中，"最具改革特色

---

〔1〕 参见薛习："改革开放以来历次党和国家机构改革盘点"，载《党史文苑》2018 年第 12 期。

〔2〕 参见潘小娟："中国政府改革七十年回顾与思考"，载《中国行政管理》2019 年第 10 期。

〔3〕 参见肖文涛、郑巧："以'敢为人先'胆识的开拓发展之路——石狮市推进综合改革和先行先试的实践与探索"，载《中共福建省委党校学报》2009 年第 2 期。

〔4〕 金凌："二十年前一例成功的体制创新——石狮市综合改革试验回顾"，载《发展研究》2008 年第 11 期。

〔5〕 参见"石狮:'小政府大社会'综合改革试验"，载东南网，http://www.fjsen.com/zhuanti/2018-10/19/content_21590422.htm，最后访问时间：2019 年 10 月 1 日。

的是经济局，将普通县设置的农委、经委、财委、计委、外经委 5 口 28 局合并设立经济局"[1]。另外，石狮市在政府退出直接管理的一些领域，积极培育和发展社会各类中介组织，如项目咨询中心、信息服务中心、会计师事务所等，这为石狮市建设'大社会'提供了有力支撑。

石狮市机构改革之所以能取得显著成效，其主要原因包括：一方面，石狮市从政府职能转变入手，按照"小政府、大社会"的原则组建党政机构，抓住了经济体制改革与政治体制改革的结合点。正如有学者指出，"从转变政府职能入手改革政府机构，既是政治体制改革的重要内容，也是经济体制改革实行政企分开的要求"[2]。另一方面，石狮市注重培育和发展社会各类中介组织，积极填补政府退出直接管理领域的空白。在当今社会，社会中介组织已成为现代市场经济平稳高效运转的支持系统，能否有效利用中介组织的力量和资源，是政府驾驭市场经济能力的重要标准之一。可见，石狮市于 1988 年推进的改革在当今社会背景下，依然具有可被借鉴的经验与价值。

2. 1993 年改革。1992 年，党的十四大第一次提出建立社会主义市场经济体制，此后"社会主义市场经济"取代了"有计划的商品经济"。尽管十一届三中全会以来，政府机构改革在不断推进并取得阶段性成果，但按照发展社会主义市场经济的要求，不相适应的情况显现出来，主要表现在以下几个方面：其一，政府与市场的现实关系与充分激活市场经济活力的要求差距较大。改革开放以后，虽然我国政府历经 1982 年和 1988 年两次机构改革，但仍未完全摆脱过去高度集中的计划经济体制格局。表现为：一方面，政府与企业之间的所有权、经营权不分，政府加诸企业的直接管理和微观管理过多；另一方面，政府的宏观调控不力，生产和流通脱节，部门、地区割裂，盲目生产和重复建设严重，阻碍全国统一市场的形成。其二，政府各部门及各级政府之间职权划分不科学。"政府各部门分工过细、职能交叉，造成工作中互相推诿、政出多门；行政运行中，办事环节多，行政效率不高；各级政府之间在管理方面的权限划分还不够科学、合理，关系还未完全理顺，中央与省

---

〔1〕 王继超："对石狮市综合改革试验的回顾"，载《中共福建省委党校学报》1992 年第 8 期。
〔2〕 王继超："对石狮市综合改革试验的回顾"，载《中共福建省委党校学报》1992 年第 8 期。

的两级经济调控体系还不够完善。"[1]其三，"各级机关机构编制膨胀，国家财政负担过重。1991 年末，全国'吃财政'的人员比 1980 年增长 75%，庞大的队伍加重了国家的财政负担。1980 年全国行政管理费开支占财政总支出的 5.5%，到 1991 年已占财政总支出的 9.9%。如果加上事业费，1992 年支出则占全国财政总支出的 37%。各级财政不堪重负"。[2]在此背景下，启动了本轮改革。

1993 年 3 月十四届二中全会审议通过了《关于党政机构改革的方案》。同年，《中共中央、国务院关于当前经济情况和加强宏观调控的意见》颁布，尽管这一文件看似与机构改革并无直接关系，但是它标志着国家宏观调控的全面实施，实际上对于厘清政府职能进而合理设置政府机构颇有助益。1993 年 11 月，《中共中央关于建立社会主义市场经济体制若干问题的决定》通过，把转变政府管理经济的职能，建立以间接手段为主的完善的宏观调控体系，视为社会主义市场经济体制的基本框架之一。党的十四大报告指出，加快政府职能转变是上层建筑适应经济基础和促进经济发展的大问题。[3]

本次改革是第一次适应市场经济、面向市场经济的政府机构改革，并形成详细的改革方案。改革方案对综合经济部门、专业经济部门、社会管理部门、直属机构、办事机构和非常设机构，提出了不同的改革要求。"①保留国家计划委员会、财政部、中国人民银行等现有的综合经济部门，组建国家经济贸易委员会；②原有的 18 个专业经济部门，撤销 7 个[4]，新组建 5 个[5]，将专业经济部门的改革分为：改为经济实体、改为行业总会、保留或新设行政部门三类；③对国务院直属机构和办事机构的改革主要分三种情况：一是保留直属机构、办事机构；二是并入部委，作为部委管理的国家局；三是并

---

〔1〕 乌杰主编：《中国政府与机构改革》（上册），国家行政学院出版社 1998 年版，第 407～408 页。

〔2〕 张志坚："按照社会主义市场经济体制的要求 构建新的行政管理体系和组织机构"，载《理论视野》1993 年第 1 期。

〔3〕 参见郑志飚："转变政府职能 加快机构改革"，载《理论导刊》1992 年第 C1 期。

〔4〕 撤销能源部、机械电子工业部、航空航天工业部、轻工业部、纺织工业部、商业部、物资部 7 个部门。

〔5〕 组建电力工业部、煤炭工业部、机械工业部、电子工业部、国内贸易部 5 个部门。

入部委成为部委内设的职能局。④依据改革方案及《关于国务院议事协调机构和临时机构设置的通知》（国发〔1993〕27 号），重点清理了非常设机构，将其改为国务院议事协调机构和临时机构。这类机构共 26 个，规格较高，其领导多由总理、副总理、国务委员、国务院秘书长担任，以加强高层协商与沟通。"[1]经过改革，国务院设置 41 个组成部门（含办公厅）、18 个直属机构和办事机构，共设置 59 个部门，比原有的 86 个减少 27 个，机构定员共精简 20% 左右。

表 2 - 8　国务院机构设置（1993 年）

国务院办公厅	
组成部门 （40 个）	外交部、国防部、国家计划委员会、国家经济贸易委员会、国家经济体制改革委员会、国家教育委员会、国家科学技术委员会、国防科学技术工业委员会、国家民族事务委员会、公安部、国家安全部、监察部、民政部、司法部、财政部、人事部、劳动部、地质矿产部、建设部、电力工业部、煤炭工业部、机械工业部、电子工业部、冶金工业部、化学工业部、铁道部、交通部、邮电部、水利部、农业部、林业部、国内贸易部、对外贸易经济合作部、文化部、广播电影电视部、卫生部、国家体育运动委员会、国家计划生育委员会、中国人民银行、审计署
办事机构 （5 个）	国务院外事办公室、国务院侨务办公室、国务院港澳事务办公室、国务院特区办公室、国务院研究室
直属机构 （13 个）	国家统计局、国家税务总局、国家工商行政管理局、国家环境保护局、国家土地管理局、新闻出版署（国家版权局）、海关总署、国家旅游局、民用航空总局、国务院法制局、国务院宗教事务局、国务院参事室、国务院机关事务管理局

资料来源：根据中国政府网的资料整理。

这次政府改革的重点是转变职能，这就要做好三个方面的工作："一是把属于企业经营自主权范围的职能切实还给企业，着重转变政府的经济管理职能；二是把配置资源的基础性职能转移给市场；三是把经济活动中社会服务

---

[1]　乌杰主编：《中国政府与机构改革》（上册），国家行政学院出版社 1998 年版，第 419 ~ 421 页。

性和相当一部分监督性职能转交给市场中介组织"。[1]本轮改革计划使用3年时间基本完成，自上而下，先中央后地方。与同期党中央机构改革相衔接，国务院机构改革于第八届人大第一次会议后组织实施，在年内完成。由于各地经济发展水平、所管辖的人口和面积有很大差异，省和省以下的机构在设置上要区别对待，给地方一定的自主权。[2]地方机构改革开始实施和完成的时间可以有所不同，不搞一刀切。[3]《关于党政机构改革的方案》特别规定，"地方党政机构分为两类：一类为必设机构，由中央编委规定；另一类为因地制宜设置的机构，由各地自行确定"。[4]

同期，党的机构也依据转变职能与理顺关系的要求进行了改革。1993年党中央部门机构改革依照《关于党政机构改革的方案》和《关于党政机构改革方案的实施意见》进行。按照转变职能、理顺关系、精兵简政、提高效率的原则，主要是理顺干部管理、意识形态管理、统战工作以及党员教育工作等方面的关系，中纪委和国家监察部合署办公，一个机构两块牌子。改革后，中央设9个工作部门和办事机构，即办公厅、组织部、宣传部、统战部、对外联络部、中央政法委员会、政策研究室、台湾工作办公室、对外宣传办公室；设2个派出机构，分别为：中直机关工作委员会、中共中央机关工作委员会；12个议事性的委员会或领导小组，即中央财经领导小组、中央机构编制委员会、外事工作领导小组、农村工作领导小组、党的建设领导小组、宣传思想领导小组、社会综合治理委员会、保密委员会、保健委员会等。中央直属机构人员，按现有编制数的15%精减。[5]

【典型实践】

1993年政府机构改革围绕着建立社会主义市场经济体制的目标，在推进转变政府职能、理顺政府间关系、精简机构和人员等方面着力。改革开放以来，尤其是党的十四大之后，上海市已逐渐成为我国市场经济最活跃的地区

---

〔1〕 赵素卿："政府职能转变的阻力分析"，载《中共山西省委党校学报》2008年第3期。

〔2〕 参见杨甲镛："中国政府体制改革研究：以国务院机构改革为中心"，复旦大学2007年博士学位论文。

〔3〕 参见乌杰主编：《中国政府与机构改革》（下册），国家行政学院出版社1998年版，第1238页。

〔4〕 谢庆奎："中国地方政府机构改革的思路"，载《新视野》1999年第6期。

〔5〕 参见翻迁："党政机构改革的原则、方案与步骤"，载《党政论坛》1993年第10期。

之一，这在很大程度上得益于上海市政府机构改革的科学性、有效性、前瞻性。1993年，上海市市委、市政府，依据党中央、国务院对建立社会主义市场经济体制的要求，从直辖市的功能、特点和实际情况出发，从转变职能、理顺关系、精兵简政、提高效率四个方面推动了改革。

上海市此次改革的基本原则主要包括：其一，为发展社会生产力服务。其二，同建立社会主义市场经济体制相适应。其三，有利于建立市与区、县"两级政府、两级管理"的体制，调动两个积极性。其四，抓住转变职能这个关键。其五，突出理顺关系这个重点。其六，充分考虑上海这一特大城市的特点及其在国家经济建设中的作用，并同国有资产管理体制改革和建立现代企业制度紧密结合。

具体机构调整如下："逐步改革纺织、机电、冶金、轻工、二轻、化工、医药、仪表、郊县工业9个工业局以及物资局，改革后在经委内设置相应的、精干的委内机构；撤销建筑工程管理局、建筑材料工业管理局，分别改为经济实体，在建委内分别建立建工、建材行业办公室，承担行政职能和行业管理职能；撤销房产管理局、土地管理局和住房制度改革办公室，组建房屋土地管理局（保留住房制度改革办公室的牌子）；园林管理局实行政企分开，由建委内设一小精干的机构承担原局的行政职能；地质矿产局由垂直管理改为市政府管理；撤销财贸办公室，组建商业委员会；撤销第一商业局、第二商业局、水产局，分别改为经济实体，在商委内分别组建办公室，承担行政管理职能和行业管理职能；撤销教育卫生办公室、高等教育局、教育局，组建教育委员会；撤销广播电视局、电影局，组建广播电影电视局和电影总公司；撤销农机局、畜牧局，在农委内分别组建农机办公室、畜牧办公室、蔬菜办公室，承担行政管理职能，农业局改为农委的委内机构；撤销农场管理局，组建农工商（集团）总公司，暂时保留农场局的牌子；撤销交通运输局，改为经济实体，其行政职能由交通办公室承担；港务局改为交通办公室的办事机构，实行政企分开；对外经济贸易委员会与外国投资工作委员会，一个机构两块牌子；档案局与档案馆合并，一个机构两块牌子，列入事业单位；国有资产管理委员会，下设办公室，列市政府机构序列；社会保险委员会，下设社会保险事业管理局，列市政府机构序列；撤销劳动工资委员会及其办公室，其行政职能由计委承担。调整后，市政府工作机构设 53 个[1]，全市各级行政编制总额为 53 050 人，比改革前的 55 921 人减少 2871 人，精简 5.1%。"[2]

总的来看，上海市本轮机构改革聚焦中国特色社会主义市场经济建设所需，改革的方案设计契合了党中央、国务院的改革思路，合乎了自身作为特大城市的发展定位，顺应了民众对机构改革的新期待。通过"政企分开、改经济实体、合并或撤销机构"等，上海市机构改革建构了一套高效、规范、协调的"小政府"体系，这不仅有效控制了政府规模、节约了行政资源，还明确了政府职能、提升了政府效能。

（二）职能转变的重点突破阶段（1998 年～2012 年）

从一般意义上讲，机构是由四个要素组成的，即职能、工作制度、结构和人员。职能是特定机构对特定的管理对象所具有的管理作用；工作制度是机构履行职能时所采取的工作规章、工作程序和工作方式；结构是机构在履行职能过程中所采取的部门或层次的分工体系；人员则是机构为履行职能而按一定标准使用的工作者主体。[3]我国政府机构改革经历了一个从机构精简到职能转变的过程。在经过职能转变的探索之后，1998 年政府职能转变取得重大突破。尽管 1993 年的机构改革也在强调转变政府职能，但是对政府职能的认识和定位还不够成熟，当时对政府职能的界定依然是"政治职能、经济职能、社会职能、文化职能"。[4]而 1998 年通过的《关于国务院机构改革方案》，明确把政府职能界定为三项：宏观调控、社会管理和公共服

---

〔1〕 53 个机构分别是：办公厅、计划委员会、经济委员会、经济体制改革委员会、教育委员会、科学技术委员会、民族事务委员会、公安局、国家安全局、监察局、民政局、司法局、财政局、国有资产管理委员会办公室、人事局、劳动局、建设委员会、市政管理委员会办公室、市政工程管理局、城市规划管理局、公用事业管理局、交通办公室、水利局、农业委员会、商业委员会、粮食局、对外经济贸易委员会（外国投资工作委员会）、文化局、广播电影电视剧、卫生局、体育运动委员会、计划生育委员会、社会保险事业管理局、审计局、统计局、地方税务局、物价局、工商行政管理局、技术监督局、环境保护局、环境卫生管理局、房屋土地管理局、新闻出版局（版权局）、旅游事业管理局、宗教事务局、参事室、机关事务管理局、法制办公室、外事办公室、侨务办公室、协作办公室、研究室、人民防空办公室。

〔2〕 乌杰主编：《中国政府与机构改革》（下册），国家行政学院出版社 1998 年版，第 1241 页。

〔3〕 参见乌杰主编：《中国政府与机构改革》（上册），国家行政学院出版社 1998 年版，第 838 页。

〔4〕 李瑞昌："机构改革的逻辑：从政府自身建设到国家治理体系现代化"，载《华南师范大学学报（社会科学版）》2018 年第 6 期。

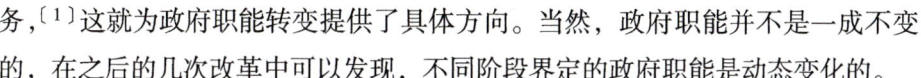

务，[1]这就为政府职能转变提供了具体方向。当然，政府职能并不是一成不变的，在之后的几次改革中可以发现，不同阶段界定的政府职能是动态变化的。

1. 1998年改革。党的十四大以来，经济体制改革成效持续显现，全面推进社会主义市场经济的广度、速度、效度方面加大加快。然而，"与之相配套的政治体制，虽然历经多次改革，但基本还处在与计划经济体制相适应的地步，政府的机构设置愈加背离社会主义市场经济建设的要求，政府机构的深层次矛盾不断显露出来"。[2]

（1）政府管理面临挑战。一方面，"管理型政府"机构庞大，常设机构及其内设机构过多，人浮于事，财政负担沉重。有资料表明，当时全国财政供养的国家公务员有800万人，加上科教文卫等事业单位的人员是3000多万人，再加上部队就将近4000万人了。有人统计，"平均30个老百姓就要养一个'吃皇粮'的。机构多了、人员多了、管理层次多了，不但降低了办事效率，还使国家财政支出加大，行政经费支出已占国家财政总支出的9%，如果加上各类事业单位经费的支出，已经占到37%，各级财政不堪重负，出现了严重的财政赤字"。[3]另一方面，部门之间、上下级政府之间关系不顺。政府各部门之间职权划分不科学，分工过细，职能交叉，政出多门，互相扯皮，行政运行环节多。比如：市场管理方面，国家计委、经贸委、内贸部都设有市场司"齐抓共管"，对内贸易与对外贸易一分为二，常常"同室操戈"；外资管理方面，国家计委、外经贸部、财政部、人民银行各管一段。中央与地方经济调控尚未划分清楚，省市矛盾过多，市与县、县与乡镇之间的关系也没有理顺。

（2）政企不分及宏观调控不力。一方面，由于社会主义市场经济刚刚起步，计划经济的思维惯性一时难以清除，实行政企分开仍没有完全到位，出现了"翻牌公司"等问题。所有权与经营权不分，政府对企业直接管理过多，企业缺乏生产经营自主权，严重束缚了企业的生机和活力。另一方面，宏观

〔1〕 参见陈琦："'十二五'规划视角下政府职能转变的路径依赖分析"，载《哈尔滨市委党校学报》2011年第4期。

〔2〕 乌杰主编：《中国政府与机构改革》（上册），国家行政学院出版社1998年版，第217～218页。

〔3〕 乌杰主编：《中国政府与机构改革》（上册），国家行政学院出版社1998年版，第285页。

经济管理和调控不力，政府传统的管理体制、理念、思想、原则、方式与社会主义市场经济发展的要求相矛盾，政府的主要精力集中在对国有企业生产经营活动的直接管理，过多依靠行政手段管理经济和社会的情况，忽视了运用经济手段、法律手段对市场进行宏观调控，妨碍市场在资源配置中的基础作用的发挥[1]。

在本次改革的前一年，为规范国务院机构设置和编制管理，国务院通过《国务院行政机构设置和编制管理条例》（以下简称《条例》），《条例》要求各级政府普遍实行三定方案。[2]1998 年 3 月第九届全国人民代表大会第一次会议审议通过《关于国务院机构改革方案的决定》，为本次国务院机构改革提供了具体指导。1999 年 1 月，中共中央、国务院印发《中共中央、国务院关于地方政府机构改革的意见》，成为推动地方政府机构改革的指导文件。[3]改革方案明确了国务院及地方各级机构改革的时间始末节点，[4]及改革所要达到的目标："建立办事高效、运转协调、行为规范的政府行政管理体系，完善国家公务员制度，建设高素质的专业化行政管理队伍，逐步建立适应社会主义市场经济体制的有中国特色的政府行政管理体制"。[5]

毛泽东曾说："政府机构是由自己亲手创造的，现在由自己去缩小它，很困难。"[6]由于机构改革牵涉面较广、利益纠葛较多，改革难度和复杂性不容忽视，改革往往采取"费边式"战略。[7]本轮改革方案即是一个过渡性质的

---

〔1〕 市场在资源配置中起决定性作用这一重要论断是在适应经济和社会发展的新常态，于 2013 年《中共中央关于全面深化改革若干重大问题的决定》中提出的。而在这之前，市场在资源配置中起基础性作用。

〔2〕 参见吕志奎、曾荣："改革开放以来中国政府机构改革的创新路径"，载《社会主义研究》2018 年第 5 期。

〔3〕 参见本刊编辑部："改革以来我国历次政府机构改革回顾"，载《重庆行政（公共论坛）》2013 年第 1 期。

〔4〕 本轮改革要求：1998 年国务院进行机构改革，年底基本完成；1999 年开始依次推进地方各级的机构改革，直到 2002 年基本完成。

〔5〕 参见《关于国务院机构改革方案的决定》（1998 年）。

〔6〕 毛泽东：《毛泽东选集》（第三卷），人民出版社 1991 年版，第 882 页。

〔7〕 "费边式"战略：费边·马克西穆斯是古罗马著名统帅，他在与迦太基著名统帅汉尼拔的战争中，因主张采用避实就虚，待机缓进，避免决战的迂回战术而闻名，所以，后世学者把改革过程中所采用的渐进方式称为"费边式"战略。（参见胡海、殷焕举："改革开放以来政府机构改革的主要成就及经验"，载《毛泽东思想研究》2009 年第 3 期。）

方案，这是对"适应中国特色社会主义市场经济转轨"作出的理性选择。在这一时期，完全建立市场经济性质下的政府职能，而否定计划经济性质下的政府职能是盲目不可取的。转型时期的客观现实要求此次改革下的政府职能是一个"冲突与融合的统一体"，既要包含部分市场经济体制下的政府职能，同时也要包含部分计划经济体制下的政府职能，要循序渐进过渡到社会主义市场经济体制的情境中。正如本轮改革方案对此的描述是"既积极又稳妥"，"积极"指的是积极适应大步迈进的市场经济体制，"稳妥"指的是给予改革一定的缓冲期以克服惯性。

在国务院的改革方面，一是明确职能，《关于国务院机构改革方案的决定》明确了宏观调控部门和专业经济管理部门之间的职责边界。[1]二是调整各部门的职能分工，将相同或相近的职能尽可能交由一个部门承担。[2]三是精简机构人员。本次国务院组成序列的精简幅度是自 1982 年以来比例最高的一次。改革后，除国务院办公厅外，国务院组成部门由原有的 40 个减少到 29 个[3]，减幅为 27%；机关人员编制由 3.2 万人减为 1.6 万人，减少 50%。

在地方政府机构改革方面，一是"转变政府职能，政府机关不再办经济实体，已经办的限期脱钩；解除政府主管部门与国有企业的行政隶属关系，

---

〔1〕 宏观调控部门的职责是：保持经济总量平衡，抑制通货膨胀，优化经济结构，实现经济持续快速健康发展；健全宏观调控体系，完善经济、法律手段，改善宏观调控机制。而专业经济管理部门的职责是：制定行业规划和行业政策，进行行业管理；引导本行业产品结构的调整；维护行业平等竞争秩序。

〔2〕 比如：将原国防科工委管理国防工业的职能、国家计委国防司的职能以及各军工总公司承担的政府职能，统归新组建的国防科学技术工业委员会管理。

〔3〕 根据改革方案，国务院保留外交部、国防部、公安部等 22 个部、委、行、署，不再保留电力工业部、煤炭工业部、冶金工业部、机械工业部、国家体育运动委员会、国家经济体制改革委员会等 15 个部、委，新组建信息产业部、劳动和社会保障部等 4 个部、委，将国家计划委员会、科学技术委员会、国家教育委员会更名为国家发展计划委员会、科学技术部、教育部。29 个组成部门包括，12个政务部门：外交部、国防部、文化部、卫生部、国家计划生育委员会、国家民族事务委员会、民政部、司法部、公安部、国家安全部、监察部、审计署；4 个宏观调控部门：国家发展计划委员会、国家经济贸易委员会、财政部、中国人民银行；8 个专业经济管理部门：建设部、铁道部、交通部、信息产业部、水利部、农业部、对外贸易经济合作部、国防科学技术工业委员会；5 个教育科技文化、社会保障和资源管理部门：教育部、科学技术部、人事部、劳动和社会保障部、国土资源部。

主管部门不再直接管理企业，切实落实企业经营自主权"。[1]二是调整政府机构设置。加强发展计划、经济贸易、财政部门和执法监管部门；撤销工业、商业、物资管理部门。行政性公司按照政企分开、公平竞争、自主经营的要求进行改组。三是调整地区建制。[2]四是精简人员编制。"省级政府机关人员编制精简一半左右，市、县和乡政府行政编制的精简比例平均为20%。通过精简，全国各级机关行政编制由739万减为624万，精简115万名。"[3]

在这一时期，党的机构也进行了改革。根据工作需要，党中央部门没有再集中进行机构改革，只是对个别机构设置进行了调整，如调整中央澳门工委规格，撤销中央金融工委、中央企业工委，建立巡视工作机构，等等。此次改革优化了部门内设机构，完成了中央下达的人员编制精简20%的任务。

【典型实践】

根据党的十五大、第九届全国人大第一次会议的战略部署，广东省政府机构改革力度要大，在体制、机制上要有新突破，做到既积极又稳妥，既符合中央对地方政府机构改革的要求，又符合广东省的实际情况。本轮广东省机构改革的主要措施：其一，改革行政审批制度。对政府和各部门的审批事项进行全面清理，减少审批事项；对确实需要审批而不涉及全局范围事务的审批事项，尽可能下放给市、县政府，简化审批程序和层次。其二，撤销工业经济部门和行政性公司。一步到位撤销所有工业经济部门，行政性公司不再挂政府机构的牌子，转为经济实体，其行政管理职能划归政府综合经济部门承担。其三，政府主管部门与所办经济实体和管理的直属企业彻底脱钩。解除企业与主管部门的行政隶属关系，取消企业行政级别。其四，完善国有企业监管方式。政府向重点国有企业派出代表参加监事会，代表政府行使监督权力，以财务监督为核心，不参与和不干预企业的经营管理活动。其五，推进事业单位和机构后勤体制改革。合理划分政事范围，结合政府机构改革，

---

〔1〕 高波："中国政府机构改革历程论析"，华中师范大学2004年硕士学位论文。

〔2〕 与地级市并存一地的地区，实行地市合并；与县级市并存一地的地区、所在市（县）达到设立地级市标准的，撤销地区建制，设立地级市，实行市领导县体制；其余地区建制也要逐步撤销，原地区所辖县改由附近地级市领导或由省直辖，县级市由省委托地级市代管。

〔3〕 王冠："中国政府机构改革回溯与展望"，黑龙江大学2007年硕士学位论文。

积极推进事业单位改革。其六，积极培育和规范社会中介组织。将政府部门包揽的应由社会自我管理和调节的社会性事务，转给中介组织。其七，建立高效、协调、规范的行政运行机制。按照权责一致、相同或相近的职能由一个部门承担的原则，合理划分部门之间的职责。

通过改革，广东省政府在推动政府职能转变、调整组织机构、精简机构人员、完善运行机制和国家公务员制度、建设专业化行政管理干部队伍方面取得显著成效，逐步建立起适应社会主义市场经济体制的"办事高效、运转协调、行为规范"的行政管理体制。经济基础决定上层建筑，上层建筑反作用于经济基础。基于此，广东省在改革开放早期便建立起适合社会主义市场经济发展的行政管理体制，营造出良好的外部体制环境，为赢得市场经济发展抢占了先机。

2. 2003 年改革。与以往尤其是 1998 年的机构改革相比较，本轮机构改革并不着意大规模的机构和人员的裁并，而是注重在 1998 年机构改革的基础上，进一步转变政府职能，理顺管理关系，加强宏观调控和社会管理。这轮改革的主要动因是：其一，机构设置不利于政府职能转变。比如，国家经济贸易委员会职权庞杂，不仅负有制定行业规划和产业政策，监管经济运行等多项宏观管理职能，而且承担国有企业管理、行政审批等多项具体管理职能。同时，国家经济贸易委员会与国家计划委员会并存，职能交叉重叠，因此有必要重组国家宏观调控部门。其二，职能部门管理关系分割。由于管理逻辑模糊不清，导致政府机构叠床架屋，管理职能各自为战，严重影响政府管理的协同力、执行力和整体效能。例如，体制改革办公室主管改革，计划委员会主管发展，割裂了改革与发展原本是一体化的关系；在日渐融入国际经济社会的时代，区分对外贸易经济合作部与国内贸易部已经不合时宜。这种职能分割的状况显然不能适应可持续发展的需要。所以，有必要按照"合并同类型"的原则，理顺管理职能。其三，国有资产管理关系不清。国有资产事关国之基础，关系重大，但若干个部门长期同时承担国有资产的管理责任，犹如"九龙之水"，政出多门，企业无所适从，以至关于深化国有资产管理改革的思路不清，责任主体不明，国有企业建立现代企业管理制度的进展缓慢。

根据党的十六大提出的深化行政管理体制改革的任务，中共十六届二中全会审议通过了《关于深化行政管理体制和机构改革的意见》，国务院据此形成《国务院机构改革方案》，并提交第十届全国人民代表大会第一次会议审议。改革方案明确了本轮改革的主要任务及指导思想，即按照完善社会主义市场经济体制和推进政治体制改革的要求，进一步转变政府职能，合理设置机构，完善行政管理体制。[1]2004年，中共中央、国务院印发《中共中央、国务院关于地方政府机构改革的意见》，该意见成为本轮推动地方政府机构改革的指导文件。此外，《2005年政府工作报告》提出"创新政府管理方式，努力建设服务型政府"[2]，既为本轮改革注入新的理念，也为替代一直以来的"管理型政府"提供了清晰明确的范式。

这次国务院机构改革的主要任务集中在七个方面：其一，深化国有资产管理体制改革，设立国务院国有资产监督管理委员会。其二，完善宏观调控体系，将国家发展计划委员会改组为国家发展和改革委员会。其三，健全金融监管体制，设立中国银行业监督管理委员会。其四，继续推进流通管理体制改革，组建商务部。其五，加强食品安全和安全生产监管体制建设，在国家药品监督管理局基础上组建国家食品药品监督管理局，将国家经济贸易委员会管理的国家安全生产监督管理局改为国务院直属机构。其六，将国家计划生育委员会更名为国家人口和计划生育委员会。其七，不再保留国家经济贸易委员会、对外贸易经济合作部。改革后的国务院机构设置分为国务院办公厅、国务院组成部门（28个）、国务院直属特设机构（1个）、国务院直属机构（18个）、国务院办事机构（4个）（表2-9）。[3]

---

〔1〕 本轮改革的指导思想或目标：以邓小平理论和"三个代表"重要思想为指导，按照完善社会主义市场经济体制和推进政治体制改革的要求，坚持政企分开，精简、统一、效能和依法行政的原则，进一步转变政府职能，调整和完善政府机构设置，理顺政府部门职能分工，提高政府管理水平，形成行为规范、运转协调、公正透明、廉洁高效的行政管理体制。

〔2〕 服务型政府的提出有其现实依据，2003年爆发的非典危机使政府认识到民生问题的重要性，经济职能不能再是机构改革唯一关注的核心，政府职能的重心应转向社会管理和公共服务，"服务型政府"建设成为重要取向。

〔3〕 参见张国庆主编：《公共行政学》，北京大学出版社2017年版，第471页。

表 2 - 9　国务院机构设置（2003 年）

国务院秘书厅	
组成部门 （28 个）	外交部、国防部、国家发展和改革委员会、教育部、科学技术部、国防科学技术工业委员会、国家民族事务委员会、公安部、国家安全部、监察部、民政部、司法部、财政部、人事部、劳动和社会保障部、国土资源部、建设部、铁道部、交通部、信息产业部、水利部、农业部、商务部、文化部、卫生部、国家人口和计划生育委员会、中国人民银行、审计署
国务院直属特设机构（1 个）	国务院国有资产监督管理委员会
办事机构 （4 个）	国务院侨务办公室、国务院港澳事务办公室、国务院法制办公室、国务院研究室
直属机构 （18 个）	中华人民共和国海关总署、国家税务总局、国家工商行政管理总局、国家质量监督检验检疫总局、国家环境保护总局、中国民用航空总局、国家广播电影电视总局、国家新闻出版总署（国家版权局）、国家体育总局、国家统计局、国家林业局、国家食品药品监督管理局、国家安全生产监督管理局、国家知识产权局、国家旅游局、国家宗教事务局、国务院参事室、国务院机关事务管理局

资料来源：根据中国政府网的资料整理。

国务院机构改革后，地方政府机构改革有序推进。地方政府机构改革在中央的统一部署下，按照巩固、完善、探索、深化的总体要求，结合本地实际，巩固和完善已经取得的改革成果，积极探索符合各地特点的改革路子。[1]"加快推进乡镇机构改革，重点是合理界定乡镇机构职能，精简机构和减少财政供养人员"。[2]

从整体上看，此次改革具有三个方面的特点，"第一，突出加强监督和监管力度。市场经济体制逐步完善，加入世贸组织又带来诸多挑战，强化政府对市场的宏观调控和监管已迫在眉睫。改革调整和归并了业务相近、联系密切或因分工过细导致职责交叉、关系不顺的机构。着力充实和加强市场监管

---

〔1〕　参见上海社会科学院民主政治研究中心：《中国政治发展进程（2004 年）》，时事出版社 2004 年版，第 109 页。

〔2〕　汪玉凯等：《中国行政体制改革 30 年回顾与展望》，人民出版社 2008 年版，第 56 页。

部门和基层一线执法力量；设立国资委代表国家向部门大型企业派出监事会。通过统计、稽查对所管国有资产的保值增值情况进行监管；设立中国银行业监督管理委员会，加强金融监管，确保金融机构安全、稳健、高效运行，提高防范和化解金融风险的能力等。第二，重新界定中央与地方政府的职能。重新划定了中央政府和地方政府的职能范围。中央负责宏观调控、经济决策，地方负责执行具体事务。机构设置体现了各级政府功能的特点。省以下政府直接面对基层企业和城乡居民，主要职责是贯彻执行中央和上级的方针决策，搞好社会管理、提供公共服务，中央和省两级政府原则上不设行政执法队伍，市县政府的行政执法队伍综合设置，相对集中行政执法权。第三，实行行政三分制改革。把决策、执行、监督相协调作为深化机构改革的思路，之所以要进行行政三分制改革，是因为现存行政管理体制中'弱政府强部门''政府权力部门化'等弊端普遍存在，此次改革中进一步充实了行政执法队伍的力量，把以前各自为政、多头执法改为统一执法，这是在政府职能转变和体制调整方面的重大突破"[1]。

【典型实践】

作为一种新生的机制安排，"行政三分制"最早发轫于深圳的改革实践，其改革成效能在很大程度上影响我国未来的行政体制格局。作为我国行政管理体制改革的窗口，深圳市自改革开放以来就扮演着"试验田"和"排头兵"的角色。深圳市认识到"软环境是深圳的生命线"，试行"行政三分制"是提高政府效能的关键当务。2002年初，中编办把深圳市作为新一轮深化行政管理改革的试点。2003年1月，深圳市推出"行政三分制"改革。其典型做法是，按照决策、执行和监督相对分离、制约和协调的原则，重组现有政府部门。重组的过程中按照大行业、大系统组建几个决策部门，其内设两类咨询机构，"一类是服务于决策局长的咨询机构，设在政府内部，另一类是制约局长权力的咨询机构，它可以劝告、修改甚至否决决策局的决定"[2]；在

---

〔1〕 刘素华、杜钢建："切实推进行政管理体制改革 新一轮政府机构改革的背景和特点"，载《中国党政干部论坛》2003年第4期。

〔2〕 傅小随："行政决策与执行分开：多种可选方式背后的制度约束与价值浮动"，载《中国行政管理》2007年第4期。

这些决策部门涉及的范围之内，组建专业化的执行机构，执行机构重组基本是按照专务、专责、专管的模式进行；监察局和审计局将作为监督部门直属市长管辖。

比如，作为试点单位之一的深圳市交通局，重组前的状况是市交通局下面每个区还有一个交通分局，区分局的机构设置和市局基本上下对口，每一个分局什么业务都是五脏俱全。市交通局既制定政策又负责监督执行。实行"行政三分制"后，根据交通局的职能，组建了规费征收办、稽查分局等 8 个专业分局，作为执行机构的专业分局，突出了专务、专责、专管的原则，全市的规费、稽查等业务都由相应的专业分局统管，执行业务全部交到下面的 8 个专业分局。改革后，市交通局作为政府的决策部门，今后的任务是调研、预测、规范、监管和战略规划等。设立 8 个专业执行局之后，区一级的交通分局已经不存在了，机关可能还在过去某个区的交通分局原址办公，但是过去的职能已经改变。执行机构重组中还有一项重要工作，就是把一些可以由社区、中介组织和其他非政府组织承担的职能放下去。这些非政府组织同样执行决策部门制定的政策法规，前期政府从资金方面给予非政府组织一定的扶持，条件成熟之后实行政府监管下的自主、自律性公共管理和服务。

从 2003 年深圳市改革的实践来看，其在机构撤并、人员分流、社会支持三个方面遭遇挑战，改革实践被迫陷入停滞。但是深圳市的改革没有停滞，在总结经验教训后，"行政三分制"于 2009 年再次出现于公众视野。所以应客观看待 2003 年改革的初次尝试，这次改革所提出的"强调政府职能的公共性""建立健全政府行政决策咨询机制""建立广泛的社会参与机制"等，为后续的 2009 年改革方案积累了经验、打下了基础。

3. 2008 年改革。经过 30 年的改革开放，以及若干次行政体制改革，不断调整优化的体制机制助力我国经济蓬勃发展，有力推动小康社会有序建设。站在 2008 年这一历史发展的机遇期审视行政体制，仍然存在与经济社会快速发展要求不相符合的障碍，这些障碍严重影响政府履职能力，限制了政府的效能发挥，亟待深化解决。比如，"政府职能转变还不到位，对微观经济活动干预过多，社会管理和公共服务有待加强；政府机构设置还不合理，职责交叉、权责脱节等问题比较突出；有些权力较为集中，且缺乏有效监督，滥用职权、以权谋私、贪污腐败等现象仍然存在"。[1]

2007 年 10 月，党的十七大作出了"着力转变职能、理顺关系、优化结构、提高效能，形成权责一致、分工合理、决策科学、执行顺畅、监督有力的行政管理体制"的改革部署。[2]2008 年 2 月，十七届二中全会审议通过《关于深化行政管理体制改革的意见》，确立了深化行政体制改革的指导思想、基本原则及改革的目标任务。[3]2008 年 3 月，第十一届全国人民代表大会第一次会议审议通过《国务院机构改革方案》，同年党中央、国务院下发《中共中央、国务院关于地方政府机构改革的意见》，为中央及地方政府机构改革提供了制度依据。此外，2007 年连续颁布了《机构编制监督检查工作暂行规定》（2007 年 2 月）、《地方各级人民政府机构设置和编制管理条例》（2007 年 2 月）。这两个有关机构编制管理的文件为本轮改革在机构编制的实施，提供了更为科学的制度安排。

十七届二中全会确定的深化行政管理体制改革的总体目标是，到 2020 年建立起比较完善的中国特色社会主义行政管理体制。"通过改革，实现政府职能向创造良好发展环境、提供优质公共服务、维护社会公平正义的根本转变，实现政府组织机构及人员编制向科学化、规范化、法制化的根本转变，实现行政运行机制和政府管理方式向规范有序、公开透明、便民高效的根本转变，建设人民满意的政府"。[4]

这次机构改革的主要任务是，"按照精简统一效能的原则和决策权、执行权、监督权既相互制约又相互协调的要求，围绕转变政府职能和理顺部门职责关系，着力优化组织结构，规范机构设置，完善运行机制，探索实行职能有机统一的大部门体制，合理配置宏观调控部门职能，加强能源环境管理机构，整合完善工业和信息化、交通运输行业管理体制，以改善民生为重点加

---

〔1〕 华建敏："关于国务院机构改革方案的说明——2008 年 3 月 11 日在第十一届全国人民代表大会第一次会议上"，载《中华人民共和国全国人民代表大会常务委员会公报》2008 年第 3 期。

〔2〕 参见胡锦涛："高举中国特色社会主义伟大旗帜 为夺取全面建设小康社会新胜利而奋斗——在中国共产党第十七次全国代表大会上的报告"，载《实践（思想理论版）》2007 年第 Z1 期。

〔3〕 参见谭桔华："建国 60 年来政府机构改革的基本经验及启示"，载《湖南行政学院学报》2009 年第 5 期。

〔4〕 "关于深化行政管理体制改革的意见"，载《中国行政管理》2008 年第 5 期。

强与整合社会管理和公共服务部门"。[1]

本次国务院机构改革主要集中在八个方面，"合理配置宏观调控部门职能，形成科学权威高效的宏观调控体系；加强能源管理机构，保障国家能源安全；组建工业和信息化部，加快走新型工业化道路的步伐；组建交通运输部，加快形成综合运输体系；组建人力资源和社会保障部，完善就业和社会保障体系；组建环境保护部，加大环境保护力度；组建住房和城乡建设部，加快建立住房保障体系，加强城乡建设统筹；国家食品药品监督管理局改由卫生部管理，理顺食品药品监管体制。这次国务院机构改革，新组建工业和信息化部、交通运输部、人力资源和社会保障部、环境保护部、住房和城乡建设部；不再保留国防科学技术工业委员会、信息产业部、交通部、人事部、劳动和社会保障部、建设部"。[2]改革后，"除国务院办公厅外，国务院共有组成部门 27 个，特设机构 1 个、直属机构 15 个、办事机构 4 个、部委管理的国家局 16 个、直属事业单位 14 个"。[3]这次国务院机构改革，涉及调整变动的机构 15 个，正部级机构减少 4 个。改革突出了三个重点："一是加强和改善宏观调控，促进科学发展；二是着眼于保障和改善民生，加强社会管理和公共服务；三是按照探索职能有机统一的大部门体制要求，对一些职能相近的部门进行整合，实行综合设置，理顺部门职责关系。"[4]

国务院机构改革方案实施后，2008 年 8 月中央印发了《中共中央、国务院关于地方政府机构改革的意见》，要求根据各层级政府的职责重点，合理调整地方政府机构设置。改革的重点是转变职能、优化结构、强化责任、严控编制。地方政府的机构设置，在中央确定的限额内，需要统一设置的机构应

---

[1]　华建敏："关于国务院机构改革方案的说明——2008 年 3 月 11 日在第十一届全国人民代表大会第一次会议上"，载《中华人民共和国全国人民代表大会常务委员会公报》2008 年第 3 期。

[2]　华建敏："关于国务院机构改革方案的说明——2008 年 3 月 11 日在第十一届全国人民代表大会第一次会议上"，载《中华人民共和国全国人民代表大会常务委员会公报》2008 年第 3 期。

[3]　参见《国务院关于机构设置的通知》（国发〔2008〕11 号，已失效）、《国务院关于部委管理的国家局设置的通知》（国发〔2008〕12 号，已失效）、《国务院关于议事协调机构设置的通知》（国发〔2008〕13 号，已失效）。

[4]　青锋、张水海："我国政府职能转变的历史演进及法制特点"，载《行政法学研究》2013 年第 4 期。

当上下对口，其他机构可因地制宜设置。[1] 按照中央的部署，各地政府从省级到市、县级逐步展开机构改革，到 2009 年年底地方政府机构改革基本完成。各地政府积极探索"大部制"改革，在具体做法上各地基本与国务院大部制改革衔接，对工业与信息化、交通运输、住房与城乡建设、人力资源和社会保障、卫生与食品药品监管等领域进行机构整合，设立大部门。有些地方还因地制宜，在其他职能相近的领域进行机构整合，设立大农业、大水务、大交通、大文化等大部门。例如，"重庆市将原有的农办、农业局、农机局、农综办 4 个农业机构加以整合，成立新的市农委，统筹农业发展事务；成都市设立水务局，负责统一管理供水、排水、污水、防洪、农林水利等与水资源管理有关的事务，改变了'多龙治水'局面"。[2]

【典型实践】

广东佛山的顺德区，是改革前沿中的前沿。2009 年 9 月，顺德秉承大胆创新、先行先试的精神，在县区层面率先开展"大部门制"改革，并取得了重大突破。有媒体和学者将其做法称为"最大胆"或"石破天惊"的"顺德模式"[3]。"顺德模式"所倡导的"大部门制"，契合本轮国务院和地方机构改革所倡导"建立有机统一的大部门体制"的核心要求。根据顺德区出台的《佛山市顺德区党政机构改革方案》，其改革举措主要包含六个方面：

第一，加快政府职能转变。顺德此次改革主要是强化"市场监管、社会管理和公共服务"职能。一是在市场监管方面着力"创造良好发展环境"；二是在社会管理方面，转向"以鼓励社会各方参与的公共治理"模式；三是在公共服务方面，提供更多"社会性公共物品"，努力提供优质公共服务，推进实现基本公共服务均等化。

第二，优化整合组织机构。统筹优化党政机构设置，是本次顺德大部制改革的突出特点。一是通过全面梳理党政部门职能，对职能相近或相似的机构进行整合，广泛采用了合署办公的模式。例如，以原工商、质检、安监三

---

〔1〕 参见刘文俭："大部制下的地方政府机构改革初探——以某沿海城市为例"，载《北京行政学院学报》2008 年第 5 期。

〔2〕 沈荣华、曹胜：《政府治理现代化》，浙江大学出版社 2015 年版，第 173 页。

〔3〕 刘学民、林明哲："大部制改革之'顺德模式'思考"，载《人民论坛》2013 年第 20 期。

个部门为主体的市场安全监管局，将文化执法、旅游市场监管、食品安全、安全生产等职能全部囊括，形成"大监管"格局；经济促进局则将农业局、经济贸易局和科学技术局合并，涵盖第一、二、三产业，形成"大经济"部门。[1]再比如，党委办公室和政府办公室，区委宣传部和文体旅游局，区政法委和司法局都是合署办公。他们都是一套人马，两块牌子。[2]二是大幅精简党政部门。改革后，顺德区党政机关从41个减为16个，其中党委部门6个[3]、政府部门10个[4]。

第三，精简决策和管理层次。大部制改革的目标之一在于建立精简高效的行政管理体制。一方面，此次改革通过减少行政层次、缩短决策和管理链条的方式，提高决策和执行效率；另一方面，此次改革主要采用党政机构的主要负责人分别由"区委常委、区政府副区长和政务委员兼任"的方式，以减少中间管理环节，实现决策和管理方面的扁平化。

第四，创新运行机制。为了建立决策权、执行权、监督权既明确分工又协调统一的高效运行新机制，顺德大胆提出"决策民主化和扁平化、执行集中化和统一化、监督外部化和独立化""决策权上移、执行权下移、监督权外移"的新思路。"上移决策权的主要做法是区联系会议负责全局性重大决策，并组建区委决策咨询和政策研究委员会，强化决策的民意咨询和专家论证，反映民意和吸纳民智，辅助联席会议决策；下移执行权的主要做法是区联系会议作出决策以后，由各大部门集中统一执行，并将执行权尽可能依法委托镇政府（街道办事处）以及其他社会组织行使；外移监督权的主要做法是对政务监察和审计职能进行整合，由新组建的区纪委（政务监察和审计局）负责对区委和区政府的党委、政务工作进行纪律与绩效监督，解决监督方面纪

---

〔1〕 参见刘洁、竺乾威："地方政府管理体制改革创新的思考——以广东顺德为案例"，载《郑州大学学报（哲学社会科学版）》2011年第3期。

〔2〕 参见陈家刚："党政联动式改革的样本：顺德大部制改革研究"，载《广东行政学院学报》2018年第3期。

〔3〕 党委部门：区委办公室、宣传部、社会工作部、纪律检查委员会机关、组织部、政法委员会。

〔4〕 政府部门：发展规划和统计局、经济促进局、教育局、公安局、财税局、人力资源和社会保障局、国土城建和水利局、卫生和人口计划生育局、市场安全监管局、环境运输和城市管理局。

委有权力缺技术和审计部门有技术缺权力问题，形成了监督合理。区纪委对每个大部门都派驻监察员或监察组，对各部门的整个决策和执行过程实行独立的全程化监督。"[1]

第五，理顺责权关系。长期以来，责权不一致的情况在各个地方广泛存在，有些部门、有些人有责无权，与此同时，有些部门、有些人员又有权无责。这是造成决策随意，执行不负责任的重要原因。为了解决这一难题，顺德此次大部制改革重点梳理和解决了部门间职责交叉和关系不顺的问题，按照"权责一致、责权利统一"的总体原则，通过制定和细化具体部门的"三定"规定，明确各部门职责和权限，避免交叉扯皮，实现责权利相一致。对于确实需要多部门管理的事项，明确哪一部门牵头、哪一部门协调配合，从而形成合力，共同推动工作开展。

第六，推进配套改革。以往改革难以取得最终成功的教训之一是单兵突进，缺乏配套机制。顺德此次改革从一开始就注意配套机制的建立问题。此次改革的配套举措包括：推进事业单位分类改革，深化镇级行政管理体制改革，深化社会管理体制改革，深化财政管理体制改革，建立完善区级党政机构、镇（街道）效能监督考核体系以及建立和完善人员编制的动态调整机制。[2]

2009年顺德区推行的"大部门制"改革，至少在两个方面具有典型特色：一是在党政系统范围内最大限度地"合并同类项"。顺德区"大部门制"改革的"瘦身"范围，并不仅仅囿于行政系统范围，而是在更大的系统内统筹，力求实现党政职能整合的"化学反应"。二是配套改革同步推进。这一典型做法之所以能够得以顺利实施，主要在于顺德区的改革得到中央编办、广东省委省政府、佛山市委市政府领导及有关领导部门的大力支持。"高位推动"在统筹资源、协调关系、顶层设计、督促落实等方面的优势，为其他配套改革同步推进提供了保障。

---

〔1〕 石亚军主编：《破题政府职能转变——内涵式政府改革新路径实证研究》，中国政法大学出版社2016年版，第177页。

〔2〕 参见陈家刚："党政联动式改革的样本：顺德大部制改革研究"，载《广东行政学院学报》2018年第3期。

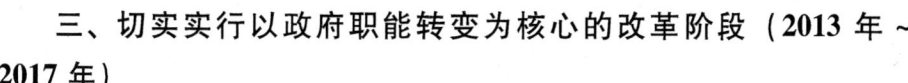

三、切实实行以政府职能转变为核心的改革阶段（2013 年 ~ 2017 年）

1988 年进行的机构改革首次提出了"转变政府职能是机构改革的关键"，"1993 年、1998 年、2003 年、2008 年四次机构改革相继致力于解决政府职能结构不合理、政府与市场关系不顺畅两个问题，转变政府职能取得了积极成效"。[1]但就政府职能根本转变而言，之前的改革基本上走的是外延式改革之路，"改革主要在职能裁剪、机构塑形、人员编排的代数性上下工夫"，[2]对政府机构权责搭配、政府职能层级配置、政府与市场和社会关系、央地关系等问题触及不够，政府的行政效能与经济社会发展的要求尚存差距，这就迫切需要找准下一轮改革的着力点和切入点，深入推进政府职能内涵式转变[3]。

本次改革，是在党的十八大以后以习近平同志为核心的党中央作出"四个全面"战略布局背景下，致力于坚持和完善中国特色社会主义制度，推进国家治理体系和治理能力现代化而进行的一次新的改革，肩负着承上启下的重要使命。"为贯彻十八大精神，党中央召开七次全会，分别就政府机构改革和职能转变、全面深化改革、全面推进依法治国、制定'十三五'规划、全面从严治党等重大问题作出决定和部署。……统筹推进'五位一体'总体布局、协调推进'四个全面'战略布局，'十二五'规划胜利完成，'十三五'规划顺利实施，党和国家事业全面开创新局面。"[4]其中，本次改革在中央的统一领导下顺利推进，并取得显著成果。

---

〔1〕 石亚军："2013 政府改革剑亮何处"，载《中国法律》2013 年第 2 期。

〔2〕 石亚军："推进实现三个根本转变的内涵式大部制改革"，载《中国行政管理》2013 年第 1 期。

〔3〕 所谓内涵式行政体制改革，是"政府职能调整整合、政府机构再构和政府运行机制再造的统一，其目标是实现政府职能向创造良好发展环境、提供优质服务、维护社会公平正义的根本转变，实现政府组织机构及人员编制向科学化、规范化、法制化的根本转变，实现行政运行机制和政府管理方式向规范有序、公开透明、便民高效的根本转变，最终建构起法治政府、服务型政府"。（参见石亚军、王湘军："以法治深入推进内涵式行政体制改革"，载《法制日报》2013 年 11 月 20 日，第 9 版。）

〔4〕 习近平："决胜全面建成小康社会 夺取新时代中国特色社会主义伟大胜利——在中国共产党第十九次全国代表大会上的报告（2017 年 10 月 18 日）"，载《人民日报》2017 年 10 月 28 日，第 1 版。

本次改革所针对的问题和达至的目标，是基于以下考量：其一，从经济领域看，受2008年国际金融危机的冲击之后，政府对经济的干预再度强化，在不少领域直接插入市场。"2008年之后由于产能过剩的矛盾凸显，民营资本所进行的生产性投资明显下降，政府投资则充当了一个更为激进的角色。"[1]结果是，政府过度干预延缓了转变经济发展方式的进程，也影响了市场经济体制的进一步完善。其二，从社会领域看，政府的市场监管职能仍存在缺位问题，而且由于政出多门等导致生态环境日益恶化，食品药品安全问题频繁发生。同时，社会保障体系的不完善影响到民生问题的解决。其三，从政府自身领域看，政府履职中的越位、缺位、错位依然是体制机制中没有解决好的"老大难"问题，不仅如此，由于对政府权力使用缺乏有效监督，导致不作为、乱作为、寻租腐败问题依然存在。

为推动本次改革顺利实施，在反复征求意见、酝酿论证《国务院机构改革和职能转变方案（草案）》后，2013年3月第十二届全国人民代表大会第一次会议审议并通过《国务院机构改革和职能转变方案》。随后，中共中央、国务院又出台了《中共中央、国务院关于地方政府职能转变和机构改革的意见》。从文件题名可以明确看出，政府职能转变在本次改革中被提到了历史性高度。这些方案、意见规定了改革的任务书、时间表和路线图。以《国务院机构改革和职能转变方案》为例，它明确了本次改革在2013年应完成的29项任务、2014年应完成的28项任务、2015年应完成的11项任务及2017年所要完成的4项任务。[2]为了使改革体现民意、赢得支持，本次机构改革和职能转变方案除了以往常态化地向不同党政部门、政府机关等主体征求意见外，还有一个突出亮点就是利用网络形式向社会征集意见建议，这也契合了党的十八大提出的建设人民满意的服务型政府的理念。2013年，中共十八届三中全会通过了《中共中央关于全面深化改革若干重大问题的决定》，整体性地为改革指明了方向、确定了任务、提出了要求。本次改革目标旨在"进一步理顺政府和市

---

〔1〕 于学军、乔加伟："经济泡沫化：中国经济增长模式面临的严峻挑战"，载《21世纪经济报道》2013年9月19日，第10版。

〔2〕 参见《国务院办公厅关于实施〈国务院机构改革和职能转变方案〉任务分工的通知》（国办发〔2013〕22号）。

场、政府和社会、中央和地方的关系，更好地发挥市场、社会的作用，更好地调动中央和地方两个积极性，推动政府全面正确地履行职能……不断满足人民群众的新期待、新要求"。[1]不难发现，本轮改革目标揭示了政府职能转变较之政府机构改革困难的原因所在，即机构改革往往只是涉及政府内部的改革问题，而职能转变还涉及了政府、市场、社会等多种关系的处理问题。[2]

国务院机构改革和职能转变。为稳步推进大部制的改革理念，本次国务院改革紧紧围绕转变职能和理顺职责两大重点任务，从以下几个方面加大改革力度：实行铁路政企分开，组建卫生和计划生育委员会、食品药品监督管理总局、新闻出版广电总局，重新组建国家海洋局和国家能源局。经过改革，国务院由办公厅、25 个组成部门、1 个直属特设机构、16 个直属机构、4 个办事机构组成（表 2－10）。由于组成部门减少 2 个，所以国务院的正部级机构减少 2 个。除进行机构改革之外，本次改革紧紧围绕"创造良好发展环境、提供优质公共服务、维护社会公平正义"的总方向要求，从市场、社会、央地关系、职能配置、宏观管理、制度建设六个方面入手（表 2－11）[3]，明确职能转变的方向和工作重点，旨在政府、市场和社会的三元结构中明确政府的定位，厘清和理顺彼此之间的关系。

表 2－10　国务院机构设置（2013 年）

国务院秘书厅	
组成部门 （25 个）	外交部、国防部、国家发展和改革委员会、教育部、科学技术部、工业和信息化部、国家民族事务委员会、公安部、国家安全部、监察部、民政部、司法部、财政部、人力资源和社会保障部、国土资源部、环境保护部、住房和城乡建设部、交通运输部、水利部、农业部、商务部、文化部、国家卫生和计划生育委员会、中国人民银行、审计署

---

〔1〕　李克强："在地方政府职能转变和机构改革工作电视电话会议上的讲话"，载《中国机构改革与管理》2013 年第 12 期。

〔2〕　参见吴江："我国政府机构改革的历史经验"，载《中国行政管理》2005 年第 3 期。

〔3〕　参见马凯："关于国务院机构改革和职能转变方案的说明——2013 年 3 月 10 日在第十二届全国人民代表大会第一次会议上"，载《人民日报》2013 年 3 月 11 日，第 2 版。

续表

国务院秘书厅	
直属特设机构 （1个）	国务院国有资产监督管理委员会
直属机构 （16个）	海关总署、国家税务总局、国家工商行政管理总局、国家质量监督检验检疫总局、国家新闻出版广电总局、国家体育总局、国家安全生产监督管理总局、国家食品药品监督管理总局、国家统计局、国家林业局、国家知识产权局、国家旅游局、国家宗教事务局、国务院参事室、国家机关事务管理局、国家预防腐败局
办事机构 （4个）	国务院侨务办公室、国务院港澳事务办公室、国务院法制办公室、国务院研究室

资料来源：根据中国政府网的资料整理。

表2－11 政府职能转变方向与重点

职能转变的方向	职能转变的重点
充分发挥市场在资源配置中的基础性作用	①减少投资审批事项；②减少生产经营活动审批事项；③减少资质资格许可；④减少行政事业性收费；⑤逐步改革工商登记制度
更好发挥社会力量在管理社会事务中的作用	①逐步推进行业协会商会与行政机关脱钩；②重点培育、优先发展行业协会商会类、科技类、公益慈善类、城乡社区服务类社会组织；③坚持一手抓积极引导发展、一手抓严格依法管理
充分发挥中央和地方两个积极性	①下放投资审批事项；②下放生产经营活动审批事项；③将适合地方管理的专项转移支付项目审批和资金分配工作下放地方
优化职能配置	①按照同一件事由一个部门负责的原则，整合相近职责；②整合业务相同或相近的检验、检测、认证机构；③整合建立统一规范的公共资源平台和信用信息平台
改善和加强宏观管理	①强化发展规划制定、经济发展趋势研判等职能；②加强社会管理能力建设，创新社会管理方式；③大力推进本系统改革
加强制度建设和依法行政	①加强基础性制度建设；②加强依法行政

资料来源：根据《国务院机构改革和职能转变方案》自制。

　　为更好地落实《国务院机构改革和职能转变方案》，推进政府职能根本转变，国务院从以下几个方面着重推进改革：

　　1. 深入推进"放管服"改革。自 2013 年党的十八大以来，"放管服"改革拉开序幕。"放管服"改革是政府改革不断深化的结果，《2014 年政府工作报告》指出将"加快转变职能、简政放权作为本届政府开门第一件大事"，[1]《2015 年政府工作报告》指出"继续把简政放权、放管结合作为改革的重头戏"，[2]《2016 年政府工作报告》则强调"深入推进简政放权、放管结合、优化服务改革"。[3] "放管服"与政府机构改革紧密结合、持续推进，最大限度为企业松绑，激活市场和社会力量，为经济社会发展释放改革红利。为深入推进"放管服"改革，自 2013 年以来每年都会召开"放管服"电视电话会议，以统一思想、提高认识，部署下一阶段重点工作，明确改革的"时间表"和"任务书"。如 2017 年 6 月李克强《在全国深化简政放权放管结合优化服务改革电视电话会议上的讲话》中提出"五个为"："为促进就业创业降门槛""为各类市场主体减负担""为激发有效投资拓空间""为公平营商创条件""为群众办事生活增便利"。[4] 再如 2018 年 6 月李克强《在全国深化"放管服"改革　转变政府职能电视电话会议上的讲话》中提出"六个一"："企业开办时间再减　半，项目审批时间再砍　半，政务服务　网通办，企业和群众办事力争只进一扇门、最多跑一次，凡是没有法律法规依据的证明一律取消。"[5]

　　2. 深化行政审批制度改革。十八大以来，"我国政府职能转变聚焦在'放管服'改革上，而'放管服'改革的落实主要通过行政审批制度改革体现出来"。[6] 深化审批制度改革，取得显著成效，主要表现为：其一，行政审

---

〔1〕《2014 年政府工作报告》。

〔2〕《2015 年政府工作报告》。

〔3〕《2016 年政府工作报告》。

〔4〕 李克强："在全国深化简政放权放管结合优化服务改革电视电话会议上的讲话"，载《中国机构改革与管理》2017 年第 7 期。

〔5〕 李克强："在全国深化'放管服'改革　转变政府职能电视电话会议上的讲话"，载《中国行政管理》2018 年 8 期。

〔6〕 王丛虎、门钰璐："'放管服'视角下的行政审批制度改革"，载《理论探索》2019 年第 1 期。

批事项大幅减少。"国务院部门取消和下放行政审批事项的比例超过40%，不少地方超过70%；非行政许可审批彻底终结；国务院各部门设置的职业资格削减70%以上；中央层面核准的投资项目数量累积减少90%；外商投资项目95%以上已由核准改为备案管理。"〔1〕其二，商事登记制度明显简化。"工商登记由'先证后照'改为'先照后证'，前置审批事项压减87%以上，注册资本由'实缴制'改为'认缴制'，'多证合一、一照一码'改革深化，企业注册登记所需时间大幅缩短，便利化程度大为提高。"〔2〕其三，事中事后监管得到加强。"出台公平竞争审查制度，建立投资项目在线审批监管平台，建立国家企业信用信息公示系统和守信联合激励、失信联合惩戒机制，推进'双随机、一公开'监管和综合执法改革。"〔3〕

　　3. 积极推行"清单制"改革。党的十八大以来，以根本转变职能为核心，"着眼于约束行政权力、规范行政权力运行，以权力清单、责任清单、负面清单为制度安排的清单制应运而生，成为行政权力的有效约束"。〔4〕2013年党的十八届三中全会《中共中央关于全面深化改革若干重大问题的决定》明确指出，"推行地方各级政府及其工作部门权力清单制度"，〔5〕《2014年政府工作报告》指出："要建立权力清单制度，一律向社会公开。"〔6〕《2015年政府工作报告》指出："制定市场准入负面清单，公布省级政府权力清单、责任清单，切实做到法无授权不可为、法定职责必须为。"〔7〕2015年12月由中共中央、国务院印发的《法治政府建设实施纲要（2015－2020年）》强调：大力推行权力清单、责任清单、负面清单制度并实行动态管理。……省级政府

---

〔1〕 李克强："在全国深化简政放权放管结合优化服务改革电视电话会议上的讲话"，载《中国机构改革与管理》2017年第7期。

〔2〕 李克强："在全国深化简政放权放管结合优化服务改革电视电话会议上的讲话"，载《中国机构改革与管理》2017年第7期。

〔3〕 李克强："在全国深化简政放权放管结合优化服务改革电视电话会议上的讲话"，载《中国机构改革与管理》2017年第7期。

〔4〕 石亚军、王琴："完善清单制：科学规范中的技术治理"，载《上海行政学院学报》2018年第6期。

〔5〕 "中共中央关于全面深化改革若干重大问题的决定（2013年11月12日中国共产党第十八届中央委员会第三次全体会议通过）"，载《求是》2013年第22期。

〔6〕 参见《2014年政府工作报告》。

〔7〕 参见《2015年政府工作报告》。

2015 年年底前、市县两级政府 2016 年年底前将政府职能、法律依据、实施主体、职责权限、管理流程、监督方式等事项以权力清单的形式向社会公开。[1]

地方政府职能转变和机构改革。李克强总理指出："地方政府改革是整个政府改革的大头……我国 90% 以上的公务员、85% 左右的财政最终支出是在地方。"[2]地方政府的改革应与中央政府的改革上下贯通，其中政府职能转变应重点抓好"接、放、管"，机构改革则应重点抓好"控、调、改"。对此，李克强总理在 2013 年的地方政府职能转变和机构改革工作电视电话会议上给出了鞭辟入里的解释（表 2－12）。

表 2－12　地方政府职能转变与机构改革工作重点

改革领域	改革重点	要素内涵
地方政府职能转变	接	把中央放给市场的权力接转放开，把中央下放给地方的职能接好管好
	放	把本级该放的权力切实放下去、放到位
	管	把地方该管的事情管起来、管到位
地方政府机构改革	控	严格控制机构编制总量
	调	调整优化机构编制结构
	改	通过深化改革推动机构编制释放潜力

资料来源：根据《关于地方政府职能转变和机构改革的意见》自制。

"放管服"改革的一个重要方面是放权于地方，充分调动地方的积极性。各地结合实际，"八仙过海、各显神通"，探索出许多独具特色的好经验、好做法。比如在审批制度改革方面，天津和宁夏等地的"一枚印章管审批"、浙江等地的"最多跑一次"、北京等地的"一网通办"、广东等地的"一门式一网式"、江苏等地"不见面审批"、贵州等地的"人在干云在看"、雄安等地的"审管联动"等。再如在商事制度方面，"先证后照"改为"先照后证"

〔1〕　参见"法治政府建设实施纲要（二〇一五—二〇二〇）"，载《人民日报》2015 年 12 月 28 日，第 1 版。

〔2〕　李克强："在地方政府职能转变和机构改革工作电视电话会议上的讲话"，载《中国机构改革与管理》2013 年第 12 期。

之后，我国商事制度改革进入"证照分离"改革阶段。"照"指的是营业执照，"证"的种类较多。对于无需审批的"证"要尽可能通过"多证合一"〔1〕整合到营业执照上去；而需要审批的"证"应通过"直接取消、改为备案、告知承诺、优化服务"四种方式进行。自2015年"证照分离"在上海浦东新区试点以来，2017年在广东、天津、重庆、浙江、辽宁、福建、河南、湖北、四川、陕西等10个自贸试验区推行上海的成熟做法。〔2〕2018年9月国务院印发《国务院关于在全国推开"证照分离"改革的通知》，决定自2018年11月10日起，在全国范围内对第一批106项涉企行政审批的事项实施"证照分离"改革，"突出照后减证，能减尽减，能合则合"。〔3〕从"先证后照"到"先照后证"再到"照后减证"，我国商事登记制度改革有序向前推进。

【典型实践】

行政审批制度改革是2013年机构改革的重要突破口和着力点。党的十八大指出，要"深化行政审批制度改革，继续简政放权，推动政府职能向创造良好发展环境、提供优质公共服务、维护社会公平正义转变"〔4〕。以行政审批制度改革引导政府职能根本转变，服务型政府建设步入了内涵式改革的轨道。各地政府在法律框架的要求下、在中央改革的指引下先行先试，摸索并涌现出很多创新性实践，比如受到李克强总理高度肯定的"银川模式"、被写入《政府工作报告》的"最多跑一次"等，这些具有创新性、探索性的地方改革与中央政府改革交相呼应、互融互促，助推政府职能内涵式转变落实落地。

---

〔1〕"多证合一"改革是在"三证合一""五证合一""两证整合"登记制度改革的基础上，将有关涉及市场主体登记、备案等各类证、照，具体来说就是信息采集、记载公示、管理备查类的一般经营项目涉企证照事项，以及企业登记信息能够满足政府部门管理需要的涉企证照事项，进一步整合到营业执照上，使企业在办理营业执照后即能达到预定可生产经营状态，大幅度缩短企业从筹备开办到进入市场的时间（参见"工商总局解读'多证合一'改革政策"，载中华人民共和国中央人民政府网，http：//www.gov.cn/xinwen/2017－05/16/content_5194329.hml，最后访问时间：2019年10月1日。）

〔2〕参见卜羽勤："首批涉企行政审批事项11月10日起推'照后减证'"，载《南方都市报》2018年9月14日，第AA15版。

〔3〕参见《国务院关于在全国推开"证照分离"改革的通知》（国发〔2018〕35号）。

〔4〕胡锦涛：《坚定不移沿着中国特色社会主义道路前进 为全面建成小康社会而奋斗——在中国共产党第十八次全国代表大会上的报告》，人民出版社2012年版，第11页。

　　"银川模式"受到中央政府高度肯定并被各大媒体持续关注。2016 年 2 月 2 日，李克强总理在访问银川市行政审批服务局时，给予了三个到位的肯定，即"简政放权到位、放管结合到位、优化服务到位"。同时，"银川模式"一直被《人民日报》《光明日报》《经济日报》《瞭望周刊》等媒体关注。2014 年 12 月，银川市实施了"一枚印章管审批"。经过 7 轮"瘦身"，共减少申请材料 1508 份、表格 291 个、审批环节 265 个，减少 731 个办理时限。"一枚印章管审批"的制度优势一定程度上解决了企业和群众创业办事"多头跑、反复跑"的问题。2017 年 7 月，银川市行政审批服务局开启了第二轮改革。这轮改革以优化改善营商环境为目标，着力解决"准入易、准营难"和"项目报批难"顽疾，实现九大创新[1]，形成三大成果[2]。通过两轮改革，审批流程由"繁"到"简"、由"串"到"并"转变，有效破解"准入准营、项目报批"顽疾。据改革后统计显示，企业开办平均用时 1.5 个工作日，相比改革前的 5.3 个工作日大幅减少；投资项目从立项到施工许可平均用时 44 个工作日，最短用时 26 个工作日，比改革前的 109 个工作日提速 1 倍以上。

　　"最多跑一次"被写入李克强总理 2018 年的《政府工作报告》，"最多跑一次"改革由地方探索上升为顶层设计。自 2016 年 12 月浙江省委经济工作会议首次提出"最多跑一次"改革理念、2017 年 2 月浙江省政府出台《加快推进"最多跑一次"改革实施方案》以来，[3]浙江在全国率先发起"最多跑一次"改革。这一改革底线在"一"，要点在"减"，通过强化一次性告知、一窗受理、一网通办，为政府效率提升奠定基础；通过流程再造、标准化建设的方式，显著降低企业和群众的时间成本、经济成本；通过破除政府本位逻辑，以服务型政府、企业化服务的思路，提升政府部门之间的协作融合度。"最多跑一次"通过清晰办事图表，砍掉多余环节，实现集成服务、部门联动的新格局，实现 92% 的数据共享，80% 以上的政务事项网上可办，企业投资

---

〔1〕　九大创新：多网合一、多表合一、多窗合一、多评合一、多验合一、多审合一、多部门联动、多证联办、多证合一。

〔2〕　三大成果：企业开办 1 日办结、项目报批控制在 30 个工作日以内、准营事项 1＋N 多证联办。

〔3〕　参见郁建兴："'最多跑一次'改革的新进展"，载《浙江经济》2018 年第 24 期。

审批时间从 200 天降低至 100 天。[1]"最多跑一次"通过"书面承诺制""容缺受理""网上审批""错峰受理"等多项举措，设身处地从群众需要着眼，以优质、高效的服务提升群众获得感。据统计，全省平均满意度达 94.7%。[2]

当前我国政府职能转变聚焦在"放管服"改革上，而"放管服"改革的落实主要通过行政审批制度改革体现出来。[3]党的十八届三中全会明确指出，行政体制改革是全面深化改革的重要任务之一，要简政放权实现政府职能转变，就必须以行政审批制度改革作为起点。无论是银川的"一枚印章管审批"，还是浙江的"最多跑一次"，都紧紧抓住了此轮政府机构改革的要义，从减少行政审批数量、要件、程序、材料等方面入手，改善"重审批、轻监管、弱服务"积弊，有效推动了政府职能内涵式转变。

四、全面深化改革视域下统筹党政机构职能整体优化的阶段（2018 年至今）

党的十八大以来，一系列深层次、根本性的变革取得了全方位和开创性的成就。习近平总书记在十九大报告将这些成就概括为"三个意味着"，即"意味着近代以来久经磨难的中华民族迎来了从站起来、富起来到强起来的伟大飞跃，迎来了实现中华民族伟大复兴的光明前景；意味着科学社会主义在 21 世纪的中国焕发出强大生机活力，在世界上高高举起了中国特色社会主义伟大旗帜；意味着中国特色社会主义道路、理论、制度、文化不断发展，拓展了发展中国家走向现代化的途径，给世界上那些既希望加快又希望保持自身独立性的国家和民族提供了全新选择，为解决人类问题贡献了中国智慧和中国方案"[4]。党的十九大报告，是中国特色社会主义进入新时代的一个

---

〔1〕 参见陈安迪："浙江省'最多跑一次'改革实践"，载《中国国情国力》2019 年第 2 期。

〔2〕 参见郁建兴、高翔："将'最多跑一次'改革进行到底"，载《浙江日报》2018 年 1 月 26 日，第 4 版。

〔3〕 参见王丛虎、门钰璐："'放管服'视角下的行政审批制度改革"，载《理论探索》2019 年第 1 期。

〔4〕 习近平："决胜全面建成小康社会　夺取新时代中国特色社会主义伟大胜利——在中国共产党第十九次全国代表大会上的报告（2017 年 10 月 18 日）"，载《人民日报》2017 年 10 月 28 日，第 1 版。

"政治宣言书",是建设社会主义现代化强国的"总动员令"。习近平总书记在十九大报告中指出,"中国特色社会主义进入了新时代",我国社会主要矛盾已经转化为人民日益增长的美好生活需要和不平衡不充分的发展之间的矛盾。这一主要矛盾变化,对党和国家工作提出了许多新要求,成为我国制定各方面政策的重要依据。

党的十九大报告提出,转变政府职能,深化简政放权,创新监管方式,增强政府公信力和执行力,建设人民满意的服务型政府。在新时代、新矛盾背景下建设人民满意的服务型政府的改革目标,对新一轮改革提出了更高的要求。自 1987 年党的十三大以后,尽管历次改革都由党代会启动和决定,[1]但改革主要集中于"政府自身建设"的层面,过于注重机构改革和职能转变本身,而"缺乏政府与党、人大、政协、群团、事业单位、军队等其他系统改革的协调配合,并没有理顺政府机构与其他系统的权责关系,彼此之间尚有交叉重叠,党的领导、政府治理、群团工作等未能形成有机联系的整体"。[2]在某种程度上,有些系统或部门甚至成为机构改革分流的"收容器"[3],改革的系统性与协调性不足,改革的权威性与科学性不够。机构改革的实质,是对在机构设置和职能配置中,一直存在的积弊问题和伴随新变化衍生出的新问题加以系统治理,以实现整体优化的过程。新时代赋予我们党新的使命,适应使命担当的改革必须有新的构思、新的布局、新的举措、新的模式。新一轮的改革要求以更加广义的、统筹的改革视角明确政府的权与责,改变过去过于偏执的狭义视角,以建设人民满意的服务型政府,推动国家治理体系和治理能力现代化。

改革与法治紧密相连,历次改革均在改革方案的指导下有序推进,与之前改革相比较,本次党和国家机构改革的制度保障更为充分。2017 年 10 月,十九大报告明确了深化行政体制改革的三个方向,即"统筹考虑各类机构设

---

〔1〕 参见李瑞昌:"机构改革的逻辑:从政府自身建设到国家治理体系现代化",载《华南师范大学学报(社会科学版)》2018 年第 6 期。

〔2〕 张建琴:"改革开放四十年来我国党政机构改革历程及新时代改革重点",载《中共珠海市委党校珠海市行政学院学报》2018 年第 6 期。

〔3〕 "收容器":删减的政府机关换牌变为事业单位,精简出来的机关公务员摇身一变为"参公"事业单位的领导。

置，科学配置党政部门及内设机构权力、明确职责。统筹使用各类编制资源，形成科学合理的管理体制，完善国家机构组织法。赋予省级及以下政府更多自主权。"〔1〕2018 年 2 月，党的十九届三中全会审议通过《中共中央关于深化党和国家机构改革的决定》《深化党和国家机构改革方案》〔2〕，同年 5 月，中央全面深化改革委员会第二次会议审议通过《关于地方机构改革有关问题的指导意见》，国务院还制定了《国务院关于国务院机构改革涉及行政法规规定的行政机关职责调整问题的决定》（国发〔2018〕17 号），这些改革方案从顶层设计和整体加以谋划，以科学性、规范性、系统性保障改革方向并推动改革落实、落地，为调整优化党和国家机构职能提供了坚实的制度保障。

《中共中央关于深化党和国家机构改革的决定》明确了本轮党和国家机构改革的目标，即"构建系统完备、科学规范、运行高效的党和国家机构职能体系，形成总揽全局、协调各方的党的领导体系，职责明确、依法行政的政府治理体系，中国特色、世界一流的武装力量体系，联系广泛、服务群众的群团工作体系，推动人大、政府、政协、监察机关、审判机关、检察机关、人民团体、企事业单位、社会组织等在党的统一领导下协调行动、增强合力，全面提高国家治理能力和治理水平"。〔3〕为达到这一目标，主要从以下三个方面推进改革：

1. 推进党的机构改革。本次改革凸显出一个强烈且意义非凡的信号——党的全面领导在加强。《中国共产党章程》明确了党"总揽全局、协调各方"的核心作用，党的领导主要体现在政治领导、思想领导、组织领导三个方面。〔4〕六合同风，九州共贯，加强党的全面领导是深化党和国家机构改革的根本保证。这是由于：其一，解决我国城乡发展不平衡、边远乡村山区发

---

〔1〕 习近平："决胜全面建成小康社会　夺取新时代中国特色社会主义伟大胜利——在中国共产党第十九次全国代表大会上的报告（2017 年 10 月 18 日）"，载《人民日报》2017 年 10 月 28 日，第 1 版。

〔2〕《深化党和国家机构改革方案》全文有 8 个方面的改革，单列出来的具体改革内容共 60 条，其中涉及党中央机构（20 条）、人大机构（3 条）、国务院机构（23 条）、政协机构（3 条）、行政执法体制（5 条）、跨军地（6 条）、群团（无具体条目）、地方机构（无具体条目）。

〔3〕《中共中央关于深化党和国家机构改革的决定》编写组编著：《中共中央关于深化党和国家机构改革的决定》，人民出版社 2018 年版，第 6 页。

〔4〕 参见《中国共产党章程》。

展不充分问题，需要党总揽全局、协调各方。其二，本轮改革涉及党、人大、司法等系统，改革涉及面之广要求必须坚持党的全面领导。其三，在推进国家治理现代化进程中，"政权机构（人大、政府）、市场（国有企业和民营企业）、社会（人民团体和社会组织）之间发生矛盾需要执政党进行协调"。[1]本轮党的机构改革在决策、执行、监督三个层面均有重要建树。首先，在决策层面，改革成立了中央全面深化改革委员会、中央机构编制委员会、中央财经委员会等 10 个议事协调机构[2]，畅通多层次信息沟通协调渠道，加强党对重大工作的集中统一领导，重在发挥"顶层设计、总体布局、统筹协调和整体推进"四大功能[3]。这里需要指出的是，随着议事协调机构出现，政府职能发生新变化，契合"增强党的领导力、提高政府执行力"的要求[4]，党政分工更加科学。如《深化党和国家机构改革方案》对政府职能的界定由过去的"宏观调控"转变为"经济调节"，这所释放的信号与党的十九大后首次中央经济工作会议明确了"坚持加强党对经济工作的集中统一领导"的要求一致。党的议事协调机构着眼于"宏观调控"职能，政府则主要侧重于"经济调节"职能。其次，在过程层面，通过组建、改委员会、归口管理、并入或划入、优化职责、不再设立等方式，优化党的机构设置和职能配置（表 2-13），理顺了党政机构之间的关系，以增强党的领导力、提高政府的执行力[5]。最后，在监督层面，组建国家、省、市、县监察委员会，加强党对反腐败工作的集中统一领导，实现党内监督和国家机关监督、党的纪律检

---

[1]　李君如："正确认识坚持党的全面领导与深化党和国家机构改革的关系"，载《中国党政干部论坛》2018 年第 5 期。

[2]　10 个议事协调机构：中央全面深化改革委员会、中央机构编制委员会、中央网络安全和信息化委员会、中央国家安全委员会、中央财经委员会、中央军民融合发展委员会、中央外事工作委员会、中央全面依法治国委员会、中央教育工作领导小组、中央审计委员会。

[3]　张克："从'领导小组'到'委员会'——中央决策议事协调机构优化记"，载《小康》2018 年第 14 期。

[4]　杨晓渡："构建系统完备、科学规范、运行高效的党和国家机构职能体系"，载《人民日报》2018 年 3 月 14 日，第 6 版。

[5]　参见陈家兴："新时代机构改革的鲜明政治方向"，载《人民日报》2018 年 3 月 19 日，第 5 版。

查与国家监察的有机统一。[1]

表2-13 党的机构改革方式与内容

改革方式	具体内容
组建	国家监察委员会、中央全面依法治国委员会、中央审计委员会、中央教育工作领导小组、中央和国家机关工作委员会、中央党校（国家行政学院）、中央党史和文献研究院
改委员会	中央全面深化改革领导小组、中央网络安全和信息化领导小组、中央财经领导小组、中央外事工作领导小组改为委员会
归口管理	①调整优化中央机构编制委员会领导体制，归口中央组织部管理；②将国家民族事务委员会归口中央统战部领导
并入（划入）	①将国家公务员局并入中央组织部；将国家新闻出版广电总局的新闻出版管理职责划入中央宣传部；②将国家新闻出版广电总局的电影管理职责划入中央宣传部；③将国家宗教事务局并入中央统战部；将国务院侨务办公室并入中央统战部；④将中央防范和处理邪教问题领导小组及其办公室职责划归中央政法委员会、公安部
优化职责	将国家计算机网络与信息安全管理中心由工业和信息化部管理调整为由中央网络安全和信息化委员会办公室管理
不再设立	①不再设立中央维护海洋权益工作领导小组，有关职责交由中央外事工作委员会及其办公室承担；②不再设立中央社会治安综合治理委员会及其办公室，有关职责交由中央政法委员会承担；③不再设立中央维护稳定工作领导小组及其办公室，有关职责交由中央政法委员会承担

资料来源：根据《深化党和国家机构改革方案》整理。

2. 推动国务院机构改革。与之前的改革相比，本轮国务院机构改革力度之大、范围之广、层次之多，深刻践行建设人民满意的服务型政府的崇高使命。依据改革方案，组建了自然资源部、生态环境部、文化和旅游部、国家卫生健康委员会、农业农村部、退役军人事务部、应急管理部等7个组成部门，[2]重

---

[1] 参见宋世明："深化党和国家机构改革 推进国家治理体系和治理能力现代化"，载《行政管理改革》2018年第5期。

[2] 参见刘小妹："机构改革与组织法律体系的革新"，载《西北大学学报（哲学社会科学版）》2019年第3期。

新组建科学技术部、司法部，并根据国家治理现代化的要求优化了水利部、审计署的相关职责。[1]不难发现，这次改革格外关注人民普遍关心的生态环保、卫生健康、退役军人服务、应急管理等领域，一方面下大力气破除职责交叉下的"九龙治水"沉疴，另一方面突破创新首设新机构，以填补职责空白，比如成立退役军人事务部。除改革国务院组成部门外，还对国务院其他机构也进行了改革。[2]改革后，国务院部门数量大幅减少（表 2－14），正部级机构减少 8 个，副部级机构减少 7 个。[3]

表 2－14 国务院机构设置（2018 年）

国务院秘书厅	
组成部门 （26 个）	外交部、国防部、国家发展和改革委员会、教育部、科学技术部、工业和信息化部、国家民族事务委员会、公安部、国家安全部、民政部、司法部、财政部、人力资源和社会保障部、自然资源部、生态环境部、住房和城乡建设部、交通运输部、水利部、农业农村部、商务部、文化和旅游部、国家卫生健康委员会、退役军人事务部、应急管理部、人民银行、审计署
直属特设机构 （1 个）	国务院国有资产监督管理委员会
直属机构 （10 个）	海关总署、税务总局、市场监督管理总局、广播电视总局、体育总局、统计局、国际发展合作署、医疗保障局、参事室、机关事务管理局
办事机构（2 个）	国务院港澳事务办公室、国务院研究室

资料来源：根据中国政府网的资料整理。

[1] 参见"中共中央印发《深化党和国家机构改革方案》"，载《人民日报》2018 年 3 月 22 日，第 1 版。

[2] 本次改革还组建了国家市场监督管理总局、国家药品监督管理局，不再保留国家工商行政管理总局、国家质量监督检验检疫总局、国家食品药品监督管理总局；组建国家广播电视总局，不再保留国家新闻出版广电总局；组建中国银行保险监督管理委员会，不再保留中国银行业监督管理委员会、中国保险监督管理委员会；组建国家国际发展合作署；组建国家医疗保障局；组建国家粮食和物资储备局，不再保留国家粮食局；组建国家移民管理局；组建国家林业和草原局，不再保留国家林业局；重新组建国家知识产权局；调整全国社会保障基金理事会隶属关系；改革国税地税征管体制。

[3] 改革后，除国务院办公厅外，国务院设置组成部门 26 个、国务院直属特设机构 1 个、国务院直属机构 10 个、国务院办事机构 2 个、国务院直属事业单位 10 个。

3. 推动地方政府机构改革。《深化党和国家机构改革方案》明确了地方政府机构改革的时间表，省一级的改革稍早于省级以下政府的改革。[1]推动地方政府机构改革的典型做法主要体现在：其一，改革方案赋予"省级及以下机构更多自主权"，使各级地方政府在完成中央的"规定动作"之后，有更多空间选择"自选动作"。以四川省机构改革为例，在"涉及党中央集中统一领导和国家法制统一、政令统一、市场统一的机构职能时"与中央保持基本对应，比如：组建省监察委员会、组建省自然资源厅、组建省生态环境厅、组建省应急管理厅、组建省退役军人事务厅等。据统计，在60个省本级党政机构中有43个与中央完全或基本对应。另外，四川省机构改革借助中央赋权地方的"东风"，在改革中因地制宜创新"自选动作"。比如：由于该省是林业和草原大省，所以设置了林业局和草原局；由于该省是大熊猫主要栖息地，所以建立了全国首家大熊猫科学研究院；立足加快建设"数字四川"的要求，成立了省大数据中心。据统计，省级共设置17个特色机构，市（州）级共设置105个特色机构，县（区）级共设置591个特色机构。[2]类似四川省因地制宜创新"自选动作"的做法还有很多，如"为了适应建设国际旅游消费中心的建设要求，海南省政府整合旅游、文化、体育等职能，组建了省旅游和文化广电体育厅；为适应信息时代发展要求，深度融合互联网与政府服务，山东省、福建省、浙江省等地组建省大数据管理局"。[3]其二，《深化党和国家机构改革方案》对地方政府机构改革中的"限额管理、编制管理"提出总要求。[4]编

---

〔1〕 根据《深化党和国家机构改革方案》，"中央和国家机关机构改革要在2018年年底前落实到位。省级党政机构改革方案要在2018年9月底前报党中央审批，在2018年年底前机构调整基本到位。省以下党政机构改革，由省级党委统一领导，在2018年年底前报党中央备案。所有地方机构改革任务在2019年3月底前基本完成"。

〔2〕 参见林凌："我省机构改革既讲政治严格对标中央做好'规定动作'又讲发展因地制宜做好'自选动作'"，载《四川日报》2019年4月1日，第2版。

〔3〕 沙磊："机构改革'下半场'：地方机构改革有何特点？"，载半月谈网，http://www.banyuetan.org/dyp/detail/20181122/1000200033134991542848532735148833_1.html，最后访问时间：2019年10月1日。

〔4〕 总要求指出：加强各级党政机构限额管理，地方各级党委机构限额与同级政府机构限额统一计算，其中省级党政机构数额由党中央批准和管理、市县两级党政机构数额由省级党委实施严格管理；强化机构编制管理刚性约束，坚持总量控制，严禁超编进人、超限额设置机构、超职数配备领导干部。

制法定、总量控制是地方机构改革的内在要求。中央规定：省级党政机构不超过 60 个，省会城市不超过 55 个、区域中心城市不超过 50 个、中等城市不超过 47 个，省直管县（市）、县级市和大县不超过 37 个、中县和市辖区不超过 35 个、小县不超过 33 个。从实际来看，各省在机构改革时严格遵循"三定"规定的有关要求，确保改革后的机构数量不突破中央规定的限额，如山东、浙江、山西、湖南等均为 60 个，广东、宁夏、海南等均低于60 个。

总体来说，这次党和国家机构改革不是简单的"修修补补"，其做法具有明显的创新。其一，从组建或重新组建的实践情况来看，此次机构改革依然在贯彻"大部制"的组建思路，将分散的、碎片的、被割裂的党政机关的权力，依据"一件事由一个部门负责"的原则重新编排。这种整合既体现为行政机关内部的整合，如自然资源部整合了 8 个部门的相近职责、生态环境部整合了 7 个部门的相近职责，二者都是在整合行政机关内部相近职责的基础上组建起来的；还体现为党政机关之间的整合，有学者将其称为"双大部制"[1]，如"将监察部、国家预防腐败局的职责，最高人民检察院查处贪污贿赂、失职渎职以及预防职务犯罪等反腐败相关职责整合""将国家公务员局并入中央组织部"。其二，从改革的范围来看，本轮改革并没有囿于行政系统范围，而是将范围延伸至党、人大、司法、事业单位、群团等系统。长期以来，学界倾向于把行政机关等同于政府，而当前官方更加倾向于将整个政权视为政府，[2]这样就可在更广的系统范围内，统筹优化部门的职责与分工，避免政府与其他系统之间的职责交叉。习近平总书记在"巩固党和国家机构改革成果 推进国家治理体系和治理能力现代化"讲话中指出，本轮改革是一次系统性、整体性、重构性的变革，[3]体现为上下兼顾、左右平衡、内外

〔1〕 许耀桐："党的十九大报告提出深化机构改革的新特点"，载《南海学刊》2017 年第 4 期。

〔2〕 参见李瑞昌："机构改革的逻辑：从政府自身建设到国家治理体系现代化"，载《华南师范大学学报（社会科学版）》2018 年第 6 期。

〔3〕 参见"巩固党和国家机构改革成果 推进国家治理体系和治理能力现代化"，载《人民日报》2019 年 7 月 6 日，第 1 版。

协调、表里统一。其三，从改革的内容来看，赋予了地方政府改革的自主权。一直以来，"职责同构""上下一般粗"的积弊被很多学者诟病，这一沉疴在党的十九大后实现了"破冰"。报告指出要赋予省级及以下政府更多自主权，这对解决"职责同构""上下一般粗"和地方政府改革动力不足问题提供了合法性支持。从过往各地方政府的改革实践来看，遵循的基本逻辑是"中央带动、自上而下"变迁。[1]但自2018年地方政府被赋予改革自主权以来，各地方政府治理涌现出的探索与创新如雨后春笋，破土而出。

改革没有休止符。2019年10月31日十九届四中全会审议通过的《中共中央关于坚持和完善中国特色社会主义制度 推进国家治理体系和治理能力现代化若干重大问题的决定》，为进一步深化行政体制改革、坚持和完善中国特色社会主义制度、推进国家治理体系和治理能力现代化作出了13方面100项任务部署。其中明确提出，通过完善国家行政体制、优化政府职责体系、优化政府组织结构、健全充分发挥中央和地方两个积极性体制机制4个方面，"坚持和完善中国特色社会主义行政体制，构建职责明确、依法行政的政府治理体系"，[2]以创新行政方式，提高行政效能，建设人民满意的服务型政府。这为后续深化行政体制改革提出了新要求、新方向、新指引。

【典型实践】

因改革开放而生，因改革开放而兴。三十而立的海南，在改革开放时代大潮的背景下，经过30年的不懈努力，实现了从边陲小岛向国际旅游岛的蜕变，成为当代中国改革开放的一个缩影。[3]《海南省机构改革方案》（以下简称《方案》）是这个改革周期经党中央、国务院批准的首个省级机构改革方案。[4]《方案》明确了此次机构改革的51项任务，并对此进行责任分解。因

---

〔1〕 蓝煜昕："地方政府机构改革轨迹、阶段性特征及其下一步"，载《改革》2013年第9期。

〔2〕 "中共中央关于坚持和完善中国特色社会主义制度 推进国家治理体系和治理能力现代化若干重大问题的决定（2019年10月31日中国共产党第十九届中央委员会第四次全体会议通过）"，载《人民日报》2019年11月6日，第1版。

〔3〕 参见"改革的海南命题：三十而立，海南改革再出发"，载中国新闻网，http://www.chinanews.com/gn/2018/04-06/8484513.shtml，最后访问时间：2019年10月1日。

〔4〕 参见"全国首个省级自然资源管理部门挂牌"，载《城市规划通讯》2018年第19期。

此，在《方案》工作任务责任分解表中的每一项任务，都具体指明了责任单位、责任领导及落实措施。从整体来把握这些任务，可将其分为两大类：一类是对党政机构的改革，以调整优化党政机构和职能，另一类是对人大、政协进行改革，以统筹推进其他部门的各项改革。不难发现，海南省机构改革的总体思路既契合《深化党和国家机构改革方案》的精神，又符合海南建设"三区一中心"[1]的现实需要。根据《方案》改革后，海南省党政机构设置同中央保持总体一致，55个党政机构中有43个与中央党政机构对应，[2]同时机构设置也注重体现出海南特色，做好"自选动作"。比如为适应国际旅游消费中心的建设要求，此次改革组建了省旅游和文化广电体育厅，将旅游、文化、体育职能整合在一起，有力促进海南省全域旅游发展。[3]

海南省机构改革体现出以下几个特点：其一，突出加强党的全面领导。海南省党政机构设置同中央保持总体一致，为保证工作上下贯通奠定组织基础。如组建省委全面依法治省委员会、省委审计委员会、省委财经领导委员会、省委网络安全和信息化领导委员会、省委教育工作领导小组、省委外事工作委员会，作为本省省委议事协调机构。其二，突出服务"三区一中心"的战略定位。组建省委全面深化改革委员会办公室，以适应建设全面深化改革开放试验区的需要，组建省自然资源和规划厅、省林业局，重新组建省生态环境厅，以满足建设国家生态文明试验区的建设要求；组建省委外事工作委员会办公室，以适应国家重大战略服务保障区的建设要求；组建省旅游和文化广电体育厅，以适应国际旅游消费中心的建设要求。其三，注重服务人的需求。为满足人民日益增长的对美好生活的需要，此次机构改革着眼于人民普遍关注和关心的问题，组建省应急管理厅、市场监督管理局、退役军人事务厅、医疗保障局等部门，补齐民生短板，提升行政效能。

海南省此轮机构改革从调整优化省级党政机构和职能、统筹推进其他

〔1〕 三区一中心：全面深化改革开放试验区、国家生态文明试验区、国际旅游消费中心、国家重大战略服务保障区。

〔2〕 海南省设置党政机构55个。党委机构18个，其中纪检监察机关1个、工作机关14个、工作机关的管理机关3个；政府机构37个，其中省政府办公厅和组成部门23个，直属特设机构1个，直属机构6个，部门管理机构7个。

〔3〕 参见"海南省机构改革方案首获中央批准"，载《领导决策信息》2018年第38期。

领域改革两个向度推进，加强了党的全面领导，理顺了党政职责分工，关注了民生短板，卓有成效地解决了党的领导弱化、党政职责交叉、民生服务薄弱等问题。其做法既深切回应了党中央和国务院"构建系统完备、科学规范、运行有效的制度体系"要求，[1]又契合海南省"三区一中心"的战略定位，凸显出此次改革设计的科学性、改革策略的合理性、改革举措的实用性。

---

〔1〕 习近平："决胜全面建成小康社会 夺取新时代中国特色社会主义伟大胜利——在中国共产党第十九次全国代表大会上的报告（2017年10月18日）"，载《人民日报》2017年10月28日，第1版。

第三章　70 年行政体制改革的主旨、成果与变化

自"2002 年中共十六大第一次把政府的基本职能归结为经济调节、市场监管、社会管理和公共服务，到 2008 年十七届二中全会决定到 2020 年建立起比较完善的中国特色社会主义行政管理体制，我国政府改革的目标已然明确，即建立服务型政府"。[1]尽管建设服务型政府的提法是行政体制改革进入 21 世纪后产生的，其时代意义在于在重视经济建设与宏观调控的基础之上，突出强调政府社会管理职能和公共服务职能的重要性，强调政府应向全体人民提供普惠且更高质量的基本公共服务，但中华人民共和国 70 年行政体制改革贯穿始终的主线是建设为人民服务的政府，秉持着服务型政府建设的根本价值。党的十八大以来，以习近平同志为核心的党中央站在党和国家事业发展全局，为推进国家治理体系和治理能力的现代化，提出了建设人民满意的服务型政府的重要目标，更是在全面总结 70 年不断改革经验的基础上，将党的宗旨与行政体制改革目标深度联系在一起，刷新了行政体制改革目标的显示度，提升了行政体制改革内涵的聚合度。70 年来，行政体制改革遵循建设为人民服务的政府的主线，在相继实现服务型政府建设对管理型政府建设的超越、人民满意的服务型政府建设对服务型政府建设的升华中，取得巨大成果，引发了极大变化。

---

[1]　郁建兴、徐越倩："服务型政府研究的理论进路与出路"，载《行政论坛》2012 年第 1 期。

一、行政体制改革的主旨：人民满意的服务型政府

如前所述，我国 70 年的行政体制改革走过了以裁并机构和人员为核心的精简改革阶段（1949 年~1987 年）、以政府职能转变为核心的外延式改革阶段（1988 年~2012 年）、以政府职能转变为核心的内涵改革阶段（2013 年~2017 年）以及以统筹党政军群为核心的全面深化改革阶段（2018 年至今），各次改革均具有特定的目标、任务，但都尝试在当时社会背景之下最大限度地整合政府资源、提高行政效率、彰显社会公平、凝练改革经验，始终坚持党对我国行政体制改革的领导、始终围绕以经济建设为中心推进行政体制改革、充分发挥中央和地方两个积极性、坚持以法治方式推动改革，并最终落脚于以满足人民需求的根本目标。尤其是党的十九大以来，十九届三中全会审议通过的《中共中央关于深化党和国家机构改革的决定》对党和国家机构改革进行了系统性、结构性、整体性的重大调整，而党和国家机构整体性优化中的政府改革方案，从目标指向到原则设定，从机构调整到职责变更，从体制构建到机制调节，始终凸显建设人民满意的服务型政府的根本目标，诠释新时代建设人民满意的服务型政府的体制机制意涵。

（一）人民满意的服务型政府建设的内涵

就服务型政府概念而言，国内形成了狭义与广义两种理解。狭义的服务型政府概念仅仅关注政府的公共服务职能，主张政府面临经济社会发展的新情况和新问题之时，要致力于解决全社会公共需求快速增长与公共物品和公共服务短缺的矛盾，全力提供更为全面和优质的公共卫生、基础教育、失业养老保障、住房保障、公共安全、环境保护等。与此相对应，狭义的服务型政府建设只是进入 21 世纪之后的一种改革策略，是与以"简政放权"为重点的行政改革、以转变政府职能为重点的行政改革和以行政审批制度为重点的行政改革接替出现的不同阶段[1]。广义的服务型政府概念则不同，一是认为任何以服务为导向的政府都称之为服务型政府，这不止包含"政府提供公共服

---

[1] 参见周光辉："构建人民满意的政府：40 年中国行政改革的方向"，载《社会科学战线》2018 年第 6 期。

务的职能，而且扩展到创造良好的发展环境、维护社会公平正义等领域"；[1]二是认为"从政治道德追求和党的宗旨要求的角度，认为公共服务型政府就是中国共产党一直倡导并积极实践的全心全意为人民服务的政府"。[2]按照广义概念解释，改革开放之后的历次改革都符合服务型政府建设的内涵。

综合以上观点，本研究试图将服务型政府建设界定在一个中观范畴内，在时间上选择微观视角，而在行政体制改革内容上则采取宏观视角，探讨服务型政府建设的逻辑演变、改革重点、取得成就，以及对行政体制改革产生的积极影响。需要指出的是，虽然自改革开放到2002年以前的改革关涉政府的部分公共服务职能，但是它并未将"服务型政府建设"作为一个单独的部分排兵布阵，而是将经济建设作为重点工作，着重于"撤并专业经济管理部门并改组综合经济部门为宏观调控部门"[3]，而对于非常重要的公共服务和社会监管部门是直到2002年之后随着"科学发展观"的提出才受到政府重视。此后行政体制改革开始围绕如何更好发挥政府公共服务职能，对政府进行了全方位变革。故本部分将重点论述2002年以后政府在行政体制改革内部如何构建运转更为有效的服务型政府，并试图从公共服务职能由无到有、公共服务机构由少到多、公共服务机制越来越完善、政府公共服务理念越来越重要等视角全面解读我国在服务型政府建设中取得的独特经验。

（二）服务型政府建设逻辑的转变：从适应市场到人民满意

在世界公共行政的历史演进中，建设一个简约高效的政府从来都是公共行政的理论者和实务者所聚焦的问题，甚至在一定程度上可以说是公共行政这门学科所要解决的最基本的问题。在国外，自威尔逊提出"政治与行政二分"达至公共行政学科的独立起，公共行政在不同的发展阶段形成了传统公共行政、新公共行政、新公共管理、新公共服务以及当下逐渐成为学术界话语主流的治理理论等众多不同的理论流派，不同的历史阶段和不同的理论流派都对如何建立一个简约高效的政府给出了自己的方案：传统的公共行政基

---

[1]　薄贵利："准确理解和深刻认识服务型政府建设"，载《行政论坛》2012第1期。

[2]　易昌良：《中国服务型政府职能重构研究》，人民出版社2014年版，第11页。

[3]　何艳玲、李丹："机构改革的限度及原因分析"，载《政治学研究》2014年第3期。

于理性主义的逻辑，试图发现公共行政的一般性原则，在对不同政府行政经验总结的基础上发现一套"金科玉律"，以此来改革政府的行政架构和提升行政效能；而紧随其后的西蒙等人则主张基于行为主义的公共行政研究，试图以管理主义效率至上的逻辑设计和改革政府的组织架构；新公共管理运动的兴起使得市场的作用再次被重视，新公共管理改革者坚持自由主义的原则，按照效率至上的逻辑对政府体制进行了大刀阔斧的改革；而通过批判新公共管理理论固有的缺陷和新公共管理运动所带来的弊端，新公共服务理论认为应当摒弃市场至上的逻辑，主张政府的职能不是掌舵而是服务，试图以服务至上的逻辑重构政府的机构职能体系。可以说，在国外公共行政的历史演进过程中，不同的历史阶段和不同的理论流派，从不同的层次、不同的维度和不同的内容出发，对如何建构政府机构职能体系依据自己的逻辑阐述了不同的方案。

在我国政府的机构职能体系建构方面，立足于历史的选择和基本的国情，中华人民共和国成立之初便确立了我国的政府是人民政府，我国《宪法》(1954 年) 规定，"一切国家机关工作人员必须效忠人民民主制度，服从宪法和法律，努力为人民服务"。因此，我国各级党政机关都将"为人民服务"作为工作的原则和宗旨。显然，我国政府机构建构的基础逻辑乃是"为人民服务"，党和国家机构的设立和改革的终极出发点都是全心全意为人民服务，实现好、维护好和发展好最广大人民的根本利益。然而，由于不同的发展时期我国政府所面临的具体国情、社情和世情的不同，"为人民服务"的基本逻辑在不同的时期存在维度和落点上的侧重，就改革开放以来，经历了一个从适应市场到人民满意的转变，在 1982 年至今我国先后进行的 8 次机构改革中，从转变的视角来看，可以划分为两个阶段：

第一阶段是从 1982 年到 2003 年，这是在探索市场经济体制中政府机构的调整阶段，政府机构改革的主要面向是适应市场经济的建设和发展。为了改变我国贫穷落后的局面，提升人民的物质生活水平，为实现社会主义现代化奠定物质基础，改革开放以来我国确立了以经济建设为中心的发展原则，并且逐步建立起社会主义市场经济体制，加之 20 世纪六七十年代新公共管理运动在西方国家方兴未艾，一些相关的理论和经验被引入国内，也成为影响这一时期政府机构的外来因素。因此从 1982 年的第一轮机构改革到 2003 年的第五轮机构改革，可以说主要是以服务经济建设和适应市场经济体制为改革面向：1982 年的政府机构改革主要是破除计划经济时代全能政府机构冗余和人浮于事的弊病，为建立市场经济条件下的政府架构扫清障碍和创造条件；1988 年的政府机构改革则明确提出以适应市场经济建设的需要来设计和实施政府机构的改革；而紧接着的 1993 年和 1998 年的两轮机构改革，都是要通过转变政府职能以适应社会主义市场经济建立和发展的要求。之后，2003 年的机构改革是一个重要的转折点，这年的机构改革正式确立我国政府的四项基本职能为经济调节、市场监管、社会管理和公共服务，是首次在政府的经济职能之外明确提出了政府的社会职能和公共服务职能。但是，这一轮改革的驱动因素主要是为了适应中国加入世界贸易组织后带来的变化，因此这一轮机构改革的重心仍然是为了完善与市场经济相适应的政府行政体制的组织基础。

第二阶段是从 2008 年至今，这一时期从探索大部制的建立开始到现阶段推进国家治理体系和治理能力的现代化，是建设服务型政府的转型并全面深化的阶段，机构改革的主要面向随着国家治理的重点领域的调整而发生转变，即从以经济建设为中心到兼顾社会管理和公共服务。2008 年的政府机构改革明确提出以改善民生为重点，加强与整合社会管理和公共服务职能，并针对政府机构中的越位、错位、缺位现象，探索建立有机统一的大部门体制，进一步消除经济社会发展中的体制性障碍，更好地维护人民群众的利益。党的十八大以后，我国进入了全面建成小康社会的决胜阶段，从前单纯以适应市场经济建设和发展的"一条腿走路"的政府机构改革，显然已经不能适应这一时期任务变化的需求。于是，党的十八届三中全会确立了"简政放权、放管结合、优化服务的改革主线，力图建设职能科学、结构优化、廉洁高效、人民满意的服务型政府"[1]。步入新时代，党的十九大报告鲜明地指出，"中国特色社会主义进入了新时代"，这是对我国发展的历史方位的崭新判断，进

---

〔1〕　王德颖、向忠顺、林樾："推动简政放权向纵深发展　激发市场活力和社会创造力——国家行政学院'简政放权、放管结合、优化服务'座谈会综述"，载《行政管理改革》2015 年第 7 期。

入社会主义新时代，不仅标示着党和国家改革事业达到了一个新的历史性阶段，也意味着新的历史性任务。这一深刻转变因应在政府改革上，是政府所处的外部环境的变化以及政府自身内部要素的矛盾，这使得新时代背景下的政府改革面临着"双重压力"：第一重压力是社会转轨带来的不确定性。随着全球化、网络化、城市化和工业化的深度推进，相较于以往行政事务和治理情景的复杂性而言，政府面临的更大挑战是不确定性，因为改革步入深水区的中国政府所面临的问题是基于中国特殊的国情和历史的，纵向和横向上都无必然的参照可言，而国家治理中的新问题却是层出不穷。[1] 显然，社会形态的变化已经与现有的政府组织形态产生了张力，对现有政府行政体制和管理方式形成了巨大压力；第二重压力来自新时代社会主要矛盾的转变，即人民日益增长的美好生活需要和不平衡、不充分的发展之间的矛盾，出于对美好生活的向往，人民对政府的行政效能和政府在经济社会事务治理中的效果提出了更高的期许，显然，提升人民的幸福感和获得感的任务与政府自身建设之间形成了张力。在"双重压力"之下，政府面临的核心任务是如何完善自身建设以化解压力，这就带来了政府改革需要实现一个什么样的政府的问题。人民满意的服务型政府建设目标的提出，正是对这一核心问题的回应。

那么，"人民满意"的建设逻辑是一种什么样的逻辑呢？一方面，它是对"适应市场"逻辑的超越。党的十八大以前，中国政府面临着社会转型带来的发展的不确定性压力和社会矛盾转化带来的人民需求升级的压力，这种"双重压力"造成了党和国家机构对当下社会发展情景和治理模式转变的不适应。由此，《中共中央关于深化党和国家机构改革的决定》指出，党和国家的机构设置和职能配置同统筹推进"五位一体"总体布局、协调推进"四个全面"战略布局的要求还不完全适应，同实现国家治理体系和治理能力现代化的要求还不完全适应。这意味着基于前几轮改革建立起来的市场形态的政府架构已经不能够完全适应社会发展新趋势，党的十九大以宽视野和高站位提出"以人民为中心"的发展思想，正是为了化解"双重压力"和协调"两个不

---

〔1〕 参见 ［英］维克托·迈尔－舍恩伯格、肯尼思·库克耶：《大数据时代：生活、工作与思维的大变革》，盛杨燕、周涛译，浙江人民出版社 2013 年版。

适应"的中国方案。另一方面,它是对当下问题的现实解决思路。长期以来,我们将政府机构效能低下的原因归结于权力分散,机构间职能交叉、缺乏合作、多头管理,这使得我们无法关切到影响机构效能的深层次原因,即政府与市场、政府与社会的关系和边界问题,[1]而"人民满意"的逻辑正是看到了人民在机构改革中主体性地位,因而将机构改革从简单的部门间权力关系的调整拓展到了政府与人民关系的性质的调整上来。"以人民为中心"的发展思想也拓展了机构改革的维度,人民满意的逻辑不仅是物质需求上的满足,而且是对美好生活的期待,是涵盖了政治、经济、社会、文化、生态的全部领域的"满意",是系统化的幸福感和获得感的提升。这使得机构改革需要从外延式的数量与规模的简单调整,过渡到内涵式的政府、市场、社会三方关系和边界重新厘定,[2]打破原有的部门职能封闭的内循环模式,转变为开放的"向外分权,向下放权"的外循环模式。

二、行政体制改革的成就

行政体制改革是以行政职能调整为里、以行政组织关系变革为表的综合渐进过程,[3]旨在建构一套符合现代政治、经济、社会等各方面需求的行政实体制度,它不仅涉及政府内部的职能配备、组织架构、层级设计、权力配置、履行方式、体制机制等变量,更关系政府与市场和社会之间的权力与责任的重新配置问题。我国政府早已普遍接受服务型政府建设的理念,不断改变以往过于偏重经济建设而轻视公共服务的弊端,从单纯追求 GDP 增长走向经济、社会、环境全面协调可持续发展,行政体制改革围绕服务型政府建设已取得了显著成就。

(一) 党的领导全面加强

党的十九大报告提出"党政军民学,东西南北中,党是领导一切的。必须增强政治意识、大局意识、核心意识、看齐意识,自觉维护党中央权威和

---

〔1〕 参见刘亚平:《走向监管国家:以食品安全为例》,中央编译出版社 2011 年版。

〔2〕 参见石亚军:"推进实现三个根本转变的内涵式大部制改革",载《中国行政管理》2013 年第 1 期。

〔3〕 参见包雅钧:"我国行政体制改革 40 年回顾与展望",载《治理现代化研究》2018 年第 6 期。

集中统一领导，自觉在思想上政治上行动上同党中央保持高度一致，完善坚持党的领导的体制机制，坚持稳中求进工作总基调，统筹推进'五位一体'总体布局，协调推进'四个全面'战略布局，提高党把方向、谋大局、定政策、促改革的能力和定力，确保党始终总揽全局、协调各方"。党的十九届三中全会进一步指出，"增强党的领导力，提高政府执行力"，[1]部署了包括建设人民满意的服务型政府的党和国家机构改革，此次改革秉承党的十九大报告与十九届二中、三中全会精神之要，综合统筹党政机构改革，将党的领导纳入改革的指导思想、目标、原则，嵌入党和国家整体机构职能体系之中，是包括行政体制改革在内的党和国家机构改革的最重要成就。

"让人民满意，这是服务型政府的本质，是机构改革的最终目标。"[2]在既往的机构改革中，将党的机构和国家机构改革相分离，将重心置于政府机构的改革上，一方面，忽视了党的自身机构的建设和完善，不利于发挥党的领导力，全面贯彻党的宗旨和方针政策；另一方面，忽视了党的机构和政府机构存在的领导与被领导关系，不利于党的执政效能和政府行政效能的关联性提升。统筹党和国家机构改革，致力于加强党的机构职能建设来增强党的领导力，统领党和国家机构职能体系，从而实现国家治理体系和治理能力现代化的组织基础的优化，有利于解决过往行政体制改革中长期解决不了的体制机制问题，切实推进人民满意的服务型政府。从本轮机构改革的决定和方案来看，主要是从党的机构的领导力度、领导方式和领导结构三个方面进行了调整：

1. 增强党的机构的领导力度。党对此次改革的领导力度体现在横向与纵向两个维度上。《中共中央关于深化党和国家机构改革的决定》指出，强化党的组织在同级组织中的领导地位，理顺党的组织同其他组织的关系。在横向上，突出了党对"一体四构九统"全主体的领导，其中的"九统"涵盖了九个系统的机构，即人大、政府、政协、监察机关、审判机关、检察机关、人

---

〔1〕 "中国共产党第十九届中央委员会第三次全体会议公报"，载《中国纪检监察》2018年第4期。

〔2〕 "人民日报评论员：建设人民满意的服务型政府"，载人民网，http://theory.people.com.cn/n1/2018/0314/c40531-29867559.html，最后访问时间：2019年10月1日。

民团体、企事业单位、社会组织等在党的统一领导下协调行动、增强合力；在纵向上，实现党的组织建设"一贯到底"，破除少数基层党组织弱化、虚化、边缘化的问题，加强在企业、农村、机关、学校、科研院所、街道社区、社会组织、人民解放军连队和其他基层单位基层党组织建设工作。[1]

2. 创新党的机构的领导方式。无论是党的领导力度还是领导结构，其功效的发挥，最终都需要通过党的领导方式来落地。党的十九大以来，党中央与时俱进，关注新领域、新业态的发展变化，采取新技术、新思维，实现党的机构的领导方式的创新，建立健全党对重大工作的领导体制机制，优化党中央决策议事协调机构，充分发挥党中央总揽全局和协调各方的领导作用。本次机构调整、整合优化了党在依法治国、审计、教育、改革、机关工作等职能部门的议事协调机构，如中央教育工作领导小组，中央全面依法治国委员会，中央审计委员会，并将议事协调机构嵌入相关政府职能部门办公室，既解决了议事协调机构与政府职能部门的位置问题，又强化了党对这些重点领域工作的领导。与此同时，坚持依法治国。依法治国是党领导人民治理国家的基本方式，"注重运用法治思维和法治方式治国理政，善于使党的主张通过法定程序成为国家意志、转化为法律法规，自觉把党的领导活动纳入制度轨道"，[2] 推进党的纪律检查体制和国家监察体制改革，实现纪检工作双重领导体制具体化、程序化、制度化，并由党的机构集中统筹机构编制管理，推进机构编制法定化和规范化，完善机构编制同纪检监察机关和组织人事、审计等部门的联动机制。

3. 优化党的机构的领导结构。一方面，完善党的机构的职能配置，涉及党的组织、宣传、统战、政法、机关党建、教育培训等职能部门，在本次党政机构改革中，既有整体划归，将整个原归属于国务院职能组成部门的机构划归党中央的机构进行统一领导，如将国家民族宗教事务局划归中央统战部统一领导，改革后由中央统战部负责拟定和贯彻落实党的民族工作方针；也有部分划归，将国务院机构的一部分职责划入党中央的机构，从而强化党的

---

〔1〕　参见高选民："强化党的组织在同级组织中的领导地位"，载《人民日报》2018 年 5 月 10 日，第 7 版。

〔2〕　"中共中央关于加强党的政治建设的意见"，载《社会主义论坛》2019 年第 3 期。

职能部门的作用，如将国家新闻出版广电总局的新闻出版管理和电影管理职责划入中央宣传部，调整后，中央宣传部将统一管理新闻出版和电影管理两个领域的行政事务，并加强对出版物和电影的内容和质量的审查和监督，从而更好地加强党对新闻舆论工作的集中统一领导和发挥电影在宣传思想和文化娱乐方面的重要作用，这些调整的举措有利于解决一部分职能部门是归属党的职能部门领导还是国务院领导的"多重领导"问题，从而理顺党政机构间的关系，更好发挥党的职能部门统筹本系统本领域工作的领导作用。另一方面，统筹设置党政机构，实现职能相近、联系紧密的部门合署办公或合并设立，比如将中央党校与国家行政学院合并，实行一个机构两块牌子，加强党对干部培训工作和重大理论研究工作的集中统一领导；将中央社会治安综合治理委员会及其办公室、中央维稳工作领导小组及其办公室、中央防范和处理邪教问题领导小组及其办公室这些部门进行撤销，将其职责全部或部分划归中央政法委，以整体性和结构性的思维重构了党在社会稳定和社会治安方面的领导职能。这些调整举措有利于克服长期以来存在的党政机构间机构重叠、职能重合、工作重复的问题，整合优化机构间的资源配置，增强合力，发挥效益。

（二）公共服务职能机构不断增设

机构改革是行政体制改革中应用最为广泛的方式，精简机构一直成为各次改革追求的目标和检验的标准。其实，政府究竟应当设立多少机构的问题固然重要，但更为重要的是应当设立做什么和什么样的机构，以满足政府有效治理的需要。建设人民满意的服务型政府，在机构调整中应当是加减法并举，体现政府服务功能的机构应当增设，不属于政府该管事务的机构应当精简。在行政体制改革不断深化中，我国政府一方面注意到机构"精简—膨胀—再精简—再膨胀"的问题，另一方面也注意到学者通过对统计口径以及机构性质的重新梳理之后发现，改革开放以来历次改革在机构数量上呈现出明显的渐进和稳健特征的存在，[1]在合理精简机构的同时，不断增设并调整

---

〔1〕 参见周志忍、徐艳晴："基于变革管理视角对三十年来机构改革的审视"，载《中国社会科学》2014 年第 7 期。

承担公共服务职能的机构，增强公共服务职能的比重。

改革开放前，我国已经先后进行多次改革，鉴于这些改革主要着眼于改变以往高度集中的计划经济管理体制，社会服务职能比较淡化，本部分将集中讨论改革开放后的机构改革情况，尤其是2002年以后围绕服务型政府建设所进行的政府机构重组和调整（见表3-1）。诚然，政府如若试图推进某种改革，组建机构是最常见的办法，或者是不必重新组建，通过机构的合并与重组来调整既有机构使其承担新的职能也是一种成本较低的选择，因此机构数量向来是解读政府职能转变的"晴雨表"。现阶段，我国政府的机构改革已经从单纯强调政府的经济职能，注重发挥政府在市场中的经济调节和市场监管的作用，转变为不断强化政府的社会职能，大力发挥政府在提供公共服务和加强社会管理的作用。从以经济建设为中心来提升人民的物质生活水平，到全面建设小康社会，强调保障和改善民生，随着我国发展阶段的演进和升级，政府机构改革方案也在渐次打造升级版，适应新发展阶段新任务、新变化的需要。

表3-1　国务院机构改革发生时间（1982~2013）

改革名称	颁发文件	通过时间	通过会议
1982年改革	《关于国务院机构改革问题的决议》	1982年3月	五届全国人大常委会二十二次会议
1988年改革	《关于国务院机构改革方案的决定》	1988年4月	七届全国人大一次会议
1993年改革	《关于国务院机构改革方案的决定》	1993年3月	八届全国人大一次会议
1998年改革	《关于国务院机构改革方案的决定》	1998年3月	九届全国人大一次会议
2003年改革	《关于国务院机构改革方案的决定》	2003年3月	十届全国人大一次会议
2008年改革	《关于国务院机构改革方案的决定》	2008年3月	十一届全国人大一次会议

续表

改革名称	颁发文件	通过时间	通过会议
2013 年改革	《关于国务院机构改革和职能转变方案的决定》	2013 年 3 月	十二届全国人大一次会议

资料来源：何艳玲、李丹："机构改革的限度及原因分析"，载《政治学研究》2014年 3 期。

2002 年前后，国务院的组成部门中承担公共服务的部门较少。作为 1998 年政府机构大调整的结果，部门组建主要"按照发展社会主义市场经济的要求，转变政府职能，实现政企分开""按照精简、统一、效能的原则，调整政府组织结构，实行精兵简政""按照权责一致的原则，调整政府部门的职责权限，明确划分部门之间的职能分工""按照依法治国、依法行政的要求，加强行政体系的法制建设"。[1]当时的国务院组成部门有 29 个，包括国家政务部门 12 个：外交部、国防部、文化部、卫生部、国家计划生育委员会、国家民族事务委员会、民政部、司法部、公安部、国家安全部、监察部、审计署；宏观调控部门 4 个：国家发展计划委员会、国家经济贸易委员会、财政部、中国人民银行；专业经济管理部门 8 个：建设部、铁道部、交通部、信息产业部、水利部、农业部、对外贸易经济合作部、国防科学技术工业委员会；教育科技文化、社会保障和资源管理部门 5 个：教育部、科学技术部、人事部、劳动和社会保障部、国土资源部。换言之，负责提供公共服务的部门其实仅仅主要为 4 个，分别为：教育部、科学技术部、人事部、劳动和社会保障部，在教育、科技、劳动等方面为公民提供基本的公共服务（见表 3-2）。[2]

表 3-2　国务院机构调整的时间与内容（2003~2013）

改革时间	颁发文件	机构调整
2003 年改革	《关于国务院机构改革方案的决定》	组建国家食品药品监督管理局 将国家计划生育委员会更名为国家人口和计划生育委员会

〔1〕　参见《关于国务院机构改革方案的说明》（1998）。
〔2〕　参见《关于国务院机构改革方案的说明》（1998）。

续表

改革时间	颁发文件	机构调整
2008年改革	《关于国务院机构改革方案的决定》	组建人力资源和社会保障部 组建环境保护部 组建住房和城乡建设部 国家食品药品监督管理局改由卫生部管理
2013年改革	《国务院机构改革和职能转变方案》	实行铁路政企分开 组建国家卫生和计划生育委员会 组建国家食品药品监督管理总局 组建国家新闻出版广播电影电视总局

资料来源：依据历次机构改革方案自制。

经过了3次改革之后，尤其是2013年的改革，组建国家卫生和计划生育委员会、国家食品药品监督管理总局、国家新闻出版广电总局，我国政府将更多的资源倾斜到公共服务领域，加大财政在教育、卫生、文化、就业再就业服务、社会保障、生态环境、公共基础设施、社会治安等方面的投入，加强政府在公共卫生、食品药品监管、文化领域的投入，不断满足民众对更好水平、更好质量公共产品的需求。党的十八大以后，政府机构调整将更"能适应信息技术发展带来的由传统的以职能为中心的职能导向型政府转向建设以流程为中心的流程导向型政府，有利于整合政府资源，再造工作流程，确保全面履行政府职能，为公众提供便利和高质量的公共服务，最终整合不同的体制，提供无缝隙的服务"。[1]进一步讲，机构设置上尊重公共问题和公共事务发生发展的逻辑和生命周期。例如，遵循"大健康"的理念组建了国家医疗保障局，推进医疗、医保、医药"三医联动"改革；遵循金融业态发展的实际，将原来的中国银行业监督管理委员会和中国保险监督管理委员会合并组建为中国银行保险监督管理委员会，这是对在实际运行中银行业和保险业嵌套运行事实的新认识，打破了以往两个单独设立机构在监督管理职能上的交叉和扯皮的局面，同时也兼顾了一些欠发达地区保险业不发达而无法单

---

〔1〕 石亚军、施正文："探索推行大部制改革的几点思考"，载《中国行政管理》2008年第2期。

独设立相应的保险监督管理委员会的尴尬局面；探索组建统一的市场监管机构，即地方政府先行先试，通过工商、质监、食药监"三合一"（或工商与质监的"二合一"），在市场监管领域真正实现大部制，整合原属工商部门的市场流通监管职责、原属质监部门的生产领域的监管职责、原属食药部门的食品和药品监管职责，以解决"随着大生产、大流通格局的形成，分环节的监管体制，容易引发监管机构间推诿扯皮，导致市场监管错位、缺位和不到位"[1]的问题。

党的十九大以来，党和国家机构改革多措并举，组建了新机构，合并了多机构，撤销了旧机构，总体上机构规模实现了精简。党中央和国务院的机构设置中，正部级机构减少 8 个，副部级机构减少 7 个。从第一次政府机构改革到十九届四中全会党和国家机构改革，破题机构臃肿，人浮于事，实现机构精简，以事定人，一直是机构改革恒久的话题，而不同的是我国机构改革的认识论和方法论在实践中不断提升。与以往历次机构改革相比，在人民满意的逻辑面向和问题导向的建设理念下，这次机构改革在操作层面的重要特征是改变了以往简单搞机构精简、简单搞机构合并的传统思路，不简单追求"部门越大越好"，而是寻求机构职能优化，力图实现机构职能优化协同高效。[2]这就表明，机构精简的思路从外延式的数量增减转变为内涵式的职能优化，我们知道，在前几轮机构改革中实际上采取的是"拆庙思维"，即不管事项如何，首先缩减数量，不管职能如何，首先规模瘦身，以至于出现了"减而不当，简而不少"的悖论现象，即一些事务繁多的机构被简单归结为人员主观能动性不强而强制压缩编制，但是囿于事务繁多，工作人员难以承受，而出现了大批游离于编制之外，先行规章制度难以覆盖的"影子雇员"[3]。

这一次机构改革的重大成果之一，是以人民关心的问题为导向，优化相关机构的设置，使承担公共服务的机构进一步增多。首先，就一些日益突显

---

〔1〕 王健、王鹏："新一轮市场监管机构改革的特点、影响、挑战和建议"，载《行政管理改革》2018 年第 7 期。

〔2〕 赖先进："本轮机构改革的主要特征与方式"，载《学习时报》2018 年 4 月 2 日，第 A6 版。

〔3〕 吕芳："中国地方政府的'影子雇员'与'同心圆'结构——基于街道办事处的实证分析"，载《管理世界》2015 年第 10 期。

的新现象、新问题增设新机构，如为维护退伍军人军属的合法权益，加强退役军人服务保障体系建设，本次机构改革组建了退伍军人事务部；为优化对外援助和更好地服务国家外交总体布局，组建了国家国际发展合作署。其次，对一些相对复杂和不可治理性日益增加的事务，强化了相关机构的职能作用，如组建生态环境部，代替原来的环境保护部，将国家发展与改革委员会、国土资源部、农业部、国家海洋局、国务院南水北调工程建设委员会办公室这些机构所涉及的生态环境保护职能统一整合划归生态环境部，减少了部门间的职能交叉和相互掣肘，提升了生态环境保护工作的集中性和专业性。最后，本次机构改革中最为普遍的举措，根据事务性质相似程度和事务全过程发展规律，将一些机构进行合并，同时裁撤原有机构，从而使得相关机构行使职能时更加尊重事务发生发展规律，如将国土资源部、国家海洋局、国家测绘地理信息局合并，重新组建自然资源部，这符合一个自然资源大体系的逻辑，同时根据大健康、大卫生理念，将国家卫生和计划生育委员会、国务院深化医药卫生体制改革领导小组办公室、全国老龄工作委员会办公室、工业与信息化部、国家安全生产与监督管理总局的相关涉及健康和卫生领域的职责整合，组建国家卫生健康委员会。可以说这些职能部门的合并不是职能的简单重组，而是建立在充分尊重和认识公共问题和公共事务发生发展的逻辑和生命周期基础上的机构职能的整体重构。

（三）以服务为导向的政府职能不断得以优化

如果机构改革是行政体制改革的形式的话，职能转变则是其内涵，因为唯有实现职能的根本转变，才可以实现行政体制内部机构运行的"化学反应"。纵观以往的机构改革，虽然取得了一定的成绩，但囿于特定的历史条件，改革带有明显的外延式特征。一个典型的例子是，虽然中央通过"三定方案"规定机构的主要职责、内设机构和人员编制，但随着时间推移，方案往往前紧后松，一些部门的内设机构不断膨胀，以事业编代行政编现象非常突出。在对"改革究竟应当着力于什么"的反思中，把政府职能转变作为改革关键来把握，进入了谋划和推动行政体制改革的认识系统。这一命题于1988 年提出，在 2013 年以后重新被置于牵一发而动全身的重要位置，赋予了其与机构改革同等的标题价值，其中，经历了从提法到落实、从表层推进到深层推进的三个阶段历程：一是提出阶段，虽然 1988 年已被提出，但是并未受到足够的重视；二是自 2003 年以后，政府围绕公共服务职能，对原有职能体系进行了部分优化重组，将公共服务视为与其他职能并行的主要职能；三是在 2013 年以后，以全面扎实深入推进行政审批制度改革为抓手，推动政府职能根本转变，以带动行政体制时代变革。整体而言，如果以服务型政府的提出为分界点，围绕政府公共服务职能的确定和落实，我国政府的职能结构已不断得到优化。

1. 从服务人民群众的角度来看，我国政府不断整合和优化政府的公共服务职能以优化公共服务。为了更好地提供公共服务，构建服务型政府，我国政府基本公共服务职能走过了一个"补白—完善—强化—均等化、普惠化、便捷化"的过程。当公共服务被列入政府的基本职能以后，政府积极着力组建提供公共服务的职能机构。在此基础上，政府不断加大投入，优化教育部门、人力社保部门、环境保护部门、交通部门等职责，通过加强和优化政府在社会保障、教育文化、法律服务、卫生健康、医疗保障等方面的职能，更好地保障与改善民生。以新农村建设为例，"从 2004 年至今，中央政府连续发布 9 个涉农中央一号文件，对农业农村发展的各个方面做出了全面部署，并特别将农村公路、农村饮水安全、农村沼气、农村医疗卫生服务体系、农村计划生育服务体系以及农村劳动力转移就业等在内的公共服务作为新农村建设的重点工程加以提出。"[1]党的十八大之后，在"放管服"改革的宏观背景下，政府更是将"优化服务"作为"简政放权"与"放管结合"的有力保障，着力破除我国基础公共服务提供中存在的地区差异、城乡差异，逐步实现基础公共服务的均等化、普惠化与便捷化。

2. 以服务市场主体的角度来看，以行政审批制度改革为抓手为市场注入活力，优化为市场服务的职能配置。行政审批事项是政府与市场关系的浓缩和窗口，是政府服务市场职能的集中体现。党的十八大以来，我国政府通过行政审批制度改革，不断破除市场的体制机制性障碍，从破除市场壁垒入手，

---

〔1〕 郁建兴、高翔："中国服务型政府建设的基本经验与未来"，载《中国行政管理》2012 年第 8 期。

不仅放开了市场准入环节的诸多限制，而且在管理环节不断为企业松绑，激发市场的活力和创造力。党的十八大报告明确提出，要深化行政审批制度改革，此后，国务院每年召开一次全国深化"放管服"改革电视电话会议，重点推进行政审批制度改革，并以此为龙头全面推动政府职能转变。截止到2019 年年初，"国务院部门行政审批事项削减 44%，非行政许可审批彻底终结，中央政府层面核准的企业投资项目减少 90%，行政审批中介服务事项压减 74%，职业资格许可和认定大幅减少。中央政府定价项目缩减 80%，地方政府定价项目缩减 50% 以上。全面改革工商登记、注册资本等商事制度，企业开办时间缩短 1/3 以上。"[1] 工程建设项目审批制度改革试点稳步推进。与此同时，地方出现了"最多跑一次"等行政审批制度改革的典型实践，这一改革整合地方各个部门的职能，在服务事项上，变民众跑断腿的"淘宝"模式为行政服务中心一个窗口对外的"京东"模式，实现了行政事项的"最多跑一次"办理，并且这一改革向其他省份迅速扩散，自下而上被中央政府接受采纳，向全国推广。[2]

（四）服务型政府运行机制更加顺畅与高效

服务型政府建设追求实现以服务为导向的职能优化、组织机构合理和人员编制科学，但是，职能、机构与编制仍然侧重于静态层面，而如何实现三者的"落地"，则需要依赖政府的运行机制和管理方式。机制调整是行政体制改革由"构建"到"运行"，由文本制度到实践过程的中间环节。服务型政府导向下的运行机制主要包括三个方面：其一，围绕"如何提供质量更高且更为普及的公共服务"，创建一个更能反映和满足社会需求的参与机制；其二，围绕"如何有效制约政府权力"，以将权力关进制度笼子为导向的权力监督机制；其三，围绕"如何使公共服务提供效率更高"，创新政府部门协调机制，提高政府间协作水平，提高政府运行效率。

1. 参与机制。在经济建设型政府时期，社会经济事务多由政府主导，缺

---

［1］ 参见《2018 年政府工作报告》。
［2］ 参见郁建兴等：《"最多跑一次"改革：浙江经验，中国方案》，中国人民大学出版社 2019年版。

乏其他社会成员的参与，政府在许多领域依然承担着决策者、生产者、监控者等多种角色，集裁判员与运动员于一身，造成市场活力不足、社会活力缺失、政府运行不畅、部门利益固化、效率低下等诸多问题。构建一个多向度的包含专家、公民和社会组织参与的机制是服务型政府建设的外向维度，通过吸纳专家的专业知识、民众的普遍需求、社会组织的公益精神，有助于提高服务型政府的回应性、政策科学性和公众满意度，"减少公共政策过程中的信息失灵，避免决策失误，有利于加强公共政策的有效度，提高政府的公信力"。[1]我国现已形成了专家参与机制与民众参与机制。一方面，就专家参与机制而言，我国中央政府与地方政府都建立起了相对完善的专家参与制度。2018年6月25日，《国务院工作规则》中明确提出，"国务院各部门提请国务院研究决定的重大事项，都必须经过深入调查研究，并进行合法性、必要性、科学性、可行性和可控性评估论证；涉及相关部门的，应当充分协商；涉及地方的，应当事先征求意见"。[2]实际上，现阶段中央政府出台任何一项政策，几乎都已离不开专家和民众的参与。例如，在编制"十三五"规划之时，国家组建了一个国家发展规划专家委员会，包括经济学家林毅夫、经济学家钱颖一、企业家董明珠等来自各行各业的顶尖专家、学者。而在地方政府层面，也多制定了保证专家参与的制度体系，并形成了诸多经验。例如，浙江省早在1995年就已在全国率先建立了与高等院校的合作机制，联合浙江大学成立浙江法制研究所。2005年，又在全国率先组建了由法学、经济、政治、社会、文化等方面专家组成的地方立法专家库，共有八十余名各个领域的专家成为专家库成员，还建立了系统规范的专家参与立法制度。[3]自2013年开始，浙江省政府与浙江工业大学法学院、浙江财经大学法学院进行合作，委托开展较大的市报批地方性法规的合法性审查。另一方面，就民众参与机制而言，国务院在《国务院工作规则》亦作出了"涉及重大公共利益和公众权益、容易引发社会稳定问题的，要进行社会稳定风险评估，并采取听证会

---

〔1〕 姜晓萍："构建服务型政府进程中的公民参与"，载《社会科学研究》2007年第4期。

〔2〕 参见《国务院工作规则》（国发〔2018〕21号）。

〔3〕 参见廖小清："为发展拧紧法治'发条'——透过立法看'法治浙江'建设"，载《浙江日报》2016年7月12日，第3版。

等多种形式听取多方面意见"的明确规定,地方政府则出现了温岭的"民主恳谈会"、南京的"万人评政府",嘉兴的"一会三团一中心"、成都的"三会公开""市民代表验收为民办实事项目"〔1〕,这些参与机制在搜集民众需求、满足民众愿望方面产生了非常显著的效果,成为服务型政府建设的一张名片。

2. 监督机制。自服务型政府建设被提出以来,对政府权力的制约与监督就成为优化运行体制的重要组成部分,我国政府致力于堵住权力滥用的洞穴,创造阳光、干净的权力行使环境。"针对容易产生腐败现象的具体体制、制度和薄弱环节,通过深化改革和体制创新,建立结构合理、配置科学、程序严密、相互制约的权力运行机制。"〔2〕当前,我国已初步形成了涵盖党内监督、人大监督、监察委监督、社会监督、舆论监督和行政监督等各项监督的完整监督体系。就党内监督而言,中共中央于2016年10月颁布实施了《中国共产党党内监督条例》,对党内监督的对象、内容、途径和保障等作出了更具体的规定,极大地提高了党内监督的制度化水平,以此为主干,通过不断梳理和归类现有的监督制度,建立起一个结构完整、内容健全、长期有效的监督制度体系,充分发挥出党内监督制度的刚性约束功能。就人大监督而言,伴随着政府改革的逐步深入,我国的人大监督已形成宪法监督制度,执法检查制度,审查和批准计划、预算制度,受理申诉、控告、检举制度,询问和质询制度,特定问题调查制度,罢免和撤职制度等在内的制度体系,并依据实践的需要不断更新与完善。就监察委监督而言,通过成功推进国家监察体制改革,"实现对所有行使公权力的公职人员监察全覆盖,不仅包括党的机关、人大机关、行政机关、政协机关、审判机关、检察机关、民主党派和工商联机关的公务员,还包括国有企事业单位管理人员、群众自治组织管理人员等"〔3〕就社会监督而言,通过权力清单、权责清单、政务信息公开等方式,

---

〔1〕 熊光清、熊健坤:"多中心协同治理模式:一种具备操作性的治理方案",载《中国人民大学学报》2018年第3期。

〔2〕 江泽民:《论党的建设》,中央文献出版社2001年版,第478~479页。

〔3〕 曾荐:"充分认识国家监察体制改革的意义(治理之道)",载《人民日报》2018年6月20日,第7版。

大力度、深层度推进透明政府、阳光政府建设，"形成人人皆监督、人人受监督的局面"[1]。就舆论监督而言，习近平总书记指出："舆论监督和正面宣传是统一的。""新闻媒体要直面工作中存在的问题，直面社会丑恶现象，激浊扬清、针砭时弊，发表事实准确、分析客观的批评性报道。"[2]我国已初步形成了包含媒体单位内部机制创新、不同媒体合作机制创新、媒体单位与政府职能部门间良性互动机制，在推动改革发展，推进依规治党、依法治国，维护社会主义民主法治等方面发挥着重要作用。就行政监督而言，一方面，《中华人民共和国行政诉讼法》《中华人民共和国行政复议法》《中华人民共和国行政监察法》（已失效）《中华人民共和国行政处罚法》等大量的法律法规出台和不断修订完善，逐步健全了行政监督制度体系；另一方面，通过行政监察、审计监督加强了政府内部监督，这种监督方式直接深入政府一线，近距离监督政府行为，对于规范政府作为具有重要意义。

（五）多元政策工具选择助力服务型政府建设

政策工具是政府在履行职能中，为实现政策目标所采用的手段和方式，具有由此岸到彼岸的"船"和"桥"的通达意义。在计划经济体制下，我国政府的政策工具形式相对比较单一，查阅政府文件与学者研究可以发现，早期的政府工具主要是一些具有"客体"意义的强制性、惩罚性政策工具，且多集中在经济建设领域，以促进地区和国家经济发展。作为服务型政府，因其基本职能为社会管理与公共服务职能，为使社会善治和给民众提供更高质量、更高水平的公共服务，政策工具便具有了由"客体"向"活动"、由经济建设领域向社会建设和服务领域拓展的必要。面对日益复杂的社会和多元的利益需求，政府需要调和的矛盾已经冲破经济领域的限制，而社会领域纷繁复杂、公共服务基础薄弱、地区和城乡差异巨大，众口难调，政府必须不断革新履职的方式和技术。随着行政体制改革不断深化，政府在变革机构、职能、运行机制的基础之上，为实现改革蕴含的新的政策目标，创新转型社

---

〔1〕 曲崇明："健全党内监督和社会监督相结合的监督体系"，载《青岛日报》2017年10月9日，第6版。

〔2〕 崔海教："深刻把握正面引导与舆论监督的辩证统一"，载《人民日报》2016年4月19日，第7版。

会的治理方式，运用现代技术优势，更新了原有的政策工具体系，目前，新的政策工具效果显著，极大提高了改革目标的实现效率。

1. 政府购买公共服务。政府购买公共服务是我国服务型政府建设中极具显示度的一项改革举措，是我国政府践行为人民服务宗旨，在履职中落实一切为了人民、一切依靠人民的实际作为，对于重构政府的职能、理顺政府与市场和社会的关系，促进市场主体和社会主体共同参与社会治理具有非常重要的意义。1995 年上海市浦东新区政府委托基督教青年会负责罗山市民中心（罗山会馆）的日常运营服务，标志着我国政府采用合同的形式向社会力量购买公共服务的开始。[1] 由此，政府打破了以往独自提供公共服务的僵硬、相对低效率的体系，实现"生产权和提供权的分离"，引入市场力量和社会力量共同参与。通过对政府手中的部分职能进行剥离，尤其是将公共服务的生产责任移交到市场主体和社会主体的手中，减少政府职能总量、缩减政府规模，不仅可以将政府从生产领域解放出来，而且对于市场主体和社会主体的发育具有积极意义。现阶段，政府购买公共服务已成为各级政府普遍运用的政策工具。一方面，政府购买公共服务的法律机制逐步完善。中央层面先后出台《中华人民共和国政府采购法》《政府购买公共文化服务管理办法（暂行）》等制度，为政府购买公共服务提供制度依据和政策支持。地方政府制定了系统的行政性法规和条例，并纷纷出台相应的政府向社会和市场购买公共服务的条例，同时为了加快此项改革，配套推出多项扶持社会组织发育的相关制度。在各种政策激励下，越来越多的企业和社会组织踊跃参与，形成共同助力政府购买公共服务的局面。另一方面，政府购买公共服务的实践覆盖了政府有形资产、社区养老服务、公共文化、残疾人服务、教育服务、扶贫服务等几乎所有公共服务的领域并在持续扩张，且呈现地域化、规模化、多样化的发展趋势，逐渐成为政府提高公共服务水平的重要途径。例如，广东省深圳市商业联合会已承接了国家工信委深圳市中小企业公共服务平台和深圳市中小企业商贸流通企业公共服务平台的建设、中小企业生产运营监测和中小

---

〔1〕 参见季璐、王青平、范炜烽："社会治理视阈下政府向社会力量购买公共服务评估研究——基于长三角地区的调查"，载《江苏社会科学》2016 年第 6 期。

企业服务中心的呼叫建设服务项目，连续 8 年承办了中国国际人才交流大会深圳论坛，以及连续承办了两届中国公益慈善项目交流展示会、连续 8 年与各区政府开展一些展览展示会等。这些项目的承办不仅为社会组织带来了发展所需要的资金，也带了人力资源、社会知名度与影响力等资源。

2. 大数据治理。大数据时代为政府提供了更多治理方式、选择空间和技术路径，"为解决社会治安、卫生医疗、交通安全等公共领域的问题提供更加精细、高效的途径"[1]。2015 年 3 月 5 日，国务院总理李克强在政府工作报告中提出，国家要制定"互联网 +"战略。同年，国务院印发《国务院关于积极推进"互联网 +"行动的指导意见》围绕转型升级任务迫切、融合创新特点明显、人民群众最关心的领域，提出了 11 项具体行动，对于创新公共服务手段，服务大众创新、万众创业，进而促进我国经济社会创新发展具有重要指导意义和牵引作用。目前，我国已经制定《"十三五"国家政务信息化工程建设规划》，提出了构建形成大平台共享、大数据慧治、大系统共治的顶层设计，致力于建成全国一体化的国家大数据中心，有效推进政务数据共享开放和服务的客观需求。目前。大数据已经从社会概念变为社会实体，从政府战术思考变为政府政策工具。一方面，大数据等方式已经广泛应用于政府行政审批、市场监管、政务服务等履职过程，以及城市建设与治理、交通管理、医疗卫生服务、教育资源运用、社会保障运行、社会治安工作等领域，形成"大数据 + 公共服务"广泛结合、深度生效的崭新格局。作为全国首个省级生态环境大数据平台的福建省生态云平台是一个典型案例，其中"建立了环境质量监测、污染源监管和公众服务三大信息化信息支撑体系，通过整合汇聚环保系统及部分相关厅局的业务数据和互联网等数据，形成纵横交互的数据整合共享体系"，[2] 对于利用新的信息技术手段，通过对大数据的收集、整理和分析，对于有效防范环境污染，提高环境质量具有重要价值。另一方面，政府部门政务信息联通共用取得实质性进展。各地政府在整合信息和数据的

---

〔1〕 黎智洪："大数据背景下地方政府治理工具创新与选择"，载《湖南大学学报（社会科学版）》2018 年第 5 期。

〔2〕 曾盛聪、卞思瑶："走向大数据治理：地方治理的政策工具创新趋势——基于多个经验性案例的考察"，载《社会主义研究》2018 年第 5 期。

基础上，积极推进辖区内统一政务服务平台建设，创造性构建了由门户网站、手机客户端、支付宝小程序、微信小程序构成，统一政务服务门户、统一政务服务事项管理、统一身份认证、统一电子印章、统一电子证照等公共支撑系统，能够为本地区有关部门政务服务平台提供公共入口、公共通道和公共支撑，进而推进政务服务事项上网办理，层级间和部门间实现信息和数据的联通共用，极大促进行政效能增速提质。随着党的十九届四中全会部署的"加快推进全国一体化政务服务平台建设"任务的落实，将进一步"打破'信息孤岛'，统一明确各部门信息共享的种类、标准、范围、流程，加快推进部门政务信息联通共用"[1]，实现政府在政务服务中大数据政策工具更加周延、完善、有力。

（六）行政法治为服务型政府建设保驾护航

法治政府与服务型政府的提出各有其历史轨迹，但又有内在逻辑。依法治国是党领导人民治理国家的基本方略，自从党的十一届三中全会提出"发扬社会主义民主，健全社会主义法制"的要求，以及"有法可依，有法必依，执法必严，违法必究"的方针以来，我们党历来重视厉行法治进而以法治从事治国理政，其中一项重要举措就是推动法治政府建设（见表 3 - 3）。党的十八大以来，习近平总书记高度重视依法治国，将全面依法治国作为党中央战略布局之一，并提出"科学立法、严格执法、公正司法、全民守法"方针，法治政府建设随之迈开更大步伐。法治建设与服务型政府看似是两条分离的线条，实则不然。依法行政，建设法治政府，是我国行政体制改革中为服务型政府建设保驾护航的重要举措，是实现"从全能政府向有限政府，从管制政府向服务政府、法治政府转变"[2]的重要标志。换言之，服务型政府建设无论是在机构设置中保持机构的稳定性与科学性，抑或是职能转变中追求公共服务职能的强化等内容，都离不开法律的保驾护航，法律成为政府履行功能不越界的底线。

---

〔1〕 "中共中央印发《深化党和国家机构改革方案》"，载《人民日报》2018 年 3 月 22 日，第 1 版。

〔2〕 魏礼群："中国行政体制改革的历程和经验"，载《全球化》2017 年第 5 期。

表 3 - 3　党的重要文件有关依法治国的论述

序号	出处	内容
1	党的十五大报告	将"依法治国,建设社会主义法治国家"确定为治国方略
2	党的十六大报告	把坚持党的领导、人民当家作主和依法治国有机统一起来
3	党的十六届四中全会	科学执政、民主执政、依法执政;依法治国、领导立法、带头守法、保证执法
4	党的十七大报告	全面落实依法治国基本方略,加快建设社会主义法治国家
5	党的十八大报告	围绕全面建设小康社会的奋斗目标,提出全面推进依法治国的战略目标;推进科学立法、严格执法、公正司法、全民守法
6	党的十八届三中全会	"法治中国";"坚持依法治国、依法执政、依法行政共同推进,坚持法治国家、法治政府、法治社会一体建设"
7	党的十八届四中全会	通过《中共中央关于全面推进依法治国若干重大问题的决定》

资料来源:依据党的重要文献自制。

　　党中央和国务院高度重视法治政府建设,以不断提高政府履职的法制化来促进服务型政府建设。《中共中央关于全面推进依法治国若干重大问题的决定》中指出:"在中国共产党领导下,坚持中国特色社会主义制度,贯彻中国特色社会主义法治理论,形成完备的法律规范体系、高效的法治实施体系、严密的法治监督体系、有力的法治保障体系,形成完善的党内法规体系,坚持依法治国、依法执政、依法行政共同推进,坚持法治国家、法治政府、法治社会一体建设,实现科学立法、严格执法、公正司法、全民守法,促进国家治理体系和治理能力现代化。"[1]在具体的执行层面,国家陆续颁布或修正多项法律。1999 年,国务院出台《国务院关于全面推进依法行政的决定》。2004 年,国务院颁布《全面推进依法行政实施纲要》、第九届全国人民代表大会常务委员会第九次会议审议通过《中华人民共和国行政复议法》,"对行

---

〔1〕"中共中央关于全面推进依法治国若干重大问题的决定(二〇一四年十月二十三日中国共产党第十八届中央委员会第四次全体会议通过)",载中共中央党校(国家行政学院)网,http://www.ccps.gov.cn/xytt/201812/t20181212_123256.shtml,最后访问时间:2019 年 10 月 1 日。

政复议的范围、原则、程序及责任等方面进行了详细规定。该法目的是防止和纠正违法或者不当的行政行为，保护公民、法人和其他组织的合法权益，保障和监督行政机关依法行使职权"。[1]此后，我国以规范政府权力、加强社会管理作为立法重点，先后出台《中华人民共和国立法法》《中华人民共和国行政许可法》《中华人民共和国行政强制法》《中华人民共和国公务员法》《中华人民共和国突发事件应对法》等法律法规，尤其是党的十八大之后，以习近平同志为核心的党中央在全面推进依法治国、加快建设法治国家和建构中国特色社会主义法治体系的实践中，提出了中国特色社会主义法治理论、法治思想，以规范经济、政治、文化、社会生活、生态环境和政府自身活动为主要内容的制度体系逐步健全，政府管理在各个方面总体上实现了有法可依，为法治政府建设奠定了坚实的制度基础。[2]

除了出台法律为各领域的改革和管理提供依据之外，政府还着力推动权力清单的编制工作以落实政府法无授权不可为。在清单的编制过程当中，一个必经的程序是对政府现在所握有的一切权力进行重新梳理，找到这些权力设置与履行的法律依据，如果一旦发现权力的配置已经不再符合法律规定，或者不符合国家关于市场起决定性作用的改革导向，一律进行取消。2014 年3 月，中编办首次公布了由国务院 60 个部门 1235 项行政审批事项构成的中央政府的权力清单，发挥了示范效应；同年 4 月 23 日，国务院常务会议决定加快推进建立权力清单制度，并发出了行动号令，内地各级地方政府整体行动，确定了建立本级政府权力清单的改革任务。各地方政府陆续按照国务院部门的口径开展制定工作，部分地方政府将权力清单的主体范围扩展到了事业单位、中央直管的部门。广东省于 2014 年 5 月 21 日首次全面公布审批权力清单，涉及 46 个省直部门 694 项行政审批事项。同年 6 月 26 日，浙江省公布了42 个省级部门包括 4236 项行政权力的权力清单，明确规定行政权力只能在清单基础上减少，不再增加。上海也于同年 6 月 29 日正式对外公布了 2014 版行

---

〔1〕 王敬波、宗婷婷："改革开放以来我国法治政府建设的基本轨迹"，载《中国发展观察》2018 年第 C2 期。

〔2〕 参见魏礼群：《建设服务型政府：中国行政体制改革 40 年》，广东经济出版社 2017 年版，第 249 页。

政审批和政府定价事项清单，作为首份清单，共有41项权力事项被纳入清单，其中包括24项行政审批事项和17项政府定价事项。权力清单制度试图以清单的方式对长期处于政府黑箱内的权力进行清理、确认和放还，从权力和责任的角度重新厘清政府、市场和社会的边界问题，对于实现政府瘦身、权力规范化与阳光行使产生了积极的作用。

（七）人民在改革发展中的获得感不断增强

现阶段，人民满意的服务型政府建设取得了巨大成就，人民群众的获得感不断增强。获得感是改革效应对象化的一种体现，它来源于现实生活，大到整个社会的变革、营商环境的变化，小到柴米油盐、衣食住行，都能直接影响到人民群众对党和政府的支持与信赖。具体而言，人民在改革发展中的获得感主要体现在三个方面：①以服务群众为导向的政府公共服务职能越来越凸显，在政府的职能体系中的比重越来越高。②我国逐步建立起与市场经济相适应的基本公共服务体系，为全体公民提供日益完善的教育、医疗、就业、养老、卫生等领域的公共服务。③建立政务服务好差评制度，直面政务服务的质量和效果，将评判权交给人民群众。

1. 政府的公共服务职能越来越凸显。服务型政府建设最具有显示度的变化趋势主要体现在政府在公共服务职能的倾斜上。2002年以前，我国政府将改革的中心放在经济管理体制改革上，公共服务并未作为政府的基本职能，由此来看，公共服务的基本职能地位从无到有乃是服务型政府建设的第一个重大变化。一旦确立了公共服务职能的基本职能地位以后，国家在制度层面不断提高公共服务的地位，各级政府开始以此调整自身职能结构、财政投入比例、重点关注事项等，以保证公共服务职能的有效履行（见表3-4）。

表3-4 党和政府文件中有关公共服务的表述汇总

序号	时间	会议名称	内容
1	2002年	党的十六大	首次将政府职能定位为经济调节、市场监管、社会管理和公共服务，这是党的历史上第一次将公共服务与其他三项职能并列作为政府的基本职能

序号	时间	会议名称	内容
2	2003 年	党的十六届三中全会	《中共中央关于完善社会主义市场经济体制若干问题的决定》明确指出政府职能要从"全能型"向"服务型"转变
3	2004 年	省部级主要领导干部"树立和落实科学发展观"专题研究班	时任总理温家宝在研究班结业式上首次提出了"努力建设服务型政府"
4	2005 年	十届全国人大三次会议	提出"努力建设服务型政府"这一目标,并得到全国人民代表大会批准,这意味着建设服务型政府已上升为国家意志
5	2006 年	党的十六届六中全会	《中共中央关于构建社会主义和谐社会若干重大问题的决定》对建设服务型政府的内涵、重点、基本内容做了详尽的阐述
6	2007 年	党的十七大	把加快行政管理体制改革,建设服务型政府,作为坚定不移发展社会主义民主政治的基本任务提出来,并重点强调"健全政府职责体系,完善公共服务体系"
7	2008 年	党的十七届二中全会	深化行政管理体制改革的总体目标是,到2020 年建立起比较完善的中国特色社会主义行政管理体制
8	2013 年	党的十八大	要按照建立中国特色社会主义行政体制目标,深入推进政企分开、政资分开、政事分开、政社分开,建设职能科学、结构优化、廉洁高效、人民满意的服务型政府

资料来源:依据政府文件自制。

2. 公共服务体系不断完善。在党中央的领导和国务院的推动下,民众关心的教育、就业、医疗等民生事业发展迅速。在教育方面,我国早已实现城乡义务教育学杂费全面免除:2007 年开始免除农村义务教育学杂费,2008 年开始在全国范围内全面免除城市义务教育学杂费;在就业方面,我国陆续通过《国营企业职工待业保险暂行规定》(已失效)、《中共中央、国务院关于切实做好国有企业下岗职工基本生活保障和再就业工作的通知》《失业保险条例》《中华人民共和国就业促进法》《国务院关于大力推进大众创业万众创新若干政策措施的意见》等，共同组成了我国的就业保障制度，为人民群众带来了一个既能兜底又可以挖掘就业中积极要素的就业促进机制；在医疗方面，我国早在 1998 年 12 月就通过了《国务院关于建立城镇职工基本医疗保险制度的决定》，开始建立基本医疗保险制度，并于 2002 年 10 月明确提出建立以大病统筹为主的新型农村合作医疗，标志着居民基本医疗保险开始均等覆盖农村。目前，基本医疗保险已经总体实现全覆盖，医疗保障水平显著提高。教育、就业与医疗历来是人民生活中影响最为重要的三大组成要素，国家通过实施一系列红利政策，有步骤地陆续实现城乡义务教育免费、覆盖城乡的居民基本医疗保险制度、兜底又促进就业的保障机制等，切实为民众解决了生活中的重要问题，提高了民众对党和政府的认同感和信任感。

3. 建立政务服务好差评制度，强化监督深化改革。现阶段，在深化"放管服"改革的实践中，许多地方政府以主动改革的姿态，探索出类似政务服务"好差评"工作的经验，并取得了较好的效果。比如，上海市浦东新区行政服务中心的"大家来找茬"专窗、浙江省政务服务的"在线评价"、四川省巴中市的营商环境"好差评"制度、银川市审批局的开门问政会，都是政府直接面向企业和群众听取意见和建议，从而积极有效不断改进政务服务的定式、流程，提高政务服务的质量、效率的有益探索，展现出建立政务服务"好差评"制度的良好基础。《2019 年政府工作报告》明确提出，建立政务服务"好差评"制度，基于地方探索创新经验，全国范围内在政务服务领域将人民群众直接评价政府、督促政府，并进一步推动人民满意的服务型政府发展的制度化建设由此拉开帷幕。所谓政务服务"好差评"制度，指的是以制度化授权的方式，将政府政务服务绩效评价的权力交给了企业和群众。政务服务"好差评"制度是行政监督制度的创新，在行政系统闭合循环式自我监督的模式中打开一道缺口，为行政监督置入从社会的声音中发出的评价主音符，把企业和群众口碑的紧箍咒安在政务服务的身上，由此在政务服务的提供者与受益者之间建立起平等的双边关系，能够通过政务服务评价信息的对称性流动和评价反馈的交互性回应，使政府自我革命的愿望和市场主体对服务型政府的渴望联系在一起，有效促进行政监督优化和"放管服"

改革的深化。[1]

三、人民满意的服务型政府建设给行政体制带来的新变化

回顾中华人民共和国 70 年的稳健前行和辉煌成就，经济社会的发展始终离不开在党的领导下，行政体制适应性变革催生的推陈出新的动力。为适应经济社会发展变化的需要，行政体制改革的认识论和方法论也在不断深入，服务型政府的概念意涵也在不断丰富和完善，发展至今，俨然已经是一个更具整体性、结构性和系统性的"大服务"概念，这意味着人民满意的服务型政府建设必须带来政治效益、经济效益、法治效益和社会效益有机统一的整体性变革。纵观我国服务型政府建设的总体历程，服务型政府建设为作为政府组织形态要素的行政理念、机构职能、运行机制和制度体系形成的新的变化，相应地赋予了政府价值层面构成维度的政府信任、政府责任、政府作为和行政法治以新的意涵，各个方面相互协调和相互支持，逐渐形成了服务型政府的系统架构。事实证明，在自主性建构的模式中，从基于高度集中的计划经济体制的政府管理，到基于社会主义市场经济体制的政府治理，从助推20 世纪 80 年代的农村改革，到当下推进经济社会全面改革，在经济社会建设的突破和创新的每一个重要阶段和关键环节，在党中央统一部署中，我国行政体制都会从自身提出改革需求，迈出新的改革步伐，尤其经历了十八届三中全会全面深化改革和十九届三中全会深化党和国家机构改革，推进国家治理体系和治理能力现代化的宏大战略更是为行政体制改革注入了强劲的动力，推动行政体制朝着"历史性变革、系统性重塑、整体性重构"步步深入、取得变化。

（一）逐步确立起服务型政府的理念，凸显公信政府要求的政府行政观念不断更新

人民满意的服务型政府必须是公信政府，在人民群众心目中牢牢确立政府为人民着想、为人民操劳、为人民谋利、为人民解忧的公信，是行政体制

---

[1]　参见石亚军、吕勇："政务服务'好差评'制度对强化监督深化改革的可预期性探析"，载《中国行政管理》2019 年第 12 期。

改革的所有举措的初衷。"为人民服务"是我国政府对人民的庄严承诺，构建服务型政府是政府对"服务承诺"的兑现。建设人民满意的服务型政府，须首先重构政府的行政观念，经过不断深化改革，尤其是党的十八大以来以及十九大以后，各级政府的行政观念发生了前所未有的深刻转变：

1. 人民满意的服务型政府是从"政府本位"到"人民本位"的观念转变，树立人民的主体性。我国政府的机构改革长期以来囿于传统文化中"官本位"的思想顽疾和过于注重政府机构内在完善，并且倾向于政府自身体系的完善和工作重心的调整，导致其在改革中，尽管作出了调整，但一些深层次痼疾还没有得到完全解决：就政府内部而言，"公共利益部门化，部门利益合法化的"部门利益割据现象，[1]仍然不同程度存在，各种"信息孤岛""部门割据"和"利益团体"林立；就政府外部而言，一个封闭的有自我保护倾向的政府实体，使得政府机构及其工作人员在行政管理方式上呈现出落后和保守的状况，在现实中则表现为"门难进，脸难看，事难办"。究其原因，正是源于政府自身理念的封闭与保守，因为"政府自身就是社会系统的一个构成部分，工业社会科学化、技术化的方向对政府进行的建构往往忽视了政府作为社会系统的属性，结果就必然经常性地陷入困境"，[2]如果政府试图凌驾于社会系统之上，忽略自身的社会系统属性，就会以支配控制的逻辑对待这个系统中的其他部分。通过不断深化改革，尤其是建设人民满意的服务型政府，在行政体制领域和政府系统，确立起人民的主体地位，政府本位观念被人民本位观念所取代，政府谋划改革方案和措施不再从主观思考和需要出发，而是首先关注并考虑社会客观需要和人民群众的要求，政府在履行职能中那种一味命令、呵斥、拖拉的现象大大减少，倾听群众心声、俯身提供服务的风气渐行渐盛，并对有效取缔体制机制痼疾扫除了观念障碍。

2. 人民满意的服务型政府是从"任务导向"到"问题导向"的观念转变，满足人民的需求。政府囿于组织的生存本能，天然地存在拒绝改变和内向的自我封闭保护倾向，这使得政府机构改革的思维桎梏于一种政府中心主

---

〔1〕 石亚军、施正文："我国行政管理体制改革中的'部门利益'问题"，载《中国行政管理》2011 年第 5 期。

〔2〕 张康之：《论伦理的精神》，江苏人民出版社 2010 年版，第 110 页。

义的逻辑，习惯于从政府绩效性任务的角度出发去思考问题。政府的这一组织特性带来的结果是政府机构改革多是自上而下驱动，通过中央的顶层设计统筹推进，地方政府进行机构改革是由于科层任务的命令，中央改革方案美好的设想落实到地方经常被异化为完成科层任务而不是解决实际问题。[1]实践中，往往存在政府所提供的"最好的"方案却不是民众真正需要的方案，抑或是不合适的方案的一些现象。习近平总书记指出"全面建成小康社会，在保持经济增长的同时，更重要的是落实以人民为中心的发展思想，想群众之所想、急群众之所急、解群众之所困"。[2]群众所想、所急和所困的正是机构改革需要面向的问题。随着改革的不断深入，各级政府逐步确立起坚持以人民为中心的原则所要求的改革观念即"必须坚持问题导向，聚焦发展所需、基层所盼、民心所向"，促使政府机构改革从"向内看"转向"向外看"，从"重任务"转向"重问题"，加强政府的社会管理和公共服务职能，重点在人民关心的教育文化、官员腐败、医疗保障、生态环境、应急管理等领域加大了机构职能体系优化整合的力度。[3]在突出"问题导向"的理念下，政府不再是等待问题恶化并造成一定的社会后果以后才被动出手和调整适应，相反，政府在机构改革之初便有意识地提高预见性和前瞻性，主动调整治理结构和方式以超前预防改革风险。

3. 人民满意的服务型政府是从"越位配权"到"平衡配权"的观念转变，拉近与人民的距离。在高度集权的行政体制中，越位配权使中央政府长期成为公共服务供给的主导者和垄断者，却并未给基层政府和民众以足够的参与权，导致公共服务提供成本高昂和公共服务供给有效性不足。这是一种中央政府越位配权的表现。具体而言，基层政府面临着事权和财权不匹配的问题，在基层行政中"有心无力"。与此同时，中央和地方在机构改革中呈现出上下"职责同构"的"一刀切"现象，忽视了各个地方经济发展程度、社

---

〔1〕 参见孙柏瑛、张继颖："解决问题驱动的基层政府治理改革逻辑——北京市'吹哨报到'机制观察"，载《中国行政管理》2019 年第 4 期。

〔2〕 国家发展改革委宏观经济研究院社会发展研究所：《民生：中国全面建设小康社会 40 年》，人民出版社 2018 年版，第 17 页。

〔3〕 参见《紫光阁》杂志社编：《新时代中国特色国家治理体系建构的重大创新：党和国家机构改革学习材料汇编》，中国言实出版社 2018 年版，第 86 页。

会变迁进程和地域文化特点等地方特性。[1]政府改革"不同步"和"一刀切"的问题本质上是由于中央与地方职权关系还未理顺，中央政府越位统揽地方政府的权责导致的公共服务供给失衡。因此要在政府机构改革中理顺政府与民众的关系，就必须要突破中央政府和地方政府关系这一中间环节，实现平衡配权的观念转变。建设人民满意的服务型政府，致力于更好地服务人民大众和维护人民根本利益的根本立脚点，提出了统筹优化地方机构设置和职能配置的重要举措，《中共中央关于深化党和国家机构改革的决定》指出，在确保党中央集中统一领导的前提下，赋予省级以下机构更多自主权，构建简约高效的基层管理体制，"推动治理重心下移，尽可能把资源、服务、管理放到基层，使基层有人有权有物，保证基层事情基层办、基层权力给基层、基层事情有人办"，形成了推动中央政府和地方政府在"人、权、物"方面的合理配置，并明显呈现出向基层增能赋权的改革意向。

（二）不断理顺和优化服务型政府的运行机制，凸显有为政府的行政执行力不断提高

服务型政府建设必须通过有为政府来实现，无论是行政观念的转变，还是机构职能体系的优化，都是政府静态上的设计，而实现服务型政府的功效，必须将观念上和职能上的转变落到实处，切实提高政府的执行力。执行力是政府工作的生命力，十届全国人大四次会议《政府工作报告》提出，"建立健全行政问责制，提高政府执行力和公信力"，这是政府执行力建设正式纳入国家治理范畴的标志。机构设置是基于分工和专业化，对行政事务进行归口管理而形成体系，随着行政事务和行政环境的复杂化和多样化，产生了越来越多的部门内和部门间协同合作的需求。政府执行力受行政运行机制的制约，组织的管理机制本质上是管理系统的内在联系、功能及运行原理，是决定管理功效的核心问题，政府部门的有效运转有赖于结构和其他方面的协调配合，[2]所以机构改革不仅要致力于体制静态要素的调整，不断完善组织结构，

---

〔1〕 参见朱光磊、张志红："'职责同构'批判"，载《中国智库》2013年第1期。

〔2〕 参见［美］B. 盖伊·彼得斯：《政府未来的治理模式》，吴爱明、夏宏图译，中国人民大学出版社2017年版。

还要致力于体制动态要素的优化，理顺组织的运行机制，方能在形成改革的完整性中发挥组织功效，实现政府执行力的持续提升。

以系统论的观点来看，政府的运行机制涉及政府内部和政府与其他主体间关系两个方面，政府内部机制可以划分为结构性和程序性两种机制，前者涉及的是不同机构间协调管理的制度安排，而后者则指涉及管理所需要的方法技术和规章制度。[1]总的来说，历次改革对政府运行机制的完善经历了一个"着眼自身"到"内外兼修"的变化，从通过对政府的"自我革命"实现政府职能的转变，如大部制下机构合并、职能撤并等措施，到基于优化协同高效的原则，对政府的运行机制进行全面系统的调整，政府的执行力在有效降低内耗、摩擦中不断提高。

1. 在政府自身的机构职能体系运行机制方面，通过对结构性管理机制与程序性管理机制的整合与协调，减少了机构间和流程间摩擦带来的政府执行力内耗。一方面，结构性管理机制的调整致力于实现纵向层级上的"一对多"与"多对一"，基于此，中央事项由中央设置垂直机构管理，完善上下和条块间的协作配合机制，央地共管事项，则分级管理，实行中央指导、协调和监督与地方负责管理。此外，结构性管理机制也包括部门间横向的协调机制，经过不断调整优化，政府内部形成了以政府领导牵头，以专项委员会或者领导小组为载体的部门运行协调机制。十九届三中全会关于党和国家机构改革部署任务基本落实后，在政府内部运行协调机制之外，构建了党中央统一集中领导下党政机构整体有效协调机制，着重突出了党统揽全局、协同各方的全面领导作用，通过设置党中央决策议事协调机构，耦合相关事务管理中党政机构的职能职责和运行程序，既明确归口管理中同类事项的牵头负责主体，又实现各个主体间有统有分、有主有协的履职关系，从而使行政事务在不同政府部门之间的运行由于协调核心的作用而提高了效率。另一方面，程序性管理机制的变化则主要体现在政府对市场和社会事务监管的程序化、规范化水平不断提高，通过优化流程，简化中间层次，多举措并举，致力于优化政府的办事流程、监管次序，从而实现机构内部程序性管理机制上的无缝衔接

---

〔1〕　参见蒋敏娟：《中国政府跨部门协同机制研究》，北京大学出版社2016年版，第46～47页。

和整体协同，避免相关机构相互掣肘和相互推诿的现象。

2. 在政府外部的运行机制上，即涉及政府、市场主体和社会主体三方关系的运行机制，通过发动社会力量参与提高政府政策的执行力。积极引入社会力量参与公共事务治理，提高政府的政策执行力，是我国服务型政府建设的一项重要变化。任何一项政策的落地，都离不开社会的广泛支持。在服务型政府的建设中，公共服务提供从政府垄断转为政府、社会与市场的共同合作。诚然，公共服务供给机制是服务型政府建设的核心内容，它回答了"谁来供给、如何供给、供给什么、供给给谁"等最为本质的问题，直接决定了我国公共服务的供给水平与供给效率。改革至今，在公共服务供给领域最为显著的变化就是将以往由政府生产和提供的单一机制，转变为政府与市场主体和社会主体共同提供的机制，随着购买服务的增多，政府与社会组织的互动也随之增多，社会组织与政府的关系越来越紧密。

（三）逐步完善好服务型政府规范履职的制度体系，凸显法治政府要求的政府行为正当性不断提高

依法行政，建设法治政府，是我国行政体制改革中为服务型政府建设保驾护航的重要举措，是实现"从全能政府向有限政府，从管制政府向服务政府、法治政府转变"[1]的重要标志。党的十五大报告中将"依法治国"确立为治国基本方略之后，我国法治政府建设迈开了坚实的步伐，并逐步走向完备。经过多年发展，我国的法治政府建设在实现有法行政、依法行政方面成效显著，政府在逐步落实决策、执行规范化，权力运行机制制度化，公共服务事项标准化中不断提高政府行为的正当性。

1. 法治思维和方式注入政府改革，法治成为各级政府改革和政府工作人员履职必须遵循的准则，这是服务型政府建设中法治维度的最强体现。法治不再是一句口号，而是每一项政府改革举措出台前必须经过的程序审查，更是政府领导干部和工作人员思考问题、处理问题的依据。地方政府亦不再只追求高速度的经济发展而突破法律限制，相反，法律成为准绳，政府要做到"法无授权不可为""法有规定必须为"，既不能胡乱作为，也不能庸政懒政

---

〔1〕 魏礼群："中国行政体制改革的历程和经验"，载《全球化》2017 年第 5 期。

不作为，政府"缺位"和"越位"的情况得到有效遏制。尤其是党的十八大以来，特别是以十八届四中全会为标志，党中央高度重视法治在治国理政中的重要作用，"强调各级政府和领导干部要以法治思维和法治方式推进改革，思考和解决问题，将改革纳入法治化渠道，将各地方政府及其公职人员的权力纳入法治化渠道"，[1]各级政府在推进"放管服"改革中，无论是确定本级政府的权力清单、负面清单、职责清单，还是下放或者接收应当转移的审批权、监管权，均形成主动考量法律依据，主动创造和运用法治资源，努力实现改革于法有据，在法治环境中推动改革，在深化改革中发展法治。

2. 法律既为政府划定底线，又为政府行为的正当性保驾护航。人民满意的服务型政府必定是履职有据、用权规范的法治政府，经过长期不断探索和加强建设，尤其是党的十八大以来通过贯彻落实全面依法治国战略，对以往行政法律法规进行大力度充实、调整、完善，并制定一大批适应全面深化改革要求的法律法规，不仅逐步建立起规范各级政府履职行为的法律法规体系，形成了对行政工作的权责主体、权责客体、权责事项、权责依据和权责运行流程予以可视化和公开化的规范，而且法律规范成为硬约束，任何政府及其工作人员的任何行政行为，都不得超然于法律法规的规定之外。法律法规体系的不断完善，使各级政府高度重视依法行政，政府工作人员运用法治思维和方法履行职责、处理事务的自觉性和主动性空前提高，依法行政蔚然成风。

3. 平衡改革与法治的关系，为改革提供合法性支持。对政府内部的权力配置、权力关系、权力运行机制而言，任何一项改革都是对既有法律规范和规章制度的突破，如何平衡法治和改革之间的关系成为我国历次政府机构改革的关注要点。习近平总书记强调，"在法治下推进改革，在改革中完善法治""我们要坚持改革决策和立法决策相统一、相衔接"。[2]伴随着行政体制改革向纵深发展，法治政府建设体现在适应机构设置、职能配置、执行机制变化的法律法规和制度成果不断涌现，一方面注重法治保障改革，对原有的

---

〔1〕　国家发展改革委宏观经济研究院经济体制与管理研究所：《人民满意型政府的伟大实践：中国政府改革 40 年回顾与展望》，人民出版社 2018 年版，第 185～186 页。

〔2〕　李林："奏响改革与法治和谐共鸣新乐章（深入学习贯彻习近平新时代中国特色社会主义思想）"，载《人民日报》2019 年 4 月 11 日，第 9 版。

"法律真空地"逐步介入并实现规范，针对新的需要填补法律法规空白，制定了一系列新的行政法律法规，为改革的推进提供依据。另一方面，注重改革推进法治，依循"有破有立"的原则，及时废除与经济社会不相适应和与改革抵触的行政法规，及时修订既有法律法规中失效的条款，法治政府建设的成果使行政权力运行和行政行为实施的法治化、规范化、程序化程度大幅提高。

（四）持续改善好服务型政府，尊重市场的营商环境，凸显有限政府定位的市场活力愈加旺盛

世界银行最新发布的《2019 年营商环境报告》显示，我国营商环境总体评价在 190 个经济体中位列 46 位，较 2018 年上升 32 位，体现出我国营商环境改善的成绩。[1]营商环境的改善和不断优化，是对人民满意的服务型政府建设成果的最佳注解，更是行政体制改革步入新时代之后最具显示度的变化，最直观地反映出我国政府在"使市场在资源配置中起决定性作用和更好发挥政府作用"的理念的驱动下，不仅积极应对国际竞争环境，不断激发市场活力，努力建构公平、透明、可预期的营商环境，而且主动尊重市场规律，有效回应市场需求的能力不断提高。

1. 不断出台配套制度为营商环境优化"打下根基"，制度层面实现了从无到有、从有到优的变化。截至 2019 年 11 月，国务院以优化营商环境为目标，已出台 57 项文件[2]，最早一份文件可以追溯到 2013 年 5 月 15 日国务院发布的《国务院关于取消和下放一批行政审批项目等事项的决定》，在这份文件里，国务院决定取消和下放管理层级的行政审批项目，取消评比、达标、表彰项目、行政事业性收费项目。以此为开端，推动了我国一轮又一轮为市场松绑、激发市场活力的举措。党的十八大以来，为了充分发挥市场在资源配置中的决定性作用，重新厘清政府与市场的边界，商事登记制度改革与行政审批制度改革共同发力，为我国优化营商环境奠定了良好的基础。细数已

---

〔1〕 参见陈晨："中国进一步优化营商环境"，载《光明日报》2018 年 11 月 10 日，第 10 版。

〔2〕 参见依据国务院门户网站资料统计，载 http://sousuo.gov.cn/column/46942/2.htm，最后访问时间：2019 年 12 月 1 日。

出台的制度规定可以发现，优化营商环境的措施主要依托了两种思路：一是通过公开目录的方式让已有桎梏"无处藏身"，优化既存的政策空间；二是积极作为，为市场主体"开疆拓土"，不断开拓新的活动领域，激发市场更加繁荣。具体而言，一方面，中央政府以清单的方式分批次取消和调整行政审批事项。在中央政府限时完成、定期考核、不定期检查的高强度要求之下，地方政府陆续清理行政审批事项，在入口处为企业松绑，使得我国的市场主体近些年出现数量猛增的趋势；另一方面，在清单的基础之上，更确切地说是在政府主动从不该插足的市场领域退出的同时，从全流程、全范围着眼，改革准入准营的审批模式，降低门槛、放宽条件、为法人和自然人进入市场、经营商务提供便利程序和手续，积极推进大众创业万众创新，极大程度上改变了以往入市难、经营难、登记难、办事难的状况，实现了精简审判事项、压缩审批时间、简化审批程序、规范事中事后监管、提供优质公共服务等多重变化，全面优化了营商环境。

2. 精细化的落实机制为营商环境改善"架起桥梁"，执行层面实现了从松散到严密，由严密到科学的变化。为了优化营商环境，政府在20世纪末和21世纪初就注重开展行政审批制度改革，并逐步取得简政放权的成果。尤其党的十八大以来，更是前所未有地加大了取消行政审批事项的力度，在大幅度减少政府对企业的微观干预、充分激发市场活力方面成效显著。伴随行政审批制度改革的不断深入，政府注重构建使改革政策落地的精细化落实机制，这一机制体现为，将既定的改革方案和部署分解为具体的任务，确定任务的责任主体，明确落实的时限和要求，进行整体动员和协同推进，开展过程督查，实行严格问责，以规避由于顽固的部门利益和惯性思维导致的懈怠、变通对优化营商环境的掣肘。精细化的落实机制为营商环境带来的改变主要体现在两点：一方面，实现了各个层级政府积极主动推进改革的态势。根据党中央的战略决策和国务院的战术部署，优化营商环境成为在深化行政体制改革中聚焦"放管服"所有措施的视点、力点、效点，是各级政府改革"菜单"中的招牌"菜肴"。不难发现，党的十八大以来，无论是中央还是地方，打开政府的门户网站，营商环境改革出现的频率几乎是最高的，总结各级政府各种改革措施的成效，营商环境的优化是最具检验性和显示度的指标。另一方面，政府的注意力被凝聚到营商环境之时，精细化的落实机制实现了政府执行从严密到科学的转变。这里的严密指的是政府将营商环境所涉及的事项，包括注册资本登记制度改革、在线政务服务、工程建设项目审批、投资项目报批、不动产登记时间、贸易便利化、"证照分离"、"多证合一"等，以科学性、简约式、便民化相统一进行重构，并辅之以定期和不定期的检查与考核，确保地方政府将该项改革加以落实。同时，为了更为准确地测评营商环境，还参考国际可比、对标世行、坚持中国特色原则，围绕开办企业、办理许可、获得信贷、共享资源、纳税、合法权益保障、知识产权保护等，制定了第三方评价指标体系，结合国情、接轨世界，发布和完善营商环境评价报告，为更加科学、合理地协调政府与市场关系提供行动参照，为强化中国经济竞争力形成有力的助推。

（五）逐步改进好服务型政府为民服务的工作作风，凸显廉洁政府要求的政府行为德、能、勤、绩、廉不断提升

习近平总书记指出，"工作作风上的问题绝对不是小事，如果不坚决纠正不良风气，任其发展下去，就会像一座无形的墙把我们党和人民群众隔开，我们党就会失去根基、失去血脉、失去力量"，[1]"作风问题本质上是党性问题。对我们共产党人来讲，能不能解决好作风问题，是衡量对马克思主义信仰、对社会主义和共产主义信念、对党和人民忠诚的一把十分重要的尺子"。[2]工作作风问题是服务型政府的形象问题，"职能科学、结构优化、廉洁高效"是人民满意的服务型政府的应有维度，其中廉洁高效是服务型政府建设提升人民满意度的最有效砝码，在提升服务型政府服务质量中具有"$100-1=0$"的关键作用。毛泽东同志提出的"两个务必"，要求政府工作人员必须保持"谦虚、谨慎、不骄、不躁和艰苦奋斗"的工作作风。而在现实中，既存在"官僚主义、形式主义、享乐主义、奢靡之风"导致的显性工作作风腐化，[3]又存在政府机关日常工作中"门难进，脸难看，事难办"造

---

〔1〕《"两学一做"学习教育问答》编写组：《"两学一做"学习教育问答》，人民出版社2016年版，第22页。

〔2〕习近平：《习近平谈治国理政》（第二卷），外文出版社2017年版，第207页。

〔3〕《中国行政管理》编辑部："进一步改进政府工作作风"，载《中国行政管理》2013年第2期。

成的隐形工作作风颓败，使政府在履职过程中，服务人民群众的价值成绩被大打折扣。党中央坚定不移开展反对"四风"斗争，习近平总书记将工作作风的内核归结为"为民、务实、清廉"，提出了改进工作作风的要求，"各级领导干部都要树立和发扬好的作风，既严以修身、严以用权、严以律己，又谋事要实、创业要实、做人要实"，[1]这是对新时代党和国家机构及工作人员改进工作作风的思想指南。党的十八大以来，以中央政治局"改进工作作风，密切联系群众"的"八项规定"为引导，多措并举，全面发力，通过开展党的群众路线教育实践活动、"三严三实"专题教育、"两学一做"、"不忘初心牢记使命"学习教育活动，切实推进党政机构工作人员工作作风的不断转变，打造人民满意的服务型政府的良好形象，形成政府机构和工作人员在思维方式、工作方式、廉洁奉公等方面的重大变化：

其一，破除"高高在上，高人一等"的思维方式，在行政意识中树立起人民的主体地位。"作风问题核心是党同人民群众的关系问题。加强作风建设，必须坚持马克思主义群众观点、贯彻党的群众路线，把出发点和落脚点归结到实现好、维护好、发展好最广大人民根本利益上来，归结到为民务实清廉上来"。[2]"高高在上，高人一等"的思维方式是官本位思想和扭曲的权力观作祟的结果，转变工作作风必须树立人民的主体性地位，以人民为中心是服务型政府建设的根本立场。经过党内教育、法律党规约束、改革导向，广大政府工作人员改变了过去的习惯性思维方式和用权方式，人民的需求是政府存在的合法性基础，政府只是人民权力的受托者，任何工作岗位和工作权责都必须用来为人民服务，对人民负责的观念不仅不断深入履职意识，还不断成为履职自觉。尤其是通过抓住"关键少数"，领导干部以身作则改作风，充分发挥"一级做给一级看、一级带着一级干"的表率作用，并形成连带效应。其二，转变了"吃拿卡要""繁文缛节""繁复拖延"的工作方式，为人民办事主动提供便利。在深化"放管服"改革中，各级政府在对内精简机构、整合职能、优化流程的同时，致力于对外优化服务流程、约束办事环

---

〔1〕　习近平：《习近平谈治国理政》（第一卷），外文出版社 2018 年版，第 381 页。
〔2〕　《深入开展"三严三实"专题教育》编写组：《深入开展"三严三实"专题教育》，人民出版社 2015 年版，第 163 页。

节、公开政府信息、加强事后反馈，并通过政务满意度调查和群众反馈意见的方式改进服务态度和提升服务质量，使"企业是否方便、群众是否满意"成为政务服务的工作出发点，"吃拿卡要"的行为大大收敛，"繁文缛节""繁复拖延"的现象也得到极大改观。其三，设定了"贪污腐败""违法乱纪"的工作红线，塑造廉洁奉公好形象。党的十八大以来，党中央实施全面从严治党战略，通过完善党内法规制度体系建设，进一步加强党纪约束的法力和效力，通过推进国家监察体制改革，进一步加强对公权力的监督和惩戒，通过完善巡视巡察制度，进一步健全"及时发现腐败问题，及时惩戒腐败行为"的一体推进"不敢腐、不能腐、不想腐"的纠偏机制，在腐败行为受到严厉打击的同时，见利忘义、权权交换、权钱交易不可成为无所顾忌的用权心仪和方式，政府工作人员廉洁行政的自觉行为在不断扩展。

第四章 70 年行政体制改革的意义与经验

十八届三中全会指出,"全面深化改革的总目标是完善和发展中国特色社会主义制度,推进国家治理体系和治理能力现代化。"[1]行政体制改革作为全面深化改革的重要一环,紧扣职能转变、机构调整、运行优化等内容,走过了 70 年渐序推进、步步深入、焕发新貌的历程,随着以精简机构和人员为核心的外延式改革阶段向以职能转变为核心的内涵式改革阶段的转变,再向以整体统筹、优化党政机构职能为核心的系统改革阶段的跃升,建设人民满意的服务型政府成为行政体制改革的基本目标,在全面加强党的领导的前提下,充分体现人民主体地位的政府机构职能体系和运行机制在不断完善和优化,行政体制发生了历史性变革、系统性重塑、整体性重构,并以不断实现政府现代治理的成效和趋向,助力推进国家治理体系和治理能力现代化。放眼"两个一百年"的奋斗目标,70 年打下的基础弥足珍贵,落实党的十九大和十九届三中、四中全会确定的行政体制改革的战略部署和攻坚任务,需要回顾和总结 70 年行政体制改革的重要意义和宝贵经验,以坚定信心、强化意志、激发力量。

一、70 年行政体制改革的重要意义

所谓行政体制改革的意义,标示的是使行政体制发生变化的改革本身意图和实际呈现的价值指向与作用功效。70 年行政体制改革,书写了为人民服

---

[1] 《中国共产党第十八届中央委员会第三次全体会议文件汇编》,人民出版社 2013 年版,第 10 页。

务的政府不断聚焦履职价值、完善履职程式、提升履职能力的华章，改革范畴涵盖行政体制价值指向、政府机构职能体系、社会资源配置方式，公权民需耦合机制，在不断探索中形成的新型政府与市场关系的基础上，行政体制改革对建立健全中国特色社会主义行政管理体制具有重要意义。

（一）制度建构意义：促进中国特色社会主义行政管理体制建立健全

制度是定国安邦之根本。"中国特色社会主义制度是党和人民在长期实践探索中形成的科学制度体系"，[1]是实现中国特色社会主义伟大事业，推动当代中国发展进步的根本制度保障。中国特色社会主义行政管理体制是中国特色社会主义制度的重要组成部分，是以马克思列宁主义、毛泽东思想、邓小平理论、"三个代表"重要思想、科学发展观、习近平新时代中国特色社会主义思想为指导，符合中国国情，适应社会主义初级阶段政治、经济、社会发展的现实需要，根本区别于西方三权分立政治制度之下的行政体制，自主建构的科学的行政管理体制，是"行使公共权力、管理公共事务、提供公共产品与公共服务、满足社会公共需求的政府管理制度与组织体系，是权责一致、分工明确、决策科学、执行顺畅、监督有力的行政管理体制"。[2]这一体制不可能照搬其他国家现成的体制模式，必须通过改革实践在不断探索中塑形、定型、成熟、完善和巩固。70年行政体制改革从转变政府职能、调整政府机构、优化运行机制与管理方式等方面寻切入、找落点、推深入、出成效，有力促进适合社会主义市场经济和社会发展需要的中国特色社会主义行政管理体制的建立健全。

1. 推动职能转变，全面正确履行政府职能。政府职能是行政管理体制之根本，职能定位是否科学直接决定着行政管理的指向与效能，确定政府正确的职能定位是行政体制改革的本职所在。

计划经济体制之下，由于事业发展的历史性和阶段性条件制约，政府在

---

〔1〕 参见"中共中央关于坚持和完善中国特色社会主义制度　推进国家治理体系和治理能力现代化若干重大问题的决定（2019年10月31日中国共产党第十九届中央委员会第四次全体会议通过）"，载《人民日报》2019年11月6日，第1版。

〔2〕 唐铁汉："建立与完善中国特色社会主义行政管理体制"，载《中国行政管理》2008年第10期。

经济社会管理中扮演着"全能政府"的角色,对经济社会发展事务无所不包、无所不管。纵向层面,中央政府高度集权,地方政府的自主权十分有限;横向层面,政府权力的"触角"延伸至经济社会领域的每一个角落,经济社会完全处于政府行政权的高强度管控之下,微观主体的自主空间十分有限。1978 年改革开放开启了中国特色社会主义事业建设的新征程,党和国家的工作重心转移到经济建设上来,拉开了经济体制改革的序幕。党的十四大提出"我国经济体制改革的目标是建立社会主义市场经济体制……使市场在社会主义国家宏观调控下对资源配置起基础性作用"。[1]经济基础决定上层建筑,经济体制改革对经济社会所形成的撬动效应客观上要求改变计划经济体制下形成的"全能政府"职能模式。于是自 1988 年提出"转变政府职能是机构改革的关键"的命题伊始,政府职能转变便成为中国行政管理体制改革的核心,并得以渐序推进。

总的来看,政府职能转变先后历经三个阶段:一是由以政治职能为重心转向以经济职能为重心;二是转变政府的经济管理职能,实现政企分开和经济管理方式合法化;三是加强和改善宏观调控,更加注重社会管理和公共服务职能。[2]在这三个阶段接续推移的过程中,围绕我国政府究竟应当以什么为履职基准,应当履行什么职能,政府职能应当在各级政府之间和同级政府不同部门之间作何配置,通过不断深化改革,进行了富有成效的探索,并取得了定论。党的十八大以来,政府职能转变以行政审批制度改革为重要抓手,朝着实质推进和根本转变的方向快速迈进。党的十八届三中全会确定了使市场在资源配置中起决定性作用和更好发挥政府作用的基本方针,党的十九届三中全会确定了在坚持和加强党的领导的前提下,政府履行经济调节、市场监管、社会管理、公共服务和生态环境保护职能,在巩固以往改革成果的基础上,通过以贯彻落实十八届三中全会和十九届三中全会精神为引领,进一步调整优化政府职能体系,从国务院及其组成部门到地方各级政府及其组成

---

〔1〕 江泽民:"加快改革开放和现代化建设步伐 夺取有中国特色社会主义事业的更大胜利——在中国共产党第十四次全国代表大会上的报告",载《求实》1992 年第 11 期。

〔2〕 参见何颖:"中国政府机构改革 30 年回顾与反思",载《中国行政管理》2008 年第 12 期;周志忍、徐艳晴:"基于变革管理视角对三十年来机构改革的审视",载《中国社会科学》2014 年第 7 期。

部门，崭新的政府职能体系也已形成并附着在相应的机构之中，体现在整体的运行之内。行政体制改革的不断深化，成就了政府职能体系的不断优化，政府职能越位、错位、缺位等问题逐步得到有效解决，政府对微观经济运行的干预明显减少，市场在资源配置中的决定性作用显著增强，政府的社会管理和公共服务职能也得到显著加强。实践证明，当前我国政府职能的定位有效回应了社会主义市场经济发展的需要，践行了"为民服务、为民负责"的服务型政府理念，契合了优化、协同、高效的行政体制改革要求。

2. 推行机构改革，实现组织机构精简统一效能。组织机构是政府履行职能的载体，完整统一、精简效能、权责明确、协调一致的政府组织结构是高效行政的基础。在机构设置上，我国一直遵循部门分工、上下对口的原则和惯例，在横向层面，基于专业化分工的需要，形成众多承担不同管理职能的行政部门，对外行使不同公共事务的管辖权；在纵向层面，各层级行政部门按照上下对口、逐级对应的序列设置，同一系统内不同层级的行政部门在权责方面只有量的不同，而没有质的差别，由此形成条条独立的部门管理体制。这种条块搭配的机构设置模式在管理的理论上有一定的合理性，但在管理的实践中却因处理不好事权设置和运用的关系而容易导致"管理悖论"[1]的问题，即由于分工过细而导致组织发展走向反面，出现部门林立与机构膨胀、本位主义与部门利益、权责不清与扯皮推诿等问题，极大降低行政效率与效能。因而，中华人民共和国成立以来的历轮行政体制改革都将优化组织结构作为重要改革任务，并贯穿改革始终。

中华人民共和国成立以来，政府机构改革经历了由外延式改革到内涵式改革的演进历程。在相当长的时间里，政府机构改革注重在机构数量上做加减法，并未完全把握以科学的职能为核心构建合理的机构体系的改革脉理，"就机构改机构"难免使政府机构在改革中形成"膨胀—精简—再膨胀—再精简"的循环怪圈，结果是每一次改革虽然都取得了成效，但总是在动机与目标、预期与实获之间尚存差距，留有遗憾。通过理性反思，推进科学的机构改革成为各级政府对行政体制改革不断走向深入的必由之路。党的十八大以

---

〔1〕 ［英］戴维·毕瑟姆：《官僚制》，韩志明、张毅译，吉林人民出版社 2005 年版，第 8 页。

后，政府机构改革逐渐步入内涵式改革阶段，从国务院到地方各级政府，职能转变凸显出改革方案的标题意义，对机构的组建、新设、合并、取消，首先基于对其职能的定位、清理、确立、划分，实现以职能转变联动机构调整、以职责理顺优化机构设置。在新时代背景下，政府机构改革被置于坚持和完善中国特色社会主义制度，推进国家治理体系和治理能力现代化的战略高度。十九大提出"统筹考虑各类机构设置，科学配置党政部门及内设机构权力、明确职责"，[1]十九届三中全会进一步强调，"精干设置各级政府部门及其内设机构，科学配置权力，减少机构数量，简化中间层次，推行扁平化管理，形成自上而下的高效率组织体系"，[2]十九届四中全明确提出，"推进机构、职能、权限、程序、责任法定化，使政府机构设置更加科学、职能更加优化、权责更加协同"，[3]随着这一系列战略部署和要求的逐步落实，从数量上来看，政府机构的数量趋于平缓，政府机构膨胀、人员冗余的问题得到有效控制，初步实现政府机构精简的改革目标；从结构上来看，机构设置趋于合理，权责配置趋向科学，职责关系逐渐理顺，政府效能得到全面提升，我国政府机构体系正朝着科学化、合理化方向不断完善。

3. 完善运行管理，实现行政管理规范公开高效。运行管理改革对于实现国家治理体系和治理能力现代化具有非常重要的意义，运行管理机制是国家治理体系和治理能力之间的一种粘合剂，静态的治理组织系统结构及其权责关系具有潜在性的治理能力，只有和运行管理机制相结合才能发挥出作用和优势，从而实现有效治理。以往，我国的政府运行管理在相当长的时间里处于粗放式管理的状态，原因在于长期以来对行政体制改革的关注集中在机构设置和职责配置等结构方面的内容，而对运行管理改革缺乏足够的注意力。

---

〔1〕 习近平："决胜全面建成小康社会 夺取新时代中国特色社会主义伟大胜利——在中国共产党第十九次全国代表大会上的报告（2017 年 10 月 18 日）"，载《人民日报》2017 年 10 月 28 日，第 1 版。

〔2〕 "中共中央关于深化党和国家机构改革的决定（二〇一八年二月二十八日中国共产党第十九届中央委员会第三次全体会议通过）"，载《人民日报》2018 年 3 月 5 日，第 1、3 版。

〔3〕 参见"中共中央关于坚持和完善中国特色社会主义制度 推进国家治理体系和治理能力现代化若干重大问题的决定（2019 年 10 月 31 日中国共产党第十九届中央委员会第四次全体会议通过）"，载《人民日报》2019 年 11 月 6 日，第 1 版。

重静轻动、重硬轻软的改革方式，导致政府运行管理机制的优化与机构调整不相衔接，滞后的运行管理机制成为行政体制的一块短板，严重制约了行政管理的效率与效能。

直到近十年来，政府运行管理改革才开始被纳入行政体制改革的部署。党的十七届二中全会审议通过的《关于深化行政管理体制改革的意见》明确提出要完善行政运行机制，"实现行政运行机制和政府管理方式向规范有序、公开透明、便民高效的根本转变"。[1]十八届三中全会指出，"创新行政管理方式……完善决策权、执行权、监督权既相互制约又相互协调的行政运行机制"。[2]十九届四中全会提出创新行政管理与服务方式，优化行政决策、行政执行体制等要求。从实践来看，运行管理改革主要围绕两个层面展开：一是政府内部运行机制层面的改革，即调整、创新政府组织之间、要素之间的相互关系、运转程序和流程等要素；[3]二是对外行政管理层面的改革，具体是指政府对外履行监管、执法、服务等职责的方式、方法、手段等方面的创新。十年多的运行管理改革极大地改变了我国行政运行与政府管理粗放化的现状，与行政运行相关的政务公开、电子政务、绩效管理、成本收益核算、行政问责、民主决策、专家咨询、依法行政等制度逐步建立、并不断完善；政府管理方式也不断创新，政府职能外包、购买服务以及参与治理等市场化与社会化手段得到广泛运用，我国的行政运行与政府管理逐渐实现规范、公开、高效。

建设中国特色社会主义行政管理体制是一项创造性工程，70 年行政体制改革围绕职能转变、机构调整、运行管理改革三个主体内容，进行了广泛而深入的探索，取得了重大成就，初步建成颇具中国特色的行政管理体制，凸显出制度建构的显著意义。实践证明，中国特色社会主义行政管理体制是与社会主义市场经济相适应、与社会主义民主法治相协调的行政管理体制，是践行以人民为中心、回应民众需要的行政管理体制，更是能够支撑全面建成小康社会、实现社会主义现代化的行政管理体制。

---

〔1〕 "关于深化行政管理体制改革的意见"，载《中国行政管理》2008 年第 5 期。

〔2〕 "中共中央关于全面深化改革若干重大问题的决定（2013 年 11 月 12 日中国共产党第十八届中央委员会第三次全体会议通过）"，载《求是》2013 年第 22 期。

〔3〕 参见张立荣："当代中国行政制度改革的评析与前瞻"，载《中国行政管理》2002 年第 3 期。

（二）关系重塑意义：形成处理政府与市场关系的中国模式

正确处理政府与市场的关系问题是我国经济体制改革的核心命题，也是深入推进行政体制改革必须首先解决好的基本问题。正确认识和呈现政府与市场的关系，对于深入推进经济体制改革，健全完善社会主义市场经济体制，推动社会主义市场经济健康有序发展关乎全局，对于推动政府职能根本转变，加快服务型政府建设，实现国家治理体系和治理能力现代化至关重要。70 年的改革实践从中国具体国情出发，走出了一条不同于其他国家的政府与市场关系的演变路径，重塑了计划经济时期形成的政府与市场关系，形成了处理政府与市场关系的中国模式。

1. 理清了政府与市场的互动关系。政府与市场的关系问题是各国国家治理中的核心命题，也是世界各国政府在推进改革中面临的共性难题。不同国家对政府与市场关系的处理有着不同制度基础和建立在特定制度上的不同策略。西方许多国家对政府与市场关系的态度产生于自由放任的市场经济，在自由主义导引下，采取的是顺势自然的策略。对 20 世纪 20 年代末的世界经济危机的反思，产生了试图超越自由主义的林林总总理论学说，分别引发以"看得见的手"和"看不见的手"弥补对方的缺陷，非此即彼、此消彼长地"轮流值守"市场经济的发展的演进轨迹。2008 年金融危机后，西方各国基于新世纪经济全球化趋势的判断，加深了对政府与市场关系的认识，致力于寻找降低两者摩擦代价以促进经济发展的有效方案。西方国家处理政府与市场关系的基础始终是资本主义制度，无论何种具体方案，都始终坚持市场主导、政府辅助的基本原则。我国是社会主义国家，实行的是中国特色社会主义制度，实现经济繁荣、国家强大、人民幸福的根本目标，意味着我国必须以彰显制度优势和实现国家现代治理为基准，将政府与市场的关系定位为既要充分尊重市场不能替代的作用，又要切实发挥政府不可或缺的作用，并加以正确认识和处理。这便决定了中国的政府与市场关系的演进历程是一个政府主动建构的过程，[1]在政府与市场关系的调整进程中，政府始终居于主导

---

〔1〕　参见竺乾威："政府职能的三次转变：以权力为中心的改革回归"，载《江苏行政学院学报》2017 年第 6 期。

地位，这一定式不仅设定了政府与市场关系的总体发展方向，还对实践中出现的关系发展偏离预定方向的问题予以随时纠偏。[1]

70年来，我国对政府与市场关系的认识大致经历了政府替代论、市场辅助论、市场基础论、市场决定论的演进历程。在计划经济时期，由于过度重视政府的作用，必然忽视市场的作用，于是政府在管控国家经济中取代市场直接配置社会资源，政府不仅是行政主体，也是实际上的市场主体，成为无所不包的"全能政府"。改革开放以后，历经了"以计划经济为主，市场调节为辅（1981年~1983年），社会主义公有制基础上的有计划的商品经济（1984年~1986年），国家调节市场、市场引导企业（1987年~1988年），计划经济和市场调节有机结合（1989年~1991年）"的演进历程，市场开始作为社会主义市场经济的重要组成部分，发挥其辅助政府调节经济发展的重要作用。[2]随后，党的十四大提出"我国经济体制改革的目标是建立社会主义市场经济体制"，[3]十四届三中全会进一步提出，"建立社会主义市场经济体制，就是要使市场在国家宏观调控下对资源配置起基础性作用"，[4]进一步明确了市场作用的内涵和效力。进入21世纪，党的十六大、十七大、十八大延续和深化对市场基础理论的认知，并强调切实处理好政府与市场的关系。党的十八届三中全会开启了正确处理政府与市场关系的认识新篇章和实践新进路，会议提出，"经济体制改革是全面深化改革的重点，核心问题是处理好政府和市场的关系，使市场在资源配置中起决定性作用和更好发挥政府作用"。[5]由此，在我国，政府与市场的关系获得了符合时代发展要求的科学定

---

〔1〕 参见宋磊、谢予昭："中国式政府——市场关系的演进过程与理论意义：产业政策的视角"，载《中共中央党校（国家行政学院）学报》2019年第1期。

〔2〕 参见时家贤、袁玥："改革开放40年政府与市场关系的变迁：历程、成就和经验"，载《马克思主义与现实》2019年第1期。

〔3〕 江泽民："加快改革开放和现代化建设步伐 夺取有中国特色社会主义事业的更大胜利——在中国共产党第十四次全国代表大会上的报告（1992年10月12日）"，载《人民日报》1992年10月21日，第1版。

〔4〕 "中共中央关于建立社会主义市场经济体制若干问题的决定（中国共产党第十四届中央委员会第三次全体会议1993年11月14日通过）"，载《求实》1993年第12期。

〔5〕 "中共中央关于全面深化改革若干重大问题的决定（2013年11月12日中国共产党第十八届中央委员会第三次全体会议通过）"，载《求是》2013年第22期。

义，意蕴着深化改革必须"努力形成市场作用和政府作用有机统一、相互补充、相互协调、相互促进的格局，推动经济社会持续健康发展"。[1]

2. 明确了政府与市场的作用边界。从经济学的视角来看，政府与市场就本质而言是两种不同的资源配置机制。市场机制主要是通过供求规律、价值规律、竞争规律等客观经济规律配置生产、营销、服务资源，以寻求经济利益的最大化。政府则是通过行政审批、行政指导、行政监管等行政手段或财政补贴、转移支付、税收政策等经济手段直接或间接地调控资源配置，以平衡社会利益分配，维护社会公平公正。政府与市场都不是万能的，都会因自身缺陷而出现失灵的问题，进而导致资源低效配置。显然，政府与市场皆存在一定的作用边界，而明确合理区分两者的边界，也成为处理政府与市场关系必须把握好的关键问题。

在 70 年行政体制改革的实践中，对政府与市场作用边界的认识经历了无意识到有意识、从虚意识到实意识的转变，改革开放以来，对其实质性的把握越来越清晰。在高度集中的计划经济体制下，政府包打天下、无事不为，独揽资源配置权力，以及市场和企业对政府的依附掩盖了划清政府与市场作用边界的必要性，使之未能获得政府体制改革和管理发展的关注。改革开放以后出现了与以往迥然不同的情况，面对日益复杂的国际经济局势和国内日益多样化的生产生活需要，计划经济体制之下的行政包干在推动经济增长和满足人民日益增长的物质文化需要方面渐显力不从心，经济社会发展的现实需要呼唤市场的回归。随之而来的经济体制改革和行政体制改革，使政府与市场的关系得到真切体现，相互关系的作用边界问题成为激发经济发展动力必须回答和解决的急迫问题，成为在推进改革中进行方案谋划、政策安排必须优先解决的前提问题。经过改革开放四十多年的探索，尤其党的十八大以后，伴随政府与市场关系迈入市场决定论阶段，对政府与市场作用边界的探讨取得了实质性成果。在"使市场在资源配置中起决定性作用和更好发挥政府作用"这一崭新论断基础上，通过总结深化行政体制改革尤其是许多地方

---

[1] "正确发挥市场作用和政府作用 推动经济社会持续健康发展"，载《人民日报》2014 年 5 月 28 日，第 1 版。

政府先行先试的成功经验，学界和实务界逐步廓清了对这一问题的认识，即市场的作用边界在于"在法律和政策规定范围内，商务主体和活动进入市场、商品生产和服务提供的布局、规模、面向、方式、转型"，[1]政府的作用边界则是在保证市场发挥资源配置决定性作用的前提下，管好那些市场管不了或管不好的事情，具体而言包括"保持宏观经济稳定，加强和优化公共服务，保障公平竞争，加强市场监管，维护市场秩序，推动可持续发展，促进共同富裕，弥补市场失灵"。[2]

在改革实践中处理好政府与市场的关系，是70年行政体制改革不断走向深入的必然。经过以每一阶段的认识落实到相应的政府机构职能调整，以每一阶段的调整成果续推下一阶段的改革布局，累加起具有中国特色的政府与市场关系的认识和实现成果。随着转变政府职能的步步深入，尤其是党的十八大以来深入推进"放管服"改革，对各级政府重新清权、放权、确权，对市场大力还权、扩权、赋权，深刻理清了政府与市场的互动关系，政府与市场有机统一、相互融合的关系常态基本实现；明确了政府与市场的作用边界，一方面政府放手发展市场，切实使市场在资源配置中起决定性作用，另一方面严格监管市场，更好发挥政府作用。行政体制改革持续不断、成就显著的一个重要意义，就是为正确处理好政府与市场关系提供了中国智慧和中国模式。

（三）价值展现意义：以人为本树立现代服务型政府的价值尺度

回顾中华人民共和国成立以来行政体制改革历程，始终把如何更好地服务人民群众作为改革的出发点，以满足人民日益增长的公共服务需求为目标，取得了显著成就，蕴含着鲜明的价值导向。毛泽东同志曾指出："为什么人的问题，是一个根本的问题，原则的问题"，[3]习近平总书记在党的十九大报告中进一步强调："全党必须牢记，为什么人的问题，是检验一个政党、一个

---

〔1〕 石亚军、高红："政府在转变职能中向市场和社会转移的究竟应该是什么"，载《中国行政管理》2015年第4期。

〔2〕 石亚军、高红："政府在转变职能中向市场和社会转移的究竟应该是什么"，载《中国行政管理》2015年第4期。

〔3〕 毛泽东：《毛泽东选集》（第三卷），人民出版社1991年版，第857页。

政权性质的试金石。带领人民创造美好生活，是我们党始终不渝的奋斗目标。"[1]为人民服务是一个根本的价值问题，是由我们党的初心和使命决定的，是行政体制改革必须始终把握和体现的着眼点和落脚点，在人民作为国家主人的社会主义中国，政府必须以为人民服务为根本宗旨。党的十九届四中全会指出，要"把尊重民意、汇集民智、凝聚民力、改善民生贯穿党治国理政全部工作之中"，而"国家行政管理承担着按照党和国家决策部署推动经济社会发展、管理社会事务、服务人民群众的重大职责"，[2]这就要求，在深化行政体制改革过程中，把实现好、维护好、发展好最广大人民的根本利益作为政府建设和发展的目标追求和成效检验标准，实现"思民之所想、做民之所盼、办民之所需、解民之所困"。70 年改革的历程演绎了这一本色，其成果充分体现出为人民服务的价值意义。

1. 树立人民本位意识，尊重人民主体地位。马克思主义唯物史观确立并强调人民是社会历史发展的主体，是历史的创造者。毛泽东同志指出："人民，只有人民才是创造世界历史的动力。"[3]《宪法》规定："中华人民共和国的一切权力属于人民。"在我国，人民是社会主义国家的法定主人，政府的权力来源于人民，人民的拥护是政府行使公共权力的合法性基础，作为中国共产党领导下的人民政府，必须不忘初心、牢记使命，始终尊重人民主体地位，做到"权为民所用、情为民所系、利为民所谋"，凸显人民政府"以人民中心"的价值依归与目标取向。

然而，应然价值在实践中却难以完全实现。依据科层制组织建立起的政府在运作过程中不断发展和深化，容易让政府滋生主观主义、经验主义、形式主义、官僚主义、本位主义的不良风气，从而使得政府只注重管理，而忽视服务，导致政府公务人员常以"官老爷"自居，而忘掉自身作为"公仆"

---

〔1〕 习近平："决胜全面建成小康社会 夺取新时代中国特色社会主义伟大胜利——在中国共产党第十九次全国代表大会上的报告（2017 年 10 月 18 日）"，载《人民日报》2017 年 10 月 28 日，第 1 版。

〔2〕 参见"中共中央关于坚持和完善中国特色社会主义制度 推进国家治理体系和治理能力现代化若干重大问题的决定（2019 年 10 月 31 日中国共产党第十九届中央委员会第四次全体会议通过）"，载《人民日报》2019 年 11 月 6 日，第 1 版。

〔3〕 毛泽东：《毛泽东选集》（第三卷），人民出版社 1991 年版，第 1031 页。

的角色。所以，行政体制改革必须围绕牢固树立人民本位的意识，坚守"一切为了人民、一切依靠人民"的初心，不断深入推进。中华人民共和国成立之后，毛泽东同志高度重视反对官僚主义，强调加强党和政府工作人员政风建设，保持为人民服务的本色。改革开放后，邓小平同志指出："让党和国家的组织继续目前这样机构臃肿重叠、职责不清，许多人员不称职、不负责，工作缺乏精力、知识和效率的状况，这是不可能得到人民赞同的"。[1]习近平总书记强调："要坚持以人为本、执政为民，接地气、通下情，想群众之所想，急群众之所急，解群众之所忧，在服务中实施管理，在管理中实现服务。要加强公务员队伍建设和政风建设，改进工作方式，转变工作作风，改变门难进、脸难看、事难办现象，纠正老爷作风、衙门习气，杜绝吃拿卡要那一套，提高工作效率和服务水平，提高政府公信力和执行力。"[2]70年改革正是按照这些要求不断深化，表象上是在不断精简政府机构和人员、转变政府职能、强化行政权力监督、改善政府工作作风、优化公共服务效能，实质上是要把与为人民服务宗旨相脱离、相对立的行政观念、行为、作风排除在政府权力配置、权力关系、权力运行机制之外，所推出的措施、形成的成果彰显出人民主体地位在行政架构中不断固化。

2. 服务人民公共需求，推动政府职能转变。"行政是国家的组织活动"[3]，政府代表国家为推动经济社会发展进行行政管理，最重要的任务之一是提供公共服务，满足人民日益增长的物质和精神需求。我国作为社会主义国家，人民政府不断满足人民的公共需求，是"为人民服务"的题中应有之义。从计划经济体制向社会主义市场经济转型的过程中，随着市场经济规律作用的不断展现和突出，需要政府厘清与市场、社会的关系，减少政府不该管、管不了、管不好的事务，改变在计划经济体制下，由于职能错位、缺位、越位，政府职责不清、推诿扯皮，过度干预市场、干预企业，公共服务数量不足、

---

〔1〕 邓小平：《邓小平文选》（第二卷），人民出版社1994年版，第396页。

〔2〕 中共中央宣传部编：《习近平总书记系列重要讲话读本》，学习出版社、人民出版社2014年版，第90页。

〔3〕 中共中央马克思恩格斯列宁斯大林著作编译局编译：《马克思恩格斯全集》（第三卷），人民出版社2002年版，第386页。

质量不高、覆盖面窄的状况，实现自身角色和权力的归位，开门激发市场和社会的活力。

以人民为中心的服务型政府体现的是"政府职能定位应以经济社会发展条件为基础，以正确认识和解决社会主要矛盾尤其是人民亟待解决的社会问题为前提，以改善民生为依归"，[1]在推进行政体制改革中，将服务人民的公共需求作为调整优化机构职能体系的重点之一，并取得了明显成效。一是围绕"富民"，推动政府职能转变。改革开放初期，行政体制改革不断通过下放权力，改革政府专业管理机构，推动国有企业变革，允许私营经济发展，通过政企分开，不断激发人民生产发展的积极性。[2]其后，不断通过减少行政审批，放宽准入准营的门槛，发挥市场配置资源的基础性乃至决定性作用，尊重人民的首创精神，激发人民干事创业的积极性，使人民能够有宽广的空间充分发挥智慧和能力创造财富。二是围绕"便民"，通过精简机构和人员编制，明晰政府部门职责，整合各部门相近的职责权限，提升协同办事效率，通过大部门制、政务超市、一站式服务、应用电子政务技术等组织机构改革、行政流程再造、运行技术创新，减少公民办事不必要的繁琐程序、条件和费用，不断提升为民办事效率，使群众获得更加高效、便捷的服务。三是围绕"实民"，通过完善行政管理制度中的科教文卫、社会保障、住房保障、养老保障、扶贫扶弱等方面的体制制度，为实现人民群众"幼有所育、学有所教、劳有所得、病有所医、老有所养、住有所居、弱有所扶"提供坚实保障。

3. 保护人民公共权利，全面深化依法行政。孟德斯鸠曾言："一切有权力的人都容易滥用权力……有权力的人使用权力一直到遇有界限的地方才休止。"[3]政府权力一旦恣意妄为，必然会侵犯人民的权利。计划经济体制形成的全能型政府所导致的管控惯性容易滋生一些政府工作人员缺乏法治意识，追求超越宪法和法律的特权，自行扩大行政自由裁量权，在行政决策和行政执行过程中搞"暗箱操作"等不良现象。改革开放以来，党中央基于风险预测，一手抓改革开放，一手抓反腐倡廉，党的十八大以后，习近平总书记强

〔1〕　丁煌："将为人民服务的宗旨落到实处"，载《人才资源开发》2018 年第 19 期。

〔2〕　参见"中共中央关于经济体制改革的决定"，载《经济体制改革》1984 年第 5 期。

〔3〕　〔法〕孟德斯鸠：《论法的精神》（上册），张雁深译，商务印书馆 1961 年版，第 185 页。

调"要加强对权力运行的制约和监督，把权力关进制度的笼子里，形成不敢腐的惩戒机制、不能腐的防范机制、不易腐的保障机制"，[1]党的十八届四中全会明确提出，要"深入推进依法行政，加快建设法治政府……各级政府必须坚持在党的领导下、在法治轨道上开展工作……加快建设职能科学、权责法定、执法严明、公开公正、廉洁高效、守法诚信的法治政府"。[2]

建设服务型政府必然要求公共权力在法治的框架内运行，以政府的规范履职保护公民权利。随着行政体制改革的不断深入，法治政府建设成为整体改革的重要组成部分，一是通过建立健全行政法律法规，对政府及其工作人员形成制度性约束。1997年，党的十五大提出了"健全社会主义法制，依法治国，建设社会主义法治国家"[3]的基本方略，明确要求"一切政府机关都必须依法行政，切实保障公民权利"，之后，一系列法律以及各项部门行政法规的颁布为政府履职确定了法治的基本制度框架；二是通过建立健全政府权力清单制度、"三重一大"制度、重大决策终身责任追究制度及责任倒查机制、行政裁量权基准制度、领导干部和司法机关内部人员过问案件的记录制度和责任追究制度、[4]政策评估、政务公开制度，构建起保证严格依照法定权限和程序行使权力、履行职责的监督体系；三是注重行政执法行为的规范力度，防止自由裁量权的扩张，提升文明执法水平，最大限度维护公共利益和经济社会秩序。

4. 拓宽人民参与渠道，提升民主行政实效。传统的行政管理体制下，形成了政府单方面提供公共服务，而公民被动接受的局面。而随着社会的复杂化和公共需求的多样化，政府单方面的公共服务供给愈发难以满足人民群众不断变化的多元需求，这就要求以治理取代管理，构建在政府主导下社会各

---

〔1〕"习近平在十八届中央纪委二次全会上发表重要讲话强调　更加科学有效地防治腐败　坚定不移把反腐倡廉建设引向深入"，载《党建》2013年第2期。

〔2〕"中共中央关于全面推进依法治国若干重大问题的决定（二〇一四年十月二十三日中国共产党第十八届中央委员会第四次会议通过）"，载《人民日报》2014年10月29日，第1版。

〔3〕江泽民："高举邓小平理论伟大旗帜，把建设有中国特色社会主义事业全面推向二十一世纪——在中国共产党第十五次全国代表大会上的报告（1997年9月12日）"，载《求是》1997第18期。

〔4〕参见"中共中央关于全面推进依法治国若干重大问题的决定（二〇一四年十月二十三日中国共产党第十八届中央委员会第四次会议通过）"，载《人民日报》2014年10月29日，第1版。

方共同参与，实行多元协调治理的格局。推进建设服务型政府，就是回应最广大人民群众的根本需求，以低成本、高效率提供令人民满意的公共服务和公共产品的政府发展方向及改革模式。

服务型政府在建设中不断取得成效和走向成熟的过程，本质上是人民意愿不断得以充分体现的过程。达成这一目标，需要通过建立健全各种促进公民参与政治的制度和机制，形成民主行政，从而让人民主体地位得以切实体现，让人民意愿得以真实反映。建立服务型政府，必然要求政府在行政过程中，突破传统的政府单一自主决策的藩篱，改变政府单一的、大包大揽的主体地位，将公共决策的利益相关方全部纳入其中，构建由市场企业主体、人民团体、社会组织、公民个人等各种主体共同参与、合作推动公共事务发展的多元主体间的互动格局。在行政管理体制改革不断深化的过程中，一是大量应用互联网、云计算、大数据、"互联网＋"等新兴信息技术，通过"互联网＋政务"服务等手段，不断将人民群众的公共需求以及意见传达至政府，使得政府能够全面、真实、动态、及时地了解公众的公共服务需求，进而有针对性地提供优质高效的公共服务；二是通过完善政务公开制度、重视听证制度建设、推进信访制度改革、建构全覆盖的法律援助制度等制度建设来扩大参政议政的渠道，保障好人民的知情权、参与权、表达权、监督权等。

（四）布局支撑意义：支撑中国特色社会主义建设总体布局

总体布局是我们党围绕建设什么样的中国特色社会主义和怎样建设的问题，对经济社会发展的方向、路径作出的战略规划和行动方案，是我们党领导人民为实现阶段性发展总目标而勾画的具体蓝图，昭示着特定发展阶段党和国家工作的格局、重点、抓手。改革开放以后，经济建设成为党和国家工作的中心，我们党运用马克思主义辩证唯物主义的世界观和方法论，在牢牢抓住这一中心的同时，全面、系统部署与发展经济的最终目的相联系的各个方面的建设，形成总体布局，以推进国家和社会的整体发展。中国特色社会主义事业在不同发展时期面临不同的问题和挑战，总体布局随着世情、国情、党情、社情、民情的阶段性变化而不断发展，体现出我们党在治国理政中，与时俱进地因循客观规律、把握正确方向、驾驭改革全局的卓越领导力。行政体制改革是总体布局的重要组成部分，其成效对总体布局的推进和落实具有极大的支撑意义。

1. 总体布局的行政改革内容变迁。中华人民共和国建立初期，长期的积贫积弱的发展现状、对苏联计划经济体制的借鉴、国防独立自主的需求，使得中国必然通过建立高度集中的计划经济体制来走优先发展重工业的道路，进而实现社会主义建设发展的"四个现代化"。然而，由于"大跃进""文化大革命"等因素的影响，社会主义建设的"四个现代化"没有顺利得到实现，经济社会发展落后的局面未得到根本改变。在社会主义道路上，中国人民从站起来到富起来再到强起来是客观发展趋势，改变落后的经济社会发展局面，就得实行改革开放，在坚持社会主义的前提下，走出能够使经济快速发展，社会长期稳定的新的路径。党的十一届三中全会把党和国家的工作重心从以阶级斗争为纲转向以经济建设为中心，为党的"一个中心、两个基本点"的基本路线奠定了基础，实行改革开放，开启了中国特色社会主义道路。在之后的发展历程中，党中央围绕基本路线，适时作出与发展的阶段性特征相适应的总体布局。

以经济建设为中心并不等于以经济建设为一切，中国特色社会主义制度的优越性全面体现在涉及国家性质、财富、价值观、竞争力的各个领域和方面，这种认识始终是党中央进行总体布局的谋略定力。改革开放初期，经济体制改革促进了人民物质水平飞速提升，但是，一度出现人们的思想观念和精神状态"滞后于经济建设，不能适应改革开放和社会主义现代化建设的需要，尤其是在社会风气和思想道德领域，出现了一些令人不安的现象，如拜金主义、享乐主义、利己主义思想滋生蔓延"。[1]于是，邓小平强调："坚持社会主义道路的四项必要保证，即：第一，体制改革；第二，建设社会主义精神文明；第三，打击经济犯罪活动；第四，整顿党的作风和党的组织，包括坚持党的领导，改善党的领导"。[2]党的十二大指出："建设社会主义精神文明，是全党的任务，是各条战线的共同任务"，于是，坚持"物质文明建设和精神文明建设"的"两手抓，两手都要硬"成为总体布局的主要构成。党

---

〔1〕 王忠祥："中国特色社会主义事业总体布局历史演进及启示"，载《学术探索》2014年第2期。

〔2〕 邓小平：《邓小平文选》（第二卷），人民出版社1994年版，第403页。

的十二届六中全会正式确定了"总体布局"的提法，会议报告指出："我国社会主义现代化建设的总体布局是：以经济建设为中心，坚定不移地进行经济体制改革，坚定不移地进行政治体制改革，坚定不移地加强精神文明建设，并且使这几个方面互相配合，互相促进。"[1]由此，在以经济建设为中心的前提下，"经济体制改革、政治体制改革、精神文明建设"构成了社会主义建设和发展的"三位一体"的总体布局。行政体制改革作为政治体制改革的重要组成部分，对总体布局发挥着支撑作用。

随着中国加入 WTO，经济飞速发展，在物质条件得到极大提升的同时，社会矛盾凸显，社会不和谐因素增多，同时，人民对社会管理和公共服务的需求不断提升，需要在贯彻实施总体布局中，以加强改革对经济社会发展新情况、新要求作出回应。在这种情况下，2002 年，党的十六大明确要求："完善政府的经济调节、市场监管、社会管理和公共服务的职能，减少和规范行政审批"，[2]在经济、政治和文化建设"三位一体"总体布局中，以强调政府社会管理和公共服务职能对行政体制改革提出了新的要求。此后，胡锦涛同志在 2005 年省部级主要领导干部专题研讨班的重要讲话中首次明确提出："我们党明确提出构建社会主义和谐社会的重大任务，就是要求全党同志在建设中国特色社会主义的伟大实践中更加自觉地加强社会主义和谐社会建设，使社会主义物质文明、政治文明、精神文明建设与和谐社会建设全面发展。这表明，随着我国经济社会的不断发展，中国特色社会主义事业的总体布局，更加明确地由社会主义经济建设、政治建设、文化建设三位一体发展为社会主义经济建设、政治建设、文化建设、社会建设四位一体。"[3]其后，党的十七大报告明确了社会建设的重要性，提出了经济、政治、文化和社会建设

---

〔1〕　胡昌善、赖武森："《中共中央关于社会主义精神文明建设指导方针的决议》的新观点和新概括"，载《理论探索》1986 年第 5 期。

〔2〕　江泽民："全面建设小康社会，开创中国特色社会主义事业新局面——在中国共产党第十六次全国代表大会上的报告"，载《求是》2002 年第 22 期。

〔3〕　胡锦涛："在省部级主要领导干部提高构建社会主义和谐社会能力专题研讨班上的讲话（2005 年 2 月 19 日）"，载《领导决策信息》2006 年第 Z1 期。

"四位一体"的总体布局[1]，基于这一总体布局，报告指出："全心全意为人民服务是党的根本宗旨，党的一切奋斗和工作都是为了造福人民。要始终把实现好、维护好、发展好最广大人民的根本利益作为党和国家一切工作的出发点和落脚点，尊重人民主体地位，发挥人民首创精神，保障人民各项权益，走共同富裕道路，促进人的全面发展，做到发展为了人民、发展依靠人民、发展成果由人民共享"，[2]并强调"加快行政管理体制改革，建设服务型政府……着力转变职能、理顺关系、优化结构、提高效能，形成权责一致、分工合理、决策科学、执行顺畅、监督有力的行政管理体制"。[3]

进入在新的历史条件下继续夺取中国特色社会主义伟大胜利，决胜全面建成小康社会、进而全面建设社会主义现代化强国的新时代，"我国社会主要矛盾已经转化为人民日益增长的美好生活需要和不平衡不充分的发展之间的矛盾。我国稳定解决了十几亿人的温饱问题，总体上实现小康，不久将全面建成小康社会，人民美好生活需要日益广泛，不仅对物质文化生活提出了更高要求，而且在民主、法治、公平、正义、安全、环境等方面的要求日益增长"。[4]以习近平同志为核心的党中央审时度势，及时充实完善了总体布局，将经济建设、政治建设、文化建设、社会建设"四位一体"的总体布局调整为经济建设、政治建设、文化建设、社会建设、生态文明建设"五位一体"的总体布局，新的总体布局是习近平新时代中国特色社会主义思想的组成部分，在与社会主义初级阶段总依据、实现社会主义现代化和中华民族伟大复兴总任务有机统一中对夺取中国特色社会主义事业伟大胜利具有重大意义。根据"五位一体"总体布局，党的十八大、十九大分别对深化行政体制改革，建设人民满意的服务型政府作出了新的部署。

---

〔1〕 参见胡锦涛："高举中国特色社会主义伟大旗帜　为夺取全面建设小康社会新胜利而奋斗——在中国共产党第十七次全国代表大会上的报告"，载《求是》2007 年第 21 期。

〔2〕 胡锦涛："高举中国特色社会主义伟大旗帜　为夺取全面建设小康社会新胜利而奋斗——在中国共产党第十七次全国代表大会上的报告"，载《求是》2007 年第 21 期。

〔3〕 胡锦涛："高举中国特色社会主义伟大旗帜　为夺取全面建设小康社会新胜利而奋斗——在中国共产党第十七次全国代表大会上的报告"，载《求是》2007 年第 21 期。

〔4〕 习近平："决胜全面建成小康社会　夺取新时代中国特色社会主义伟大胜利——在中国共产党第十九次全国代表大会上的报告（2017 年 10 月 18 日）"，载《人民日报》2017 年 10 月 28 日，第 1 版。

2. 新时代总体布局的意义。新时代"五位一体"总体布局包含着实现党和国家新时代奋斗目标的进军域、着力点、推进力，体现着党中央在新时代治国理政的战略谋划，而行政体制改革是支撑起新时代总体布局的重要载体。早在土地革命时期，毛泽东同志就指出："以后党要执行领导政府的任务；党的主张办法，除宣传外，执行的时候必须通过政府的组织。"[1]党的十九届四中全会进一步指出："国家行政管理承担着按照党和国家决策部署推动经济社会发展、管理社会事务、服务人民群众的重大职责。"[2]所以，从中国特色社会主义发展的总体布局来看，行政体制是党与人民、国家和社会、政府与市场的结合点，也是党的领导、人民当家作主和依法治国有机结合的重要纽带，具有牵一发而动全身的重要地位。立足新时代这一深刻变革的历史时期，站在推进国家治理体系和治理能力现代化的高度，深化行政体制改革被赋予更加宏观的意义，不再单纯地仅仅为了变革政府治理体制机制，而是要"站在国家治理体制的高度谋划和设计改革蓝图，并以全局性和公共性审视并贯穿改革的自始至终"，[3]通过系统性改革把"制度优势转化为治理效能"[4]，以在全面加强党的领导的基础上，以"加强和完善政府经济调节、市场监管、社会管理、公共服务、生态环境保护职能，调整优化政府机构职能，全面提高政府效能，建设人民满意的服务型政府"[5]的成效，为不断构建中国特色的现代化国家治理体系作出贡献。

实现"五位一体"的统筹协调，行政管理体制改革在整体系统中居于关键节点位置：从经济建设看，关键是正确处理政府与市场的关系，进一步发挥市场配置资源的决定性作用，这需要政府不断转变职能，从"全能型政府"向"有限型政府"转变，切实抑制政府"有形之手"对资源配置的干预，强

〔1〕　毛泽东：《毛泽东选集》（第一卷），人民出版社 1991 年版，第 73 页。

〔2〕　参见"中共中央关于坚持和完善中国特色社会主义制度　推进国家治理体系和治理能力现代化若干重大问题的决定（2019 年 10 月 31 日中国共产党第十九届中央委员会第四次全体会议通过）"，载《人民日报》2019 年 11 月 6 日，第 1 版。

〔3〕　石亚军："深化机构和行政体制改革　推动国家治理体系创新"，载《政法论坛》2018 年第 2 期。

〔4〕　宋世明："中国行政体制改革 70 年回顾与反思"，《行政管理改革》2019 年第 9 期。

〔5〕　"中共中央关于深化党和国家机构改革的决定（二〇一八年二月二十八日中国共产党第十九届中央委员会第三次全体会议通过）"，载《人民日报》2018 年 3 月 5 日，第 1、3 版。

化宏观调控的协调推动作用；从政治建设看，关键是建立民主化的政治体制和法治化的行政执行体制，使得行政治理活动不断回应人民需求，让公共权力在制度铁笼内运行，从而为中国特色社会主义事业的全面推进提供政治保障；从文化建设看，关键是通过树立社会主义核心价值观，不断提升"道路自信、理论自信、制度自信、文化自信"，最大化凝聚全社会的发展共识；从社会建设看，关键是创新和转变社会建设和管理的理念和方式，为人民提供优质公共服务，维护社会公平正义，做到"幼有所育、学有所教、劳有所得、病有所医、老有所养、住有所居、弱有所扶"，从而保障社会有序、有效运转，促进人性回归并促使人民自我价值实现；从生态文明建设看，关键是破除唯 GDP 的目标追求，在政绩考核评价中建立体现生态文明要求的目标体系，引导产业结构升级，实现经济增长方式向创新发展和绿色发展转变，从而实现经济社会与生态文明的协同发展。所以，"五位一体"全面发展的各个重要环节最终都与行政管理体制及政府职能密切相关。在党中央集中统一领导下，依据"五位一体"总体布局，深化党和国家机构改革的任务正在按照顶层设计的要求不断顺利落实，行政体制架构、政府机构职能体系、行政运行机制、依法行政情况、便民服务体系发生了符合建设人民满意的服务型政府要求的极大变化，政府的公信力不断提升，政府治理的效能不断增强，凸显了行政体制改革对总体布局的支撑意义。

二、70 年行政体制改革的经验

纵观中华人民共和国成立以来 70 年行政管理体制改革，在党的领导下，围绕建设什么样的中国特色社会主义行政管理体制，怎样建设这一体制，建设什么样的人民满意的服务型政府，怎样建设这样的政府，在没有任何可以借鉴的现成模式和做法的前提下，我国通过遵循马克思主义科学世界观和方法论，遵循党的科学指导思想，立足中国国情，勇于探索创新，成功地走出了一条自主建构制度、有效解决问题、深入实现变革、始终保持稳定的改革之路，从中央到地方的各级政府围绕着职能转变、机构调整、编制管理、运行机制优化、管理方式创新等方面进行了大量的改革探索，成果显著，而且这一体制的优越性在建立起适应社会主义市场经济发展需要的中国特色社会主义行政管理体制的过程中不断得到显现。70 年的改革实践积累了大量有益的经验，对今后的改革具有重要的启示意义。

（一）始终坚持党对我国行政管理体制改革的领导

行政体制是"有关国家政府机关的组成、体制、权限、活动方式等方面的一系列规范"，[1]作为政治体制的重要组成部分，其性质和发展方向由政治体制决定。我国《宪法》第 1 条规定："中华人民共和国是工人阶级领导的、以工农联盟为基础的人民民主专政的社会主义国家。社会主义制度是中华人民共和国的根本制度。中国共产党领导是中国特色社会主义最本质的特征。禁止任何组织或者个人破坏社会主义制度。"[2]中国共产党是社会主义中国的执政党和领导党，在国家整体和各项事业中居于统领一切的核心领导地位，正如习近平总书记所强调的："党政军民学，东西南北中，党是领导一切的。"[3]党的领导，是行政管理体制建设、改革和发展的根本保障。在行政体制改革中坚持党的领导，一是切实发挥党作为压舱石和稳定器的作用，使行政体制改革始终保持政治定力，始终坚持正确的政治方向，为改革顺利推进且取得成功奠定坚实的政治基础；二是切实保证党对行政体制改革的顶层设计，使行政体制改革能够始终按照党的意志进行谋篇布局，并把党的理论、路线、方针、政策贯彻落实到改革的全过程；三是切实发挥党在改革中统揽全局、协调各方的作用，使行政体制改革从方案的设计到措施的落实，都能够有效破除体制机制痼疾，克服部门利益掣肘，从而更好地提升行政体制改革效能，提升国家治理能力。70 年改革历程表明，坚持党对行政体制改革的领导是保证改革顺利推进的法宝。

1. 确保党对我国行政体制改革的方向引领。习近平总书记指出："办好中国的事情，关键在党。中国特色社会主义最本质的特征是中国共产党领导，中国特色社会主义制度的最大优势是中国共产党领导。坚持和完善党的领导，

---

〔1〕　浦兴祖主编：《当代中国政治制度》，复旦大学出版社 2008 年版，第 130 页。

〔2〕　"中华人民共和国宪法"，载《人民日报》2018 年 3 月 22 日，第 3 版。

〔3〕　习近平："决胜全面建成小康社会　夺取新时代中国特色社会主义伟大胜利——在中国共产党第十九次全国代表大会上的报告（2017 年 10 月 18 日）"，载《人民日报》2017 年 10 月 28 日，第 1 版。

是党和国家的根本所在、命脉所在，是全国各族人民的利益所在、幸福所在。"[1]中华人民共和国成立70年来，尤其是改革开放以来，中国逐步成长为世界第二大经济体，经济社会不断迅速发展，综合国力不断增强，人民生活水平显著提高，其中，不断深化的行政体制改革使政府的治理格局不断优化，治理能力不断提高，发挥了保障经济体制改革和促进经济社会发展的重要作用。我国的行政体制改革朝着什么方向推进，是照搬西方国家政治体制改革的模式，还是坚定不移地走中国特色社会主义民主政治道路，是关乎国家命运的根本政治方向问题。事实证明，只有坚持党对行政体制改革的领导，才能把握好改革的正确方向。

坚持党对行政体制改革的领导包括两个不可或缺的方面：一是党中央对行政体制改革进行统一决策、部署，按照党的意志和主张统筹谋划改革的思路、重点、措施、步骤；二是在通过改革形成的政府机构职能体系中，必须加强并发挥政府及其部门中党组织的核心领导作用，行政体制改革只有落实了这些要求，才能保证改革具有正确的政治方向。

从行政体制改革历程来看，党的领导是否在改革谋划、决策、推进中得到落实，决定着改革是否走错路或者走弯路。凡是加强了党的领导，行政体制改革才能在正确道路上顺利推进；凡是弱化党的领导，行政体制改革就会走偏、受阻。加强党的领导与处理好党政关系密不可分，加强党的领导是处理好党政关系的前提，处理好党政关系是加强党的领导的必然要求。强调加强党的领导，并不等于党政不分、以党代政；强调处理好党政关系，也绝不能否定、弱化党的领导。事实证明，行政体制改革总体上能够解决好加强党的领导和处理好党政关系，既落实了党的领导又形成了合理的党政分工合作，改革朝着正确方向顺利推进，但是，也一度出现对党的领导与处理好党政关系的认识扭曲，将党政分开夸大为党政分家，以处理好党政关系为由弱化党对行政体制改革和政府运行的领导，导致改革一度走偏，留下深刻教训。党的十三届五中全会对这一教训进行了反思，指出"经济工作中的问题，同党

---

〔1〕 习近平："在庆祝中国共产党成立95周年大会上的讲话（2016年7月1日）"，载《人民日报》2016年7月2日，第2版。

的领导和思想政治工作的削弱也是分不开的",[1]并明确提出"加强党的领导是实现治理整顿和深化改革任务的根本保证。我们要克服困难,摆脱经济困境,必须加强党的领导,充分发挥政治优势,团结全党、全国各族人民,同心同德,脚踏实地,努力奋斗。"党的十四大修订了党章,增加了党组"讨论和决定本部门的重大问题"和"指导机关和直属单位组织的工作"的职能。[2]特别是党的十八大以来,以习近平同志为核心的党中央作出了"五位一体"总体布局和"四个全面"战略布局,在全局工作和各项改革中,将加强党的领导摆在首要位置,党的十九大提出了深化机构和行政体制改革的要求,十九届四中全会作出了深化党和国家机构改革的部署,将党的领导切实落实到改革的谋划、决策、推进过程,以及党和国家机构职能体系设置中,以确保行政管理体制改革立场不变、方向不偏、力度不减,[3]在提高党的领导力、政府的执行力、社会的内生活力中,使行政体制改革沿着正确的政治方向顺利有效推进。

2. 确保党对我国行政管理改革的目标指引。"正是因为始终坚持党的领导,行政体制改革做到了始终保持坚强的政治定力,始终坚持正确的政治方向。"[4]行政体制改革的目的,是使政府在不断优化治理体系和提高治理能力中更好贯彻落实党治国理政的战略,党中央针对中国特色社会主义发展的不同时期所确定的方针、政策、目标,是行政体制改革的基本指引。始终坚持党的领导,才能使行政体制改革在统筹谋划和部署中,实现顶层设计,并在整体上超越体制堡垒,排除体制机制障碍,解决单一体制改革难以根本解决的深层次问题,切实统一推进政府组织机构、职责权限、人事编制、制度机制等方面的调整和变革,不断实现改革的预期效果。

―――――――――――

　〔1〕 "中共中央关于进一步治理整顿和深化改革的决定(摘要)",载《企业管理》1990 年第 3 期。

　〔2〕 参见景跃进、陈明明、肖滨主编:《当代中国政府与政治》,中国人民大学出版社 2016 年版,第 108 页。

　〔3〕 参见"中共中央关于坚持和完善中国特色社会主义制度　推进国家治理体系和治理能力现代化若干重大问题的决定(2019 年 10 月 31 日中国共产党第十九届中央委员会第四次全体会议通过)",载《人民日报》2019 年 11 月 6 日,第 1 版。

　〔4〕 丁志刚、王杰:"中国行政体制改革四十年:历程、成就、经验与思考",载《上海行政学院学报》2019 年第 1 期。

回顾行政体制改革的历程，从精简机构到转变职能、到深度理顺政府与市场的关系、再到统筹党和国家机构改革，不论行政体制改革的阶段性任务和重点怎样变化，行政体制改革都是在党中央统一部署下，以党中央对党和国家事业所处的历史阶段的判断、社会矛盾的定位、党的中心工作赋予行政工作的要求为依据，在党中央政治统领与政府的行政实施的对接中，党中央谋划发展战略与政府落实发展战略的续展中，确定改革的思路、方案，目标、任务，措施、方法，有纲领、有计划、有步骤地循序推进，体现着党中央的行政体制改革的统一领导和顶层设计，以及政府在推进改革中对党中央整体部署的贯彻落实。比如，改革开放初期，适应经济体制转型，党中央要求解决"机构臃肿重叠、职责不清，许多人员不称职、不负责，工作缺乏精力、知识和效率的状况"，[1]行政体制便以精简机构为取向推动机构撤并和人员缩编。适应建立社会主义市场经济体制的需要，党中央要求加快政府职能转变，指出"这是上层建筑适应经济基础和促进经济发展的大问题"，[2]行政体制改革转向围绕如何使市场发挥配置资源的基础性作用，提升宏观调控能力，一个重点是实现政企分开，把企业生产经营管理的权力切实交给企业，[3]大量削减计划经济体制下形成的专业的经济管理部门，克服行政管理部门利益和本位主义的影响，形成以宏观调控部门为主导的部际关系格局。为了适应在加入 WTO 和国有企业改革初步完成基础上，社会主义市场经济体制不断建立健全的需要，党中央要求必须加大对外开放程度，提高市场化水平，促进社会建设发展，行政体制改革开启了抓住简政放权这一龙头，以行政审批改革为抓手，不断向市场放权、向社会放权的进程，致力于在促进开放的、竞争的、法治的市场体系建立的同时，让政府管理"更加注重履行社会管理和公

---

〔1〕 邓小平：《邓小平文选》（第二卷），人民出版社 1994 年版，第 396 页。

〔2〕 江泽民："加快改革开放和现代化建设步伐 夺取有中国特色社会主义事业的更大胜利——在中国共产党第十四次全国代表大会上的报告（1992 年 10 月 12 日）"，载《人民日报》1992 年 10 月 21 日，第 1 版。

〔3〕 参见江泽民："高举邓小平理论伟大旗帜，把建设有中国特色社会主义事业全面推向二十一世纪——在中国共产党第十五次全国代表大会上的报告（1997 年 9 月 12 日）"，载《求是》1997 第 18 期。

共服务职能"。[1]进入新时代后，"我们比历史上任何时期都更接近、更有信心和能力实现中华民族伟大复兴的目标"，[2]中国特色社会主义事业发展迎来了全面建成小康社会决胜期和"两个一百年"奋斗目标的历史交汇期，改革进入深水区，党中央要求"必须加快推进国家治理体系和治理能力现代化，努力形成更加成熟、更加定型的中国特色社会主义制度"，[3]党的十九届四中全会以后，行政体制改革便被纳入由党中央统筹谋划、统一部署的深化党和国家机构改革的总体框架，致力于"通过科学设置机构、合理配置职能、统筹使用编制、完善体制机制，使市场在资源配置中起决定性作用、更好发挥政府作用，更好推进党和国家各项事业发展，更好满足人民日益增长的美好生活需要，更好推动人的全面发展、社会全面进步、人民共同富裕"[4]。

确保党对行政体制改革的目标指引，党中央及时审时度势，针对行政机构设置不够合理、行政职能划分不够科学、行政管理效能不高等突出问题，为行政体制改革提出正确的推进思路、搭建清晰的总体性框架、安排具体的改革措施、设置可操作的路线图，各级政府在党中央统一部署下同步推进、分步实施，是中国特色社会主义行政体制改革的鲜明特点之一。事实证明，这样的改革模式符合中国国情，将充分发挥党中央集中统一领导作用与充分发挥政府治理作用相结合、将充分发挥中央的积极性与充分发挥地方的积极性相结合，有力推进改革，行之有效，是行政体制改革必须始终坚持和发扬的宝贵经验。

3. 确保党对行政体制改革效能的保障。行政体制改革重在实际落实，实际落实必须致力于增强各项改革任务见之于优化机构职能体系和行政运行机制，使市场被激发出极大的发展活力，人民群众拥有极大的获得感的改革效

〔1〕"中共中央关于构建社会主义和谐社会若干重大问题的决定"，载《求是》2006 年第 20 期。
〔2〕习近平："决胜全面建成小康社会　夺取新时代中国特色社会主义伟大胜利——在中国共产党第十九次全国代表大会上的报告（2017 年 10 月 18 日）"，载《人民日报》2017 年 10 月 28 日，第 1 版。
〔3〕"中共中央关于深化党和国家机构改革的决定（二〇一八年二月二十八日中国共产党第十九届中央委员会第三次全体会议通过）"，载《人民日报》2018 年 3 月 5 日，第 1、3 版。
〔4〕"中共中央关于深化党和国家机构改革的决定（二〇一八年二月二十八日中国共产党第十九届中央委员会第三次全体会议通过）"，载《人民日报》2018 年 3 月 5 日，第 1、3 版。

能，坚持和加强党的全面领导是增强行政体制改革效能的坚实保障。加强党对行政体制改革的领导，保证党对行政体制改革效能增强的过程领导与党对行政体制改革进行统筹谋划、顶层设计、统一部署的目标引领同样重要，科学的设计、正确的目标、完备的方案、明确的任务往往是在复杂的系统体系、部门结构、职责配置、层级建制中落实和实现的，如果没有强有力的权威性统筹力量在这一过程中发挥监督、督促、协调、整合作用，及时排出由拒责、本位、图利导致的懈怠、推诿、扯皮，再好的设计和方案都难以落地，更谈不上产生效能。行政体制改革的实践表明，行政体制改革作为与政府息息相关的变革需要"自我割肉"，在政府系统中独立实行这种刀刃向内、刮骨疗毒、根除痼疾的自我革命，往往会因观念僵化、利益固化、关系硬化难以彻底实现。发挥党的领导作用，能够超越系统牵制，在新的权责格局中协调运行关系、避免部门利益的影响、弥合运行环节的缝隙、跨越体制机制的障碍，使行政体制改革的任务不受或者少受各种消极因素的影响而得以顺利推进。只有落实并充分发挥党组织协调各方的作用，才能有效解决推进行政体制改革中客观存在的来自不同部门和层级的相互掣肘，降低各种消极因素导致的不必要成本和代价，在党和国家机构职能体系中建立健全党组织并强化其领导地位和作用，是体现党对增强行政体制改革效能保障的重要措施。经历70年行政体制改革的历程，我们党对此总结出值得发扬光大的重要经验，并在十九届三中全会以后形成定型的制度安排，这就是更进一步坚持和加强党的全面领导，强化党的组织在同级组织中的领导地位，统筹设置党政机构，形成党总揽全局、协调各方的领导核心作用，在通过党的高位推动，做好谋篇布局的同时，推动行政体制改革取得实效。"党政体制下的现代行政国家在本质上是有效实现了执政党的政治领导权与政府机构的行政平衡的一种现代政体，一方面能够避免以党代政、党政不分的弊端，另一方面也能够避免行政脱离政治，技术官僚占据统治地位等问题的弊端，其建构是一个充满政治智慧与行政技巧的历史过程"，[1]形成的是"以总系统为主表现为突显总系统的

---

〔1〕 景跃进、陈明明、肖滨主编：《当代中国政府与政治》，中国人民大学出版社2016年版，第27~28页。

统筹性和子系统的复合型独立性，各个子系统的机构职能体系是在国家治理
体制机制总系统中的有机构成，服从于总系统的整体张力，改革则是立足总
系统循序推进"，[1]这就能够确保行政体制改革在内涵式推进中，切实实现优
化协同高效。

（二）始终坚持以满足人民需求为改革目标

全心全意为人民服务是我们党的根本宗旨，是衡量党的路线、方针、政
策是否正确以及贯彻落实是否有力、有效的价值标准，因此，始终满足人民
的需求是行政体制改革的必然目标导向。习近平总书记强调："不论行政体制
怎么改、政府职能怎么转，为人民服务的宗旨都不能变。要坚持以人为本、
执政为民，接地气、通下情，想群众之所想，急群众之所急，解群众之所忧，
在服务中实施管理，在管理中实现服务。"[2]

治国有常，利民为本，紧紧围绕满足人民的需求推进行政体制改革，是
政府存在的合法性之基和政府发展的动力之源。"人民是历史的创造者，是决
定党和国家前途命运的根本力量"，[3]得到人民拥护的政府，才是合法的政
府，人民对政府的拥护，建立在政府真诚、公正、得力为人民谋利益的基础
上；满足人民需求的政府，才是合格的政府，人民的需求是政府正确履行职
能的规格所在。人民性是马克思主义最鲜明的品格，习近平总书记强调，"党
性和人民性从来都是一致的、统一的"，[4]"坚持人民性，就是要把实现好、
维护好、发展好最广大人民根本利益作为出发点和落脚点，坚持以民为本、
以人为本"。[5]70 年行政体制改革始终坚持以满足人民需求为目标，以更好实
现、维护、发展人民利益为目标确定改革的阶段性任务，使每一阶段的改革

〔1〕　石亚军："深化党和国家机构改革是一场彰显四个着力的深刻变革"，载《中国行政管理》
2018 年第 5 期。

〔2〕　中共中央宣传部编：《习近平总书记系列重要讲话读本》，学习出版社、人民出版社 2014 年
版，第 178 页。

〔3〕　张城："以人民为中心的理论逻辑"，载《学习时报》2018 年 4 月 4 日，第 A2 版。

〔4〕　人民日报社理论部编：《深入领会习近平总书记重要讲话精神》（下），人民出版社 2014 年
版，第 555 页。

〔5〕　人民日报社理论部编：《深入领会习近平总书记重要讲话精神》（下），人民出版社 2014 年
版，第 561 页。

成果都能对人民不断增长的物质文化需求作出积极回应，形成了有效推进行政体制改革的宝贵经验。行政体制改革满足人民的需求，具体体现在坚持好人民需求的优先性和把握好人民需求的层次性上。

1. 在行政体制改革中始终坚持好人民需求的优先性。人民需求的优先性，是指人民需求与改革的阶段性目标和任务的多重导向相冲突时，人民的需求应当被优先考虑和最终实现。[1]人民的需求反映人民作为国家主体对经济社会规模、速率、价值、效益的主张，是历史变革、时代更替的原始动力。习近平总书记指出："坚持人民主体地位，充分调动人民积极性，始终是我们党立于不败之地的强大根基"，[2]并强调，要坚持"把人民拥护不拥护、赞成不赞成、高兴不高兴、答应不答应作为衡量一切工作得失的根本标准……努力向历史、向人民交出新的更加优异的答卷"，[3]这些重要指示揭示了一个道理，即推进改革，必须考虑为什么改革，回答为什么改革，必须把尊重、回应、满足人民的需求作为改革的出发点和落脚点。我国行政体制改革的历程，始终围绕着解决社会主要矛盾而开展。党的八大指出，我们国内的主要矛盾，已经是人民对于建立先进的工业国的要求同落后的农业国的现实之间的矛盾，已经是人民对于经济文化迅速发展的需要同当前经济文化不能满足人民需要的状况之间的矛盾；党的十一届六中全会指出，在社会主义改造基本完成以后，我国所要解决的主要矛盾，是人民日益增长的物质文化需要同落后的社会生产之间的矛盾；党的十九大指出："中国特色社会主义进入新时代，我国社会主要矛盾已经转化为人民日益增长的美好生活需要和不平衡不充分的发展之间的矛盾"，社会主要矛盾不论呈现什么状况，形式怎样变化，都是根据人民的需求决定的。推进行政体制改革，是为解决不同发展时期社会主要矛盾采取的重要措施，每一次改革改什么，怎么改，首先考虑的是当下社会主要矛盾的矛盾双方关系互动中人民的现实需求是什么，以此反思行政体制对

---

〔1〕 参见何艳玲："从适应市场到服务型政府的价值转换"，载《广州日报》2019年10月14日，第A21版。

〔2〕 习近平：《在纪念毛泽东同志诞辰120周年座谈会上的讲话》，人民出版社2013年版，第18页。

〔3〕 习近平："在第十三届全国人民代表大会第一次会议上的讲话"，载《人民日报》2018年3月21日，第2版。

解决社会主要矛盾和满足人民需求的不力之处，形成有针对性的改革部署。正是因为坚持人民需求的优先性，才使我国行政体制改革在总体上形成了目标明确、价值得当、措施有效、成果显著的走势和效应，使政府通过每一次改革都能形成顺应经济社会发展要求的变化，实现有效管理经济社会发展事务的进步。

坚持好人民需求的优先性，注重防备行政体制改革中的重要要素置换。公共权力体系难免存在官僚主义、形式主义，这些不良风气体现在行政体制改革中，便会导致"唯上"不"唯下"的主体置换，"任务导向"而非"问题导向"的目标置换。在改革实践中，一些地方政府职能转得出去、变不起来，政府职能转变名实分离，民众办事从"跑几处"变为"跑几趟"，[1]一些政府的公共服务项目和民生改善工程成为"政绩工程""示范项目"就是实例。坚持人民需求的优先性，需要政府切实转变行政体制改革的思维，变"政府中心主义"为"人民中心主义"，以人民满意不满意、人民方便不方便、人民愿意不愿意，而非以政府有效不有效、领导满意不满意为标准来衡量行政体制改革的绩效。在不断深化改革中，这种认识已经成为从中央到地方的共识，党的十八大以来，注重防备改革中重要要素置换，始终将改革的部署、落实锁定在以人民为中心的原则中，成为决策、执行、监督的着力点和重点，以"简政放权、放管结合、优化服务"为主题的改革蕴涵着并彰显出以满足人民需求来提高行政效能的质性。

坚持好人民需求的优先性，必须正确处理效率与公平的关系。强调人民需求的优先性，置于优先位置的是人民在经济社会发展不同时期受历史条件制约形成的阶段性需求，整体需求由有差别的需求所构成，既要注重效率，又要彰显公平，使人民群众在公平的环境、机会、程序中创业创新，发挥主体能动性实现利益追求。中国特色社会主义制度的显著优越性之一，就是能够在党的集中统一领导下，充分助推市场资源的有效配置，统一运用各种行政资源，统筹利用各种社会资源，有效处理好效率与公平的关系，形成事业

---

〔1〕 参见石亚军："转变政府职能须防止因形式主义和官僚主义转而不变"，载《中国行政管理》2013 年第 12 期。

整体发展和局部发展共同推进、相得益彰的一盘棋效应。行政体制改革的历程，生动地印证了这一效应。每一次改革都是为了解决当时经济社会发展面临的困惑，更好满足人民需求，党中央历来强调保持改革发展与稳定的统一，党和政府在推进改革过程中，总是在尊重经济社会发展规律的基础上，通过发布、实施各种政策，既推动事业快速发展，又及时调整各种关系，以实现公平，保持稳定。70 年来，我国创造了经济快速发展和社会长期稳定两个奇迹，经济体制改革使社会利益格局发生巨大变化而社会秩序正常有序，这是由于在行政体制改革中没有仿效效率至上的管理主义主张和价值至上的规范主义主张，而立足中国国情，以人民的需求审视并协调效率与公平的关系密不可分，行政体制改革的这一经验，必须发扬光大。

2. 在行政体制改革中始终把握好人民需求的层次性。人民需求的层次性是指人民的需求由符合人的发展规律的需求构成，具有异质性、多元性、递进性特征，人民需求层次的不断提升，是经济社会发展的趋势和表征。习近平总书记指出："人民群众的需要呈现多样化多层次多方面的特点，期盼有更好的教育、更稳定的工作、更满意的收入、更可靠的社会保障、更高水平的医疗卫生服务、更舒适的居住条件、更优美的环境、更丰富的精神文化生活"，[1]这一论断反映了我国社会不断进步的现状，点明了政府一切工作需要关注的实际作为。中国特色社会主义制度必然是能够促进人的全面发展，满足人民不同层次需求的社会制度，时代的发展、社会的进步伴随着经济社会发展格局的转变和社会主要矛盾的变化，带来的是人民需求的多样化、个性化和更高质量要求。推进行政体制改革的目的，就是要使政府能够更好体现中国特色社会主义制度，满足人民不断发展和变化的需求，因此，在行政体制改革中，必须把握好人民需求的层次性，既要采取多元化的政策工具满足多样化需求，又要提供优质化的公共服务补齐服务短板。

把握好人民需求的层次性，需要政府采取更为多元化的政策工具。传统的官僚制组织形态是以命令、控制的手段发布、实施计划和政策对经济社会

---

[1]《以党的创新理论为指引》编写组编：《以党的创新理论为指引：习近平总书记"7·26"重要讲话述评集》，新华出版社 2017 年版，第 58 页。

事务进行管理，这就导致由于政府主要依靠行政手段管理经济和社会事务，许多本来应该运用法律手段或者通过社会中介组织来解决的问题，也是通过设立政府机构管理，把过多的社会责任和事务矛盾集中在政府身上，政策工具的单一性使政府资源和能力的有效性被限制在由行政管理幅度决定的效域中，难以满足多样化的人民需求。随着经济社会的发展，尤其是改革开放以来经济体制改革的不断深入，政府逐渐意识到运用单一的政策工具调节经济已不合时宜，于是，创新管理方式和工具，调动社会资本和汇聚社会力量增加公共产品和服务供给，满足人民需求的多元化和更高质量化，成为行政体制改革的必要措施。在行政审批制度改革中实行清单制度，以权力清单、负面清单、责任清单划定并明确政府的权责边界，开放市场大门，降低审批门槛，不断满足人民入市创业的多元化需求，在市场监管中，创新发挥政府监管和企业自律两个积极性的政策，切实加强对重点领域和重要生产、经营过程及结果的监管，不断满足人民对产品安全和质量的需求；在公共服务中，创新公共服务供给主体多元化体系、政府购买公共服务政策，解放了公共产品生产力，扩大和丰富了公共产品提供、输出的来源、渠道，不断满足人民对公共产品的多样性需求；在社会治理方面，采取"社区治理、个人与家庭、志愿者服务、公私伙伴关系、公众参与以及听证会一类的社会化手段"，[1]构建共建共治共享的社会治理制度，发挥人民在社会治理中的主体性地位，不断满足人民参与与切身利益相关的基层事务管理的需求。此外，还以第三方评估促进政府管理方式改革创新，保证政策效果对人民需求的有效对接和落地落实。

把握好人民需求的层次性，需要政府秉持共同富裕的价值提供普遍化、优质化的公共服务。中国特色社会主义事业，是致力于最终使全体人民实现小康，继而共同富裕，在享受富强、民主、文明、和谐、美丽的社会主义现代化强国的利好中无人缺席的伟大事业。这就要求，政府必须要有秉持共同富裕的价值，提供普遍化、优质化公共服务的担当。行政体制改革在不断深

---

〔1〕 陈振民："政府工具研究与政府管理方式改进——论作为公共管理学新分支的政府工具研究的兴起、主题和意义"，载《中国行政管理》2004 年第 6 期。

化中，为了适应这一要求，实现了以单纯促进经济发展到促进经济发展与促进社会发展，加强公共服务并举的转变，在这一过程中，针对一部分人先富起来了，但一部分人依然没有摆脱贫困的现实，政府按照党中央的战略部署，致力于大力推进城市化建设，统筹城乡民生保障制度，完善城乡公共文化服务体系，优化城乡文化资源配置；致力于大力开展扶贫工作，通过提供政府财政支持、开发农民工市场、扶持工农业企业、挖掘贫困地区资源潜力、拓展生产经营门路、组织部门、机关、团体扶贫解困；致力于大力推进现代公共服务体系建设，在交通、通讯、教育、医疗、文化、社保等领域注重加强普惠性、基础性、兜底性民生建设，补齐公共服务短板，为人民过上幸福生活提供优良环境、设施、条件和服务，逐步实现习近平总书记强调的"让改革发展成果更多更公平惠及全体人民，朝着实现全体人民共同富裕不断迈进"[1]的目标，不断满足人民向往幸福美满生活的需求。

（三）始终围绕以经济建设为中心

经济建设涉及生产要素、产业结构、经济结构、发展规模、收入分配、经济体制等多个方面，涉及政府与市场、市场与社会等多重关系。党的十一届三中全会作出了改革开放的历史性决策，自此"以经济建设为中心"成为中国特色社会主义各项事业的有序开展的必要坚持。[2]正如党的十八大报告中指出的"以经济建设为中心是兴国之要，发展仍是解决我国所有问题的关键"，[3]70年行政体制改革依循马克思主义关于生产力决定生产关系，生产关系是一切社会关系中最基本的关系的原理，[4]服从并服务于经济建设的大局，始终围绕以经济建设为中心，确保体制改革朝着完善社会主义市场经济体制

---

〔1〕 人力资源和社会保障部党组："让改革发展成果更多更公平惠及全体人民——改革开放40年社会保障体系建设的显著成就及其宝贵经验"，载《求是》2018年第19期。

〔2〕 参见黄雯："论坚持'以人民为中心'和'以经济建设为中心'两个指导方针的一致性"，载《经济纵横》2017年第12期。

〔3〕 胡锦涛：《坚定不移沿着中国特色社会主义道路前进　为全面建成小康社会而奋斗——在中国共产党第十八次全国代表大会上的报告》，人民出版社2012年版，第25页。

〔4〕 参见陈荣富："'生产关系'概念的制定与历史唯物主义的创立"，载《江西社会科学》1983年第2期。

这一方向协同推进,[1]以解决经济问题为改革的动力源,以解放生产力为改革的目标值,取得了具有显示度的成果。

1. 坚持"以发展指引改革,以改革促进发展"。坚持以发展指引改革。我国正处于并将长期处于社会主义初级阶段,经济建设是这一阶段的中心任务。围绕解决复杂的、多维度、多领域的发展问题,每个改革周期伊始,党和国家会设定各方面的发展目标,其中,经济发展目标与所在周期的行政体制改革内容之间具有高度的相关性。比如,"党的十六大提出,在所有制上要坚持和完善基本经济制度,深化改革国有资产管理体制,实行所有权与经营权分离;在资源配置方式上要健全现代市场体系,加强和完善宏观调控。对应的是在行政体制改革中通过设立国有资产监督管理委员会来推进国有企业改革……通过将国家发展计划委员会改组为国家发展和改革委员会来加强和完善宏观调控。党的十七大提出,在所有制上坚持和完善基本经济制度的同时,要以现代产权制度为基础发展混合所有制经济;在资源配置方式上要不断完善体制机制,健全现代市场体系。对应的是在行政体制改革中通过探索推进大部制改革,来加快政企分开、政资分开、政府与市场中介组织分开。党的十八提出,经济体制改革必须更加尊重市场规律,也要更好地发挥政府作用。对应的是在行政体制改革中通过深化行政审批制度改革,继续简政放权和转变职能,建设服务型政府。党的十九大提出,要着力构建市场机制有效、微观主体有活力、宏观调控有度的经济体制。对应的是行政体制改革提出要围绕推动高质量发展,建设现代化经济体系,加强和完善政府经济调节、市场监管、社会管理、公共服务、生态环境保护职能"。[2]整体来看,行政体制改革的触发、进程、走向,始终坚持围绕"补足经济发展短板、适应经济发展要求、服务经济发展方向"的大局进行设计,改革成功印证了生产力决定生产关系、生产关系反作用于生产力的真理。

坚持以改革促进发展。行政体制改革通过体制机制、职能机构、制度流程、运行监管、管理服务等维度优化,不断破除禁锢生产力发展的体制机制,

---

〔1〕 参见谢鲁江:"坚持社会主义市场经济改革方向",载《理论视野》2018 年第 1 期。

〔2〕 丁志刚、王杰:"中国行政体制改革四十年:历程、成就、经验与思考",载《上海行政学院学报》2019 年第 1 期。

进一步解放和发展生产力，促进经济持续发展。从实践来看，行政体制改革在改善经济发展状况、转变经济发展方式、提升经济发展活力、扩展经济规模体量方面发挥了重要作用。比如，通过对国有企业改革，对国有企业放权让利，提高国有企业自主性，搞活国有企业；通过"多证合一""不见面审批""最多跑一次"等审批制度改革，释放了市场活力和动力，激活了资源配置的效率，降低了制度性交易成本；通过改革机关作风，整治"吃拿卡要"，加强责任和担当意识，重视效能建设，改善了经济发展的软环境，促进了实体经济蓬勃发展；通过转变政府职能，深化对外贸易管理体制改革，在更大范围、更宽领域、更深层次上促进开放型经济发展。整体来看，改革开放之后，通过政府职能转变，政府、市场、社会之间的边界愈加清晰，政府的角色定位愈加准确。政府通过搭建好要素、人才、资源、技术、投资、开发等交易平台，完善制度设计，优化简化办事流程，破除阻碍生产力发展的障碍，寓管理于服务之中，极大促进了经济持续健康发展。

2. 贯彻"市场在资源配置中起决定性作用和更好发挥政府作用"。

（1）坚持"市场在资源配置中起决定性作用"。党的十八届三中全会提出："使市场在资源配置中起决定性作用和更好发挥政府作用。"[1]从"基础性作用"到"决定性作用"，体现党和国家对政府与市场的关系的认识逐步深化、成熟。理论和实践都证明，市场配置资源是最有效率的形式。市场决定资源配置是市场经济的一般规律，市场经济本质上就是市场决定资源配置的经济，即市场通过竞争机制、价格机制、供求机制等机制对资源配置发挥决定性影响。[2]改革开放后，行政体制改革开始注重发挥市场对资源配置的作用，随着对其基础性作用认识到决定性作用认识的跃升，政府尊重市场的自觉性越来越强，干预市场的习惯性越来越弱。自2013年以来，中央和各级地方政府在"放管服"背景下，减少或者取消了大量的行政审批项目、下放诸多行政审批权、优化营商环境，有效激发了市场的生机与活力，降低了制度

---

〔1〕"中共中央关于全面深化改革若干重大问题的决定（2013年11月12日中国共产党第十八届中央委员会第三次全体会议通过）"，载《求是》2013年第22期。

〔2〕参见程恩富、高建昆："论市场在资源配置中的决定性作用——兼论中国特色社会主义的双重调节论"，载《中国特色社会主义研究》2014年第1期。

性交易成本，大幅提升我国营商环境的全球排名。这些举措使政府减少对微观经济领域的干预，倒逼其在"越位"之处"退位"、在"缺位"处"补位"、在"错位"的地方"正位"；[1]同时极大解放和增强了市场活力，营造良好的社会主义市场环境，促进社会主义市场经济体系不断完善。

（2）坚持"更好发挥政府作用"。政府尊重并放权于市场，并不意味政府要做"甩手掌柜"，经济建设既要发挥市场"看不见的手"的作用，也要发挥政府"看得见的手"的作用，因为，"市场对资源配置的决定性作用不能放大到市场决定公共资源的配置。全社会的资源除了进入市场的市场资源外，还有公共资源。公共资源主要指政府的法律和政策资源"，[2]同时，由于"外部性"的原因，公益事业、应急管理等领域存在"市场失灵"，依靠市场难以完全解决这些领域中的矛盾，政府应在市场不能有效发挥作用的宏观调控、公益事业、应急管理领域及时补位，管好、管到位。[3]问题的关键是，政府应当发挥什么样的作用和怎样发挥这样的作用。70 年行政体制改革，围绕解决好这一问题，经历了在探索中求问求解并取得符合社会主义市场经济发展规律成果的历程。适应经济体制的转型，在行政体制改革的逐步深入推进中，政府逐步实现从全能政府向有限政府的转变，一步步放手不该管也管不好的事务，将管理重点放在宏观调控以及涉及国家重大经济利益和与人民群众切身利益密切相关的重大事务上。党的十八大以来，尤其十八届三中全会以后，行政体制改革着力于把政府作用定位在"更好发挥"的意义上，意味着基于对政府的清权、放权、确权，政府必须正确履行职能，在尊重市场和服从市场对资源配置的决定性作用的基础上，科学、合理、有效地履行经济调节、市场监管、社会管理、公共服务、生态环境保护职能，使政府作用与市场作用相得益彰、相辅相成，共同促进经济快速、稳定、安全发展。随着行政体制改革不断深化，政府更加重视谋划并实施科学的发展规划、完善的政策法规、有效的促进项目、有力的保障措施，不断发挥经济社会发展的引领、规

---

〔1〕　参见石亚军主编：《破题政府职能转变——内涵式政府改革新路径实证研究》，中国政法大学出版社 2016 年版，第 12 ~ 14 页。

〔2〕　洪银兴："论市场对资源配置起决定性作用后的政府作用"，载《经济研究》2014 年第 1 期。

〔3〕　参见高长武："深入理解全面深化改革的几个辩证关系"，载《求是》2015 年第 15 期。

范、推动、监管作用。比如，2013 年政府机构改革，紧紧围绕转变职能和理顺职责关系，通过整合加强卫生和计划生育、食品药品、新闻出版和广播电影电视、海洋、能源管理机构，[1]强化政府在相关领域的职责使命。2018 年党和国家机构改革，基于"构建系统完备、科学规范、运行有效的制度体系"的目标要求，[2]重新厘清部门之间的权责边界，克服职能交叉、重叠积弊，组建或重新组建了自然资源部、生态环境部、退役军人事务部、应急管理部等部门，充分发挥政府在宏观调控、公益事业、应急管理等领域的作用。

（四）始终抓住政府职能转变这个核心

政府职能转变是行政体制改革之魂，职能转变能否到位直接关乎行政体制改革的成效。70 年行政体制改革的实践证明，能否切实围绕政府职能转变，以不断适应经济社会发展要求的职能体系的调整、优化、完善带动行政体制其他要素的配置和政府管理模式的建构，是行政管理体制改革能否成功的关键。自 1988 年行政体制改革首次提出"转变政府职能是机构改革的关键"的命题以来，迄今为止，政府职能转变历经三个阶段：一是由以政治职能为重心转向以经济职能为重心；二是转变政府的经济管理职能，实现政企分开和经济管理方式合法化；三是加强和改善宏观调控，更加注重社会管理和公共服务职能。[3]在逐步递进的过程中，形成了政府职能转变由主张变为行动，由单一性转变变为整体性转变，由形式转变变为实质转变的行动逻辑，使在不断实现政府职能转变基础上开展的体制改革的科学化、合理化、实效化程度不断提高。

就内容而言，行政体制改革一般涉及三大要素：职能转变、机构调整、管理运行改革。职能转变决定政府功能的合理定位，机构调整决定政府功能

---

〔1〕 参见马凯："关于国务院机构改革和职能转变方案的说明——2013 年 3 月 10 日在第十二届全国人民代表大会第一次会议上"，载《人民日报》2013 年 3 月 11 日，第 2 版。

〔2〕 习近平："决胜全面建成小康社会　夺取新时代中国特色社会主义伟大胜利——在中国共产党第十九次全国代表大会上的报告（2017 年 10 月 18 日）"，载《人民日报》2017 年 10 月 28 日，第 1 版。

〔3〕 参见何颖："中国政府机构改革 30 年回顾与反思"，载《中国行政管理》2008 年第 12 期；周志忍、徐艳晴："基于变革管理视角对三十年来机构改革的审视"，载《中国社会科学》2014 年第 7 期。

承载主体的合理配置，管理运行改革决定政府功能生效的顺畅关系和协调机制，行政体制存在的所有具体问题，都是肇始于政府职能配置不当。在计划经济体制下，市场因规模、程度有限而作用显弱，那时的行政体制改革主要着力于政府机构和人员调整。进入改革开放新时代，在短暂沿袭了以往模式之后，行政体制改革便逐步将着眼点和着力点转向从政府职能体系现状中寻找根本原因，从政府职能内涵和外延的把握上开展改革的主攻，随着进行政府职能定位逐渐趋于合理的调整，政府机构调整和管理运行改革在凸显针对性、实效性中逐步深化，行政体制以政府的发展不断更新面貌，并极大促进了经济社会的发展。

党的十八大以来，行政体制改革的一个鲜明特点，是在新的发展理念指导下，紧紧抓着处理好政府与市场、政府与社会、政府与政府三类关系，统筹审批和监管、统筹中央和地方、统筹决策和执行、统筹管理和服务、统筹事项和技术、统筹流程和要件，把政府职能转变做成了系统开工、深层开刀、全面开花的整体工程，触及体制机制的痼疾和阻碍市场繁荣的症结，政府职能向根本转变迈出了实质性步伐，行政体制改革取得了历史性跨越。2013 年实行的新一轮改革，首次在改革方案中将职能转变提升至与机构改革同等重要的地位，改革方案强调"政府职能转变是深化行政体制改革的核心"，转变国务院机构职能，必须处理好政府与市场、政府与社会、中央与地方的关系。[1]在此指导下，中央和地方政府纷纷推行了简政放权改革，以行政审批制度改革、权力清单制度等举措为抓手，从上到下全面清理了政府职权，向市场和社会大幅度下放权力，重新确定政府职能在中央和地方的配置格局。党的十九大以来，政府职能转变被置于党和国家机构改革的大背景下统筹设计、协同推进，十九届三中全会提出要在"要着眼于转变政府职能，坚决破除制约使市场在资源配置中起决定性作用、更好发挥政府作用的体制机制弊端……以推进党和国家机构职能优化协同高效为着力点，改革机构设置，优化职能配置……积极构建系统完备、科学规范、运行高效的党和国家机构职

〔1〕 参见马凯："关于国务院机构改革和职能转变方案的说明——2013 年 3 月 10 日在第十二届全国人民代表大会第一次会议上"，载《人民日报》2013 年 3 月 11 日，第 2 版。

能体系"。[1]十九届四中全会强调,"完善政府经济调节、市场监管、社会管理、公共服务、生态环境保护等职能,实行政府权责清单制度,厘清政府和市场、政府和社会关系",[2]在十八大以后深化改革的基础上,十九大以及历次全会精神的贯彻落实,使政府职能体系得以优化,政府职能错位的问题得到有效解决,政府职能实现的方式也发生了转变,基本建立了与市场经济体制相适应的政府职能体系,实现了亲市场的政府治理,[3]其结果是,营商环境持续改善,市场活力明显增强,2013 年至 2018 年新增各类市场主体 70%;社会创造力被充分释放;群众办事也更加方便,群众获得感和满意度显著提升。

(五)充分发挥中央和地方两个积极性

十九届四中全会强调,要"健全充分发挥中央和地方两个积极性体制机制。理顺中央和地方权责关系,加强中央宏观事务管理,维护国家法制统一、政令统一、市场统一……赋予地方更多自主权,支持地方创造性开展工作"。[4]在中国特色社会主义制度和国家治理体系中,中央和地方具有各司其职且相互关联的复杂关系,这种关系是全国一盘棋内整体与局部的关系、宏观与微观的关系、领导与被领导的关系、决策与执行的关系,其辩证性决定了中央和地方的作用各有分工,不可或缺、不可替代,还必须相互尊重、相互支持,形成上下有纲有目、有令有行、有张有弛的治理合力。充分发挥中央和地方两个积极性,是行政体制改革优化体制、理顺机制的题中应有之义,成为中华人民共和国成立以来历次行政体制改革无论具体主题为何,都必须涉及和解决好的问题。由特定的体制所决定,我国的行政体制改革历来实行

---

〔1〕"中共中央印发《深化党和国家机构改革方案》",载《人民日报》2018 年 3 月 22 日,第 1 版。

〔2〕参见"中共中央关于坚持和完善中国特色社会主义制度 推进国家治理体系和治理能力现代化若干重大问题的决定(2019 年 10 月 31 日中国共产党第十九届中央委员会第四次全体会议通过)",载《人民日报》2019 年 11 月 6 日,第 1 版。

〔3〕参见张成福:"政府治理创新与政府治理的新典范:中国政府改革 40 年",载《国家行政学院学报》2018 年第 2 期。

〔4〕参见"中共中央关于坚持和完善中国特色社会主义制度 推进国家治理体系和治理能力现代化若干重大问题的决定(2019 年 10 月 31 日中国共产党第十九届中央委员会第四次全体会议通过)",载《人民日报》2019 年 11 月 6 日,第 1 版。

的是在面上自上而下一体推进和在点上自下而上重点突破相结合的模式，自上而下一体推进即党中央进行决策，国务院作出部署，在国务院首先开展调整，然后依序逐级在地方政府加以落实；自下而上重点突破即涉及改革的重点项目，要么国务院指定、要么地方政府自定，在地方政府先行先试，形成突破，积累经验，然后在全国各地普遍推开。70 年来行政体制改革的实践证明，这一模式在实现统一性和多样性相结合、点与面相结合中顺利推进了改革，提高了改革的有效性，显现出中国特色社会主义制度的优越性，形成了破解大国治理难题、有效深化改革的宝贵经验。

1. 中央政府主导改革，实行顶层设计。所谓改革的顶层设计，其根本要义是指改革的目标围绕解决国家体制全局性重大问题而设定，改革的任务根据体制所有纵向和横向构成而安排，改革的推进统筹各级各地政府的措施而部署，形成全国统一意志、统一行动的改革局面，其基本做法，分为分散性问题导向下的顶层设计和统筹性问题导向下的顶层设计。70 年来，就根本要义而言，我国行政体制改革总体实行了顶层设计，即每一次改革都是基于整体需要面向全国进行谋略和部署，这是我国行政体制改革区别于许多西方国家的特点之一，就基本做法而言，改革的顶层设计经历了由分散性问题导向下的顶层设计向统筹性问题导向下的顶层设计的转变。在一段时间内，由于行政权力向位序高的政府递重配置，通过改革解决体制问题的目光更多集中在高位政府，便形成行政体制改革的顶层设计采取以国务院机构改革为主，地方政府依次推进的方式，这类顶层设计对完成改革任务起到了积极作用，但由于将体制存在的问题在中央政府与地方政府之间进行分散式针对和侧重性破解，导致改革的效应因层级和局部针对性不强而产生局限，地域间、层级间、领域间的改革总是存在广度、深度、进度上的差距，碎片化的痼疾降低了改革的有效性。随着改革进入攻坚期和深水区，改革所面临的经济社会环境发生重大变化，"容易的、皆大欢喜的改革已经完成了，好吃的肉都吃掉了，剩下的都是难啃的硬骨头"，[1]而难啃的硬骨头存在于体制整体架构之中，"改革顶层设计的科学性，只有在不受部门利益和系统壁垒钳制的情况

―――――――――――――

〔1〕"习近平接受俄罗斯电视台专访"，载《人民日报》2014 年 2 月 9 日，第 1 版。

下，才能因拥有与要求改革的现实需要的符合度而得以成立"，[1]这就要求对改革的顶层设计必须由分散性问题导向向统筹性问题导向转变，着眼于中央和地方政府之间，各级政府各个组成部门之间权力配置、权力关系、权力运行，找准问题的出处、表象、实质、结症，进行通盘诊断、总体把握、统筹解决，实现顶层设计的跃升和优化。党的十七届五中全会审议通过了《中共中央关于制定国民经济和社会发展第十二个五年规划的建议》，文件明确提出要"更加重视改革顶层设计和总体规划"。[2]十八大以来，完善改革顶层设计逐渐成为改革共识，并被提升至前所未有的高度。十八届三中全会强调，要"更加注重改革的系统性、整体性、协同性"，[3]并决定成立全面深化改革领导小组，负责改革的总体设计、统筹协调、整体推进、督促落实。十九届三中全会将全面深化改革领导小组升格为全面深化改革委员会，从"五位一体"总体布局、"四个全面"战略布局的角度出发，基于推进国家治理体系和治理能力现代化的高度统筹设计改革方案。在不断总结经验、不断深化改革中，统筹性问题导向下顶层设计逐渐从一种改革理念转变为一种固定的改革模式和执行机制。以习近平同志为核心的党中央在推进全面深化改革中，首先进行"坚定信心、凝聚共识、统筹谋划、协同推进"[4]的统筹性问题导向下的顶层设计，对改革内容、目标层次、时间进程做全方位系统谋划，直击根本矛盾和深层次重大问题，以解决体制性障碍和推动制度性变革，[5]这样的顶层设计从宏观、整体、系统的角度部署改革任务，能够有效破解改革碎片化顽疾，以推进系统性改革；有助于突破现实改革阻力，增强改革动力；能够

---

〔1〕 石亚军："深化机构和行政体制改革　推动国家治理体系创新"，载《政法论坛》2018 年第 2 期。

〔2〕 "中共中央关于制定国民经济和社会发展第十二个五年规划的建议"，载《求是》2010 年第 21 期。

〔3〕 "中共中央关于全面深化改革若干重大问题的决定（2013 年 11 月 12 日中国共产党第十八届中央委员会第三次全体会议通过）"，载《求是》2013 年第 22 期。

〔4〕 中共中央文献研究室编：《习近平关于全面深化改革论述摘编》，中央文献出版社 2014 年版，第 30 页。

〔5〕 参见周志忍、徐艳晴："全面理解顶层设计：一个整合诠释框架"，载《行政论坛》2017 年第 4 期。

满足国家制度整合的现实需要。[1]

2. 地方政府先行先试，鼓励自主创新。行政体制改革是应用性改革，改革措施和项目的有效性生发并印证于市场和社会、生产和生活现场及过程，改革谋于上层，行于基层。现实中，不同地域间经济发展水平、人口分布、资源状况、文化水平各不相同、差距甚大，商务、社务的运行环境和制约条件也因资源、成本、政策的差别而有所不同，当中央政府的顶层设计形成后，还需要兼顾各地、各领域的实际状况，选择具有代表性的地方政府进行先行先试，从各种试点成果中总结带有普遍性的经验，在面上推广，以降低不必要的改革代价。在制度主义经济学看来，地方探索性改革属于一种诱致性制度变迁，改革是否会发生，主要取决于改革者的成本收益分析，"当某一新的结构的收益超过制度变迁的成本时，就会产生新的制度；如果制度不发生变迁，那么就说明变迁的成本超过了收益"。[2]赋予地方政府适当的改革自主权，尊重地方的首创精神，允许其结合本地实际，先行先试探索改革，是我国行政体制改革能够顺利和有效推进的重要经验。

改革开放以来，我们党在正确的思想路线指引下，形成了始终坚持社会主义方向推动理论、道路、制度、文化创新的治国理政之道。党的十六大报告提出"创新是一个民族进步的灵魂，是一个国家兴旺发达的不竭动力，也是一个政党永葆生机的源泉"，由此"创新"作为一种价值理念被提升到意识形态的高度。[3]党的十七届二中全会审议通过的《关于深化行政管理体制改革的意见》提出，"必须坚持发挥中央和地方两个积极性，在中央的统一领导下，鼓励地方结合实际改革创新"，[4]十七届五中全会审议通过的《中共中央关于制定国民经济和社会发展第十二个五年规划的建议》提出要推动社会管理体制创新，鼓励和促进地方政府创新成为行政体制改革的重要任务。十八

〔1〕　参见周志忍、徐艳晴："全面理解顶层设计：一个整合诠释框架"，载《行政论坛》2017年第4期。

〔2〕　[美]丹尼尔·W.布罗姆利：《经济利益与经济制度：公共政策的理论基础》，陈郁、郭宇峰、汪春译，格致出版社、上海三联书店、上海人民出版社2012年版，第27~28页。

〔3〕　参见杨雪冬："过去10年的中国地方政府改革——基于中国地方政府创新奖的评价"，载《公共管理学报》2011年第1期。

〔4〕　"关于深化行政管理体制改革的意见"，载《中国行政管理》2008年第5期。

大以来，党中央高度重视、大力推动地方政府创新，将其纳入中央顶层设计的框架中进行谋划和部署。习近平总书记在中央全面深化改革领导小组第十七次会议上的重要讲话中提出，"中央通过的改革方案落地生根，必须鼓励和允许不同地方进行差别化探索"。[1]这一指示所鼓励的差异化探索就是地方政府遵循党中央的统一部署，根据本地区实际情况和现实特点大胆自主创新，地方政府在充分考虑改革顶层设计，并具体坚持中央改革方案、改革试点的同时，又坚持因地制宜，不搞一刀切，对地方的改革方案和改革试点的运行机制做出各有特点的、差异化的设计和选择。[2]

改革开放以来，地方政府通过采取以下两种方式进行改革先行先试，从事管理创造创新，一种是由国务院或者组成部门根据改革方案需要，选择一些重点项目赋予改革试点权的任务型先行先试，另一种是地方政府主动变革开展的自创型先行先试，有的地方政府承担某一方式的探索，有的地方政府两种方式并行，涌现出广东深圳、顺德、南海、上海浦东、天津滨海、浙江杭州、富阳、义乌、江苏南通、四川成都、辽宁沈阳、宁夏银川、贵州贵阳等地方政府改革创新典范，在中央政策要求、地方政府竞争、制度服务需求改变、制度空间改变、技术改变、创新的成本收益考量的多重因素驱动下，[3]以上述地区为代表的地方政府围绕提高行政效率、优化公共服务、提升社会管理水平、增强政治合法性等目标进行了大量的制度创新、平台创新、项目创新、技术创新和机制创新，为有力有效贯彻落实全国性改革方案提供了宝贵经验。评估中国地方政府创新情况的一个重要参照是中国地方政府创新奖，据统计，截至 2015 年，共计 2045 个各级政府的创新项目参加评选，149 个项目获得入围奖，70 个项目获得优胜奖。[4]参评之热度足以反映出地方政府创新的激情与活力。如此广泛的地方政府创新有力地改善了地方政府

---

〔1〕 沈传亮：《全面深化改革——十八大以来中国改革新篇章》，人民出版社 2017 年版，第245 页。

〔2〕 参见汪海等："全面深化改革的差别化探索"，载《改革》2015 年第 11 期。

〔3〕 参见郁建兴、黄亮："当代中国地方政府创新的动力：基于制度变迁理论的分析框架"，载《学术月刊》2017 年第 2 期。

〔4〕 参见"第八届'中国地方政府创新奖'申报与评选工作启动仪式暨国家治理协同创新研究成果发布会在京召开"，载《国外理论动态》2015 年第 5 期。

管理，有效实现了公共利益，于地方政府而言，有效地解决了棘手的治理问题与矛盾，提高了工作效率，改善了公共服务质量，重新树立了地方政府的权威和合法性；于社会公众而言，新的服务类型和服务供给方式为广大群众办事提供了便利，提升了群众的获得感和满意度；于企业而言，地区投资软环境明显改善，为企业的发展带来新的机遇。[1]

3. 央地政府协同联动，推进政策试验。中国作为一个疆域广阔的大国，中央与地方之间的关系一直存在张力，有学者指出："中国国家治理的一个深刻矛盾是一统体制与有效治理之间的矛盾，集中表现在中央管辖权和地方治理权间的紧张和不兼容：前者趋于权力、资源向上集中，从而削弱了地方政府解决实际问题的能力，即这一体制的有效治理能力；而后者又常常表现为各行其是、偏离失控，对一统体制的中央核心产生威胁"。[2]因而，如何在行政管理体制改革中均衡全国一盘棋与地方自主创新，在保证中央绝对权威和统一领导的前提下，使地方政府的创新潜能得到充分的激发和释放，实现央地协同、上下联动，这是行政管理体制改革取得成功的关键。

长期以来，在中国国家治理实践中，政策试验被作为处理中央政策一统与地方自主创新的张力、实现央地政府协同联动的重要政策工具。回顾 70 年的改革实践可以发现，多数改革方案在全面推开之前，通常先被放在多个地区和部门检验其政策效果，政策试验因而成为新政策和新制度的试金石。改革中所出现的各类改革试点、试验区、立法试验等举措，便是政策试验的主要表现形式。[3]作为一种重要的改革工作方法，政策试验发轫于革命战争时期的领导工作方法，改革开放后政策试验被大规模地应用至改革实践中，由此成为中国推进改革的重要指导思想，并写入党的报告。[4]党的十四大报告强调，"各级领导机关和领导干部要在改革和建设的实践中，把党的路线方针

〔1〕 参见吴建南、马亮、杨宇谦："中国地方政府创新的动因、特征与绩效——基于'中国地方政府创新奖'的多案例文本分析"，载《管理世界》2007 年第 8 期。

〔2〕 周雪光：《中国国家治理的制度逻辑 一个组织学研究》，生活·读书·新知三联书店 2017 年版，第 10 页。

〔3〕 参见周望："中国'政策试验'初探：类型、过程与功能"，载《理论与现代化》2011 年第 3 期。

〔4〕 参见周望："中国'政策试点'研究"，南开大学 2012 年博士学位论文。

政策同本地区本部门的具体情况结合起来，勇于探索，大胆试验，及时总结经验，创造性地开展工作"。[1]党的十四大还将"试验"写入《中国共产党章程》，要求全党必须"积极探索，大胆试验，创造性地开展工作，不断研究新情况，总结新经验，解决新问题，在实践中丰富和发展马克思主义。"党的十五大进一步强调"积极探索，大胆试验，尊重群众的首创精神"。[2]进入新时代，党的十八届三中全会通过的《中共中央关于全面深化改革若干重大问题的决定》中强调，"鼓励地方、基层和群众大胆探索，加强重大改革试点工作，及时总结经验，宽容改革失误，加强宣传和舆论引导，为全面深化改革营造良好社会环境。"[3]

在中央的推动下，行政体制改革抓住一些与人民群众切身利益密切关联的事项，围绕政策逐级落实的适应度提升开展了广泛的试验，如权力清单和责任清单制度试点、相对集中行政审批权改革试点、"证照分离"试点、"双随机、一公开"试点、综合执法试点、相对集中行政处罚权改革试点、乡镇机构改革试点、新任领导干部有关事项公开制度试点、发达乡镇行政管理体制改革试点等。广泛的政策试验工作体现出顶层改革设计者的谨慎改革的态度，也契合我国积极稳妥改革的基本规律，成为连接中央顶层设计和地方自主创新的桥梁。一方面，通过政策试验，中央的顶层改革设计在全面铺开之前在局部环境中先行测试，能够最大限度地了解政策在具体环境中可能出现的各种情况，由此改革设计得以及时修正和完善，进而降低改革的风险，提高改革的可控性；另一方面，试点地区借此获得了一定的改革创新自主权，能够在指定范围对制度、体制、机制、技术等方面进行广泛的探索和创新，进而为整体的制度创新提供可供选择的新方案、积累政策知识，由此推动整

---

〔1〕　江泽民："加快改革开放和现代化建设步伐　夺取有中国特色社会主义事业的更大胜利——在中国共产党第十四次全国代表大会上的报告（1992年10月12日）"，载《人民日报》1992年10月21日，第1版。

〔2〕　江泽民："高举邓小平理论伟大旗帜，把建设有中国特色社会主义事业全面推向二十一世纪——在中国共产党第十五次全国代表大会上的报告（1997年9月12日）"，载《求是》1997第18期。

〔3〕　"中共中央关于全面深化改革若干重大问题的决定（2013年11月12日中国共产党第十八届中央委员会第三次全体会议通过）"，载《求是》2013年第22期。

体的制度变迁。[1]

（六）由技术性改革转变为结构性改革

对于行政体制改革而言，结构性改革是指不拘泥于行政体系自身的技术性调整，而是纳入国家治理的权力架构，服从于国家权力战略配置需要而进行的结构性优化。见之于行政体制外部，结构性改革意味着理顺党政关系、政府与市场和社会关系中实现政治、行政、社会权力的合理配置和整体优化；见之于行政体制内部，结构性改革意味着行政权力的定位、配置、运行体现政府治理的规律，行政体制实现科学化、法治化、整体化建构。在我国，将政治体制改革、行政体制改革、经济体制改革和社会管理体制改革结合起来，推进行政体系内部机构、职能、体制、机制的结构性调整，是推进国家治理体系和治理能力现代化的需要，是推动政府职能根本转变和实现政府现代治理的需要。行政体制改革的逻辑应该是"先确定党政的权力边界（党政分开），然后确定政府与社会和企业即后来的市场的关系（权力下放），最后是机构改革，解决政府自身的问题"，[2]在对"行政体制改革替代政治体制改革，机构改革替代行政体制改革"[3]造成的许多深层次体制机制问题进行反思后，深化行政体制改革应由技术性改革转变为结构性改革，成为一种新的共识和模式。党的十八大以来，尤其是十九届三中全会以来，结构性改革被从上到下普遍推进，取得了体制优化和治理能效的显著成果，形成了有益经验。

1. 行政体制改革融入政治体制改革架构。行政体制是政治体制的重要组成部分，行政体制改革与政治体制改革相辅相成、相得益彰。政治体制的上端是政党政治、国家权力结构的配置、社会主义民主与法治，下端则是政府的行政管理以及与此相关的政府职能、组织结构、运行方式等，[4]政治体制

---

〔1〕 参见周望："中国'政策试验'初探：类型、过程与功能"，载《理论与现代化》2011 年第 3 期。

〔2〕 竺乾威："改革的逻辑：机构改革的回顾与展望"，载《复旦公共行政评论》2012 年第 2 期。

〔3〕 参见何艳玲、李丹："机构改革的限度及原因分析"，载《政治学研究》2014 年第 3 期。

〔4〕 参见汪玉凯："中国行政体制改革 20 年的回顾与思考"，载《中国行政管理》1998 年第 12 期。

改革确定政府权力在国家整体权力架构中的定位与配置，行政体制改革确定政府权力在行政体系中的定位与配置，政治体制改革是行政体制改革的背景和主航道，行政体制改革是政治体制改革的身影和支航道。在不断推进改革的过程中，我国曾经尝试过政治体制改革与行政体制改革单路推进的做法，对于行政体制改革而言，这一做法"就政府系统内部调职能、设机构、动人员，虽不断取得有效成就，但因为缺乏在政治体制架构中与其他各类机构的统筹改革，难免因执政与行政权力、职责的交叉、重叠设置、导致机构、编制、经费、项目等行政资源配置的结构性不协调等问题，使单一行政体制改革难以满足解决体制机制中深层次问题的需要"。[1]党的十八大以后，党中央作出全面深化改革的战略部署，意在将各种改革纳入"五位一体"总体布局的框架进行整体谋划和实施，十九大以后，党中央对行政体制改革与政治体制改革进行整体构建，在推进国家治理体系和治理能力现代化视域中对行政体制改革作出了结构性改革的部署。十九大提出"深化机构和行政体制改革。统筹考虑各类机构设置，科学配置党政部门及内设机构权力、明确职责"。[2]十九届三中全会通过的《深化党和国家机构改革方案》提出，"以推进党和国家机构职能优化协同高效为着力点，改革机构设置，优化职能配置……积极构建系统完备、科学规范、运行高效的党和国家机构职能体系"。[3]这一重大举措的意义在于，在新型党和国家机构职能体系中实现党政关系以及政府与市场和社会关系因权力边界的合理划分而得到符合优化协同高效原则的优化，在执政权与行政权的整体配置中，有效解决在重大事务中决策、执行关系不顺，党政之间和政府内部机构重叠、权责交叉，行政体系中行政资源配置失衡，行政权力缺位、越位和错位，部门利益使然和相互掣肘等问题，有利于打破思维惯性、更新改革思路，突破长期以来改革在政府系统内部循环的局

---

〔1〕 石亚军："深化机构和行政体制改革　推动国家治理体系创新"，载《政法论坛》2018 年第 2 期。

〔2〕 习近平："决胜全面建成小康社会　夺取新时代中国特色社会主义伟大胜利——在中国共产党第十九次全国代表大会上的报告（2017 年 10 月 18 日）"，载《人民日报》2017 年 10 月 28 日，第 1 版。

〔3〕 《中共中央印发〈深化党和国家机构改革方案〉》，载《人民日报》2018 年 3 月 22 日，第 1 版。

限，通过统筹布局执政权、行政权及各种公共事务管理权的权力设置、权力关系、权力运行机制，优化公共权力资源的配置和提升公共管理的能效，最终建构系统完备、科学规范、运行有效的制度体系。[1]

2. 理顺党政关系，明确党政边界。政治与行政的关系，是国家政权的核心问题，两者具有不以人们意志为转移的内在联系。在政权功能的划分上，政治是统治，行政是管理；在政权功能的发挥上，政治是剧本，行政是表演。任何国家，不存在不受政治决定的行政，行政作为的价值根本上体现着政治内含的宗旨，如有不同，只是在于政治对行政发挥决定作用的途径、方式、手段有所区别；也不存在不顾行政的政治，政治必定通过借力行政将固有的意志演绎为经济社会发展的模态和内政外交运行的机理，如有不同，也就是借力工具运用上的技术性差别。任何人为割裂政治与行政关系的理论主张和制度安排，都不足以诋毁两者之间你中有我、我中有你的天然维系，都不能阻挡两者之间的客观联系在国家政权运行中的必然效应。我国是社会主义国家，中国共产党是执政党即最高政治领导力量，人民政府是党领导下的行政机构，正确处理党政关系，既是中国特色社会主义事业蓬勃发展的需要，也是全面深化改革走对方向、顺利推进的前提。中国特色社会主义的党政关系包括三个要义，一是加强党的领导，这是根本要义；二是实行党政分工，这是基本要义；三是形成党政合力，这是关键要义，三个要义密切联系，不可分割。在 70 年行政体制改革的历程中，涉及机构职能完善和体制机制优化的核心问题，就是如何根据治国理政的需要，构建科学、合理、有效的党政关系，使社会主义制度在国家治理中的优越性得到充分展现，这一历程在整体上，逐步形成三个要义的有机统一。经历了中华人民共和国成立初期党的一元化领导的体制，计划经济时期党政合一、以党代政的体制，改革开放初期探索党政分开的体制，新时代党政统筹的体制，通过总结正反两个方面的经验，形成了将三个要义集于一体，符合中国国情，在国家治理体系中行之有效的中国特色社会主义党政关系。党的十八大提出"必须坚持党的领导。中

─────────────

〔1〕　参见石亚军："深化机构和行政体制改革　推动国家治理体系创新"，载《政法论坛》2018年第 2 期。

国共产党是中国特色社会主义事业的领导核心"，[1]十九大进一步要求坚持党对一切工作的领导，十九届三中全会将该要求具体化为完善坚持党的全面领导制度，建立健全党对重大工作的领导体制机制，强化党的组织在同级组织中的领导地位，[2]十九届四中全会将党的领导制度纳入中国特色社会主义制度的范畴中，并强调"完善党和国家机构职能体系，把党的领导贯彻到党和国家所有机构履行职责全过程"。[3]这一新型的党政关系在党和国家机构职能体系中，则体现为"在权力配置上，党委掌握'总揽全局、协调各方'的权力，决定行政工作方向、路线方针、政策的决策权，政府在党委的领导下，拥有贯彻党委的重大决策的行政决策权和执行权……在职责配置上，党委承担主司谋划发展布局，制定重大战略和政策，保证发展方向的执政职责，政府承担主司落实发展布局，制定实施战略和政策，保证发展质量和效应的行政职责"。[4]在机构设置上，采取党政之间决策与执行机构分设、相切并统筹，重大与日常事务管理机构归类整合、一并协调，共管与同责机构合并或合署等方式进行优化，既解决了"党的组织机构侧重以党内事务为中心设置，没有完全以党的领导为中心设置，在各个系统组织体系中，党组织与同级其他组织之间在许多层面没有充分体现领导与被领导的关系……党对……重大工作的领导还缺乏必要的资源和手段，形成了事实上的党的领导与事务管理相分割、相脱离的'两张皮'"问题，[5]也解决了党政系统设置中同样机构履行同一职能的问题，逐步实现党和国家机构职能体系的优化协同高效。

---

〔1〕 胡锦涛：《坚定不移沿着中国特色社会主义道路前进　为全面建成小康社会而奋斗——在中国共产党第十八次全国代表大会上的报告》，人民出版社 2012 年版，第 25 页。

〔2〕 参见"中共中央关于深化党和国家机构改革的决定（二〇一八年二月二十八日中国共产党第十九届中央委员会第三次全体会议通过)"，载《人民日报》2018 年 3 月 5 日，第 1、3 版。

〔3〕 参见"中共中央关于坚持和完善中国特色社会主义制度　推进国家治理体系和治理能力现代化若干重大问题的决定（2019 年 10 月 31 日中国共产党第十九届中央委员会第四次全体会议通过)"，载《人民日报》2019 年 11 月 6 日，第 1 版。

〔4〕 石亚军："深化机构和行政体制改革　推动国家治理体系创新"，载《政法论坛》2018 年第 2 期。

〔5〕 石亚军："深化党和国家机构改革是一场彰显四个着力的深刻变革"，载《中国行政管理》2018 年第 5 期。

（七）由局部性改革转变为系统性改革

习近平总书记高度重视改革系统推进的必要性和重要性，在推进全面深化改革过程中，反复强调系统集成，指出："注重改革的系统性、整体性、协同性，统筹各领域改革进展，形成整体效应。"[1]习近平总书记的重要指示是谋划改革思路、方案和检验改革过程、成果的科学依据。

在巴纳德看来，行政组织是一个系统，其中的每一部分都以某种重要的方式同系统所包含的其他部分相关联着，这种关联具体表现为内部协作关系和外部协作关系。[2]政府及其内部构成从来都不是孤立存在的，政府基于市场和社会的需要，由超越各种利益的公共权力而产生，并发挥以公权制衡和促进市场、社会发展的作用，政府的任何变化与市场和社会变化着的状况紧密关联；政府作为行政系统，根本上与国家权力体系的其他组成部分不可分离，执政党、立法机构、司法机构、公共群团组织总是围绕特定的治理任务和事项，与政府存在上游与下游、分工与联动的关系，政府的变化与国家权力体系中其他组成部分的变化存在蝴蝶效应；政府内部任何机构都没有独一设立的理由，一个机构的存在是因为其他机构的存在要么不足以囊括政府所有职能，要么还不能满足政府履行职能的需要，政府某一机构的变化，与其他机构的变化直接或间接关联。我国行政体制改革尤具自改革开放以来，从一段时期改革主要关注"行政体系内部组织数量的减少，而很少将行政体系当作一个与市场、社会互动的开放系统进行组织创新"，[3]逐步实现了政府着眼于契合国家现代治理体系，着力于弥合市场与社会发展要求，落脚于政府内部机构整体优化的系统集成，形成了促进政府现代治理的有益经验。

1. 统筹体制内部要素，实现体制内系统性改革。体制内系统性改革主要包含两个层面：在党和国家机构职能体系层面，基于党和国家权力配置的整体需要和架构，统筹进行政府的职能定位、机构设置；在政府机构职能体系层面，聚焦政府的本职，统筹进行内设机构职能的调整优化。

---

〔1〕 习近平："巩固党和国家机构改革成果 推进国家治理体系和治理能力现代化"，载人民网，http://cpc.people.com.cn/n1/2019/0705/c64094-31217255.html，最后访问时间：2019 年 10 月 1 日。

〔2〕 参见丁煌：《西方行政学说史》，武汉大学出版社 2017 年版，第 124 ~ 126 页。

〔3〕 何艳玲、李丹："机构改革的限度及原因分析"，载《政治学研究》2014 年第 3 期。

在改革过程中，一段时间里由于行政体制改革偏重围绕行政系统向内视域中反映出来的问题展开，以及某些特定职能部门履职不当的问题出手，尽管改革在行政体制内部取得了成效，但改革的系统性不足，因此难以触及由行政体制反映出来而症结并不完全在于行政体制的深层次体制机制问题。在对改革模式进行优化性探索的过程中，逐步确定了系统谋划和推进的选择。党的十八大以来，在党中央全面深化改革新理念、新战略、新举措的指导下和实施中，系统性改革开启了深化改革的新里程。十八届三中全审议通过的《中共中央关于全面深化改革若干重大问题的决定》指出，"必须切实转变政府职能……创新行政管理方式……优化政府机构设置、职能配置、工作流程，完善决策权、执行权、监督权既相互制约又相互协调的行政运行机制"。[1] 十九大以后，行政体制改革复归至政治体制改革的架构，职能转变、机构调整和运行管理改革被提升至党和国家机构改革的层面协同推进，由过去行政系统内的调整改革转变为党政协同的联动变革。十九大报告强调，"统筹考虑各类机构设置，科学配置党政部门及内设机构权力、明确职责……转变政府职能，深化简政放权，创新监管方式"。[2] 十九届三中全会对深化党和国家机构改革进行了全面部署，其中就包括在统筹党和国家机构职能调整优化中实现新一轮政府机构职能调整和行政体制改革。十九届四中全会审议通过的《中共中央关于坚持和完善中国特色社会主义制度推进国家治理体系和治理能力现代化若干重大问题的决定》，将政府职能、组织机构、运行管理统一于中国特色社会主义行政体制之中，强调要完善国家行政体制、优化政府职责体系、优化政府组织结构。十八大以来的系统性改革极大地改变了过去改革存在的单兵突进、局部突破的缺陷，在政府职能转变、机构调整、运行管理改革方面取得了实质性突破，机构重复设置、职责交叉、协调不畅等问题得到有效解决，公务员规模扩张的势头得到控制，依法行政不断得到全面有效落实，

---

〔1〕 "中共中央关于全面深化改革若干重大问题的决定（2013 年 11 月 12 日中国共产党第十八届中央委员会第三次全体会议通过）"，载《求是》2013 年第 22 期。

〔2〕 习近平："决胜全面建成小康社会　夺取新时代中国特色社会主义伟大胜利——在中国共产党第十九次全国代表大会上的报告（2017 年 10 月 18 日）"，载《人民日报》2017 年 10 月 28 日，第 1 版。

管理服务模式和方式不断创新，及时、有效回应社会公众需要和诉求的力度不断加大，政府管理日趋规范化、人性化、便民化、效能化，服务政府、责任政府、法治政府、效能政府建设迈出重要步伐。

2013 年以来，政府职能转变实质性推进，以简政放权、放管结合、优化服务有机统一为主线，政府内部机构职能体系的内涵和外延发生了前所未有的变化。围绕审批、监管、服务的权力配置、运行关系，政府机构的事权、职责、名称、关系，履职的依据、事项、队伍、手段、方式，都按照全面深化改革的目标要求在层层贯彻落实中焕发出新的面貌，由统筹化的审批机构、综合性的监管机构、专业化的业务机构构成的政府机构职能体系，使政府内部分工更加合理，摩擦产生的概率极大降低，政府外部关系更加顺畅，政府促进市场和社会发展的效能不断增强，以往就机构自设而调整机构，就职能内转而转变职能，就运行独行而调整运行的状况得到极大改变，使政府机构职能体系的设置和实施与激活市场、繁荣社会的要求的契合度得到提高。正是因为这种变化，党的十八大以来，才形成有效突破"一放就乱、一收就死"的改革怪圈，使行政审批事项实现实质性削减，非行政许可审批彻底终结，减税降费全面推进，极大地降低了投资创业的制度性交易成本和生产经营成本，由此营商环境得到极大改善，市场活力和创造力被充分激发。群众"办事难、办事慢、多头跑"等问题得到有效解决，政务服务逐步实现便利化、公开化、规范化，群众的获得感和满意度稳步提升。

2. 行政体制改革适应并服务于经济体制改革。回顾 70 年的改革历程，无论是计划经济时期还是市场经济时期，行政体制改革始终适应并服务于经济体制改革和经济发展需要。经济体制改革的每一步深化，都会对政府职能、组织机构、管理方式提出新的要求，这往往就构成新一轮改革的逻辑起点。[1]中华人民共和国初期，为适应计划经济发展需要，从中央到地方建立了"以政企不分、按行业或产品设置管理机构，并实行部门管理为特征的中央高度集权的行政管理模式"，[2]这种模式在运行中形成了体制要素自我膨胀

〔1〕 参见薛刚凌、潘波："从经济调适到社会回应——行政体制改革目标模式分析"，载《行政管理改革》2010 年第 7 期。

〔2〕 黄小勇："机构改革的历程及其内在逻辑"，载《行政管理改革》2018 年第 5 期。

的效应，逐渐产生了机构臃肿、人员冗余、办事效率不高、地方积极性难以得到有效发挥等问题，在一定程度上阻碍了生产力的发展。为适应社会主义生产力发展的需要，1956年，国务院通过《国务院关于改进国家行政体制的决议（草案）》，改革着手精简国务院工作部门、下放权力以扩大地方自主权、激发地方生产积极性。[1]1960年，为了促进国民经济的好转，克服严重的国民经济困难，党中央提出"调整、巩固、充实、提高"的国民经济调整八字方针。在此方针的指导下，自1960年至1964年，中央和地方层面先后开展了两次集中的干部精简工作，将大量精简下来的干部充实到基层和生产第一线，直接参加农业和工业生产。

1978年，党的十一届三中全会决定把党和国家的工作重心转移到经济建设上来。1982年，党的十二大确立了"计划经济为主、市场调节为辅"的方针。为克服实践中出现的新政策与旧体制间的摩擦和冲突，1982年开启了改革开放后的第一次政府机构改革，重点在于精简机构、裁减人员，并废除领导干部终身制，以适应社会主义现代化建设的需要。此后十余年间的经济体制改革致力于实现重塑市场的目标，市场对资源配置的作用由辅助性定位逐渐转变为基础性定位，并促进行政体制改革开始着力推进政府职能转变。1988年第一次明确提出"转变政府职能是机构改革的关键"，重点改革与经济体制改革极为密切的经济管理部门，理顺部门关系、转变职能，精简机构与人员，提高行政效率，建设符合现代化建设要求的行政管理体制。1993年的改革围绕"适应社会主义市场经济发展的要求"展开，重点推进政府职能转变和政企分开。这一改革在1998年的政府改革中实现了具有里程碑意义的深化，1998年版国务院机构改革方案以前所未有的力度撤销所有专业经济管理部门，致力于消除政企不分的组织基础。进入21世纪，为应对加入世贸组织的外部环境压力和适应经济全球化竞争，2003年的行政体制改革将重点置于"放活管好"，一方面全面推进行政审批制度改革，清理规范政府微观审批，加强宏观调控；另一方面强化政府的监管职能、建设监管机构、提升监

---

〔1〕 参见"中共中央、国务院发送《国务院关于改进国家行政体制的决议（草案）》的通知"，载中国经济网，www.ce.cn/xwzx/gnsz/szyw/200706/04/t20070604_11595495.shtml，最后访问时间：2021年8月1日。

管能力。2008 年机构改革在延续职能转变任务的基础上，推行了大部制改革，重点理顺部门职责关系、优化运行机制。

党的十八大以后，"确定市场在资源配置中的决定性作用和更好地发挥政府的作用，成为推进中国特色行政管理体系改革和建设的结构性基础动力"，[1]伴随中国特色社会主义迈向和进入新时代的步伐，在党中央的集中统一领导下，行政体制改革回应新时代建设现代市场体系的要求，围绕政府职能根本转变，紧紧抓住制约市场发展的体制机制痼疾，进行了实质性简政放权，科学化放管结合、便民型优化服务的全方位、立体化、系统性深化，实现了行政体制历史性变革、系统性重塑、整体性重构。

始终围绕经济体制改革的要求不断深化行政体制改革，演绎出从全能政府向有限政府再向人民满意的服务型政府发展的轨迹，行政体制改革从中积累的一条基本经验，就是必须遵循和实现与经济体制改革的相辅相成、相互促进。一方面，经济体制改革决定不同改革阶段的时代背景，是行政体制改革的基本动力，经济体制改革检测出市场体系的堵点、痛点、瘀点，经济运行的重点、难点、拐点，从而倒映出政府管理的问题，凸显出行政体制改革的命题、主题，才使行政体制改革找到准确的主方向和发力点，在每一次进程中因措施具有针对性和实效性而极大改变不适应市场经济发展的现状，实现行政体制不断优化、政府管理不断进步。另一方面，行政体制的不断完善和发展也为经济体制改革和市场经济的发展创造了良好的环境，行政体制各种要素构成的正当性、合理性不断提高，使政府职能定位日趋科学化、机构设置与人员配置实现合理化、权力运行趋于规范化，阻滞经济发展的体制机制壁垒逐步被攻破，束缚市场主体、制约市场活力的行政藩篱逐步被推倒，经济快速稳定发展需要的规范而宽松、统一而多样、高效而有序的市场环境逐步得到健全和优化。

3. 统筹推进行政体制改革与社会管理体制改革。相较于经济体制改革，社会管理体制改革相对滞后。计划经济时期，我国是一个"总体性的社会结

---

〔1〕 王浦劬、鲍静、孙响："习近平新时代中国特色社会主义行政管理体系建设思想研究"，载《中国行政管理》2018 年第 6 期。

构"[1]，在政府直接且强力的管控下，当时的中国并不存在独立自主的社会，而是"国家权力之下的'附属社会'"[2]。改革开放以后的很长一段时间里，改革的关注点大多集中在经济体制改革，社会体制改革相对被忽略。随着市场化改革的不断深化，社会利益格局在不断重构，国家与社会的结构状况发生了新的变化，国家治理需要基于新的变化，在党的领导下和政府的主导下充分调动社会各种力量共同参与社会管理，这便对行政体制改革必须兼顾并统筹社会管理体制改革提出了新的要求。

自党的十六大着手调整政府与社会的关系，注重在推进行政体制改革的同时相应推进社会管理体制改革以来，社会管理体制改革大致经历了由"管理"向"治理"的转变历程。十六大第一次将"社会更加和谐"作为深化改革的重要目标提出，要求完善政府的经济调节、市场监管、社会管理和公共服务的职能。[3]在此基础上，十六届六中全会正式提出"构建社会主义和谐社会"的概念，健全"党委领导、政府负责、社会协同、公众参与"的社会管理格局。[4]十七大提出建设"服务型政府"的改革目标，并要求"加快推进以改善民生为重点的社会建设……推进社会体制改革，扩大公共服务，完善社会管理"[5]。十七届二中全会强调，推进"政事分开……把不该由政府管理的事项转移出去……更好地发挥公民和社会组织在社会公共事务管理中的作用"[6]。十八大以后，社会管理体制改革全面纳入国家治理体系和治理能力现代化的版图，十八届三中全会强调创新社会治理体制，改进社会治理方式，激发社会组织活力，并要求正确处理政府与社会关系，加快实施政社

---

〔1〕 孙立平等："改革以来中国社会结构的变迁"，载《中国社会科学》1994年第2期。

〔2〕 周雪光：《中国国家治理的制度逻辑　一个组织学研究》，生活·读书·新知三联书店2017年版，第392页。

〔3〕 江泽民："全面建设小康社会，开创中国特色社会主义事业新局面——在中国共产党第十六次全国代表大会上的报告"，载《求是》2002年第22期。

〔4〕 "中共中央关于构建社会主义和谐社会若干重大问题的决定"，载《求是》2006年第20期。

〔5〕 胡锦涛："高举中国特色社会主义伟大旗帜　为夺取全面建设小康社会新胜利而奋斗——在中国共产党第十七次全国代表大会上的报告"，载《求是》2007年第21期。

〔6〕 "关于深化行政管理体制改革的意见"，载《中国行政管理》2008年第5期。

分开，推广政府购买服务。[1]十九大提出"创新社会治理……打造共建共治共享的社会治理格局"[2]。十九届三中全会进一步提出，"按照共建共治共享要求，完善党委领导、政府负责、社会协同、公众参与、法治保障的社会治理体制。"[3]十九届四中全会将社会治理上升至制度层面，要求"坚持和完善共建共治共享的社会治理制度……完善党委领导、政府负责、民主协商、社会协同、公众参与、法治保障、科技支撑的社会治理体系，建设人人有责、人人尽责、人人享有的社会治理共同体"[4]。

"改革开放以来的社会变迁，并不是一个单纯的自治扩大的过程，也不是单纯的重建政府控制的过程，而是一个在社会自治增加的过程中重建行政控制的过程。"[5]统筹行政体制改革与社会管理体制改革，将处理好政府与社会的关系与处理好政府与市场的关系并列，在深化行政体制改革中，政府致力于积极扶持社会组织和调动社会一切有生力量，以放权和赋能为重点，将属于社会自治、自主的事务管理权归还于社会，为社会组织提供迅速发展的制度空间和有利的政策环境，并通过购买服务、财政拨款、人才培训、税收优惠等方式培育社会组织发展，使自主性和自治能力较强的社会组织成为公共服务供给领域的主体，与之建立互动信任的合作伙伴关系，提升社会自主能力。这样的改革，既使政府通过简政放权向社会放出的事权有相应的社会组织承接，形成行政体制改革中权力重组的闭合推进，又以大量社会治理事务的涌现激发各种社会组织和主体的形成和拓展，经济社会快速发展中产生的社会治理需要在多元化治理格局中得到有效回应，政府的"瘦身"与社会的发展实现双赢。

---

〔1〕　参见"中共中央关于全面深化改革若干重大问题的决定（2013年11月12日中国共产党第十八届中央委员会第三次全体会议通过）"，载《求是》2013年第22期。

〔2〕　习近平："决胜全面建成小康社会　夺取新时代中国特色社会主义伟大胜利——在中国共产党第十九次全国代表大会上的报告（2017年10月18日）"，载《人民日报》2017年10月28日，第1版。

〔3〕　"中共中央关于深化党和国家机构改革的决定（二〇一八年二月二十八日中国共产党第十九届中央委员会第三次全体会议通过）"，载《人民日报》2018年3月5日，第1、3版。

〔4〕　"中共中央关于坚持和完善中国特色社会主义制度　推进国家治理体系和治理能力现代化若干重大问题的决定（2019年10月31日中国共产党第十九届中央委员会第四次全体会议通过）"，载《人民日报》2019年11月6日，第1版。

〔5〕　康晓光、韩恒："行政吸纳社会——当前中国大陆国家与社会关系再研究"，载《中国社会科学（英文版）》2007年第2期。

第五章　中国行政体制改革始终必须
解决好的若干问题

中国行政体制改革是对现实存在的行政建制、架构、构成、机制中阻碍经济社会发展和政府发展的状况作出适时的调整，是政府的自我革命，行政运行中的机构、职能、人员、制度、政策、法律法规在改革后都要发生变化，而这些变化的实质是什么呢？中国行政体制是中国特色社会主义制度的重要组成部分，中国行政体制改革是中国特色社会主义制度不断定型、成熟、完善、巩固的生动写照，目的是通过建设人民满意的服务型政府，使中国特色社会主义制度的优越性和国家现代治理体系的效能在行政体制和政府治理中得到充分体现。因此，中国行政体制在改革中发生的所有变化，其实质不是变成其他什么主义旗帜下的行政体制，而是在坚持中国特色社会主义制度前提下，行政体制的自我完善。定力体现规律，决定成败，推进和深化行政体制改革，必须始终保持在不忘初心、牢记使命的意义上沿着正确方向解放思想、实事求是、勇于创新的改革定力，其中的能量，生发于对改革坚定的方向、改革获胜的保障、改革维系的根本、改革发力的核心、改革着力的关键、改革达致的目标、改革重构的重点、改革遵循的法则、改革生效的落脚等基本问题的正确认识和把握。

一、改革坚定的方向：坚持中国特色社会主义

习近平总书记指出，"中国特色社会主义是改革开放以来党的全部理论和实践的主题，全党必须高举中国特色社会主义伟大旗帜，牢固树立中国特色社会主义道路自信、理论自信、制度自信、文化自信，确保党和国家事业始

终沿着正确方向胜利前进"。行政体制是国家体制的重要组成部分，行政体制改革是推动上层建筑适应经济基础的必然要求，是坚定走中国特色社会主义政治发展道路和推进政治体制改革的重要内容，推进和深化行政体制改革必须始终坚持和完善中国特色社会主义。

（一）中国特色社会主义的内涵

中国特色社会主义是科学社会主义理论逻辑和中国社会发展历史逻辑的辩证统一，是根植于中国大地、反映中国人民意愿、适应中国和时代发展进步要求的科学社会主义。[1]其中，中国特色社会主义道路、中国特色社会主义理论体系、中国特色社会主义制度三位一体，共同统一于中国特色社会主义伟大实践。

中国特色社会主义首先是社会主义，而不是别的什么主义。改革开放以来，在马克思列宁主义、毛泽东思想指导下，我们党领导人民开创了中国特色社会主义道路和事业。这一新的里程中的安排和做法虽然与以往有所不同，但绝不是放弃了阵地和灵魂，在不属于中国的其他旗帜下和道路上"标新立异"，而是正如习近平总书记指出的"我们的改革是在中国特色社会主义道路上不断前进的改革，既不走封闭僵化的老路，也不走改旗易帜的邪路"。走中国特色社会主义道路，体现着"我们要把命运掌握在自己手中，就要有志不改、道不变的坚定"，就是始终在中国共产党领导下，坚持科学社会主义的基本原理，坚持解放思想、实事求是、与时俱进、求真务实，立足基本国情，以经济建设为中心，坚持四项基本原则，坚持改革开放，解放和发展生产力，建设社会主义市场经济、社会主义民主政治、社会主义先进文化、社会主义和谐社会、社会主义生态文明，促进人的全面发展，逐步实现全体人民共同富裕，建设富强、民主、文明、和谐、美丽的社会主义现代化强国。国内外关于中国现在搞的究竟还是不是社会主义的疑问，以及所谓"资本社会主义""国家资本主义""新官僚资本主义"各种说法，都是完全错误的，无论怎么改革，怎么开放，中国始终坚持中国特色社会主义道路、中国特色社会主义

---

〔1〕　参见中共中央文献研究室编：《十八大以来重要文献选编》（上），中央文献出版社2014年版，第118页。

理论体系、中国特色社会主义制度，与资本主义和其他主义有着本质区别。

中国特色社会主义，既坚持了科学社会主义基本原则，又根据时代条件赋予其鲜明的中国特色。中国共产党人始终坚持以马克思主义为指导，开辟使国家实现富强，使民族站起来、富起来、强起来的康庄大道，在立足中国国情，不断将马克思主义的普遍真理和中国的具体实际结合起来，根据时代的变化、社会的变迁推进马克思主义中国化的过程中，成功地创建了中国特色社会主义，并造就这一科学制度强大的生命力和巨大的优越性。以毛泽东同志为核心的党的第一代中央领导集体，为新时期开创中国特色社会主义提供了宝贵经验、理论准备、物质基础。以邓小平同志为核心的党的第二代中央领导集体，成功开创了中国特色社会主义。以江泽民同志为核心的党的第三代中央领导集体，成功把中国特色社会主义推向 21 世纪。以胡锦涛同志为总书记的党中央，成功地在新的历史起点上坚持和发展了中国特色社会主义。新时代新阶段，以习近平总书记为核心的新一代党中央，进一步继承和发展马克思列宁主义、毛泽东思想、邓小平理论、"三个代表"重要思想、科学发展观，形成习近平新时代中国特色社会主义思想，开启了坚持和发展中国特色社会主义的新阶段。习近平总书记指出，新时代中国特色社会主义思想，是对马克思列宁主义、毛泽东思想、邓小平理论、"三个代表"重要思想、科学发展观的继承和发展，是马克思主义中国化最新成果，是党和人民实践经验和集体智慧的结晶，是中国特色社会主义理论体系的重要组成部分，是全党全国人民为实现中华民族伟大复兴而奋斗的行动指南，必须长期坚持并不断发展。[1]其中，中国特色社会主义道路是实现社会主义现代化、创造人民美好生活的必由之路，中国特色社会主义理论体系是指导党和人民实现中华民族伟大复兴的正确理论，中国特色社会主义制度是当代中国发展进步的根本制度保障，中国特色社会主义文化是激励全党全国各族人民奋勇前进的强大精神力量。[2]

---

〔1〕 参见习近平："决胜全面建成小康社会 夺取新时代中国特色社会主义伟大胜利——在中国共产党第十九次全国代表大会上的报告（2017 年 10 月 18 日）"，载《人民日报》2017 年 10 月 28 日，第 1 版。

〔2〕 参见习近平："决胜全面建成小康社会 夺取新时代中国特色社会主义伟大胜利——在中国共产党第十九次全国代表大会上的报告（2017 年 10 月 18 日）"，载《人民日报》2017 年 10 月 28 日，第 1 版。

（二）中国特色社会主义适应并推动中国社会持续发展

习近平总书记强调："一个国家实行什么样的主义，关键要看这个主义能否解决这个国家面临的历史性课题……历史和现实都告诉我们，只有社会主义才能救中国，只有中国特色社会主义才能发展中国，这是历史的结论、人民的选择。"

只有社会主义才能救中国。辛亥革命之后，中国尝试过君主立宪制、帝制复辟、议会制、多党制、总统制等各种形式，"改良主义、自由主义、社会达尔文主义、无政府主义、实用主义、民粹主义、工团主义等也都'你方唱罢我登场'，但都没能解决中国的前途和命运问题"。[1]中国之所以贫穷落后、被动挨打，是因为缺乏科学的思想理论为其揭示走向光明的客观规律和发展道理，缺乏先进的政治力量领导人民同心同德进行不屈的奋斗和卓越的开创，缺乏优越的国家制度为人民实现美好理想带来希望和提供保障。自从马克思主义传入中国，这一切都被抛在历史的后面。中国共产党在马克思主义的指引下成为国家和人民最坚实的依靠，从马克思主义中找到了解救中国的良方，从在马克思主义指导下建立的社会主义制度中找到了壮大中国的路径，以建设社会主义制度为追求的前所未有的社会变革，不可逆转地结束了近代以后中国内忧外患、积贫积弱的悲惨境遇，从根本上改变了中国人民和中华民族的前途命运。

只有中国特色社会主义才能发展中国。中国特色社会主义是体现社会主义本质并拥有极大优化中国生产力与生产关系、经济基础与上层建筑之间关系，既能实现经济快速发展，又能保持社会长期稳定能量的治国良方，是中国人民和中华民族所有美好理想得以实现的根本保障。改革开放以来，随着中国特色社会主义的创立和发展，中国共产党带领人民在中国特色社会主义道路上开创了无数人间奇迹，不可逆转地开启中华民族不断发展壮大、走向复兴的历史进程。70 年来，中国经济总量所居的世界位次稳步提高，跃居世界第二，对世界经济增长的贡献不断提高；人均国内生产总值不断提高，实

---

〔1〕 中共中央文献研究室编：《十八大以来重要文献选编》（上），中央文献出版社 2014 年版，第 109 页。

现了从低收入国家向中上等收入国家的跨越；人民生活大改善，实现了从温饱不足到总体小康并向全面小康迈进的历史性跨越，[1]在建设中国特色社会主义道路上，中国用几十年时间走完了西方国家一二百年才走完的现代化发展历程。中国特色社会主义是中国共产党的创举、是国家的幸运、是人民的福祉。面对无可争议的事实，曾经提出"历史终结论"的美国学者福山也修正了自己的观点，认为"中国模式"有效地证明，西方自由民主并非人类历史进化的终点。[2]

坚持中国特色社会主义绝不动摇。习近平总书记指出："'鞋子合不合脚，自己穿了才知道'。一个国家的发展道路合不合适，只有这个国家的人民才最有发言权。"从改革开放开始，特别是苏联解体、东欧剧变以后，"唱衰"中国的舆论在国际上不绝于耳，各式各样的"中国崩溃论"从来没有中断过。但是，与敌视和诋毁中国的各种谬论的预估相反，在中国特色社会主义道路上，我们的国家非但没有崩溃，反而朝气蓬勃、生机盎然，并一步步朝着更加辉煌的目标大踏步行进。事实证明，"我们的现代化建设，必须从中国的实际出发。无论是革命还是建设，都要注意学习和借鉴外国经验。但是，照抄照搬别国经验、别国模式，从来不能得到成功"。假如我国在改革开放后放弃了社会主义，实行的不是中国特色社会主义而是其他什么主义，不用证明也毋庸置疑，今天的中国与曾经实行过并主动放弃了社会主义的许多国家的衰落状况没有两样。世界上不存在完全相同的政治制度，也不存在适用于一切国家的政治制度模式，"只有扎根本国土壤、汲取充沛养分的制度，才最可靠、也最管用"[3]，"中国有960多万平方公里土地、56个民族，我们能照谁的模式办？谁又能指手画脚告诉我们该怎么办？"[4]既然我们正确地选择了中

---

〔1〕 参见国家统计局："改革开放铸辉煌　经济发展谱新篇——1978年以来我国经济社会发展的巨大变化"，载《人民日报》2013年11月6日，第10版。

〔2〕 参见中共中央文献研究室编：《十八大以来重要文献选编》（上），中央文献出版社2014年版，第111页。

〔3〕 中共中央文献研究室编：《十八大以来重要文献选编》（中），中央文献出版社2016年版，第60页。

〔4〕 中共中央文献研究室编：《十八大以来重要文献选编》（中），中央文献出版社2016年版，第60页。

国特色社会主义，就要对这一选择负责到底，既然中国特色社会主义给中国带来了无限光明，就要时刻珍惜美好的命运，无论继续前行的路有多远，路上遭遇的挑战有多严峻，我们的信念坚定不移，坚持中国特色社会主义绝不动摇。

（三）新时代在深化行政体制改革中坚持中国特色社会主义的要义

中国特色社会主义进入决胜全面建设小康社会、开启全面建设社会主义现代化的新时代，解决好人民日益增长的美好生活需要和不平衡不充分的发展之间的矛盾成为新的社会主要矛盾，政府的现代治理承担着新的使命。新时代深化行政体制改革必须牢牢把握坚持中国特色社会主义这一基本原则，在正确方向的指引下攻坚克难、乘胜前进。

新时代深化行政体制改革必须以习近平新时代中国特色社会主义思想为根本遵循。习近平新时代中国特色社会主义思想是马克思主义中国化最新成果，是党和人民实践经验和集体智慧的结晶，是中国特色社会主义理论体系的重要组成部分，是全党全国人民为实现中华民族伟大复兴而奋斗的行动指南，这一由八个明确和十四项基本方略构成的思想体系，全面深刻地揭示了新时代中国特色社会主义的本质特征、客观规律、基本原则、价值取向、前行路径和发展趋势，是全面深化改革和各项工作顺利推进的根本遵循。在比历史上任何时期都更接近、更有信心和能力实现中华民族伟大复兴的目标的阶段进行伟大斗争，建设伟大工程，推进伟大事业，实现伟大梦想，赋予新时代深化行政体制改革更为重大和艰巨的任务。"要坚决破除制约使市场在资源配置中起决定性作用、更好发挥政府作用的体制机制弊端，围绕推动高质量发展，建设现代化经济体系，加强和完善政府经济调节、市场监管、社会管理、公共服务、生态环境保护职能，调整优化政府机构职能，全面提高政府效能，建设人民满意的服务型政府"，[1]必须根据习近平新时代中国特色社会主义思想开拓改革视野、提高改革悟性、找准改革着力、增强改革动力、获取改革实效。

---

〔1〕"中共中央关于深化党和国家机构改革的决定（二〇一八年二月二十八日中国共产党第十九届中央委员会第三次全体会议通过）"，载《人民日报》2018 年 3 月 5 日，第 1、3 版。

中国特色社会主义具有显著的制度优势，行政体制改革对于充分展现制度优势责无旁贷。党的十九届四中全会全面总结概括了中国特色社会主义制度的显著优势，具体体现为：坚持党的集中统一领导，坚持党的科学理论，保持政治稳定，确保国家始终沿着社会主义方向前进的显著优势；坚持人民当家作主，发展人民民主，密切联系群众，紧紧依靠人民推动国家发展的显著优势；坚持全面依法治国，建设社会主义法治国家，切实保障社会公平正义和人民权利的显著优势；坚持全国一盘棋，调动各方面积极性，集中力量办大事的显著优势；坚持各民族一律平等，铸牢中华民族共同体意识，实现共同团结奋斗、共同繁荣发展的显著优势；坚持公有制为主体、多种所有制经济共同发展和按劳分配为主体、多种分配方式并存，把社会主义制度和市场经济有机结合起来，不断解放和发展社会生产力的显著优势；坚持共同的理想信念、价值理念、道德观念，弘扬中华优秀传统文化、革命文化、社会主义先进文化，促进全体人民在思想上精神上紧紧团结在一起的显著优势；坚持以人民为中心的发展思想，不断保障和改善民生、增进人民福祉，走共同富裕道路的显著优势；坚持改革创新、与时俱进，善于自我完善、自我发展，使社会始终充满生机活力的显著优势；坚持德才兼备、选贤任能，聚天下英才而用之，培养造就更多更优秀人才的显著优势；坚持党指挥枪，确保人民军队绝对忠诚于党和人民，有力保障国家主权、安全、发展利益的显著优势；坚持"一国两制"，保持香港、澳门长期繁荣稳定，促进祖国和平统一的显著优势；坚持独立自主和对外开放相统一，积极参与全球治理，为构建人类命运共同体不断作出贡献的显著优势。[1]政府治理是国家治理的重要构成，行政体制是国家治理体系的重要组成部分，通过深化行政体制改革实现政府善治，侧面反映了中国特色社会主义制度的优越性和国家现代治理的效能，因此，深化行政体制改革应当做什么、怎么做、做成什么样，必须有利于为中国特色社会主义制度增光添彩。

深化行政体制改革必须按照中国特色社会主义在新时代发展的要求，突

---

〔1〕 参见"中共中央关于坚持和完善中国特色社会主义制度　推进国家治理体系和治理能力现代化若干重大问题的决定（2019年10月31日中国共产党第十九届中央委员会第四次全体会议通过）"，载《人民日报》2019年11月6日，第1版。

出目标导向和问题导向。党的十九大确定了决胜全面建成小康社会，开启全面建设社会主义现代化国家新征程的目标，即到建党 100 年时建成经济更加发展、民主更加健全、科教更加进步、文化更加繁荣、社会更加和谐、人民生活更加殷实的小康社会。在此基础上，再奋斗 15 年，到 2035 年基本实现社会主义现代化。从 2035 年到 21 世纪中叶，在基本实现现代化的基础上，再奋斗 15 年，把我国建成富强民主文明和谐美丽的社会主义现代化强国。十九大确定的奋斗目标为深化行政体制改革提出了新的标准和规格，深化行政体制改革的措施和成效必须通过切实解决体制短板和机制弱项问题体现标准和规格特征，有助于各项目标递进实现。新时代深化行政体制改革面临更为突出的攻坚克难任务，要想根本排除影响和制约发展的体制机制痼疾，需要以真诚的态度、真实的决心、真心的作为解决市场和社会发展不顺利、人民群众不满意的问题，这就要求必须既立足于实现第一个百年奋斗目标，针对突出矛盾，抓重点、补短板、强弱项、防风险；又着眼于实现第二个百年奋斗目标，注重解决事关长远的体制机制问题，打基础、立支柱、定架构。[1]具体而言，就是要以体制机制是否更加科学合理、管理服务水平是否得到提升、人民群众能否从改革中得到实惠等实践成效来检验改革成果，通过改革，着力破除制约发展的突出体制机制障碍，使机构设置和职能配置适应社会主要矛盾变化，推动解决发展不平衡不充分问题，为新时代党和国家各项事业发展提供体制机制保障；要在统筹考虑各类机构设置，科学配置党政部门及内设机构权力、明确职责的架构中转变政府职能，深化简政放权，创新监管方式，增强政府公信力和执行力，建设人民满意的服务型政府。

二、改革获胜的保障：坚持党的领导

习近平总书记提出："中国特色社会主义最本质的特征是中国共产党领导，中国特色社会主义制度的最大优势是中国共产党领导。"中国共产党党章规定，"中国共产党是中国工人阶级的先锋队，同时是中国人民和中华民族的

---

〔1〕　参见"中共中央关于深化党和国家机构改革的决定（二○一八年二月二十八日中国共产党第十九届中央委员会第三次全体会议通过）"，载《人民日报》2018 年 3 月 5 日，第 1、3 版。

先锋队，是中国特色社会主义事业的领导核心，代表中国先进生产力的发展要求，代表中国先进文化的前进方向，代表中国最广大人民的根本利益。"我们党在世界形势深刻变化的历史进程中始终走在时代前列，在应对国内外各种风险和考验的历史进程中始终作为全国人民的主心骨，在坚持和发展中国特色社会主义的历史进程中始终担当坚强领导核心。党的十九届三中全会要求，深化党和国家机构改革，"必须坚持中国特色社会主义方向，增强政治意识、大局意识、核心意识、看齐意识，坚定中国特色社会主义道路自信、理论自信、制度自信、文化自信，坚决维护以习近平同志为核心的党中央权威和集中统一领导，自觉在思想上政治上行动上同党中央保持高度一致，把加强党对一切工作的领导贯穿改革各方面和全过程"。[1]

（一）中国共产党是中国特色社会主义事业的领导核心

党是最高政治领导力量，党是领导一切的。习近平总书记提出，"党是我们事业的坚强领导核心。在当今中国，没有大于中国共产党的政治力量或其他什么力量。党政军民学，东西南北中，党是领导一切的，是最高的政治领导力量。"[2]中国特色社会主义事业是万壑争流、万马奔腾的事业，这一伟大事业的领导力量只有一个，这就是由历史和人民最终作出的正确选择——中国共产党。党的领导是对所有工作的统摄，具有绝对权威性和普遍贯穿力。党的领导的绝对权威性体现为党中央对涉及党和国家事业全局的重大工作的集中统一领导，"党中央制定的理论和路线方针政策，是全党全国各族人民统一思想、统一意志、统一行动的依据和基础"；体现为党组织在同级组织中处于领导地位，带领各组织向党中央看齐，向党的理论和路线方针政策看齐，向党中央改革发展稳定、内政外交国防、治党治国治军各项决策部署看齐。党领导的普遍贯穿力体现为党政军民学、东西南北中，各个领域、各个行业、各个层级、各个方面都要有党的组织、党的声音、党的作用，全面实行党领导经济、政治、文化、社会、生态文明建设，领导全面深化改革、依法治国，

---

〔1〕"中共中央关于深化党和国家机构改革的决定（二〇一八年二月二十八日中国共产党第十九届中央委员会第三次全体会议通过）"，载《人民日报》2018年3月5日，第1、3版。

〔2〕中共中央宣传部编：《习近平总书记系列重要讲话读本》，学习出版社、人民出版社2016年版，第101～102页。

领导内政、外交、国防等工作，党领导军队及各类社会组织、团体，等等。

党在国家治理体系中发挥"总揽全局、协调各方"的作用。虽然党统揽全局，但并不是事无巨细，更不是"包打天下"。根据党章，党的领导主要体现为政治、思想和组织领导，其在国家治理体系中发挥的是"总揽全局、协调各方"的核心作用，总揽不包揽，协调不取代。首先，党把方向、谋大局、定政策、促改革，在经济、政治、文化、社会、生态文明五位一体建设，内政、外交、国防、民族等各项工作中负责顶层设计、总体布局，全角度观察问题，"一锤定音"做决策。"政府的重大规划、发展战略和重大经济决策必须由各级党委批准；各级政府主要负责人必须是中共党员；各级行政官员的考察和任命由党委负责决定。"[1]其次，作为国家治理体系的核心，党协调各方，以政治权威保证各系统、各部门协同发挥作用，保障改革和建设工作在重要环节和整体过程中得到落实。通过在国家机关、事业单位、群团组织、社会组织、企业和其他组织中设立党委（党组），确保党的方针政策和决策部署在同级组织中得到贯彻落实；充分调动人大、政府、政协的积极性，充分发挥民主党派、工商联和无党派的积极作用，充分发挥人民团体、社会组织的作用，形成各方面工作合力，提高国家治理效能。

（二）党对一切工作的领导是推进中国特色社会主义事业的根本保证

习近平总书记提出，"办好中国的事情，关键在党……坚持和完善党的领导，是党和国家的根本所在、命脉所在，是全国各族人民的利益所在、幸福所在"。[2]

党的领导是中国特色社会主义最本质的特征，没有共产党就没有中国特色社会主义。中国共产党是以马克思列宁主义为指导建立起来的无产阶级政党，是中国工人阶级的先锋队，是中华人民和中华民族的先锋队。自诞生之日起，中国共产党就以实现人民当家作主，为人民谋幸福为己任。建党100年来，我们党带领人民推翻三座大山，建立了社会主义新中国，终止了国家

---

〔1〕　石亚军："推进国家治理体系现代化视野下党政分工问题研究"，载《北京教育（高教）》2015年第11期。

〔2〕　习近平：《在庆祝中国共产党成立95周年大会上的讲话》，人民出版社2016年版，第22页。

挨打受辱的悲惨历史，久经磨难的中华民族从此站起来；我们党领导人民进行改革开放，开辟了中国特色社会主义，开启了国家快速走向现代强盛的历史，勤劳智慧的中华民族一步步富起来、强起来。从建设新中国到走向新时代，所有能够用事实印证、经历史检验、让人民自豪、使世界惊羡的致立、致富、致强的成就，都是我们党先进理论和正确路线方针政策的实践成果，都是我们党政治、思想、组织领导力的统摄结果，都是我们党能动驾驭国内和国际两个大局，统筹党的建设和国家建设两个大计，掌控改革和稳定两个大略能力的生动体现。

经历了改革开放这样的深刻变革，中国没有放弃自己的原则和本色去仿效别国的模式以求国家发展的出路，而是在中国特色社会主义指引下，"极大改变了中国的面貌、中华民族的面貌、中国人民的面貌、中国共产党的面貌。中华民族迎来了从站起来、富起来到强起来的伟大飞跃！中国特色社会主义迎来了从创立、发展到完善的伟大飞跃！中国人民迎来了从温饱不足到小康富裕的伟大飞跃！中华民族正以崭新姿态屹立于世界的东方！"[1]这是多么了不起的壮举，是党的领导举旗定向、力可拔山，将改革开放书写出中国特色社会主义的壮丽诗篇。

党的领导是中国特色社会主义最大的优势，没有共产党就没有中华民族的伟大复兴。中国共产党是中华民族伟大复兴事业的引领者、推动者和实践者。党带领人民完成新民主主义革命、社会主义革命、改革开放伟大变革，从根本上扭转了积贫积弱、不断衰退的命运，并一步步实现中华民族伟大复兴。党的领导作为中国特色社会主义最大的优势体现为，党在长期的革命、建设、改革中，形成了巨大的理论优势、组织优势、制度优势和密切联系群众的优势，这些优势是中国共产党成为社会主义现代化事业领导核心的根本原因，是现代化建设过程中必须坚持党的领导的根本依据。[2]

中国自古就是一个地域辽阔、人口众多的多民族国家，各地区、各民族

---

〔1〕 习近平："在庆祝改革开放40周年大会上的讲话（2018年12月18日）"，载《人民日报》2018年12月19日，第2版。

〔2〕 参见梅荣政："中国共产党领导是中国特色社会主义最本质的特征"，载《学校党建与思想教育》2014年第18期。

差异极大，实现中华民族伟大复兴是华夏儿女的共同期盼，是需要在风雨兼程中通过"六合同风，九州共贯"砥砺前行而实现的伟大梦想。中国共产党不仅高举起中华民族伟大复兴的旗帜，并且以坚强的领导为实现这一伟大梦想提供了力大无穷的保障。正如习近平总书记所指出的，"在国家治理体系的大棋局中，党中央是坐镇中军帐的'帅'，车马炮各展其长，一盘棋大局分明"。[1]党的集中统一领导，实现了全党全国人民思想上的统一、政治上的团结、行动上的一致，形成了万众一心、无坚不摧的磅礴力量。战洪水、防非典、抗地震、化风险，我国成功应对一系列的重大风险挑战、有效克服无数艰难险阻、顺利化解各种矛盾危机，推改革、扩开放，我国综合国力不断提升，日益走进世界舞台中央。

社会稳定是顺利进行现代化建设的前提条件，没有稳定的社会环境，根本谈不上社会主义现代化建设，根本无法实现中华民族伟大复兴的中国梦。随着改革开放的持续深入推进，我国现代化建设面临的国内外环境中的复杂性和不确定性因素明显增多。在此背景下，以强有力的党的集中统一领导为社会主义现代化建设护航显得愈发重要。正如邓小平同志所强调的："共产党的领导，这个丢不得，一丢就是动乱局面，或者不稳定状态。一旦不稳定甚至动乱，什么建设也搞不成。"[2]"党的领导是做好党和国家各项工作的根本保证，是我国政治稳定、经济发展、民族团结、社会稳定的根本点。"[3]西方的政党政治即便符合西方国家的历史与社会，政党之争、政党衰落也使得国家重大政策缺乏连续性和稳定性。而一些亚非拉国家，主动或被动采用西方国家的政治制度后，更是出现了国家政局动荡、社会混乱、人民生活困难等状况。2020年初，我国遭受了以武汉为重灾区，覆盖全国，引起全球关注的新型冠状病毒的侵害，面对突如其来、病毒怪异、病因不明、蔓延迅速、春运流动的特殊情况，正是在党中央正确、坚强、有力的领导下，在各级党组织的组织下，在各行各业共产党员的冲锋陷阵中，以最优化统一全国思想意志行动步调，最大化调动全国有效人力物力财力的效能，成功阻断了疫情的

---

〔1〕 习近平："中国共产党领导是中国特色社会主义最本质的特征"，载《求是》2020年第14期。

〔2〕 邓小平：《邓小平文选》（第三卷），人民出版社1993年版，第252页。

〔3〕 习近平："中国共产党领导是中国特色社会主义最本质的特征"，载《求是》2020年第14期。

恶性扩散，成功救治了大量患者，成功控制了整体疫情，将经济社会的各种损失降到了人为能够控制的最低程度，取得了抗击疫情的最终胜利。这样的疫情，如果发生在没有中国共产党领导的中国，后果将不堪设想，对这样的疫情的战胜，意涵着中国制度创造的奇迹向全世界昭告的一个真理，即在中国，坚持中国共产党的领导，任何人间艰难困苦都可以克服，中国人民在实现中华民族伟大复兴的道路上无论面对什么挑战和干扰都无往而不胜。2020年1月30日美国《纽约时报》发表题为"世界迅速意识到多么依赖中国"的文章，客观地反映了中国的全方位能力和对世界发展不可或缺的促进意义。中国人民非常清楚，对中国经济贸易依赖的背后，实际上是对中国制度的依赖，对中国制度依赖的根本，是对中国共产党领导的依赖，难怪《纽约时报》报道美国国务卿蓬佩奥时说"美国担心的不是某一家公司，而是中国的制度""共产党是我们时代的核心威胁"，他的无奈表达，说出了一段为人们解惑中国为什么能的广告词式谜底。

（三）新时代推进行政体制改革加强和完善党的领导的着力点

习近平总书记指出，"在我国，党的坚强有力领导是政府发挥作用的根本保证。在全面深化改革过程中，我们要坚持和发展我们的政治优势，以我们的政治优势来引领和推进改革，调动各方面积极性，推动社会主义市场经济体制不断完善、社会主义市场经济更好发展"。[1]

坚持中国共产党的领导，首先要坚持党中央的集中统一领导。习近平总书记提出，"只有党中央有权威，才能把全党牢固凝聚起来，进而把全国各族人民紧密团结起来，形成万众一心、无坚不摧的磅礴力量。如果党中央没有权威，党的理论和路线方针政策可以随意不执行，大家各自为政、各行其是，想干什么就干什么，想不干什么就不干什么，党就会变成一盘散沙，就会成为自行其是的'私人俱乐部'，党的领导就会成为一句空话"。[2]维护党中央权威和集中统一领导，必须把党作为最高政治领导力量的地位和作用进一步

---

〔1〕"习近平在中共中央政治局第十五次集体学习时强调　正确发挥市场作用和政府作用　推动经济社会持续健康发展"，载《人民日报》2014年5月28日，第1版。

〔2〕中共中央党史和文献研究院编：《十八大以来重要文献选编》（下），中央文献出版社2018年版，第585页。

制度化，要健全党中央对重大工作的领导体制，强化党中央决策议事协调机构职能作用，完善推动党中央重大决策落实机制，严格执行向党中央请示报告制度，确保令行禁止。维护党中央权威和集中统一领导必须从制度上保证党中央的政令畅通和工作高效，把党的路线方针政策落到实处。在行政体制改革中坚持党中央的集中统一领导要求坚持党的基本理论、基本路线、基本纲领、基本经验、基本要求，在指导思想和路线方针政策以及关系全局的重大原则问题上，在思想上、政治上、行动上同以习近平同志为核心的党中央保持高度一致，自觉维护中央权威。要牢固树立大局观念和全局意识，在机构设置改革、职能配置改革和运行机制改革等方面，围绕保证中央政令畅通与地方工作实效相结合的原则，以贯彻党中央精神为前提，确保行政体制支持、维护和保障习近平总书记党中央的核心、全党的核心地位落到实处。

坚持中国共产党的领导，要进一步优化党政分工。党的领导和政府行政是国家治理现代化体系中不可或缺的重要组成部分，要想实现国家治理体系和治理能力现代化，需要在党的统一领导下，优化党政分工，实现党务和政务在国家治理功能上科学合理地区分与相互配合，既维护和巩固党的执政地位，又充分发挥政府的作用，进而形成党政各司其职、统一协调、相得益彰、携手共进的治理体系。在推进经济建设、政治建设、文化建设、社会建设、生态文明建设中，党委议大事、抓全局、谋长远，凡属这类功能，党委不能缺位和错位，政府不能越位；政府理事务、配资源、管执行，凡属这类功能，政府不能缺位和错位，党委不能越位。[1]与此同时，加强党与政府的协商互动，党委行使政治领导权进行决策时，要充分吸纳政府参与和听取政府的意见；政府行使行政负责权进行决策时，要充分吸纳党委的参与和听取党委的意见。形成既有党的全局总揽和协调，又有政府具体执行和落实，统权和分权相结合的模式，在党政互动中，以领导促行政、以行政保领导，共同推进国家治理体系和治理能力现代化。

---

〔1〕　参见石亚军："推进国家治理体系现代化视野下党政分工问题研究"，载《北京教育（高教）》2015 年第 11 期。

三、改革维系的根本：以人民为中心

习近平总书记提出，"人民是推动发展的根本力量，实现好、维护好、发展好最广大人民根本利益是发展的根本目的。必须坚持以人民为中心的发展思想，把增进人民福祉、促进人的全面发展作为发展的出发点和落脚点，发展人民民主，维护社会公平正义，保障人民平等参与、平等发展权利，充分调动人民积极性、主动性、创造性"。[1]以人民为中心的发展思想要求把人民置于经济社会发展的中心，"把尊重民意、汇集民智、凝聚民力、改善民生贯穿党治国理政全部工作之中"。[2]政府作为经济社会发展的主推者和治理者，对在国家治理体系中切实落实以人民为中心扮演着关键角色，承担着重要责任，这就要求推进和深化行政体制改革必须始终坚持以人民为中心这一根本宗旨，使改革的所有举措都有利于不断实现人民对美好生活的向往。

（一）以人民为中心的意涵

以人民为中心的发展思想，鲜明地回答了"依靠谁发展，为了谁发展"这一发展中的根本问题和原则问题。坚持以人民为中心，就是要坚持人民主体地位，充分尊重人民所表达的意愿、所创造的经验、所拥有的权利、所发挥的作用，做到发展为了人民、发展依靠人民、发展成果由人民共享。

发展为了人民，永远把人民对美好生活的向往作为奋斗目标。全心全意为人民服务是我们党的宗旨，也是各级政府的根本宗旨。习近平总书记指出，"我们党领导人民全面建设小康社会、进行改革开放和社会主义现代化建设的根本目的，就是要通过发展社会生产力，不断提高人民物质文化生活水平，促进人的全面发展。检验我们一切工作的成效，最终都要看人民是否真正得到了实惠，人民生活是否真正得到了改善"。[3]人民对美好生活的向往，就是

---

〔1〕 "中华人民共和国国民经济和社会发展第十三个五年规划纲要"，载《人民日报》2016 年 3 月 18 日，第 1 版。

〔2〕 参见"中共中央关于坚持和完善中国特色社会主义制度　推进国家治理体系和治理能力现代化若干重大问题的决定（2019 年 10 月 31 日中国共产党第十九届中央委员会第四次全体会议通过）"，载《人民日报》2019 年 11 月 6 日，第 1 版。

〔3〕 习近平："全面贯彻落实党的十八大精神要突出抓好六个方面工作"，载《求是》2013 年第 1 期。

政府奋斗的目标，人民对美好生活的追求，就是政府努力的方向。各级政府在谋划改革思路和方案时，必须紧紧围绕为什么改、为谁而改进行布局，人民对美好生活的向往和追求需要政府虚心站在人民群众的心坎里和立场上，最大限度地为创业创新提供各种机会、条件和助力，最大能效地为优化市场环境和社会秩序提供坚强的行政保障，那么，政府推进行政体制改革就必须勇于刀刃向内，改变不符合人民意愿、不利于人民需要的不良作风、不当作为、不适方法，把实现好、维护好、发展好最广大人民根本利益作为一切改革行动的根本出发点和落脚点。

发展依靠人民，充分发挥人民群众在改革中的主动性和首创精神。习近平总书记多次强调，"中国梦归根到底是人民的梦"，"人民是历史的创造者，人民是真正的英雄""离开了人民，我们就会一事无成"。人民是实现中国梦的主体而不是客体，这决定了我们的发展不仅为了人民，还必须依靠人民来实现。依靠人民，就是要把人民当作先生，把政府当作学生，政府从人民开创历史的壮举中吸取改革的智慧，形成改革的部署，并依靠人民推进改革进程。事实上，无论经济体制改革还是行政体制改革，凡是被实践证明具有真理性、突破性、标志性、示范性的改革举措，都始于人民群众的首创精神，成于人民群众直接参与的一线改革。深化改革，仍然需要扩大人民群众的参与，倾听人民群众的心声，采纳人民群众的建议，强化人民群众的监督，不断完善改革措施，依靠人民才能使政府有效攻坚克难，依靠人民才能使政府提高现代治理能力和水平。

发展成果由人民共享，朝着全体人民共同富裕不断迈进。共同富裕是中国特色社会主义的根本原则，实现共同富裕是我们党的重要使命。毛泽东同志在中华人民共和国成立之初就提出我国发展富强的"这个富，是共同的富，这个强，是共同的强，大家都有份"。[1]邓小平同志多次强调共同富裕，提出"社会主义最大的优越性就是共同富裕，这是体现社会主义本质的一个东西"。[2]江泽民同志强调："实现共同富裕是社会主义的根本原则和本质特

〔1〕　参见《中共中央关于发展农业生产合作社的决议》（1953 年 12 月）。
〔2〕　龚云："论邓小平共同富裕理论"，载《马克思主义研究》2012 年第 1 期。

征，绝不能动摇。"[1]胡锦涛同志也要求"使全体人民共享改革发展成果，使全体人民朝着共同富裕的方向稳步前进"。[2]习近平总书记更是强调，"我们追求的发展是造福人民的发展，我们追求的富裕是全体人民共同富裕"，要"让发展成果更多更公平惠及全体人民，不断促进人的全面发展，朝着实现全体人民共同富裕不断迈进"。[3]绝不能出现"富者累巨万，而贫者食糟糠"的现象，"全面建成小康社会，一个也不能少；共同富裕路上，一个也不能掉队"。坚持发展成果由人民共享的改革意义在于，政府要在不断优化的体制机制中，面向全体人民充分释放公共性、全面展现公信力，这就要求改革的政策措施绝不能顾此失彼、重这轻那，必须统筹发达地区和欠发达地区、城市和农村、国有企业和民营企业，必须特别关注弱势群体，使全体人民共享改革红利。

（二）以人民为中心是中国特色社会主义的根本立场

人民立场是中国共产党的根本政治立场。人民性是马克思主义最鲜明的品格，以人民为中心是马克思政党的根本价值取向，中国共产党是马克思主义政党，人民立场是中国共产党的根本政治立场。《中国共产党章程》明确规定："党除了工人阶级和最广大人民群众的利益，没有自己特殊的利益。党在任何时候都把群众利益放在第一位。"这就从根本上决定了中国共产党来源于人民，植根于人民，代表人民。中国共产党从成立的那天起就宣布自己是代表广大工人和人民群众利益的政党，革命战争时期，党领导人民打土豪、分田地，领导人民开展抗日战争、赶走日本侵略者，领导人民推翻三座大山、建立新中国，这一切都是为实现人民当家作主而进行的不懈斗争；新中国成立以来，党领导人民开展社会主义革命和建设、改变一穷二白的国家面貌，领导人民实行改革开放、推进社会主义现代化、实现中华民族伟大复兴，这

---

〔1〕 林光彬："新时代推进共同富裕取得实质性进展"，载《光明日报》2021年7月20日，第11版。

〔2〕 林光彬："新时代推进共同富裕取得实质性进展"，载《光明日报》2021年7月20日，第11版。

〔3〕 林光彬："新时代推进共同富裕取得实质性进展"，载《光明日报》2021年7月20日，第11版。

是为人民当家作主后实现根本利益而进行的不懈奋斗。从"全心全意为人民服务"，到"代表最广大人民的根本利益"，再到"以人为本，全面协调可持续发展"，直至"以人民为中心的发展思想"，我们党始终坚持人民至上的治国理念，坚守人民的根本立场，这是我们党区别于其他一切政党的根本标志，是我们在任何时候能够战胜任何艰难困苦取得持续发展的根本所在。习近平总书记指出，"我们的责任，就是要团结带领全党全国各族人民，继续解放思想，坚持改革开放，不断解放和发展社会生产力，努力解决群众的生产生活困难，坚定不移走共同富裕的道路"。[1]他还强调，"党的十八届五中全会鲜明提出要坚持以人民为中心的发展思想，把增进人民福祉、促进人的全面发展、朝着共同富裕方向稳步前进作为经济发展的出发点和落脚点。这一点，我们任何时候都不能忘记，部署经济工作、制定经济政策、推动经济发展都要牢牢坚持这个根本立场"。[2]

坚持人民主体地位是中国特色社会主义的强大根基。习近平总书记反复强调，"人民是历史的创造者，是真正的英雄""人民是创造历史的动力，我们共产党人任何时候都不要忘记这个历史唯物主义最基本的道理""人民是历史的创造者，是决定党和国家前途命运的根本力量"。只有依靠人民，才能创造历史伟业。

改革开放40年来，在党的先进政策激励下，亿万人民群众以满腔的建设热忱和巨大的创造精神积极地投入改革开放的洪流中。正是亿万人民群众在党的领导下奋发图强、艰苦奋斗、努力拼搏，我国才在几十年的时间里走完了资本主义发达国家几百年才走完的路程，初步实现了从站起来走向富起来，又从富起来走向强起来的历史性飞跃。在这个进程中，人民群众充分发挥了改革开放主力军的作用，用智慧、劳动和汗水谱写了改革开放的伟大篇章，没有人民群众的贡献和支持，我们不可能取得今天的辉煌成就。事实证明，人民群众才是改革开放的实践者和生力军。

习近平总书记指出，"人民群众有着无尽的智慧和力量，在人民面前，我

---

〔1〕　中共中央文献研究室编：《十八大以来重要文献选编》（上），中央文献出版社 2014 年版，第 70 页。

〔2〕　习近平：《在十八届中央政治局第二十八次集体学习时的讲话》（2015 年 11 月 23 日）。

们永远是小学生。必须充分尊重人民所表达的意愿、所创造的经验、所拥有的权利、所发挥的作用，自觉拜人民为师，向能者求教，向智者问策。要把政治智慧的增长、执政本领的增强、领导艺术的提高深深扎根于人民群众的实践沃土中，不断从人民群众中吸取营养和力量。始终与人民心心相印、与人民同甘共苦、与人民团结奋斗，使全体人民都满腔热情地投身到建设祖国的美好未来和创造自己的幸福生活中去。"[1]他要求，"要实现党的十八大确定的奋斗目标和中国梦，必须紧紧依靠人民，充分调动最广大人民的积极性、主动性、创造性。"[2]

（三）新时代推行行政体制改革坚持以人民为中心的落脚点

习近平总书记提出，以人民为中心的发展思想，不是一个抽象的、玄奥的概念，不能只停留在口头上、止步于思想环节，而要体现在经济社会发展各个环节。[3]新时代，坚持以人民为中心推进行政体制改革必须优化政府职能体系，满足最广大人民群众利益要求；破除部门利益，回应人民群众对美好生活的向往；扩大公众参与，广泛动员和组织人民投身到社会主义伟大建设事业中来；坚持共建共治共享，坚定不移走共同富裕道路。

优化政府职能体系，满足最广大人民群众利益要求。党的十九大提出，中国特色社会主义进入新时代，我国社会主要矛盾已经转化为人民日益增长的美好生活需要和不平衡不充分的发展之间的矛盾。主要矛盾的变化表明，随着社会主义现代化建设的持续推进，人民群众的利益需要发生了变化，需要优化政府这一供给侧的职能体系，提供更多、更丰富、更优质、更便捷的公共产品和公共服务，以满足新时代最广大人民群众的利益要求。从经济调节、市场监管、社会管理、公共服务、生态环境保护五方面入手，细化职责内容，科学职权分配，优化权力运行。健全以国家发展规划为战略导向，以财政政策和货币政策为主要手段，就业、产业、投资、消费、区域等政策协

---

〔1〕 张效廉："马克思主义政党人民性理论与实践的新境界，"载《红旗文稿》2021 年第 22 期。

〔2〕 习近平："在党的群众路线教育实践活动工作会议上的讲话（2013 年 6 月 18 日）"，载《中国共产党》2013 年第 10 期。

〔3〕 参见习近平："在省部级主要领导干部学习贯彻党的十八届五中全会精神专题研讨班上的讲话（2016 年 1 月 18 日）"，载《人民日报》2016 年 5 月 10 日，第 2 版。

同发力的宏观调控制度体系。完善国家重大发展战略和中长期经济社会发展规划制度。完善标准科学、规范透明、约束有力的预算制度。建设现代中央银行制度，完善基础货币投放机制，健全基准利率和市场化利率体系。严格市场监管、质量监管、安全监管，加强违法惩戒。完善公共服务体系，推进基本公共服务均等化、可及性。建立健全运用互联网、大数据、人工智能等技术手段进行行政管理的制度规则。推进数字政府建设，加强数据有序共享，依法保护个人信息。[1]完善生态环境治理体系，实行最严格的生态环境保护制度。

破除部门利益，顺应人民群众对美好生活的向往。部门利益是偏离了公共利益的不正当的小团体和个人利益，通过行使公共权力获取。公共部门具有分割社会财富的特权和便利，一旦缺少相应的监督或制衡，很容易偏离公共利益。[2]因此，为了维护公共利益，必须破除部门利益，确保公权力严格为公共利益服务。增进社会公益一方面要求政府切实转变职能，从问题出发，解决人民最关切、最直接、最现实的民生问题。习近平总书记强调"要随时随刻倾听人民呼声、回应人民期待，保证人民平等参与、平等发展权利，维护社会公平正义，在学有所教、劳有所得、病有所医、老有所养、住有所居上持续取得新进展"。[3]"要继续按照守住底线、突出重点、完善制度、引导舆论的思路，统筹教育、就业、收入分配、社会保障、医药卫生、住房、食品安全、安全生产等各方面，切实做好改善民生各项工作。"[4]另一方面，还要求政府切实转变工作方式和工作作风。"要加强公务员队伍建设和政风建设，改进工作方式，转变工作作风，改变门难进、脸难看、事难办现象，纠正老爷作风、衙门习气，杜绝吃拿卡要那一套，提高工作效率和服务水平，提高政府公信力和执行力。"[5]

---

〔1〕　参见"中共中央关于坚持和完善中国特色社会主义制度　推进国家治理体系和治理能力现代化若干重大问题的决定（2019 年 10 月 31 日中国共产党第十九届中央委员会第四次全体会议通过）"，载《人民日报》2019 年 11 月 6 日，第 1 版。

〔2〕　参见石亚军、施正文："我国行政管理体制改革中的'部门利益'问题"，载《中国行政管理》2011 年第 5 期。

〔3〕　中共中央文献研究室编：《十八大以来重要文献选编》（上），中央文献出版社 2014 年版，第 236 页。

〔4〕　习近平：《在中央经济工作会议上的讲话》（2013 年 12 月 10 日）。

〔5〕　习近平：《在党的十八届二中全会第二次全体会议上的讲话》（2013 年 2 月 28 日）。

扩大公众参与，广泛动员和组织人民投身到社会主义伟大建设事业中来。中国梦归根结底是人民梦，必须紧紧依靠人民来实现。党的十九大报告提出，要加强社会治理制度建设，完善党委领导、政府负责、社会协同、公众参与、法治保障的社会治理体制。[1]党的十九届四中全会进一步提出，社会治理是国家治理的重要方面。必须加强和创新社会治理，完善党委领导、政府负责、民主协商、社会协同、公众参与、法治保障、科技支撑的社会治理体系。[2]构建人人有责、人人尽责的社会治理共同体，需要加大信息公开，健全参与机制，扩大公众参与。在信息公开方面，紧紧围绕经济社会发展和人民群众关注关切，以公开促落实，以公开促规范，以公开促服务。依法依规明确政务公开的主体、内容、标准、方式、程序，加快推进权力清单、责任清单、负面清单公开。坚持改革创新，注重精细化、可操作性，务求公开实效，让群众看得到、听得懂，能监督。以社会需求为导向，以新闻媒体为载体，推行"互联网＋政务"，扩大公众参与，促进政府有效施政。[3]在发挥好政府治理作用的基础上，健全利益表达、利益协调、利益保护机制，引导群众依法行使权利、表达诉求、解决纠纷，实现政府治理和社会调节、居民自治良性互动。改革社会组织管理制度，鼓励和支持社会力量参与社会治理、公共服务，激发社会活力。深化基层组织和部门、行业依法治理，支持各类社会主体自我约束、自我管理。发挥市民公约、乡规民约、行业规章、团体章程等社会规范在社会治理中的积极作用。[4]

坚持共建共治共享，坚定不移走共同富裕道路。所谓共同富裕，是指在生产力发展的基础上，逐步实现全体社会成员的普遍富裕，使人人共享发展

〔1〕 参见习近平："决胜全面建成小康社会　夺取新时代中国特色社会主义伟大胜利——在中国共产党第十九次全国代表大会上的报告（2017年10月18日）"，载《人民日报》2017年10月28日，第1版。

〔2〕 参见"中共中央关于坚持和完善中国特色社会主义制度　推进国家治理体系和治理能力现代化若干重大问题的决定（2019年10月31日中国共产党第十九届中央委员会第四次全体会议通过）"，载《人民日报》2019年11月6日，第1版。

〔3〕 参见"中共中央办公厅　国务院办公厅印发《关于全面推进政务公开工作的意见》"，载《中华人民共和国国务院公报》2016年第7期。

〔4〕 参见中共中央宣传部编：《习近平总书记系列重要讲话读本》，学习出版社、人民出版社2016年版，第224～225页。

成果。[1]然而，我国目前仍处在社会主义初级阶段，使 14 亿多人都过上好日子，还需要付出长期的艰苦努力，还有很长的路要走。共同富裕包含社会财富增长和社会财富共享两个层次。这意味着在社会主义初级阶段，走共同富裕的道路，既要注重效率，促进经济持续增长，又要注重公平，让发展成果惠及全体人民。对此，行政体制改革，一方面要紧紧抓住以经济建设为中心，不断深化改革、创新驱动，解放生产力和发展生产力，提高经济发展的质量和效益，生产出更多更好的物质精神产品，不断把社会财富的蛋糕做大，满足人民日益增长的物质文化需求；另一方面又要在不断发展的基础上把促进社会公平正义的事情做好，把不断做大的"蛋糕"分好。要处理好发展经济和保障民生的关系，在经济发展的基础上不断加大保障民生力度。要重点加强基本公共服务，从解决群众最关心和最现实的利益和问题入手，做好普惠性、基础性、兜底性民生建设，全面提高公共服务共建共享水平；要抓住最需要关心的人群，多做雪中送炭的事情，特别是要加大对革命老区、民族地区、边疆地区、贫困地区基本公共服务支持力度，加强对特定人群的帮扶。

四、改革发力的核心：推进政府职能根本转变

习近平总书记在十八届二中全会第二次全体会议上对政府职能转变进行了明确界定，"转变政府职能是深化行政体制改革的核心，实质上要解决的是政府应该做什么、不应该做什么，重点是政府、市场、社会的关系，即哪些事应该由市场、社会、政府各自分担，哪些事应该由三者共同承担"。[2]这一重要论述向我们呈现出一个与市场"共力"、与社会"共治"、与人民"共享"的政府职能体系。[3]

（一）推进政府职能根本转变的内涵

政府职能，亦称行政职能，是国家行政机关依法管理国家事务和社会事务时，所应承担的所有职责和功能的总称，[4]它要回答的是"政府应该干什

〔1〕　参见魏礼群："坚定不移走共同富裕道路"，载《求是》2014 年第 15 期。

〔2〕　习近平：《在党的十八届二中全会第二次全体会议上的讲话》（2013 年 2 月 28 日）。

〔3〕　参见刘瑞一："政府职能转变的方向在哪里"，载《人民论坛》2016 年第 4 期。

〔4〕　参见王孝刚："新时期政府职能转变内涵与路径探究"，载《人民论坛》2014 年第 29 期。

么、有何作用、如何干”的基本问题。[1]政府职能反映了公共行政的基本内容和活动方向，是公共行政的本质表现。[2]政府职能是行政体制的核心问题，在行政学历史上，威尔逊、古德诺关于“政治—行政”二分法的经典认知，实质上就是在探索政府职能的界定问题。而政治经济学上古典自由主义与国家干预主义之间的长期争论，基本上也是由于对政府职能有着不同主张[3]。作为核心问题，我们有必要明确政府职能的实质，即政府职能的边界到底在哪里？但实际上，政府职能的动态性决定了这个问题并不容易回答。政府职能在一定时期内具有稳定性，但并非一成不变，它在不同的时代或社会环境中，工作内容、工作重心和工作方式是相应变化的。

职能是政府一切活动的逻辑起点。政府职能决定着组织的结构、制度、组织规模、任务目标、人员素质、工作机制等其他要素的发展，换句话说，这些要素均是政府职能的“派生品”。没有科学、合理的职能，就不可能有科学合理的结构、功能、制度、人员队伍、工作任务和发展目标。职能决定机构的规律，内在地规定了机构改革必须以职能转变为前提和基础，牢牢抓住职能转变这个关键。[4]国家行政学院课题组曾对“机构、人员、职能”的关系作过一个形象的比喻，他们认为，行政体制改革要处理好庙宇、和尚与香火的关系。庙宇好比机构，和尚好比官员，香火好比职能。如果行政体制改革总是从庙宇或和尚的角度去考虑，则很难把握住问题的实质。因为，有没有香火、有多少香火，决定了是否需要盖庙宇、是否需要和尚，而香火的多少，则决定了盖多大的庙宇以及配备多少和尚。[5]

“转变政府职能，关键是要明确往哪里转、怎么转。”[6]政府职能转变，

〔1〕 参见马凯：“以转变政府职能为核心 深化行政管理体制改革”，载《国家行政学院学报》2008年第5期。

〔2〕 参见钱再见：“新型城镇化进程中的政府职能转变——基于空间权力视角的分析”，载《中共浙江省委党校学报》2013年第5期。

〔3〕 参见毛寿龙、景朝亮：“近三十年来我国政府职能转变的研究综述”，载《天津行政学院学报》2014年第4期。

〔4〕 彭国甫：“当代中国政府机构改革与职能转变”，载《湖南社会科学》2000年第2期。

〔5〕 参见国家行政学院课题组、张占斌、杨小军：“以职能转变为核心推进行政体制改革”，载《行政管理改革》2013年第5期。

〔6〕 参见习近平：《在党的十八届二中全会第二次全体会议上的讲话》（2013年2月28日）。

是政府职能发生变化的动态过程，具体指政府的职责和功能的变化、转换与发展。在总结既往经验的基础上，党的十八大再次明确了转变政府职能的总方向，即"推动政府职能向创造良好发展环境、提供优质公共服务、维护社会公平正义转变"，并具体提出政府职能转变应在职能转移、下放、整合、加强四个方面着力。"推进职能转移，着力解决政府与市场、政府与社会的关系问题，充分发挥市场在资源配置中的基础性作用，更好发挥社会力量在管理社会事务中的作用；推进职能下放，着力解决国务院部门管得过多过细问题，充分发挥中央和地方两个积极性；推进职能整合，着力解决职责交叉、推诿扯皮问题，提高行政效能；推进职能加强，着力解决国务院部门抓大事管宏观不够问题，改善和加强宏观管理，注重完善制度机制。"[1]简单来说，政府要处理好与市场、社会的外部关系，将本该属于市场、社会的自主权责，从政府手中剥离出来，转移给市场和社会主体；政府也要处理好上下级政府、同级部门之间的内部关系，该下放的事责下放下级政府、该整合的事责同级部门整合。

（二）推进政府职能根本转变是行政体制改革的核心

政府职能是行政体制的引擎，蕴含着行政体制的能量，决定着行政体制的效力，转变政府职能是深化行政体制改革的主题性内功。李克强总理在2018年《在全国深化"放管服"改革　转变政府职能电视电话会议上的讲话》中强调，在新一轮政府机构改革中，要加快政府职能深刻转变，促进政府治理体系和治理能力现代化，这一承前启后的要求，一语点明了政府职能与行政体制的关系，以及转变政府职能对于优化行政体制，促进政府治理体系和治理能力现代化的重要意义。

1. 职能与机构之间存在"动态与稳定"的矛盾关系。政府职能总是随着社会政治经济文化的发展，应市场和社会不断更新的需要而变化，处于动态变意、变位、变能之中，政府职能的变化往往反映着经济社会发展的趋势性走向，体现出行政体制对外部变化和新的需求的第一回应。而作为政府职能

---

〔1〕 马凯："关于国务院机构改革和职能转变方案的说明——2013年3月10日在第十二届全国人民代表大会第一次会议上"，载《人民日报》2013年3月11日，第2版。

载体的政府机构一经设立，则会在一定时期内保持自己在结构、功能、制度、人员等各个方面的相对稳定性，形成常规性运行版式。于是，随着政府职能的不断变化，相对稳定的政府机构与变化中的政府职能之间出现不匹配，从相互之间"基本适合"变为"基本不适合"再变为"完全不适合"，[1]二者之间"动态与稳定"的矛盾生成与演变是行政体制发展的客观规律，不断解决这一矛盾成为推进行政体制改革的必要和急迫任务。

2. 忽视政府职能转变的精简机构和人员调整往往使改革走偏陷阻。在行政体制改革中，机构和人员调整固然重要，但只有符合政府职能转变的需要的改革才有意义和效能，固守过时的职能体系，机构和人员的精简只是毫无改革意义和价值的"场面功夫"，不但丝毫化解不了行政体制存在的痼疾，还会将改革需要解决的问题在有所变化的机构和人员状态中复制甚至加重起来。回顾以往的历程，进行过多次以精简机构和人员为主题或主线的改革，这些改革虽然解决了一定的社会问题，但是"一收就死、一死就放、一放就乱、一乱又收"的"收放循环"重复出现，[2]"精简、膨胀、再精简、再膨胀"的恶性循环难以消除，根本原因在于政府职能没有转变，轰轰烈烈的机构改革实际上是新瓶装旧酒，难以取得理想的效果。捡了芝麻丢掉西瓜的教训告诫我们，在任何时候，对行政体制作任何变革，都必须始终把握转变政府职能这个"牛鼻子"，以此开拓优化行政体制的思路和路径。

3. "外延式"改革不能从根本上解决行政体制的痼疾。行政体制改革在实践中存在两种做法，一种是外延式改革，即表现为在职能裁剪、机构塑形、人员编排的代数性上下功夫，[3]这种做法表面上使体制状态发生了变化，但形成的变化对存在于政府机构权责搭配、政府职能层级配置、政府与市场和社会关系、央地关系等问题触及不够，导致体制形式虽有不同，但体制内部职能异化和职能混乱及其所带来的其他痼疾依然存在，人民群众反映强烈的一些政府工作人员在履行政府职能过程中，将部门利益凌驾于人民群众的利

---

〔1〕 参见彭国甫："当代中国政府机构改革与职能转变"，载《湖南社会科学》2000 年第 2 期。

〔2〕 参见黄小勇："机构改革的历程及其内在逻辑"，载《行政管理改革》2018 年第 5 期。

〔3〕 参见石亚军："推进实现三个根本转变的内涵式大部制改革"，载《中国行政管理》2013 年第 1 期。

益之上，或将个人的利益凌驾于部门集体的利益之上，搞"政绩工程"，"乱收费"等现象屡禁不止，政府在履行审批和监管职责中"错位""缺位""越位"现象没有终迹，政府职能在不同层次政府间、同一层次不同部门间的职能交叉和重复管理现象[1]依然存在。与外延式改革不同，内涵式改革追求的是改革措施与目标的齿合，无论采取什么措施，具体措施必须与初始目标齿合到政府职能的实质性转变，政府机构和人员围绕实质性转变的政府职能实现优化调整，政府履职方式实现规范、高效、便民；追求的是改革动机与效果的一致，无论在改革中摒弃了什么、创建了什么，收获的效果必须与开工的动机一致到使市场的活力切实得到极大增强，使人民群众的创业创新积极性得到极大发挥，使人民群众的改革获得感和红利度得到极大提高。深化行政体制改革，必须思想明确、行动统一地走内涵式道路，紧紧抓住政府职能这一关键变量进行科学谋划、顶层设计，统筹体制要素实现整体性变革和优化。

（三）推进政府职能根本转变的要义

党的十八大以来，随着"放管服"改革的深入推进，政府机构改革与政府职能转变取得突破性进展，极大激发了市场活动和社会动力。[2]沿着这条内涵式改革的路径，深化行政体制改革必须继续坚持以政府职能根本转变为主轴，理顺并处理好改革所涉及的矛盾关系，以明确处理问题的基本方向和原则，同时抓好重点领域和关键环节，以重点突破撬动全局，实现"该管的事管好管到位、该放的权放足放到位、该提供的服务提供到位"。[3]

1. 理顺矛盾关系。习近平总书记指出："推进机构改革和职能转变，要处理好大和小、收和放、政府和社会、管理和服务的关系。"[4]一是处理好大和小的关系。"大部门制要稳步推进，但也不是所有职能部门都要大，有些部门是专项职能部门，有些部门是综合部门。综合部门需要的可以搞大部门制，

---

〔1〕　参见王孝刚："新时期政府职能转变内涵与路径探究"，载《人民论坛》2014年第29期。

〔2〕　参见沈荣华："十八大以来我国'放管服'改革的成效、特点与走向"，载《行政管理改革》2017年第9期。

〔3〕　张纪南："深化机构和行政体制改革"，载《中国机构改革与管理》2018年第1期。

〔4〕　习近平：《在党的十八届二中全会第二次全体会议上的讲话》（2013年2月28日）。

但不是所有综合部门都要搞大部门制，不是所有相关职能都要往一个筐里装，关键要看怎样摆布符合实际、科学合理、更有效率。"〔1〕机构的整合存在一定的限度，如果将过多的政府职能整合到一个部门，反而会耗散大部制的优势，甚至连大部本身都会出现运转困难。〔2〕二是要处理好收和放的关系。"转变政府职能需要放权，以发挥地方的积极性和主动性，但并不是说什么权都要下放，该下放的当然要下放，但该加强的也要加强，有些职能搞得太分散反而形不成合力。"〔3〕如坚持基本公共服务的普惠性、保基本、均等化方向，加强中央在保障国家安全、维护全国统一市场、体现社会公平正义、推动区域协调发展等方面的财政事权。将直接面向基层、量大面广、与当地居民密切相关、由地方提供更方便有效的基本公共服务确定为地方的财政事权，赋予地方政府充分自主权。〔4〕三是处理好政府和社会的关系。"发挥社会力量在管理社会事务中的作用，因为有些事情是政府管不了也管不好的，可以让群众依法实行自我管理、自我服务"。〔5〕深化事业单位改革，推进政事分开、企事分开、管办分离，通过赋予事业单位自主权，使事业单位自主确定发展目标、资源配置、运行流程，全力办好自己的事务。"同时也要加强对各类社会组织的规范和引导，特别是要注意防范一些别有用心的人打着社会组织的旗号干非法勾当。"〔6〕四是处理好管理和服务的关系。政府要切实履行好服务职能，但同时也不能忽视政府管理职能。正如习近平总书记所说："只讲服务不讲管理也不行，寓管理于服务之中是讲管理的，管理和服务不能偏废，政府该管的不仅要管，而且要切实管好。"〔7〕

2. 狠抓重点任务。习近平总书记指出，要对标重要领域和关键环节改革，继续打硬仗，啃硬骨头，确保干一件成一件。〔8〕深化行政体制改革应从以下

〔1〕 习近平：《在党的十八届二中全会第二次全体会议上的讲话》（2013年2月28日）。

〔2〕 参见沈荣华："国外大部制梳理与借鉴"，载《中国行政管理》2012年第8期。

〔3〕 习近平：《在党的十八届二中全会第二次全体会议上的讲话》（2013年2月28日）。

〔4〕 参见"国务院关于推进中央与地方财政事权和支出责任划分改革的指导意见"，载《当代农村财经》2016年第10期。

〔5〕 习近平：《在党的十八届二中全会第二次全体会议上的讲话》（2013年2月28日）。

〔6〕 习近平：《在党的十八届二中全会第二次全体会议上的讲话》（2013年2月28日）。

〔7〕 习近平：《在党的十八届二中全会第二次全体会议上的讲话》（2013年2月28日）。

〔8〕 参见习近平：《在中央全面深化改革委员会第六次会议上的讲话》（2019年1月23日）。

几个重点任务着手：一是继续减少行政审批事项。虽然我国经过审批制度改革，已在减少和下放投资项目审批、减少和下放生产经营活动审批、减少资质许可和认定、减少行政事业性收费、逐步改革工商登记制度五个方面取得突破，[1]但在企业准入准营、项目建设许可等方面的改革还不到位。要全面精简行政许可事项，力争行政审批许可范围最小化；要继续下放行政审批权限，规范审批行为；要深化商事制度改革，优化营商环境；要继续推进放管并重、放管结合。二是加强宏观调控职能。要改变以往依靠审批和直接投资调节经济的做法，尊重市场规律，充分运用财政、货币等政策调控工具进行宏观驾驭，"保持宏观政策连续性稳定性，在区间调控基础上加强定向、相机调控，主动预调、微调。"[2]三是加强和改进事中事后监管。当前政府监管随意性较大，一有问题就搞"突击式监管"或"运动式检查"，容易造成监管缺位失位和错位越位并存。[3]简政放权绝不是一放了之，减少事前审批具有必要性，但事中事后的监管必须跟上。要加强对市场秩序、环境保护、社会稳定、社会信用、安全生产、资金信贷等方面的事中监管，及时发现苗头倾向并采取相应的纠偏措施；要加强对市场或社会组织执行情况的事后监管，对违法违规行为依法查处。四是强化公共服务职责。在基本的公共服务领域，政府要负责全民的社会保障工作，特别是关注"补短板""兜底线"的领域；在非基本公共服务领域，要鼓励和引导社会力量进入公共服务领域，更多更好地发挥市场和社会的作用，形成公共服务多元供给的格局。[4]

五、改革着力的关键：实现政府与市场的和谐

党的十八届三中全会提出经济体制改革是全面深化改革的重点，核心问题是处理好政府和市场的关系，使市场在资源配置中起决定性作用和更好发

〔1〕　参见青锋、张水海："我国政府职能转变的历史演进及法制特点"，载《行政法学研究》2013年第4期。

〔2〕　"2019年政府工作报告"，载中国政府网，www.gov.cn/zhuanti/2019qglh/2019lhzfgzbg/，最后访问时间：2021年10月10日。

〔3〕　参见谢国明："依法治国是实现中国梦的重要保障"，载《人民论坛》2015年第7期。

〔4〕　参见杨晶："以加快转变政府职能为核心　深化行政体制改革"，载《行政管理改革》2014年第3期。

挥政府作用,[1]经济体制改革的重点,同时也是行政体制改革的重点,习近平总书记指出,科学认识这一命题,准确把握其内涵,对全面深化改革、推动社会主义市场经济健康有序发展具有重大意义。[2]创造和发展社会主义市场经济,创新和完善为社会主义市场经济铺路架桥的行政体制面临的时代课题,就是在正确的意义上和合适的关系中充分发挥市场应然的作用,同时充分发挥政府应有的作用。因此,深化行政体制改革最终归结为致力于实现政府与市场的和谐。

(一)政府与市场的关系

习近平总书记指出:"使市场在资源配置中起决定性作用和更好发挥政府作用,二者是有机统一的,不是相互否定的,不能把二者割裂开来、对立起来""在市场作用和政府作用的问题上,要讲辩证法、两点论"。[3]根据这些重要指示,应当正确认识市场和政府在推动经济发展中的不同作用,将市场的决定性作用和更好发挥政府作用看作一个有机整体,把两方面优势都发挥好,既要"有效的市场",也要"有为的政府"。

政府与市场在资源配置中发挥的作用不同。其中,市场是配置资源最有效的形式。市场决定资源配置是市场经济的一般规律,在市场规律的制约下,企业自主经营、公平竞争,消费者自由选择、自主消费,商品和要素自由流动、平等交换,共同推动市场繁荣,这样的作用是政府所不具备的,也是政府不该介入的。而"政府的职责和作用主要是保持宏观经济稳定,加强和优化公共服务,保障公平竞争,加强市场监管,维护市场秩序,推动可持续发展,促进共同富裕,弥补市场失灵",[4]这样的作用也是市场所望尘莫及和难以实现的。因此,必须实现对市场和政府各自作用的双重尊重,既不能用市

---

〔1〕 参见中共中央宣传部编:《习近平总书记系列重要讲话读本》,学习出版社、人民出版社2016年版,第147~150页。

〔2〕 参见"习近平在中共中央政治局第十五次集体学习时强调 正确发挥市场作用和政府作用 推进经济社会持续健康发展",载《人民日报》2014年5月28日,第1版。

〔3〕 "习近平在中共中央政治局第十五次集体学习时强调 正确发挥市场作用和政府作用 推进经济社会持续健康发展",载《人民日报》2014年5月28日,第1版。

〔4〕 中共中央文献研究室编:《十八大以来重要文献选编》(上),中央文献出版社2014年版,第500页。

场在资源配置中的决定性作用取代甚至否定政府的作用，也不能用更好发挥政府的作用取代甚至否定市场在资源配置中的决定性作用。

政府与市场是一个有机的整体。中国的经济，是后发再生型经济，利用国内国外有力资源和要素激发经济动力、构建经济结构、提升经济能量、打造经济实力，必须依靠市场这只联系、桥接、汇聚、整合各种有效信息、资本、力量，催生、塑形、传播、再造有利商机、技术、项目的看不见的手点石成金。中国的经济，是惠及全体人民的大国经济，驾驭宏观经济在体系、结构上的合理布局和发展，避免地区不平衡性对整体效应的拖累，掌控市场效应生成中的公平正义，制止利益追逐中非理性行为对市场和社会秩序，以及产品质量和安全的破坏，必须依靠政府行政调节、依法监管、社会治理、为民服务这只看得见的手厉行规治。"政府是营造环境稳定走姿的行政力量，市场是配置资源提升走速的创造力量"，[1]政府和市场的作用相辅相成、相互促进、互为补充，是促进经济社会快速、健康、稳定发展的有机整体力量。对此，习近平总书记要求我们，"看不见的手"和"看得见的手"都要用好，努力形成市场作用和政府作用有机统一、相互补充、相互协调、相互促进的格局，推动经济社会持续健康发展。

（二）处理好政府与市场的关系是深化行政体制改革的主线

行政体制改革的必要性源于处理好政府与市场关系的需要。行政体制的天职是服务于国家推进经济发展的战略、人民勃发经济活力的创造、社会组织经济活动的需要，作为行政体制主体的政府与作为经济体系枢纽的市场的关系，是决定行政体制动态发展的根本因素。政府的设置架构、履职内涵、行政方式、治理效能能否对市场实现可预期发展提供有效保障，是坚持或者变革行政体制的出发点。不断推进行政体制改革的所有理由，归结到一点，就是政府的行政状况与市场发展和发生作用的需要之间出现了别扭，政府运行中存在的许多问题将本应作为对市场的支持和保障的政府，变为对市场的阻碍和钳制，其中，在政府与市场的矛盾中，政府是矛盾的主要方面，于是，

---

〔1〕 石亚军："深化机构和行政体制改革　推动国家治理体系创新"，载《政法论坛》2018年第2期。

对制造了政府与市场关系不和谐的行政体制进行改革，便成为构建现代市场经济体系与现代政府治理体系并举的必要。随着改革开放的深入，我们党对政府与市场关系的认识不断深化。党的十四大确立社会主义市场经济体制的改革目标，并提出市场在社会主义宏观调控下对资源配置起基础性作用。党的十七大提出，从制度上更好发挥市场在资源配置中的基础性作用。党的十八大提出，更大程度、更大范围发挥市场在资源配置中的基础性作用。2013年，党的十八届三中全会审议通过的《中共中央关于全面深化改革若干重大问题的决定》中提出，使市场在资源配置中起决定性作用和更好发挥政府作用。对于市场基础性作用认识的深化，特别是从市场基础性作用到决定性作用认识的转变，在指导我国市场经济体制改革向纵深发展的同时，指导行政体制改革同步深化。

行政体制改革表面上是对各种体制要素的重组、重构，实质上要解决的是政府应该做什么、不应该做什么，重点是政府、市场、社会的关系，即哪些事应该由市场、社会、政府各自分担，哪些事应该由三者共同承担。[1]历次行政体制改革的经验证明，抓得准抓不准政府与市场关系这一主线，改革事半功倍与事倍功半泾渭分明。从1988年改革首次明确提出行政改革要抓住转变政府职能这个关键，到以后多次改革将这一认识逐步落实到围绕政企分开，减少专业部门对企业的干预，强化政府宏观调控能力，减少微观经济管理职能，在加强和改善宏观调控的同时进一步增强社会管理和公共服务职能，再到党的十八大以后大力推进"放管服"改革，全方位构建现代政府治理体系和现代市场经济体系，沿着逐步从根本上和实质性理顺政府与市场关系的主线，行政体制改革在少走弯路中不断取得应有成效。

政府与市场关系不和谐问题阻碍改革开放取得更大的成果。经过四十多年的改革开放，我国社会主义市场经济体制已经初步建立，为经济快速发展奠定了经济体制基础。但由于行政体制改革相对滞后，凸显出政府与市场关系的不和谐。在经济领域和市场界面存在的许多问题，诸如市场秩序不规范，以不正当手段谋取经济利益的现象仍然广泛存在；生产要素市场发展滞后，

---

〔1〕 参见习近平：《在党的十八届二中全会第二次全体会议上的讲话》（2013年2月28日）。

要素闲置和大量有效需求得不到满足并存；市场规则不统一，部门保护主义和地方保护主义大量存在；市场竞争不充分，阻碍优胜劣汰和结构调整；等等。这些问题都是政府与市场关系不和谐的反射和映照。过去，在相当长的时间里，我国政府充当着全能政府的角色，除了履行政府管理推动经济社会发展的行政职能，还担当着市场主要投资主体、社会主要建设主体的角色，以运动员和裁判员的双重身份通过既参与经营又审批经营，代庖了许多应该由企业和社会组织自主决定的事项。[1]问题的关键不是政府角色的错位是一种事实，而是成为一种习惯，这种对微观经济运行干预过多、管得过死，重审批、轻监管的习惯以各种借口和方式在改革中发挥抵触作用，使行政体制改革措施在一些领域、层级因受阻而变形，降低了行政体制改革能效，阻碍国家整体改革取得更大成果。党的十八大以来，政府以行政审批制度改革为龙头，持续推进简政放权、放管结合、优化服务，加快健全现代市场体系，加快财税体制改革，加快金融体制改革，加快实施自由贸易区战略，为优化资源配置、维护市场统一、促进社会公平提供制度保障，这一切都是深化行政体制改革从谋划到实施紧紧围绕处理好政府与市场关系这一主线的成果。站在推进国家治理体系和治理能力现代化的高度继续深化行政体制改革，必须按照习近平总书记关于市场和政府是社会主义市场经济中相互配合、有机统一的"两只手"，二者不能相互隔绝、各行其是，而应优势互补、协同发力的指示，通过进一步深度理顺政府与市场关系，构建"两只手"优势互补、协同发力的机制，形成更加科学的行政体制和更加发达的市场体系，去收获更加显著的整体改革成果。

（三）新时代深化行政体制改革充分发挥市场和政府作用的路径

习近平总书记提出，"要找准市场功能和政府行为的最佳结合点，切实把市场和政府的优势都充分发挥出来，更好地体现社会主义市场经济体制的特色和优势，努力形成市场作用和政府作用有机统一、相互补充、相互协调、

---

〔1〕　参见石亚军："地方政府职能转变重在接准、放实、管好"，载《中共中央党校学报》2014年第1期。

相互促进的格局"。[1]

划清政府与市场边界。推进经济快速发展,既要保证速率、又要保证秩序,市场和政府谁也不能缺席。处理好政府与市场关系的关键,是划清政府与市场的边界,即对于推进经济建设、促进生产力发展、扩大生产和营销、实现经济增长,在政府管理市场,法人和自然人支撑市场各自的事权领域及其法定的决定事项之间,划出明确的界限,使政府和市场主体各司其职、互不染指,实现优势互补、协同发力。这是在深化行政体制改革中处理好政府与市场关系的基础。划分政府与市场的边界不是进行简单的加减运算,而是作出深度的权值勘定。市场是由社会供需关系决定,体现生产与生活之间、投入与产出之间、产业与就业之间、经营与价值之间关系,承载经济活动,激发创造动机,孵化社会财富的经济运转体系,遵循客观的规律自行运转,具有依据市场规则、市场价格、市场竞争推动资源配置效益最大化和效率最优化的正向作用。因此,凡属市场能发挥作用的,如商务主体和活动进入市场,从事商品生产和服务的布局、规模、面向、方式、转型,都应该由作为市场主体的企业自主确定和负责。[2]当然,市场并不是全能的,人性的弱点若不加以制约,容易利用市场的便利产生恶意效应,既危害市场秩序,又损害产品质量和安全,而市场因鲜有制约负面行为的手段和能力产生失灵,这就凸显了政府弥补市场失灵作用的必要性和重要性。政府是创造、实现、维护公共价值的机构,其使命在于创造良好发展环境、提供优质服务、维护社会公平正义,其"管理的宏观性、服务的供给力、公平的实现值、监管的有效率、秩序的稳定度是政务的边界所在",[3]即政府的权力并不是决定企业想干什么、能干什么、可干什么,而是为企业合法的干事身份获得认证、干事活动获得落实、干事项目获得推进提供优质高效的行政服务,为企业在生产和营销中遭遇的不公主持正义,在企业面临发展困境时为其排忧解难,并切

〔1〕 中共中央宣传部编:《习近平总书记系列重要讲话读本》,学习出版社、人民出版社2016年版,第151页。

〔2〕 参见石亚军、高红:"政府在转变职能中向市场和社会转移的究竟应该是什么",载《中国行政管理》2015年第4期。

〔3〕 石亚军、高红:"政府在转变职能中向市场和社会转移的究竟应该是什么",载《中国行政管理》2015年第4期。

实履行保障稳定的市场秩序、优良的产品质量、可信的产品安全的职责，在尊重市场规律的基础上，用改革激发市场活力，用政策引导市场预期，用规划明确投资方向，用法治规范市场行为。

深化"放管服"改革。简政放权、放管结合、优化服务是党的十八大以来，在党中央全面深化改革战略布局中，总结以往历次改革经验，以深化行政审批制度改革为龙头，以根本转变政府职能为主线，从政府优化审批、监管、服务三种履职方式着手，着力正确履行政府职能，充分激发市场活力，重构政府权责体系、重建政府与市场关系、重塑政府治理模式的新型行政体制改革，简称"放管服"改革。多年持续改革的实践证明，这一改革的确是处理好政府与市场关系的良方，改革前后最大的不同，就是行政体制的架构组合、组织形式、要素内涵、效能面向，发生了有利于市场独立发挥资源配置的决定性作用，政府在应有的位置上更好发挥作用的变化，代表了行政体制改革的方向，必须坚持深化改革，巩固和扩大改革成果。简政放权，不再是单纯政府机构的精简，而是政府权责体系的再造，通过完善权力清单、负面清单、职责清单制度，"以壮士断腕的决心和勇气，着力把简政放权加快向前推进。坚决把该'放'的彻底放开、该'减'的彻底减掉、该'清'的彻底清除，不留尾巴、不留死角、不搞变通。"[1]凡是能由市场形成价格的都交给市场；凡是市场机制能有效调节的经济活动，一律取消审批；企业投资项目，除关系国家安全和生态安全、涉及全国重大生产力布局、战略性资源开发和重大公共利益等项目外，一律由企业依法依规自主决策；消除市场壁垒，建设统一开放、竞争有序的市场体系。要善于运用负面清单管理模式，实行市场准入负面清单制度，只告诉市场主体不能做什么，至于能做什么，该做什么，由市场主体根据市场变化自主判断。放管结合，不再是对监管方式的修修补补，而是市场监管和执法体系的整体优化，要求围绕政府从原来的事前审批转为事中事后监管，从中央到地方，构建集中统一监管机构和职能，执法重心向基层下沉的监管执法体系，通过转变监管理念，强化法治、公平、

---

〔1〕　中共中央文献研究室编：《十八大以来重要文献选编》（中），中央文献出版社 2016 年版，第 528 页。

责任意识，创新监管机制和监管方式，把住监管重点领域、项目、环节，提高监管效能，切实把市场秩序管住、管稳，把产品质量和安全管牢、管好。优化服务，不再是项目和品种的简单增设，而是囊括行政审批、市场监管、社会管理、公共服务各个方面，涉及政府工作作风、质量、效率、效果提升，群众办事门槛、流程、环节、手续、要件便利的服务机制转型，要进一步强化政府及工作人员公共服务观念，一方面，政府提高自身公共服务供给能力，并创新社会广泛参与的公共服务供给体系，为人民提供丰富、优质、安全、可用的公共产品和充足、公平、温馨、可及的公共服务；另一方面，政府要进一步简化、优化审批流、环节、要件、手续，主动提供跨部门、跨层级协调和衔接，进一步整合、优化监管事项、频次、方式、手段，积极降低监管中附带的人为成本，进一步开发、创设满足企业和群众需要的信息、政策、资金、制度供给项目、平台、渠道，全方位提升公共服务的内涵和效应。

六、改革的目标：建设人民满意的服务型政府

党的十九大报告指出："转变政府职能，深化简政放权，创新监管方式，增强政府公信力和执行力，建设人民满意的服务型政府"是中国特色社会主义新时代的建设目标。十九届四中全会进一步指出："必须坚持一切行政机关为人民服务、对人民负责、受人民监督，创新行政方式，提高行政效能，建设人民满意的服务型政府。"这些要求为新时代行政体制改革确定了明确的目标，即行政体制改革所有措施的着眼和着力，所有努力的投入和产出，都必须最终归结到提升人民对政府服务的满意度这一终极目标上。

（一）人民满意的服务型政府的基本内涵与典型特征

服务型政府应当是一个广义概念。在理论界，对服务型政府的解释和理解有广义和狭义之分，广义的服务型政府是指："政府有诸多职能，除了服务，还有诸如管制、维持、保全、扶助、管理等职能，这些职能的行使在根本上体现的是政府本质意义上对社会公众的服务。"[1]而狭义的服务型政府，即"在以人为本和执政为民的理念指导下，将公共服务职能上升为政府的核

〔1〕 竺乾威："服务型政府：从职能回归本质"，载《行政论坛》2019年第5期。

心职能，通过优化政府结构、创新政府机制、规范政府行为、提高政府效能，以不断满足城乡居民日益增长的公共需求的政府"。[1] 依据习近平新时代中国特色社会主义思想关于坚持以人民为中心、坚持人民当家作主、坚持在发展中保障和改善民生的基本方略，以及党的十九届三中全会审议通过的《中共中央关于深化党和国家机构改革的决定》关于"加强和完善政府经济调节、市场监管、社会管理、公共服务、生态环境保护职能，调整优化政府机构职能，全面提高政府效能，建设人民满意的服务型政府"的要求，我国的服务型政府定位于广义范畴，其根本指向是彻底扭转长期以来过于注重经济建设而无视社会建设的弊病，弥补过度秉持管制思维而忽视服务理念的弊端，更正片面关注基础设施跟进而忽略优质公共服务供给的疏漏，其最终目的是消除经济社会发展过程中的诸多体制机制障碍，提升人民群众对行政管理的满意程度。

人民满意的服务型政府是具有鲜明价值意涵和作为的政府。从建设服务型政府到建设人民满意的服务型政府目标的跃升，体现出以习近平同志为核心的党中央始终坚持以人民为中心治国理政的理念和对深化改革的秉持。政府不仅要做服务型政府，更要做人民满意的服务型政府，这就将政府自身的改革与建设与人民实现根本利益的愿望和评判，在改革的措施、过程、效果上紧紧联系在一起，赋予了人民满意的服务型政府鲜明的特征。

1. 人民满意的服务型政府是有限政府。政府的有限性是指政府严格恪守法定权责，将职能设置、权力配置、履职范围、行事方式置于法律法规授权的疆域，杜绝任何超越法定界限的行政行为。"有限"要求实质上是尊重人民主体地位这一行政价值的体现，无限政府貌似提供全面依靠，但因为政府在实际上不应该也不可能管得了和管得好所有的事务，便使能力所不能及却独揽其权的领域，排斥了各种非政府有生力量的存在和发挥，使人民群众创业创新积极性和市场活力受到限制，也给政府带来行政成本高、行政效率低的窘境。只有当政府实现有限作为，做到有所为、有所不为，才能因放大市场给人民群众在创造产业、商业、事业，创新项目、产品、品牌，创收资源、

---

〔1〕　薄贵利："准确理解和深刻认识服务型政府建设"，载《行政论坛》2012年第1期。

资本、财富中充分发挥当家作主的作用，留有充足的空间。习近平总书记在中共中央政治局第十五次集体学习时指出，各级政府"该管的事一定要管好、管到位"，要"坚决克服政府职能错位、越位、缺位现象"。以往，我国行政体制改革一度没有跳出在无限政府体系中进行机构和权责分配的窠臼，使改革不断推进的同时，政府依然管了许多不该管、管不好且管不了的事。党的十八大以来，"放管服"改革朝着构建有限政府方向迈出了实质性步伐，取得了显著成效，尤其通过深化党和国家机构改革，以经济调节、市场监管、社会管理、公共服务为职能定位，以提高政府执行力为改革着力，政府在加强宏观调控能力的同时，专注于在经济体系和国家重大经济利益中，以及教育、医疗、卫生、环境保护、公共事业和社会保障等方面，维护市场经济秩序、保护公民权利、保卫国家安全和社会安全以及完善社会福利体系和健全社会保障制度，不断实现自我瘦身，极大激发人民群众创业创新的积极性、能动性，这种状况将随着改革的进一步深入向好发展。

2. 人民满意的服务型政府是责任政府。习近平总书记在党的十九大报告中指出："必须坚持人民主体地位……践行全心全意为人民服务的根本宗旨，把党的群众路线贯彻到治国理政全部活动之中"。任何政府，都是承担责任的政府，问题的关键在于两点，一是政府为谁负责，二是政府为谁负什么责。在我国，政府为谁负责的问题是践行党的根本宗旨的原则问题，政府背负着实现党的奋斗目标的使命，通过行政管理造福人民，因此，政府的所作所为本就不是为政府自身负责，而是为人民负责。在我国，人民是国家的主人，是中国特色社会主义事业的创造者和建设者，政府对人民负责，是对人民作为国家主人参与行政管理的权力、机会、话语权得到实现和发挥负责，是对人民作为中国特色社会主义事业的创造者和建设者，在创业中争取资源、占领时机、得到回报，在生活中实现物质和精神享受的丰富、安全、美好的根本利益不受侵犯和损害负责。这就要求，在日常管理中，政府决策的初衷和定夺、执行的切入和着力，政府法规、政策、制度的制定和实施，政府运行的方式和效率，都不能从政府主观意愿、本身利益、自我感受出发，必须从人民的需要、要求、利益所向中形成代表公共性的行政动议，实施彰显公信力的履职行为；在深化改革中，政府改什么、怎么改、改到什么程度，其设计、部署、落实，方案、办法、细则，都不能以政府的得失为计较、以政府的感受为衡量，而要以人民的期盼为关注点，以人民的评判为标准，使改革的走法、走情、走势、走效在实际中和在人民群众的感受中切实做到想人民群众之所想，急人民群众之所急，为人民群众之所为。党的十八大以来，通过不断深化"放管服"改革，各级政府在优化准入、准营主体、事项、流程，提供优质高效办事服务，大力推进义务教育、公共医疗、社会福利和社会保障、环境保护、公共基础设施建设等方面的举措和成效，充分体现了责任政府的正当性和有效性。

3. 人民满意的服务型政府是法治政府。习近平总书记指出，要"依法用权、秉公用权、廉洁用权……保持如临深渊、如履薄冰的谨慎，做到心有所畏、言有所戒、行有所止，处理好公和私、情和法、利和法的关系"。[1]法治政府是政府实现现代治理的重要标志，政府的法治化程度决定并体现着政府履职行为的正当性高低。崇尚法治的政府，一定是在法律法规中确定职能和权责，恪守法不授权不可为；依法进行行政决策，杜绝超越法定程序、规则、条件、范围的个人决定和任意拍板；依法进行审批，不主观添加任何没有法律依据的程式、手续、要件、时限；依法开展监管，摒弃法律没有授权的项目、手段、形式，以及不合法的自由裁量处罚。政府管理事务繁杂、政府治理责任重大，难与不难的分水岭在于能否依法行政，政府行政中存在过的与市场和社会关系不顺，让人民群众不满意的许多具体问题，根源在于政府履职的法治化程度还不能满足市场发展和人民群众利益对政府依法行政的要求，是政府自己因这种不足或者疏忽给自己造成了麻烦。法治政府建设做得好，并收获极大成效的许多地方政府尝到的最大甜头，就是厉行法治是政府实行优质高效现代治理最省心、省力、省事的关窍。推进法治政府建设，还需要按照党的十八届四中全会和十九届四中全会精神，进一步固根基、扬优势、补短板、强弱项：一是努力健全行政法律规范体系，完善各级政府全面履行职能的科学的法律法规，为实现习近平总书记提出的以良法保障善治的目标

〔1〕　中共中央文献研究室编：《十八大以来重要文献选编》（中），中央文献出版社 2016 年版，第 325 页。

奠定制度规范基础；二是努力健全政府法治实施体系，各级政府和工作人员必须强化法治意识，提高运用法治思维和法治方式履行职责的能力，实现依法决策、依法执行、依法执法、依法治理；三是努力健全依法行政监督体系，充分发挥党内监督、人大监督、监察监督、司法监督、民主监督、社会监督、舆论监督的整体作用，全方位促进政府行使行政权力的法治化、规范化、程序化。

（二）建设人民满意的服务型政府是深化行政体制改革的最终目标

党的十九大报告宣告，"中国特色社会主义进入了新时代"。在新时代，面对历史的遗留问题与当今的现实困境相互交织的状况，解决好人民日益增长的美好生活需要和不平衡不充分的发展之间的矛盾这一新的社会主要矛盾，政府身负站在时代的制高点上，缩小经济、社会，物质、精神，地区、群体因不平衡、不充分发展形成的差距，推进实现"两个一百年"奋斗目标进程的重大责任，各级政府无一例外。政府拥有创造治理条件和资源的禀赋，但治理条件运用不佳、治理资源配置不当往往使政府显得治理能力不足。成为什么样的政府才能胜任应有的职责，答案只有一个，那就是人民满意的服务型政府。建设人民满意的服务型政府，是深化行政体制改革符合新时代要求的最终目标。

人民满意的服务型政府建设呼应了行政体制改革的本质要求。习近平总书记在庆祝中国共产党成立95周年大会上强调，要"把人民拥护不拥护、赞成不赞成、高兴不高兴、答应不答应作为衡量一切工作得失的根本标准"，同时也指出"不论政府职能怎么转，为人民服务的宗旨都不能变"。[1]我国的行政体制，是为中国人民作为国家主人提供政府保障的行政体制，习近平总书记的要求表明了始终以人民群众为中心，着力解决好人民最关心、最直接、最现实的切身利益问题，增强人民群众的获得感，是深化行政体制改革的本质要求。行政体制改革之所以要着力简政放权，是因为政府机构臃肿、职能失当以及不当审批不利于满足人民在市场繁荣环境下对自主创业创新的需要；之所以要着力放管结合，是因为政府实行市场监管和行政执法的体系、方式、

---

〔1〕 习近平：《在党的十八届二中全会第二次全体会议上的讲话》（2013年2月28日）。

手段和效果，与人民对产品质量、安全保障的期待有差距；之所以要着力优化服务，是因为政府在审批过程中，流程运行、手续操办、要件提供的便民化程度达不到人民的要求，以及政府为人民群众提供的各种政策、条件、信息的服务内涵和规模还不能形成令人满意的效果。只有切实建立起符合人民满意的服务型政府要求的行政机构体系、行政职能结构和行政运行机制，深化行政体制改革所针对的问题才能得到触动并得以解决，政府才能通过让人民群众感受到真诚的态度和暖心的作为增强公信力。

人民满意的服务型政府建设满足人民群众对行政体制改革成果的期待。习近平总书记指出："要坚持以人为本、执政为民，接地气、通下情，想群众之所想，急群众之所急，解群众之所忧，在服务中实施管理，在管理中实现服务。"[1] 推进行政体制改革，是政府的内需，更是人民群众的呼声，行政体制改革实现内需与呼声的一致性，体现为建设好人民满意的服务型政府。每一次改革启动时，人民群众都想看到，等到这次改革收工时，往日去政府部门办事时门难进、脸难看、事难办的情况会得到改变，不再需要多跑路、提交复杂的材料，不再遇到各种刁难和卡压；有政府在，对保证食品药品质量和安全、惩治社会不公现象和抗蒙拐骗等违法行为有信心；生产生活所需要的公共产品和公共服务，会在政府的主导下作出满足各种选择的丰富提供。每一次行政体制改革都会直接或者间接、以此侧重或者以彼侧重地涉及人民群众关心的上述问题，但在实际效果中，如果改革只是止于政府的内需，这样的改革必然是关门改革，与将政府的内需与人民的呼声相联系的开门改革相比，改革成果的质量和得到人民群众认可的程度饶有差别。党的十八大以来，正是致力于落实党中央提出的建设人民满意的服务型政府的要求，"放管服"改革将行政体制改革的政府内需与人民呼声紧紧联系并落实在改革的主题和主线、思路和方案、决策和执行、要求和细节、部署和督办中，才使改革采取的措施在很大程度上解决了长期以来一直存在的许多深层次问题，政府机构职能的内涵和架构对经济社会发展要求的适应性不断提升，政府履职的态度、作风、方式、效率有了向好的明显改变，人民群众心中的改革获得

---

〔1〕 习近平：《在党的十八届二中全会第二次全体会议上的讲话》（2013 年 2 月 28 日）。

感和满意度显著提高。

（三）深化行政体制改革是建设人民满意的服务型政府的实现路径

建设人民满意的服务型政府，为深化行政体制改革亮明了风向标，根本指向是通过循序渐进地落实各项改革措施，逐步彻底扭转政府过于注重经济建设而忽视社会建设的做法，改变政府秉持过度管制思维而忽视竭诚服务理念的旧习，改进政府片面关注基础设施跟进而忽视优质公共服务供给的不足。在历次改革成果存量基础上，抓住重点难点，对不符合人民满意的服务型政府要求的问题集中解决，深层突破，是深化行政体制改革的着力之处。在深化改革中，尤其需要处理好管理与服务的关系，创新"规范有序、公开透明、便民高效"的政府运行机制，强化公共服务职能在政府职能体系中的重要地位。

建设人民满意的服务型政府，必须处理好管理与服务的关系。习近平总书记在党的十八届二中全会第二次全体会议上指出："推进机构改革和职能转变，要处理好大和小、收和放、政府和社会、管理和服务的关系。"政府在履行职能中发挥着两种功能，一是管理，二是服务。两种功能的对象截然不同，管理是针对事务而言，即对事务的管制和调理，政府的管理功能表现为，运用审批、监管等权力，法律、行政等手段对涉及政府管辖的各种事务的确定、发生、推进、生效进行规范性制约，保证事务与事务运行稳定的秩序和正常的态势，管理体现着权威的力量，遵循依法行政、铁面无私、严格把关的逻辑；服务是针对人民而言，即对人民的关怀和帮助，政府的服务功能表现为，主动利用行政资源或者通过行政资源汇聚各种社会资源，为人民创造财富、享受生活、维护利益的诉求和活动提供促进性、保障性、便利性支持，服务体现着敬畏的情怀，遵循想人民之所想、急人民之所急的逻辑。事务是人民群众作为事主办理、推进的事项，是政府与人民群众发生联系的媒介，政府在履职中，必然承担着既要管理好事务，又要服务好人民的责任，因此，处理好管理与服务的关系，是政府在深化改革中面对的考验，也是建设人民满意的服务型政府必须做到的要点。

习近平总书记指出："政府要切实履行好服务职能，这是毫无疑义的，但同时也不要忘了政府管理职能也很重要，也要履行好，只讲服务不讲管理也不行，寓管理于服务之中是讲管理的，管理和服务不能偏废"。[1]贯彻这一指示，处理好管理与服务的关系，关键是政府在履职时，准确把握管理和服务两种逻辑在两种对象中交叉作用的发生方式以及着力效应。政府对该管的事务必须大胆管理、严格管理，进行管理时必须始终把握公平、公正、公开，管出正义、稳定、安全，始终做到沟通、交流、说服，管出理解、释惑、共为，这样的管理实际上从另一个角度为维护人民群众的根本利益提供了服务，人民群众从来打心眼里对不讲原则的做法嗤之以鼻，对政府正确的管理由衷拥护。政府对人民群众必须满腔热情地提供服务，在群众办事中，对合法和正当事务提供最大限度降低办事成本、提高办事效率的各种支持，为群众在准入准营中解决办事困难，在项目推进中提供必要帮助。对不合法和非正当事务，通过向当事人提供充分的法律和行政依据，讲清讲透由此承担的风险和代价，实行严格把关。政府把管理嵌入服务中，把服务蕴含管理中，必定杜绝注重管理、偏废服务和注重服务、抛弃管理的机械操作。

管理与服务和简政放权、放管结合、优化服务之间有着深刻的联系，共同作用于服务型政府的建设之中。习近平总书记在十八届中央政治局第十五次集体学习时强调："该管的事一定要管好、管到位，该放的权一定要放足、放到位，坚决克服政府职能错位、越位、缺位现象"，要推进简政放权，同时要强化事中事后监管。"放管服"作为深化行政体制改革，建设人民满意的服务型政府的总抓手，实质上也是管理与服务理念在政府职能根本转变情境下的辩证统一的具象化，是人民满意的服务型政府建设的具体措施和有效手段。党的十八大以来，"放管服"改革的成效向我们给出了有意义的提示：一是简政放权是为政府更好地管理和服务提供前提。政府之所以在管理与服务之间存在把握不当现象，要么以管理取代服务，要么重视服务而疏于管理，根本上是政府履行职能的权责体系不科学、不明晰，导致政府管了许多不该管的事，而过度管理压制了服务。推进简政放权，在政府与市场、政府权责与法人、自然人权责之间划清边界，政府向外放权后，权力清单和职责清单的规定为政府在哪些方面和事务中实行管理，在哪些方面和事务中提供服务，作

---

[1]　习近平：《在党的十八届二中全会第二次全体会议上的讲话》（2013年2月28日）。

出了定位。二是放管结合为加强管理锁定阵营。放管结合的意义在于，政府向市场和社会充分放权之后，必须把握住两个管理阵营，其一，政府权力范围的管理，其二，政府放出的权力范围的管理，尤其是在第二种阵营中，要求政府必须在事中事后监管中到位，并创新实施模式和手段。这就明确政府简政放权后，除了必要的审批，必须加强法定的监管，不能将"放权"变为"放管"，将审批的"实放"扩大为监管的"失守"。三是优化服务是为加强服务打造平台。优化服务就是政府实行正当审批、正当监管的同时，在正当审批中为企业和群众提供优质高效的流程运行服务，在生产生活中为企业和群众提供均等化、优质化、充盈化的公共服务。

建设人民满意的服务型政府，必须建立规范有序、公开透明、便民高效的政府运行机制。党的十九届三中全会审议通过的《中共中央关于深化党和国家机构改革的决定》对深化行政体制改革提出了一个重要要求，这就是"全面提高政府效能"。政府效能是政府履行职能、行使权力，促进经济社会全面发展的效力、效率、效果和贡献的总称，凸显的是行政产出社会意义的价值，即不仅重在做了什么，更要重在做成了什么和致使什么变化。政府效能当然与机构职能的设置状况密不可分，而当机构职能设置定型后，便取决于政府的运行机制。有效的政府运行机制能够承载合理的政府机构职能的功能，使政府机构职能具有的能量在行政管理和服务的过程中转化为对经济社会发展的有效促进力，政府运行机制一旦产生淤堵、掣肘，机构职能的能量就会因人为扯皮而减弱，政府对经济社会发展的促进力就会降低。有效的政府运行机制以规则为保障、以阳光为依托、以便民为标志，彰显出三个特征：一是规范有序，即人民满意的服务型政府的建设必须加强对各级政府履行职能的行为予以明确规定且经由法律法规确认、成熟完整的制度体系建设，当下，不仅组织法制和程序规则亟待健全，还要着重提高政府守规则、循制度履行职能的自觉性、能动性，政府不能超越法律法规给自己增设权力，也不能违背法律法规对程序、条件的规定行使法定权力。形成了规范有序的运行机制，政府才能做到机构职能恰当合理、责任主体清楚明确、人员配备完整充足，资源配置统筹优化，才能保证决策趋于科学、执行实现有力、监督显现有效。二是公开透明，政府应遵照习近平总书记提出的"完善各类公开办事制度",[1]"让人民监督权力，让权力在阳光下运行"[2]的要求，自觉和大力推进政务公开，坚持公开、透明的基本原则，将行使权力的动议、告知、聚力、决策过程和结果，由政府决定的资源配置状况、利益分配状况、受益分布状况向全社会无保留公布，积极回应社会关注与群众关切，接受广大人民群众的监督。形成公开透明的运行机制，政府才能在做到更加尊重人民群众参政议政以及监督的权利，准确、全面地提供人民群众对其普遍关心、密切联系、利益相关的信息，落实习近平总书记关于"保障和改善民生要抓住人民最关心最直接最现实的利益问题"[3]的要求。三是便民高效，政府要把人民来办事视作为人民办事的机会，必须以使人民群众实现最关心、最现实、最直接诉求的需要作为履行职能、行使权力的置顶选项，将为群众便捷、高效地办成事、办好事作为改变工作作风、方式的出发点，日常操作的着力点，不给人民群众制造任何麻烦，对人民群众遇到的难处积极主动及时加以排解。形成便民高效的运行机制，政府才能更多更好地提供服务，才能在人民群众中获得更好的口碑。

建设人民满意的服务型政府，需要强化公共服务职能在政府职能体系中的重要地位。人民对他们满意的服务型政府的期许之一，是他们从政府的服务中能够获得现实的、及时的、丰富的、有用的，有利于他们在生产生活中实现利益追求和保障的公共政策、信息、条件、产品。因此，建设人民满意的服务型政府，还需要通过强化政府公共服务职能在政府职能体系中的重要地位，聚置公共服务事项、聚合公共服务力量、聚发公共服务效能。

1. 高度重视、大力支持承担公共服务职能的部门的工作并充分发挥其作用。承担公共服务职能的部门是政府履行公共服务职能的主要载体，这些部

〔1〕　习近平："在庆祝全国人民代表大会成立六十周年大会上的讲话"，载《中国人大》2019 年第 19 期。

〔2〕　习近平："决胜全面建成小康社会　夺取新时代中国特色社会主义伟大胜利——在中国共产党第十九次全国代表大会上的报告（2017 年 10 月 18 日）"，载《人民日报》2017 年 10 月 28 日，第 1 版。

〔3〕　习近平："决胜全面建成小康社会　夺取新时代中国特色社会主义伟大胜利——在中国共产党第十九次全国代表大会上的报告（2017 年 10 月 18 日）"，载《人民日报》2017 年 10 月 28 日，第 1 版。

门职责范围内的业务，与人民群众的切身利益直接关联，是政府实现好、维护好、发展好人民群众根本利益的窗口，而这些部门的工作在政府体系中能否得到重视，在政府部门之间能否得到支持，是决定政府能否履行好公共服务职能的关键因素。由于涉及市场和社会运行的关键权力以及涉及政府运行的主轴权力的集中配置，政府权力的权重在部门之间存在差别，这种差别导致在政府外部，一些部门比另一些部门对市场和社会事务以及地方事务更具有话语权；而在政府内部，一些部门对另一些部门的履职和发展形成实际制约，话语权和制约力强的部门便成为所谓强势部门，对应的部门则为所谓的弱势部门。现实中，几乎所有承担公共服务职能的部门，都算不上所谓的强势部门，他们在本级政府中，无论是独立策划还是联动谋划本属于自身业务时，话语权不比所谓的强势部门大，在向垂直的地方政府部门推进改革措施中，一些地方政府的决策更倾向于采纳来自高层所谓强势部门意见的状况，对政府履行公共服务职能不利。建设人民满意的服务型政府，必须尽快改变这种状况。各级政府应当高度重视、大力支持承担公共服务职能部门的工作，要加强这些部门建设，加大对这些部门的投入，在进行涉及这些部门业务的决策时，要充分听取、尊重这些部门的意见，加强相关部门对这些部门在执行中的合作、支持，充分发挥这些部门的履职作用。

2. 确保公共服务职能在政府的职能架构中处于重要位置。政府的某项职能重不重要，并不体现在这项职能有没有写进政府的文本表达，而是体现于出现在文本表达中的这项职能是不是被政府重点关注、大力实施。现实中，一些地方政府热衷于推进经济增长，一味追求 GDP，并没有同样程度地重视和履行政府公共服务职能，导致没有在整体上正确履行政府职能。建设人民满意的服务型政府，要求政府比以往更加关注民生领域，立足建立健全更加公平、更可持续的社会保障制度和公共服务体系，在教育文化、卫生健康、医疗保障、退役军人服务、移民管理服务、生态环保、应急管理等人民群众普遍关心的领域加大投入力度和优化力度，更好地保障和改善民生。党的十九届三中全会审议通过的《深化党和国家机构改革方案》对国务院涉及公共服务的机构和职能进行了优化调整，为切实保障民生，强化政府公共服务职能奠定了制度基础，这一举措为地方政府加快转变以经济发展为主导的政府职能，将政府施政履职的关注点从偏重促进经济发展转到促进经济发展与完善公共产品供给、健全公共服务体系并重上来，作出了表率和示范。

建设人民满意的服务型政府，必须强化政府的作风建设。在十八届中央纪委二次全会上，习近平总书记强调："工作作风上的问题绝对不是小事，如果不坚决纠正不良风气，任其发展下去，就会像一座无形的墙把我们党和人民群众隔开，我们党就会失去根基、失去血脉、失去力量。"作风问题是关系人心向背、关系党的执政基础、关系事业发展的重要问题。作风问题不解决，深化行政体制改革就会遇到阻碍，人民满意的服务型政府的建设目标就不能够实现。

近年来，党中央采取了一系列加强和改进机关作风建设的重要措施，有效地扭转了政府机关的不良风气，取得了显著的成绩。然而，机关作风建设中一些普遍存在和在一些特殊领域严重存在的问题，并没有从根本上完全得到解决，在一些政府部门，形式主义、官僚主义、教条主义、经验主义，以及其他不良习气仍然不同程度、不同形式存在并产生消极影响。作风问题实质上是围绕权力，蕴含价值取向的职业素质问题，形成了优良的职业素质，政府工作人员不用号召、提醒、督促，就能自觉地敬畏人民、敬畏准则、敬畏条例，不是骄傲、蛮横地行使权力，而是谦虚、审慎地将权力的利好惠及人民群众，而缺乏优良的职业素质，再怎么强调、再如何警示，都难以从根本上杜绝不良甚至恶劣作风。因此，推进符合人民满意的服务型政府要求的作风建设，关键是综合加强党内法规、法律建设和实施，不忘初心、牢记使命教育活动实质性、有效性推进，党和国家整体监督体系完善和运行，致力于在政府工作人员中，将优良的职业准则由知识向品质的内化和由品质向形态的外化，使"权为民所用、情为民所系、利为民所谋"的要求成为政府工作人员由衷的、本能的、习惯的行为方式和人民群众的真切感受。

七、改革重构的重点：形成优化协同高效的机构职能体系

深化行政体制改革是一个具有整体性的系统工程，局部推进和突破非常必要，整体关联和聚合才是根本。职能的重构、机构的再造、人员的重组、运行的优化，是在点上对体制进行修复和调整，而检验行政体制改革成效的

终极标准，则是各项措施在体制整体上的效应聚合，因为，体制的问题固然表现在具有相对独立性的认知领域和承负载体，但俨然肇源于职能与职能之间、机构与机构之间、职能与机构之间、决策与执行之间、配置与运行之间等关系的失调、关联的失效，只有不仅形成体制要素各个优化，而且形成体制体系整体优化，行政体制改革才会具有并彰显实际意义。系统推进行政体制整体改革，就要运用优化协同高效这一治国理政整体观和复杂矛盾治理思维，着力于积极构建"系统完备、科学规范、运行高效"〔1〕的党和国家机构职能体系，"使政府机构设置更加科学、职能更加优化、权责更加协同"，〔2〕使政府在机构职能整体优化中，既能妥善处理历史遗留下的沉疴痼疾，又能解决推陈出新中面临的突出的矛盾和短板；既能实现党和国家机构职能高度整合配置，又能保证自身机构职能的高效运行；既能通过深化改革触及体制机制层面的深刻问题，又能保持改革与发展、稳定间的和谐关系。

（一）优化协同高效机构职能体系的基本内涵及其理解

"优化协同高效"原则的提出有其深刻渊源。优化协同高效是2018年深化党和国家机构改革遵循的基本原则之一，这一原则是对以往历次改革经验的总结。自改革开放以来，党的机构经历了4次关键性变革，政府机构改革也集中进行了7轮之多，每一轮党的机构和政府机构改革，都因应着特定的时代主题，遵循着既定的指导思想和原则内容。以前4轮党的机构和政府机构并行的改革事业为例：1982年，首轮改革围绕的是邓小平同志提出的"精简机构"的核心思想；1988年，改革的主要命题是"转变政府职能"；1993年，"转变职能，理顺关系、精兵简政，提高效率"是改革的原则；1998年，"精简、统一、效能"与"权责一致"被奉为改革的圭臬。此外，以国务院机构改革为主要内容展开的多轮机构改革也呈现出明确的思路与指向，如：1998年，改革提出的目标是"办事高效、运转协调、行为规范"；2003年，

<hr>

〔1〕 "中共中央关于深化党和国家机构改革的决定（二〇一八年二月二十八日中国共产党第十九届中央委员会第三次全体会议通过）"，载《人民日报》2018年3月5日，第1、3版。

〔2〕 "中共中央关于坚持和完善中国特色社会主义制度　推进国家治理体系和治理能力现代化若干重大问题的决定（2019年10月31日中国共产党第十九届中央委员会第四次全体会议通过）"，载《人民日报》2019年11月6日，第1版。

改革的目标与要求分别是"行为规范、运转协调、公正透明、廉洁高效"和"决策、执行、监督三权相协调"；2008 年，"精简、统一、效能"是其核心要义；2013 年，改革的明确要求是实现"权界清晰、分工合理、权责一致、运转高效、法治保障"。

　　每一轮机构改革的指导思想和原则内容都是在特定时代背景下，解决党和政府机构职能体系存在问题的着眼方向和着力基准。自 1982 年至 2013 年以来，前 4 轮党的机构改革以及前 7 轮政府机构改革固然在很大程度上解决了当时党和政府机构职能体系所面临的现实问题，取得了阶段性成果，但是，系统内部和系统之间机构职能设置和运行不合理、不协调、不顺畅的痼疾仍旧不同程度地存在，成为制约改革成效的固化藩篱和深层次原因，审视历次改革取得的阶段性成效以及这些成效在整体意义上与改革预期的差距，促使党中央将深化改革的一个重力所向，集中到如何加强改革的整体效应这一在历次改革中递进提出，但尚未完全贯彻落实的主张上，通过挖掘、总结各种合理主张的要义，对接新时代深化改革的目标要求，瞄准深化改革必须破解的痼疾、难题，凝练出优化协同高效的原则和要求。

　　党的十九届三中全会通过的《中共中央关于深化党和国家机构改革的决定》对如何在深化改革中建设与新时代中国特色社会主义事业发展要求相适应的党和国家机构职能体系，作出了系统谋划和部署。《中共中央关于深化党和国家机构改革的决定》指出：必须"以加强党的全面领导为统领，以国家治理体系和治理能力现代化为导向，以推进党和国家机构职能优化协同高效为着力点，改革机构设置""优化协同高效"作为本轮改革，特别是政府机构改革亟需遵循的重要原则之一应时而生。作为改革开放以来历次机构改革宝贵经验的深刻总结，优化协同高效的原则不仅根植于过去，更面向未来，其提出彰显了深化改革的应有之义，是历史的必然，更是现实的必须。

　　优化、协同、高效三者具有辩证统一关系。根据《中共中央关于深化党和国家机构改革的决定》要求，"优化"针对机构和职能的设置，其基本内涵是实现机构和职能在"科学合理、权责一致"意义上的理想状态。优化凸显机构职能调整整体科学合理的改革价值，要求对什么机构进行改造，对什么职能进行调整，要从国家治理体系的整体上进行布局和建构，而不是走各系统独立推进的路径。于党和国家机构职能体系而言，必须在党中央、全国人大、国务院、全国政协，以及群团、军队等进行全局统筹；于政府机构职能体系而言，必须在国家治理体系整体一盘棋中，实现本级政府内设机构职能、各级政府机构职能的系统统筹。所谓优化，意味着机构职能的内涵与称谓、体系与结构按照适应现代治理需要的科学化、合理化要求设置，因此，两个统筹必须体现机构与机构、职能与职能之间分工准确、恰当，权责明确、落实，面向有别、专门，改变以往系统之间、系统内部交叉管理、多头管理、模糊管理的状况，克服机构重叠、职责不清、相互扯皮、效率低下的弊病。

协同针对机构与机构、职能与职能之间的关系，其内涵是各类机构在共同承担的事务中，形成有统有分、以统聚分、以分从统，有主有辅、以主为要、以辅相助，有前有后、前者冲锋、后者断后的良性运行状态。实现机构履职过程的协同，不仅是政府治理自身的需要，也是呼应和满足人民群众要求的需要。在推进"五位一体"总体布局中，政府推出的涉及全局的重大改革措施和建设项目，不可能由一个部门独立承担，往往需要多个部门齐抓共管，即便是某一个部门的日常工作，也因为事务涉及的链条性关联和制约，需要相关部门给予政策合拍、项目互动、环节相序的支持。在政府面向人民群众的需求履行职能中，群众的一项诉求，往往更多地涉及与之相关的多个部门的管理职责，其中一个部门卡壳，最终可能导致整个政府卡壳。满足人民群众优质高效的办事需要，必须强化政府相关部门在流程、环节、手续、要件、时限上的联动和合力。所谓协同，就是部门间相互协作、协调、协理，达到同频、同步、同效，落实这一要求，关键在于政府各个部门必须树立强烈的大局观、责任感、主动性，做到既不插手其他部门的权责和事务，又要主动为整体的需要积极有效提供应有的大力支持，既不争名夺利，又要勇于在必要的地方担责出力。

高效针对体制机制运行的效率效能，其内涵是政府各个机构尽职尽责，整体运行有序顺畅，通过管理解决问题准确透底，通过服务惠及群众便捷高效的合理状态。在体制机制运行中，决定行政效率、效能高与不高，容易被忽视的一个重要因素，是在具体管理和服务事务中的处置方式，具体事务的运行过程交织着人与事、法与为、情与理的复杂关系，行政效率、效能不高的原因，往往是对这些关系的度把握不当。合理化处置则可以避免这种状况，在人与事关系中做到既公平尽责又诚办个事，在法与为关系中做到既办事有据又助事有为，在情与理关系中做到既饱含情感又不枉理则，能够有效防止和消解管理和服务中的摩擦、抵触，提高行政效率效能。

就优化、协同、高效之间的关系而言，优化是根本，协同是关键，高效是目的，三者密切关联，构成政府机构职能体系理想设置和运行的整体性状。政府机构职能体系设置不科学、不合理，谈机构职能之间的协同没有实质意义，政府机构职能在运行中缺乏协同，再科学、合理的机构职能体系也会因其优越性在运行环节派不上用场而很难充分发挥应有的作用，而行政体制的高效运行，是在基于优化的协同中形成。可见，党中央确定的优化协同高效原则，揭示了政府科学、有效的机构职能体系发展完善的客观规律，是深化改革必须坚持并在工作中加以落实的准则。

（二）构建优化协同高效的机构职能体系是深化行政体制改革的必然着力

进入新时代，我国社会主要矛盾的转化要求推进政府治理体系和治理能力现代化。政府治理体系和治理能力应当与受社会主要矛盾制约的经济社会发展需要相适应，社会主要矛盾发生了变化，必然导致经济社会发展的目标、重心、结构、布局、方式形成新的样态和趋向，必定要求政府治理体系和治理能力产生适应性提高和完善，倘若政府治理体系和治理能力状况脱离这一要求，政府的力量中就会产生经济社会发展的阻力，以至于拖时代前行的后腿。进入新时代，我国的社会主要矛盾已经发生变化，妥善处理人民群众对美好生活的向往同不平衡不充分的发展之间的矛盾成为新时代党和政府的主要任务，而这一新的社会主要矛盾蕴含的社会需要、现实问题、发展目标、治理重点，都超越了原有社会主要矛盾的定义，与实现中华民族伟大复兴目标形成紧密的内在关联，由站起来到富起来再到强起来的逻辑彰显出极大的进步性特征。新时代赋予经济社会发展的新的坐标系，也要求政府治理体系和治理能力以现代化意义加以对标。推进政府治理体系和治理能力现代化，体现为对于解决新的社会主要矛盾必行的建设任务、发展任务、服务任务，政府要有权责明确、体系科学、结构合理的机构担当、职能承载；对于解决新的社会主要矛盾必需的差异平衡能效，政府要在善于整体统筹、重点突破、能动调节中充分发挥；对于解决新的社会主要矛盾必具的供给补短实力，政府要善于在宏观主导、微观激活中扩充增强；对于解决新的社会主要矛盾必需的稳定秩序，政府要善于通过科学规范、大力协调、有效化解、严厉惩治给予保障。总之，政府具有现代治理的体系和能力，经济社会的发展必将伴随新的社会主要矛盾不断得到有效解决的过程，形成更高速率、产生更大成就、实现更好前景。

推进政府治理体系和治理能力现代化的核心是构建优化协同高效的政府机构职能体系。习近平总书记指出："进一步改革政府机构……不仅是提高政府效能的必然要求，也是增强社会发展活力的必然要求。"[1]向政府的现代治理要审批效率、要监管水准、要服务质量，关键取决于政府治理体系和能力中有没有形成优化协同高效的机构职能体系。政府的现代治理，当然需要依靠现代装备提供平台，但是根本上不是物质范畴；当然需要利用现代资源供给养分，但是根本上不是要素范畴；当然需要运用现代技术加速运转，但是根本上不是技术范畴。决定现代装备提供的平台能够在哪些治理事务上起到有效的承载作用，现代资源具有的养分能够在哪些事业发展中发挥促进作用，现代技术独具的动能在哪些事项上呈现激变作用的初始因素，是政府机构职能体系的内涵和品质，这就表明，政府的现代治理，根本上是体制范畴。具有优化协同高效的机构职能的体制品质，没有现代装备、现代资源、现代技术，也能够创造出来，有了它们，就能将其能量运用到最需要、最关键、最适用的地方，并形成极大实际效应；反之，机构职能的体制品质不佳，再多再好的现代装备、现代资源、现代技术对政府管理和经济社会发展的作用必定得不到充分发挥。因此，推进政府治理体系和治理能力现代化，必须紧紧抓住构建优化协同高效的机构职能这一核心，而以政府现代治理的名义重构政府机构职能体系、重塑政府角色，必须明确"政府职能调整整合、政府机构再构和政府运行机制再造的统一，其目标是实现政府职能向创造良好环境、提供优质公共服务、维护社会公平正义的根本转变，实现政府组织机构及人员编制向科学化、法治化的根本转变，实现行政运行机制和政府管理方式向

---

〔1〕 习近平：《在党的十八届二中全会第二次全体会议上的讲话》（2013 年 2 月 28 日）。

规范有序、公开透明、便民高效的根本转变"，[1]通过重实质而不是重表象、重实招而不是重花招、重实功而不是重虚作、重实效而不是重表达的内涵式改革，深度实现政府机构职能优化协同高效。

（三）深化行政体制改革构建优化协同高效机构职能体系的实施路径

习近平总书记在深化党和国家机构改革总结会议上强调，机构改革要"注重改革的系统性、整体性、协同性，统筹各领域改革进展，形成整体效应"。新时代，深化行政体制改革的一项根本性任务，就是构建优化协同高效的政府机构职能体系。显然，这个意义上的机构职能调整因既要体现、巩固历次改革取得的成果，又要契合新时代赋予政府的新的使命而被要求要有与以往改革有所不同的动作，形成新的变化，使得通过深化改革把实行这种调整的初衷得以贯彻落实的任务更加重大、艰巨。按照深化党和国家机构改革的总体谋划和部署，构建优化协同高效的政府机构职能体系，应当从以下几个方面着力：

1. 保证经济调节、市场监管、社会管理、公共服务、生态环境保护五项职能的设置及其履职要素切实落到对应的政府部门机构职能中。

党的十九届二中全会审议通过的《中共中央关于深化党和国家机构改革的决定》将政府职能定位于经济调节、市场监管、社会管理、公共服务、生态环境保护，明确了在国家治理体系下，党和国家机构职能体系中，政府职能的内涵、范围和体系。政府实现机构职能体系的优化协同高效，首先必须保证五项职能的设置及其履职要素切实落实到对应的政府部门机构职能中，这是一个大前提。

政府的职能随着改革开放不断深入和社会主义市场经济体系不断完善，在历次改革中进行过多次调整，基于阶段性调整定位，形成了相应的阶段性机构体系。每一次机构职能调整的结果，都会不同程度地造成在某一特定机构中，职能设置及其履职要素的固化效应，即对有权有利的职能及其履职要素的不外放把守。按照新的政府职能定位重组、新建、合并、取消政府机构，

〔1〕　石亚军、王湘军："以法治深入推进内涵式行政体制改革"，载《法制日报》2013 年 11 月 20 日，第 9 版。

重要的是把台子搭起来，把牌子挂起来，但是关键是要按照现有职能定位的要求，对原有机构职能体系进行职能剥离、类分、整合，并充实和补齐原来缺失的职能，通过整体性统筹，使结构性准确落到改革既成机构中。对此，应当注重两个着力。

（1）根据深化改革的战略思考和整体布局，准确确定每一项职能的行政内涵和管理职责。把现定的政府五项职能放在"五位一体"总体布局和"四个全面"战略布局中加以审视，不难看出，每一项职能与过去曾经确定和履行的同称职能在其指涉、内涵、要求等方面，都发生了很大变化，这就意味着，根据对以往同称职能的简单理解在改革中进行机构职能设置，显然与深化改革的要求和切实完成改革的任务具有差距。面向未来深化改革中的经济调节，与以往实行的经济调节由谁来调节、依据什么调节、调节什么、怎么调节等方面，有需要继续保持和发扬光大的部分，但是更有形成完善科学的宏观调控体系，需要改变、创新、加强的部分。面向未来深化改革中的市场监管，与以往实行的市场监管在中央和地方监管权责配置、各级政府监管事项安排、全国执法重心重置等方面，发生了极大改变。面向未来深化改革中的社会管理，基于构建共建共治共享的社会综合治理格局的要求，与以往实行的社会管理在政府的角色、责任、方式等方面，具有新的作为和担当意涵。面向未来深化改革中的公共服务，与以往实行的公共服务在服务领域、类型、内容、项目、质量、效应等方面，有了新的拓展和提升要求。面向未来深化改革中的生态环境保护，与以往实行的环境保护在环境保护范围、环境优化标准、环境建设规格，政府履职责任、政府尽职要求等方面，具有更高更严的标准。因此，在深化改革中，必须准确深刻地界定政府五项职能的时代内涵，恰当归入相应的机构中，并具体细化为特定机构的管理职责。

（2）在新的调整中，切实将特定职能及其履职要素落到相应的机构。在以往机构职能调整中，一些部门存在上述不外放把守问题，表现为按照当时改革部署，在将本部门一些职能转移到其他部门时，要么转移出责任，而保留着实权；要么转移了事项，而保留着履职的重要要素；要么转移了次要职能，而保留了重要职能；等等。其结果是表面上机构发生了变化，但实际上变化了的机构因为并没有完全获得应有的职能和履职要素，在一定范围和程度上，难以全面履行改革赋予的职能。因此，深化改革，必须实现整体调整和打包转移，凡是不再履行某项职能的部门，必须将过去履行该项职能的机构、职责、人员、权力、项目、资金一并转移给专职机构，不得以各种理由截留和暗藏，接收的部门应当进行整体部署，在内设机构中作出合理划分和配置。

2. 对经济调节、市场监管、社会管理、公共服务、生态环境保护职能在政府内部进行合理配置。经济调节、市场监管、社会管理、公共服务、生态环境保护五项职能，是对政府整体而言，针对管理事务领域确定的管理范围。管理事务领域包含着具体的管理事项，某个管理事务领域的管理事项由于涉及规划、计划，人事、财务，政策、法规的专业归属，以及宏观掌控、中观维系、微观运作的划分，其职责承担载体往往又会跨越管理事务领域的边界，形成某个具体的管理事项，其构成环节由不同管理事务领域的责任主体分担，在整个管理事项的运行链条中，不同部门之间存在内在关联。这种关系决定了政府不可能只是按照管理事务领域设置五个部门分别履行五项职能，而是按照管理事项设置若干部门整体履行五项职能。那么，在实现五项职能全覆盖的前提下，既要保证各个部门权责明晰，又要保证部门内部运行顺畅，部门之间运行协调，就必须对五项职能在政府内部进行合理配置。

（1）按照管理事项专业化类聚原则，设置专职涵盖某个专业主要事项，承担专业化事务管理主责的机构，机构与机构之间，职责范围内的管理事项可以有联系，但是不交叉，特定机构对既定管理事项的运行和管理事务的结果负主要责任，其他机构不能插手别的机构的管理事项，也不对其管理事务的结果负责。深化党和国家机构改革方案对发改委等宏观调控部门的职责进行了较大幅度和比重的拆分、转移，对保留的组成部门的许多职责在新建机构进行了整合，并组建自然资源部、生态环境部、农业农村部、文化和旅游部、国家卫生健康委员会、退役军人事务部、应急管理部等部委，重新组建科学技术部和司法部，组建国家市场监督管理总局、国家广播电视总台、国家医疗保障局等管理局，为在合适的机构中合理配置政府五项职能作出规范和示范，各级政府应当切实落实并不断完善。

（2）构建机构与机构之间互动、协作、共为的有效运行机制。尽管各个机构的职责分工较为明确和相对独立，但每个机构在履行职责中都需要得到相关机构的合拍、支持和协助。比如，工信部、商务部、住建部履职需要得到发改委、财政部等部委的支持，教育部履职需要得到发改委、财政部、人社部等部委的支持，市场监督管理总局的履职需要得到宏观调控部门和许多业务管理部门的支持，等等，相关机构不予支持，或者支持不力，主责机构很难顺利履行好本职。构建机构与机构之间互动、协作、共为的有效运行机制，主要应当抓住以下两个重点：一是实现相互之间法规和政策的协调。政府应当对涉及同一管理事项，由不同机构分别制定的法规和政策统一进行调整优化，克服规范对象相同而规范口径和要求不同，既对主责机构履行职责造成掣肘，又为企业和群众办事带来麻烦的饱受社会诟病的弊端，形成相关机构优质高效履行职责的共为局面；二是构建议事协调有效机制。政府不仅要建立健全围绕共担事务的议事协调组织机构，更要注重议事协调机构的效率建设，应当建立议事协调机构组成部门责任分担制度，明确各个组成机构的协调推进责任，改变有的议事协调机构议而不决、决而不行的消极状况。

3. 对经济调节、市场监管、社会管理、公共服务、生态环境保护职能在各级政府之间进行合理配置。五项职能是各级政府的共同职能，这是没有任何疑义的政府职守，然而，这一共识并不意味着各级政府对五项职能都具有同样的管理权限、同等的管理权重，由于政府管理事务在不同地区、不同层级的具体对象因地域性、资源性、产业性区别而不同，由于不同层级的政府与管理事项发生直接关系的场所的距离的不同，不同层级的政府应当具有不同的管理权限和权重，否则，便会导致政府管理的层级性混乱，造成各级都在管，而谁也管不好的局面。在政府体系中，中央政府掌握宏观、地方政府把握中观、基层政府执握微观。掌握宏观，中央政府应当侧重涉及全国范围的重点领域、重大事务、重要事项的顶层管理，以及保证全国性规划、法规、政策、项目、资金和相关资源的普惠性供给，而不是对地方政府和基层政府管辖下的事务和事项行使决定权；把握中观，地方政府应当按照中央政府的宏观布局和要求，侧重本辖区内重点领域、重大事务、重要事项的高层管理，以及保证本辖区规划、法规、政策、项目、资金和相关资源的普惠性供给，既为落实中央政府的部署做好中介，又为基层政府有力有效管理留有足够空间；执握微观，基层政府应当做好所涉领域、基本事务、具体事项的底层管理，既遵循中央政府的宏观布局和要求、地方政府的中观布局和要求，又结合一线位阶的行政动能特性和"最后一公里"的管理功能效力发挥的机制特点，能动而富有创造性地将政府改革的措施、政府管理的作用，以鲜活的政务实践直接运作到体现政府与市场、政府与社会关系的生动的商务、社务中，使政府职能成为人民群众意识到有用、感受到有为、体会到有利的治理存在，并发挥其促进经济发展、激发市场活力、规顺行为方式、保证社会秩序、维护人民利益的效用。中央政府宏观站位的顶层管理需要地方政府中观站位的高层管理作为策应，基层政府微观站位的底层管理作为变现，地方政府高层管理的中观效能产生于对中央政府顶层管理的天线效应的无缝对接，对基层政府底层管理的地线效应的激活放大，基层政府底层管理的微观落实，需要在宏观谋划指明方向、中观策划铺就路径下，将战略变为战术、将要求变为措施、将动机变为效果。各级政府分工不同却你中有我、我中有你的关系，决定了在深化行政体制改革中，必须注重政府五项职能在各级政府之间合理配置。

（1）致力于构建显现区分度的各级政府机构职能体系。一方面，应当抓住事权的合理划分这一"牛鼻子"，通过认真细致的科学研究，建构各级政府权责划分分析框架，在此基础上制定涵盖中央政府、地方政府、基层政府的整体性政府权力清单和职责清单，既明确各级政府对不同事务的管理权限和责任边界，又明确各级政府对相同事务的管理权重和责任分野，实现五项职能在各级政府之间的合理配置，并切实制止超越权力清单和职责清单规范的任何越权管理行为。对于审批而言，该某级政府审批的事项，他级政府决不能僭越审批，已经下放的审判权，下放机构应该为接收机构顺利履职主动提供方法、经验支持。对于监管而言，应当按照中央深化改革的要求，实现行政执法重心下沉，把执法资源向具有执法权责的市县级政府倾斜；另一方面，应当按照十九届三中全会关于深化党和国家机构改革的要求设置各级政府机构体系和结构，允许地方政府和基层政府根据各地实际情况和需要设置与中央政府有所不同但是必要的机构，上级政府不应要求下级政府在机构设置上必须上下完全对应，下级政府也不应在机构设置上盲目照葫芦画瓢。

（2）致力于构建各级政府之间职能运行的协调耦合机制。一方面，应当由中央政府主导，按照准入准营事项的生命周期，对同一个项目实行审批或者监管的垂直管理系统的不同标准、要件、流程、环节和时限进行整合，形成纵横交错、整体协调的整体管理，避免条块分割造成的条条互掣和条块纠结在市县（区）级政府履职中形成严重阻碍；另一方面，应当加快建设全国统一的政务服务平台和系统，实现政务信息和数据在同级政府不同部门之间、各级政府之间共享，同时，效仿同级政府不同部门之间实行并联审批的经验，在各级政府之间构建并联审批和监管体系，保证需要多级政府层层管理的事务实现优质高效地办理。

八、改革的规范：坚持改革与法治的辩证统一

深化行政体制改革，是讲规范的变动和求变动的规范的统一，自始至终必须处理好改革与法治的辩证统一关系。改革与法治彼此促进，改革促进法治进步，法治促进改革前行，又彼此制约，改革制约法治功能的效力，法治制约改革施策的效应。如果处理好两者的关系，改革将促使法治"有破有立"，破除停留在过去的失效规范，建立彰显现实和未来要求的新的意涵；法治将对改革"有阻有促"，阻的是改革的风险与偏离，促的是改革的成果与深度。如果两者关系剧烈紧张，它们之间彼此的正当互动就会变形，导致法治对改革"破""立"的回应变为漠视，改革对法治"阻""促"的依赖变为障碍。因此，在深化改革中必须始终注重并致力于处理好两者的辩证统一关系，以法治保障改革，以改革促进法治，保证深化改革目标的顺利实现。

（一）改革与法治辩证统一的内涵

改革与法治辩证统一。2018 年 8 月 24 日，习近平总书记在中央全面依法治国委员会第一次会议上强调："'改革与法治如鸟之两翼、车之两轮'，要坚持在法治下推进改革，在改革中完善法治。"[1]习近平总书记这句话准确生动地指出了改革与法治之间辩证统一的关系。党的十八届三中全会做出了全面深化改革的重大决定，十八届四中全会做出全面推进依法治国的重大决定，

---

〔1〕 习近平："加强党对全面依法治国的领导"，载《求是》2019 年第 4 期。

我国社会呈现出改革与法治"双轮驱动"的新局面。[1]我国坚持和完善中国特色社会主义制度、推进国家治理体系和治理能力现代化的伟大进程，离不开改革，也离不开法治。改革需要法治，改革是自我完善，是对行政体制机制深层次矛盾的突破和新体制机制的创建，这需要法治提供依据和规范，没有法治，改革必将乱阵。法治同样需要改革，法治是善治利器，通过对改革中涌现的新事物的规范化，保障改革进程，巩固改革成果，没有改革，法治活力不济。改革与法治的关系历来皆有，我国历史上的变法也呈现出改革和法治紧密结合的特点，"从战国时期商鞅变法、宋代王安石变法到明代张居正变法，莫不如此"。[2]现实中，对改革与法治的关系存在认识的误区，概括起来主要包含三种：一种观点是"改革上路、法律让路"，认为法律的条条框框妨碍和迟滞了改革，改革就是要冲破法律的禁区；一种观点是"改革为主、法治为辅"，认为改革是第一位、法治是第二位的，当法治有利于推动改革时就重视法治，当法治要规范改革时就规避法治甚至抛开法治；[3]还有一种观点是"改革在前、法治在后"，只重视法治对改革成果的确认保障作用，不重视法治对改革的引领推动作用，认为法治只能当"后勤"、不能干"先锋"，只能在"幕后"、不能上"台前"。[4]这些观点要么主张改革对法治打"擦边球"，要么主张改革钻法治的"空子"，都失之偏颇，实质上混淆了改革与法治关系的形式和实质，在实践中不仅无用而且有害。

从形式上来看，改革与法治指向不同。总体来说，改革是"破"、法治是"立"；改革是"变"、法治是"常"。全面深化改革要求对原有体制机制中失效的、消极的要素进行置换，对形成的障碍性、反推性问题作出解决，无论经济体制改革、政治体制改革，还是行政体制改革、司法体制改革，都是强调冲破现有不合理的体制机制束缚，建立适应经济社会发展新趋势的新体制

〔1〕　参见王乐泉："论改革与法治的关系"，载《中国法学》2014年第6期。
〔2〕　"习近平在省部级主要领导干部学习贯彻十八届四中全会精神全面推进依法治国专题研讨班开班式上发表重要讲话强调　领导干部要做尊法学法守法用法的模范　带动全党全国共同全面推进依法治国　李克强主持　张德江俞正声刘云山王岐山张高丽出席"，载《党建》2015年第3期。
〔3〕　参见姜明安："改革、法治与国家治理现代化"，载《中共中央党校学报》2014年第4期。
〔4〕　参见王峰："在法治轨道上把简政放权改革推向深入"，载《简政放权改革与法治政府建设——第六届中国行政改革论坛论文集》。

机制。全面依法治国强调依法而治、循法而行，这里的"法"按照效力或位阶自上而下包含：宪法、法律、行政法规、部门规章、地方性法规、地方政府规章及其他规范性文件。这些"法"莫不强调立方向、立目标、立原则、立主体、立方式、立过程、立责任。具体而言，改革与法治的形式差异主要体现在四个方面：一是从思维特征看，改革求新，强调变化，表现为向往新事物取代旧事物的主动活跃；而法治求稳，强调有序，表现为在规则之下思考和解决问题。二是从行为特征看，改革强调突破性、超越性建构，要求敢闯敢干；法治则强调确定性、规范性维系，要求依法决策和依法办事。三是从功能特征看，改革主要表现为推动经济社会发展的动力功能；而法治则主要表现为维护经济发展和社会稳定的保障功能。四是从评价特征看，对改革更加重视从促进经济社会发展和提高人民生活水平的角度评价其成效；对法治则更加重视从维护国家社会稳定和保障公平正义、人民权益的角度去评价其成效。[1]

从实质上看，改革与法治价值一致。在改革与法治形式上指向不同的背后，隐含着两者价值上的一致。一方面，改革与法治相辅相成、相伴相生。改革是"破"，重在创新突破；法治是"立"，重在规则程序。改革突破的是法律规范对象不合时宜的存在形态，继而促进与之相关的法律文本的存废，而法律文本的存废并不是法治价值的弥散，相反地，每一次重大改革突破都伴随着法治的进步。改革弥补的是新事物新业态的治理空白，法律的完善不是对改革的否定，相反地，每一项重大法治成就都极大地推动了改革进程。可见，"只破不立，改革失范；只立不破，制度失灵"。[2]比如，1987年12月，深圳敲响新中国土地拍卖"第一槌"，开创了土地使用权有偿出让的先例。这一改革直接推动了《深圳经济特区土地管理条例》（现已失效）出台，在一定程度上对1988年《宪法》修改产生影响，推动了《中华人民共和国土地管理法》（以下简称《土地管理法》）修改。[3]另一方面，改革与法治互为

---

〔1〕 参见袁曙宏："准确把握新形势下改革与法治的关系"，载《学习时报》2015年7月30日，第A4版。

〔2〕 田成有："让法治助推经济迈入新常态"，载《人民法院报》2016年3月31日，第2版。

〔3〕 参见吴洁："在法治下推进改革 在改革中完善法治"，载《红旗文稿》2019年第5期。

条件和结果、手段与目标。从改革的方法论上看，改革不是任意而为，改革的进程需要法治思维的引领和法治方式的呵护，党的十八大以来，对改革的进程和法治的要求"鲜明地提出全面依法治国首先要有法可依，坚持立法先行，发挥立法引领和推动作用……鲜明地提出实现立法和改革决策相衔接，做到重大改革于法有据、立法主动适应改革发展需要……鲜明地提出健全有立法权的人大主导立法工作的体制机制，发挥人大及其常委会在立法工作中的主导作用"。[1]从改革的目标来看，推进法治建设是深化改革的一部分，是推进深化改革所要实现的目标之一；而法治道路的确立、法治国家的建成、法治共识的形成等一系列法治建设，都离不开改革开放的持续推进。[2]

（二）坚持改革与法治辩证统一的缘由

1. 坚持改革与法治辩证统一具有客观必要性。中国特色社会主义事业是缔造优越制度的事业，是创造人民福祉的事业，是实现中国强盛的事业，不断发展这一伟大事业，既需要改革助推，又需要法治保障。从理论上看，改革的"变"与法治的"常"之间是辩证统一关系。改革虽强调"变"与"破"，但这并不意味着可以随意进行毫无根据的变动，实际上其应是法治框架或轨道内的有序改革。法律虽强调"常"与"稳"，但这并不意味着铁板一块的僵守，实际上法律的生命力勃发于不断"立、改、废"带来的生机。这就表明，我们不能就法治谈法治，就改革谈改革，只有正视法治的"常"和改革的"变"之间的辩证统一关系，才能使改革推进有序、使法治焕发活力。从实践来看，现实问题与未来发展要求改革与法治统合进行。[3]一方面，改革越是不断走向深处，人民群众对法治的需求和期待越是强烈和迫切，突出表现为：随着深化改革使社会利益格局发生变化，人民群众增强了对人身权、人格权、财产权和其他权利保障的需要，而在一定时期，这些需求与立

〔1〕 中共中央文献研究室编：《习近平关于全面依法治国论述摘编》，中央文献出版社 2015 年版，第 49～52 页。

〔2〕 参见陈建华："辩证看待法治的'常'与改革的'变'"，载《民主与法制时报》2018 年 6 月 17 日，第 7 版。

〔3〕 参见陈金钊："在深化改革中拓展法治——统合意义上的'法治改革'论"，载《法律科学（西北政法大学学报）》2017 年第 5 期。

法不优、执法不严、司法不公、监督疲软、人权保障和产权保护不力的状况形成矛盾，这些矛盾只有通过法治下的有序改革才能消解。[1]另一方面，全面深化改革以来，中央和国家有关部门相继提出了 1500 多项改革举措，实现了在诸多重点领域和关键环节的突破，塑造了具有"四梁八柱"性质的改革框架，[2]但是随着改革向纵深推进，改革遇到的矛盾与问题愈加复杂，与之相伴的改革风险也更为强烈，这就需要在改革中依靠法治来规范改革行为、化解改革风险。

2. 坚持改革与法治辩证统一具有现实合理性。如果说以前是"先改革后立法""边改革边立法"，那么党的十八大以来，重大改革都是与重大立法相伴而生、相向而行的。[3]"重大改革要于法有据"是十八大以来将改革的规律与法治的规律相结合，坚持改革与法治辩证统一的实践制式，合乎改革与法治互动发展的双重需要。随着改革的推进，政策驱动型改革模式的弊端日渐暴露，客观现实呼唤法治在改革进程中发挥更大的作用。在过去，我国很多领域改革是政策驱动型改革，在不少领域中为推进改革采取的措施，疏于在法律中找依据，重于向政策求可否，多以政策文件推行改革。政策驱动型改革模式的不合理表现为：其一，政策不具备法律独有的权威性、规范性、强制性、稳定性，政策驱动本身缺乏强有力的实施机制、保障机制以及责任机制。其二，在改革进入深水区以后，改革往往涉及深刻而强烈的利益调整，如果缺乏法治保障，就难以广泛听取各方面的意见，难以协调不同主体的利益，从而影响改革的实效和社会对改革的认同。其三，伴随着依法治国、建设社会主义法治国家被确立为治国方略并载入《宪法》，违法改革的正当性受到更大的质疑，[4]各级政府在推进改革的抬步落脚时，人民群众在体验改革，置身其中之时，对法治的呼唤日益强烈。事实证明，尊重法治，改革健行，有为改革，法治兴旺。

---

〔1〕 参见张文显："法治改革再出发"，载《法制与社会发展》2019 年第 1 期。

〔2〕 参见季正聚、许可："我国社会主要矛盾的变化与全面深化改革的纵深推进"，载《中共中央党校学报》2018 年第 1 期。

〔3〕 参见王比学："为改革提供法治动力（人民时评）"，载《人民日报》2018 年 12 月 28 日，第 5 版。

〔4〕 参见李洪雷："恰当协调改革与法治的关系"，载《北京日报》2013 年 5 月 13 日，第 17 版。

3. 坚持改革与法治辩证统一具有正当性。改革与法治辩证统一关系的正当性服从于国家治理的需要,一方面,改革和法治共同服务于完善中国特色主义制度、推进国家治理现代化的目标指向。全面深化改革的总目标是完善和发展中国特色社会主义制度,推进国家治理体系和治理能力现代化;[1]全面推进依法治国的总目标是建设中国特色社会主义法治体系,建设社会主义法治国家。[2]而建设法治国家是国家治理现代化的重要战略目标,这充分体现了法治与改革的内在一致性。[3]改革与法治同向同行,致力于实现同一目标,也就是形成更加成熟、更加定型的中国特色社会主义制度。另一方面,改革和法治都坚持以人民为中心的价值取向,党和国家的改革始终坚持人民主体性,换言之,始终坚持改革为了人民、改革依靠人民、改革成果由人民共享、改革成效由人民来评判。法治建设亦坚持以人民为中心的价值取向,表现为促进社会公平正义、保证人的权利、增进人民福祉。

(三)坚持改革与法治辩证统一的要义

1. 在改革中完善法治。《吕氏春秋·察今》有言:"治国无法则乱,守法而弗变则悖。"治理国家没有法度就会混乱,但法度也需要与时俱进,死守成法而不变革是不对的。在当代中国,改革是国家走向辉煌前景的门径,蕴含着促进一切事业蓬勃发展的能量,凡要向荣,必经改革。法治的完善要与全面深化改革衔接,法治在深化改革中发现新的使命、增加新的功能、夯实新的内涵、创造新的方式,为适应和满足时代发展的新的需要和要求,不断充实完善。

在改革中明确法治方向。改革是在坚持国家根本制度前提下,对政治关系、经济关系、社会关系、文化关系的组合方式的合理调整,对权力配置、资源配置、利益配置的机制构成的合序优化,改革成果呈现出来的方方面面

〔1〕 参见"中共中央关于全面深化改革若干重大问题的决定(二〇一三年十一月十二日中国共产党第十八届中央委员会第三次全体会议通过)",载《人民日报》2013年11月16日,第1版。

〔2〕 参见"中共中央关于全面推进依法治国若干重大问题的决定(二〇一四年十月二十三日中国共产党第十八届中央委员会第四次全体会议通过)",载《人民日报》2014年10月29日,第1版。

〔3〕 参见丁国强:"法治改革观是新型的国家治理观——读《法治与全面深化改革》",载《北京日报》2017年1月9日,第16版。

的变化，不仅压实了各项事业更好更快发展的基础，也为法治基于规范、约束对象的变化作出适应性调整和进步性完善，昭示了推陈出新的方向。着眼于制约经济社会发展最突出的问题、人民群众最期盼最关心的问题、社会各界能够达成共识的问题，党的十八届三中全会拉开了全面深化改革的序幕。改革进展到哪里，法治就要延伸到哪里。党的十八届四中全会随后明确了全面推进依法治国的总目标、总蓝图，部署了全面推进法治改革和建设的任务及举措。从某种意义上讲，十八届三中全会是上游、十八届四中全会是下游，三中全会作出的涉及全领域、全体制、全方位的改革部署，与四中全会提出的建设包含完备的法律规范体系、高效的法治实施体系、严密的法治监督体系、有力的法治保障体系、完善的党内法规体系的中国特色社会主义法治体系的部署，体现了改革是对法治的先导、法治是对改革的回应的关系。这启示我们，推进全面依法治国，要从全面深化改革中领取明确前进方向的钥匙。

在改革中完善法律体系。改革是对法律体系的体检，可以准确诊断出法律体系的不足、衰变和隐患，改革也是对法律体系的保健，可以明确提供法律体系保养、理疗、强健的指引。法律体系的完善，是在不断满足对应经济社会丰富发展成果的法治需求的过程中实现的，已有的法律体系在哪些领域尚未覆盖，需要进行这样的拓展；对哪些行为还没有涉及，需要作出何种规范；哪些既成文本已经不合时宜，需要进行什么处理；哪些条款的适用效力不佳，需要如何增强；等等，都是在改革的推陈中得到检验，在改革的出新中获得启发。改革开放 40 多年来，在中国特色社会主义法治道路上，中国特色社会主义法律体系建设经历了从局点到整面、从单一向成套、从低端向高端不断推进、不断完善的过程，取得了显著成就。截至 2018 年 12 月，我国现行有效的法律共 269 件、行政法规 750 多件、地方性法规 12 000 多件，国家和社会生活的各个方面基本实现了有法可依。[1]当下，深化改革又提出了诸如国家安全、疾病防控、生物安全、治理体系、组织机构、互联网金融、共享经济、移动支付、云计算、大数据、人工智能等领域和方面的法治需求，

---

〔1〕 参见宋锐："40 年来中国特色社会主义法律体系形成并不断完善"，载中国新闻网，http://www.chinanews.com/cj/2018/12-20/8707908.shtml，最后访问时间：2019 年 10 月 1 日。

法律体系必将根据深化改革的要求，在固根基、扬优势、补短板、强弱项中不断发展完善。

2. 在法治下推进改革。法治是对改革的呵护。改革必然带来变化，而变化必须是有序的变化；改革必然缔造新态，而新态必须是正当的新态；改革必然重构运作，而运作必须是规范的运作。法治为改革的有序变化、正当新态、规范运作架设轨道、保驾护航。"如果说改革必然要试错，那么法治的作用就在于纠错以防止出现一种全局性、长期性的失误；如果说改革就要付出代价，那么法治的作用就在于最大限度地降低改革成本，规避不必要的代价；如果说改革就必然有风险，那么法治就是规避风险、把风险控制在最小范围内的不二法门"。[1]习近平总书记强调，"做好改革发展稳定各项工作离不开法治，改革开放越深入越要强调法治"。[2]事实证明，忽视法治搞改革，起步就会摇摇晃晃更走不远；罔顾法治搞改革，一开始就得栽跟头。透视行政体制改革历程，不难发现行政体制改革与现实的法律存在矛盾与张力，对改革法治化不够重视实则是这一问题产生的根源。[3]有鉴于此，需要借助法治的精神和原则，以法律的方式深化行政机构改革，破解改革过程中遇到的深层次体制机制障碍，避免改革失范或无序。[4]

（1）以法治凝聚改革共识。习近平总书记在2013年中共中央政治局第四次集体学习时强调指出："各级领导机关和领导干部要提高运用法治思维和法治方式的能力，努力以法治凝聚改革共识、规范发展行为、促进矛盾化解、保障社会和谐。"当前行政体制改革面临的问题多、困难大、矛盾复杂、认识并不统一，这就需要以法治凝聚改革共识。一方面，政府要善于运用法治思维和法治方式将各方面合理的改革诉求凝练在改革决策中，夯实决策的科学基础；另一方面，政府要善于发挥法治的作用，将社会各界对为什么要改革、改革什么和怎样改革的认识统一到改革决策中，为深化改革、突破改革难关

---

〔1〕　江必新："以法治思维和方式推进法治中国建设"，载《人民论坛》2013年第S2期。

〔2〕　"改革开放越深入越要强调法治（两会议政厅）"，载《人民日报》2019年3月4日，第14版。

〔3〕　参见王雅琴："法治视野下的行政体制改革"，载《福建行政学院学报》2015年第4期。

〔4〕　参见熊文钊、史艳丽："试论行政组织法治下的行政体制改革"，载《行政法学研究》2014年第4期。

提供充分的民意支持和合理性前提；再一方面，立法机关要与政府和社会及时达成改革共识，主动跟进改革进程，及时通过法定程序推进相关法律的"立、改、废"，为深化行政体制改革提供必要的法律依据与合法性保障。[1]

（2）以法治规范改革行为。"法律是治国之重器，良法是善治之前提"，法治对改革的规范作用表现为，法治能够通过既定形式，对改革形成的既有成果作出法定表达，"避免认识模糊、利益扯皮、行为掣肘，使改革进程具有合法性基础，显现合理性形态，实现合规性运行"。[2]因此，一方面，政府要增强依法改革的自觉性，在制定并实施权力清单、负面清单、职责清单时，整体上做到清权、确权、放权、用权于法有据；另一方面，立法机关要积极加强法律供给，采取各种能动性措施提高法律保障的因应性、及时性、有效性。例如，按照党的十八届四中全会的要求，做到"实践证明行之有效的，要及时上升为法律。实践条件还不成熟、需要先行先试的，要按照法定程序作出授权。对不适应改革要求的法律法规，要及时修改和废止"。[3]再如，对先行先试的地区实行保护改革与法治关系的授权调整措施，保证该地区先锋性改革项目在适应性法治环境中推进。2013年8月30日第十二届全国人大常委会第四次会议通过《全国人民代表大会常务委员会关于授权国务院在中国（上海）自由贸易试验区暂时调整有关法律规定的行政审批的决定》（已失效），是通过全国人大常委会的立法授权，使上海自由贸易区改革实现"重大改革要于法有据"的一次生动演绎。[4]

（3）以法治化解改革风险。改革是"破"的过程，不可避免要突破旧的条条框框，改变既有的利益格局，有"破"就会有风险，风险未得规避，改革必付代价；改革也是"立"的过程，需要吐故纳新建立新秩序，新的秩序需要新的规范。无论是为企业"松绑"、为群众"解绊"、为市场"腾位"等

〔1〕 参见李林："怎样以法治凝聚改革共识"，载《北京日报》2013年3月11日，第17版。

〔2〕 石亚军、霍沛："深化党和国家机构改革促进党内法规制度建设"，载《政法论坛》2019年第4期。

〔3〕 "中共中央关于全面推进依法治国若干重大问题的决定（二〇一四年十月二十三日中国共产党第十八届中央委员会第四次会议通过）"，载《人民日报》2014年10月29日，第1版。

〔4〕 参见付子堂、陈建华："运用法治思维和法治方式推动全面深化改革"，载《红旗文稿》2013年第23期。

一系列转变政府职能的改革措施，还是加强政府事中事后监管、优化政府公共服务事项和方式、加强社会综合治理、强化全社会对政府的监督等一揽子改革方案，在其"破""立"之间，必然牵涉权力关系、利益格局的调整，即一部分人得益、一部分人受损。尤其是，当前行政体制改革进入"深水区"和"攻坚期"，所遭遇的改革阻力及难度空前加大，[1]这就需要充分贯彻法治精神，戴上法律这个"最保险的头盔"。[2]只有把改革主张转换成法治主张，用法治方式化解改革风险，才能减少利益调整带来的改革震荡，缓解结构调整造成的转型阵痛，确保改革有秩序、不走样。当然，立法应当具有一定的前瞻性，在确定基本制度和规则的同时，须保持必要的灵活性，为今后改革进行实践探索留有一定的空间。唯此才能行稳致远。

（4）以法治巩固改革成果。改革的创新成果，是在动态性尝试过程中形成的变化形态，由于人们认知的多样化以及改革成果在不同地区、层级、事项中生效方式特点的差异，往往在实施过程中具有背离普遍性、统一性的离散隐患，需要通过法治排除这种隐患，将改革的创新成果巩固到推进各项事业发展的过程中。从市场的"基础性作用"到"决定性作用"、"国家管理体系"到"国家治理体系"、"社会管理体制"到"社会治理体制"的改革过程中，中央和地方政府积极探索并勇于创新，涌现出了许多值得固化、复制和推广的实践做法和成熟经验。无论是"最多跑一次"改革、"秒批"改革，还是"双随机、一公开"和联合信用惩戒，这些改革成果被实践证明是正确的、有为的、有效的，而要将这些成果变为相关政府的履职常态，只有通过立法确立其合法地位，使其有能力同落后制度相抗衡，最终实现制度竞争的优胜劣汰。[3]因此，对于已经比较成熟的行政体制改革成果，须及时以法律制度的形式对其加以定型；对于尚需一段时间才可评估成效的行政体制改革成果，应以暂行性的立法形式为其保驾护航。

---

〔1〕　参见唐晓阳："以自我革命的勇气深化行政管理体制改革"，载《南方日报》2012年3月19日，第2版。

〔2〕　参见"法治是改革的压舱石——三论学习贯彻十八届四中全会精神"，载《湖南日报》2014年11月6日，第2版。

〔3〕　参见马亮："以改革优化营商环境，以法治巩固改革成果"，载中华人民共和国中央人民政府网，http://www.gov.cn/zhengce/2019-10/09/content_5437309.htm，最后访问时间：2019年10月1日。

九、改革的落脚点：发挥好中央和地方两个积极性

现代治理的一个重要特征，就是在合理的层级分权中形成权力层层有为和权力全层有力的统一，落脚于充分发挥中央和地方两个积极性。中央是指挥部、地方是战斗队，中央出战略、地方行战术，中央施部署、地方抓落实，共同构成行政管理活动从目标到结果的实现过程。中央的作用地方不能取代，地方的作用中央无法发挥，构建地方服从中央、中央尊重地方，央地之间相辅相成、相得益彰的权力运行体系和机制，对于实现国家现代治理至关重要。《中共中央关于深化党和国家机构改革的决定》强调，要"理顺中央和地方职责关系，更好发挥中央和地方两个积极性"。这无疑给深化改革的事业指明了方向，点明了应以充分发挥央地两个积极性为切入点，实现"构建从中央到地方运行顺畅、充满活力、令行禁止的工作体系"的改革目标，以中央"定调子"，地方"迈步子"的改革节拍，步稳蹄疾地推进中国特色社会主义行政体制的建设。

（一）"中央"与"地方"的概念及其关系

"中央"与"地方"概念具有特定内涵和关系所指。"中央"概念意涵位居国家最高层级的权力机构，在我国，这一概念用于党的执政和领导体系，特指党的最高领导机关，即党中央，用于国家机构体系，一是特指最高国家权力机关，即全国人民代表大会，二是特指最高国家行政机关，即国务院。"地方"概念泛指中央以下各层级权力机构，在我国，这一概念特指与"中央"形成体系对应的省级以及以下各层级机关，包括地方党委、地方人大、地方政府。基于这种划分，央地关系自然包括党中央与地方党委之间的关系、全国人大与地方人大的关系、国务院与地方政府的关系。在行政体制中，央地关系仅指国务院与地方政府的关系。

中央与地方的关系，表面上看似乎属于国家公共权力划分的技术范畴，实质上是体现国家公共权力所为的价值范畴，央地关系通常以人事权、事权、财权在中央和地方作何种能效、规模、分量的配置来呈现，但实质上代表着国家公共权力配置体系最终由谁发挥作用的功能。诚如有学者所述："中央和地方关系是建立在一定利益基础之上的国家利益和地方利益之间的一种关

系"，[1]但是，在我国，无论国家利益还是地方利益，都是人民利益的公共代表，区别只是在于人民利益得到实现、维护、发展在受力渠道、方式上不同。围绕更好为人民谋利益看待中央和地方的关系，便抓住了央地关系的核心。人民的利益既有单一的又有多样的，既有特殊的又有普遍的，既是当下的又是长远的，中央和地方分权的实质，是从不同角度和方式，以更高效、更有效地为满足人民利益发挥公共权力运行效能。人民利益的整体实现、维护、发展，需要仰仗中央和地方合理关系中错落有致的绿荫。中央政府代表着全国人民的共同利益，地方政府代表着辖区人民的共同利益，矛盾普遍性与特殊性的辩证统一关系表明，中央所为最终成效在地方所为中，地方所为最初起效在中央的所为中。因此，为了人民的利益，不能削弱中央，中央缺乏调控实力，人民多样、普遍、长远的利益就会缺乏整体性保障，同时也不能疲软地方，地方缺乏运行活力，人民单一、特殊、当下的利益就会缺乏具体性保障。

中央与地方的关系经历了四个阶段的演变。中央与地方的关系随着国家政权的建立而形成，中华人民共和国成立以来，我国中央与地方关系经历了四个阶段的演变和发展。第一阶段是从中华人民共和国成立到改革开放以前（1949 年~1978 年）。这一时期，受计划经济体制以及国内外施政环境的影响，中央政府与地方政府的职权均较为单一，行政权力主要集中在中央政府，地方政府的自主性较小，央地关系在整体上呈现出中央政府高度集中各种行政权力，上强下弱的状况。第二阶段是从改革开放到党的十四大（1978 年~1992 年）。改革开放以来，中央与地方关系的演进以适应政府与市场、政府与社会关系的深刻变革为基本进路。这一时期，经济体制改革扩大了企业自主权和地方政府相应的经济管理权限，以中央政府"放权让利"的形式，打破了权力过分向上集中的局面，地方政府的自主性得到扩充，央地关系在整体上呈现出中央政府向地方适度分权的状况。第三阶段是从党的十四大到党的十八大（1992 年~2012 年）。在这一时期内，为建立与完善社会主义市场经济体制，扭转地方政府各自为政发展经济而不利于国家整体经济、产业结构

---

〔1〕　谢庆奎等：《中国地方政府体制概论》，中国广播电视出版社 1998 年版，第 60 页。

调整优化的局面，中央政府采取分税制改革，致力于承担宏观调控职责，以应对区域发展不平衡带来的诸多问题，对央地政府的事权、财权进行新的分配，央地关系在整体上复又呈现向中央政府集权的状况。第四阶段是从党的十八大至今（2012年~2021年）。在推进国家治理体系与治理能力现代化的背景下，在统筹党和国家机构改革的框架内，基于充分发挥中央和地方两个积极性，开启了央地关系合理化、法治化构建的进程，《中共中央关于全面推进依法治国若干重大问题的决定》要求"推进各级政府事权规范化、法律化，完善不同层级政府特别是中央和地方政府事权法律制度，强化中央政府宏观管理、制度设定职责和必要的执法权，强化省级政府统筹推进区域内基本公共服务均等化职责，强化市县政府执行职责"，《中共中央关于深化党和国家机构改革的决定》要求"统筹优化地方机构设置和职能配置，构建从中央到地方运行顺畅、充满活力、令行禁止的工作体系。科学设置中央和地方事权，理顺中央和地方职责关系，更好发挥中央和地方两个积极性，中央加强宏观事务管理，地方在保证党中央令行禁止前提下管理好本地区事务，合理设置和配置各层级机构及其职能"，目前，在贯彻落实中央一系列改革部署中，新型合理的央地关系建设正在法治化轨道上有序推进。

（二）发挥好中央和地方两个积极性是深化行政体制改革的必然着力

检验行政体制改革成效的标准，是行政体制对经济社会快速、健康、稳定发展的贡献力，即体制通过改革发生的变化对经济社会发展有没有促进力和力度的大小。改革的贡献力产生于经济社会宏观运行与微观运行两端之间的正向有效闭合循环里，体现在中央与地方的良性互动中，这就决定了发挥好中央和地方两个积极性是深化行政体制改革的必然着力。

中华人民共和国成立以来，特别是改革开放以来，我国的行政体制改革之所以能够不断取得成就，一个基本的原因和一个重要的成就，就在于针对中央和地方关系的阶段性紧张问题及时作出调整，并形成当时有利于调动中央和地方两个积极性的机构职能调整、政策制度改进成果，在注重发挥两个方面积极作用中，集中优势力量解决人民群众最直接、最关心、最现实的问题。伴随着经济社会发展出现的新情况、新问题、新需要，中央与地方的关系也因社会主要矛盾的变化而被赋予需要加深认识的新的内涵，以及需要更好处理的新的关节，例如人民群众对公共服务需求的增加和对政府公共服务供给要求的提高，基层综合治理对特定治理环境的优化需要和对政府自主性、能动性作为的更高要求，使得基层政府治理能力不足的问题逐渐暴露，迫切需要地方政府具备较强的应变能力；面向全局涉及安全、经济、稳定的国家重大战略的实施和落实，以及重大公共危机事件构成的挑战和风险，迫切需要夯实和提高中央的统筹能力。立于新时代新的坐标系，应当在发扬以往改革经验的基础上，结合新要求更加准确地认识中央与地方的关系，更加有效地通过处理好两者的关系充分发挥两个积极性。

中央与地方两个积极性的发挥不够理想结症于两个不足。中央积极性发挥不够理想主要表现在中央政府部门在简政放权后，实行宏观调控的适应性和有效性不足。长期以来，中央政府部门掌握了大量审批、监管、执法的微观实权，使之履行职能有事有权、有声有色，具备会做能做的积极性。不断深化简政放权，尤其通过"放管服"改革，中央政府部门基本剥离出微观实权，许多部门在失去对具体事项进行微观定夺后以什么内容来呈现业务，不适应以过去不常用、不习惯的手段、方式、介质来实施宏观调控，显现出积极性式微。可见，中央政府积极性的发挥仍旧存在上升空间，如何提高宏观驾驭能力，善于运用行政规划、政策、财政等手段进行宏观调控，是其积极性投入和发挥的方面。地方积极性发挥不够理想主要表现在地方政府受组织构架、职能含量、自主权限、财政水平、地缘差异等因素的影响，自主创新和能动履职的能力不足。地方政府能设什么机构，能做哪些事情，能有多大作为，并不完全取决于自身，而紧紧受制于上级政府的样本、格式，机构架构只能照葫芦画瓢、职能体系只能同框对应、理事程式只能照样复制、成事资源只能望洋兴叹的结果，导致地方政府在自己应该做、必须做、想要做的许多创造性、创新性、有用性事务面前无能为力，积极性不高。

充分发挥中央政府积极性的关键是提高宏观调控效能。中央政府的积极性不是用来描述政府履职意愿即政府愿不愿意干的概念，而是表达政府履职效能即政府作为究竟有什么和有多大效应、效用的概念。中央政府并不缺乏发挥积极性的重要行政资源，重点是使这些行政资源的宏观调控作用最大限度发挥出来，因此，充分发挥中央政府积极性的关键，是提高宏观调控的效能。提高宏观调控效能，一是要处理好宏观权力与微观权力的关系，一方面，宏观权力与微观权力有边界并不等于中央政府对地方政府放任自流，宏观权力必须在行政权力的运用价值、运行规范、运作效用上对微观实行指导、把控、制约，表现为中央政府有责任、有能力将其制定的经济社会发展和各类改革的大政方针，通过对地方政府的要求、督促、钳制得以层层落实；另一方面，宏观权力与微观权力有关联并不等于中央政府可以任意干预地方政府的自主权，宏观权力应当在法定的权域内施展治理权威，而把地方政府应该有和用得好的权力行使空间留给中央政府以下的行政地带，表现为中央政府不对由地方政府负责的具体审批、监管、服务事项拥有决定权，并确保这种决定权在地方政府发生和生效。二是要处理好宏观事务与微观事务的关系，一方面，宏观事务包含着微观事务，宏观权力的责任在于，既要充分运用各种调控手段，为宏观事务在科学谋划、合理部署、有力落实中，有形、有效地落脚于为微观事务提供要素、系统、环境相结合的制度和政策保障，又要监督、确保微观事务体现宏观事务要求的最终效应。例如，在精准扶贫、生态环境保护等关键领域，中央政府既要眼盯宏观驾驭，又必须脚扎微观落实；另一方面，宏观事务与微观事务又有区分，宏观权力的定位在于，把牢整体、大局、根本，而不拘泥于针针线线、枝枝节节，不插手、不参与日常生产、生活中地方政府能够管、管得好的具体管理事务，让微观权力在其中活灵活现、大显身手。

充分发挥地方政府积极性的关键是提升微观运行能力。地方政府的积极性是定义地方政府能够干什么和能够干成什么样的概念，贯彻落实是地方政府天经地义的本职，有创造、有创新、有建树地贯彻落实是地方政府本职的精义。官僚主义、形式主义的贯彻落实既简单又省事，但那是碌碌无为的懒政，不是绝大多数地方政府的愿为。实现有创造、有创新、有建树的贯彻落实，必须具备可做事、能够做成事的能力。我国是一个幅员辽阔的大国，行政区划众多，相互之间的社会经济发展水平存在着显著差异，地方政府基于本地实际情况负发展责任，并应对如何有为推进发展享有话语权和自主权。地方政府的治理能力固然取决于子系统内的认知、办事、管理、领导本领和水平，但也取决于总系统的赋能，即总系统治理能量对子系统治理能量的合理配重及其包容。地方政府在深化改革中，急需对属于自身管理范围内的事务拥有实际、完整的决定权限，对看准了但尚未纳入已有法律法规规范或者与已有法律法规条款不符的创新事项进行试错性探索的决定权限，而这些权限不在地方政府既有的权域内，需要中央政府下放、赋予或容许。因此，鉴于地方政府拥有因"在地"位序，更能直接了解民情和聚集民意，有利于出台切合人民群众现实需求的项目和政策的优势，一方面，应当在优化央地政府职能体系的基础上，赋予地方政府较大的机构设置权、职责配置权；另一方面，应当在科学划分央地财权和事权关系的基础上，赋予地方政府更多更实的事权以及与之匹配的财权；再一方面，应当在系统谋划全局改革与重点突破相结合的基础上，赋予地方政府必要的改革试行权、特殊试验权。

充分发挥中央和地方两个积极性必须加强两者的有效衔接。中央政府在宏观调控中发挥了积极性，行政体制便有了高层能量，地方政府在微观运行中发挥了积极性，行政体制便有了底层活力，来自高层的能量和来自底层的活力在互动中共同构成行政体制的生机。两个积极性的互动通过相互衔接而实现，由于中央政府与地方政府的职责有所不同，双方在种属、对象、功能、效益等方面针对不同、担当有别，同时，中央政府与地方政府的职责又是紧密联系的，没有中央政府的履职，地方政府的履职就是无头之作，没有地方政府的履职，中央政府的履职就是无根之作。因此，一方面，中央政府要善于广泛吸纳地方政府的意见、经验进行科学的宏观决策，要善于将宏观决策准确传递到地方政府，还要善于为地方政府落实宏观决策排除来自部门不合理规定和不必要要求的障碍，并提供各种有利条件的支持；另一方面，地方政府必须服从中央政府，做到令行禁止，严格按照中央政府宏观决策的原则、规格决策、执行，不出虚招、不玩花活、不为弊作，同时，在授权范围内开展自主创新、自为建树时，要主动向中央政府汇报，以获得指导和支持，保持与重大决策、根本原则的不悖。

（三）深化行政体制改革发挥中央和地方两个积极性的实施路径

习近平总书记高度重视正确处理中央和地方关系，充分发挥两个积极性在推进国家治理体系和治理能力现代化中的重要意义，他在党的十八届三中全会上指出："正确处理中央和地方、全局和局部、当前和长远的关系，正确对待利益格局调整",并在党的十九届三中全会上进一步强调,"更好发挥中央和地方两个积极性……构建从中央到地方运行顺畅、充满活力、令行禁止的工作体系"。在深化改革中切实贯彻落实这些指示,应当针对中央和地方关系不顺的主要问题和结症,抓住重点,从以下几个方面施策着力:

1. 保证党中央权威和集中统一领导。党的十九大报告指出,要"保证全党服从中央,坚持党中央权威和集中统一领导"。坚持党中央的权威和集中统一领导是中国特色社会主义建设事业顺利推进、蓬勃发展的根本要求,是全面深化改革取得成功的有力保障。政治与行政只有分工,没有分家,无论在学术上以什么样的理论对政治与行政的分工进行比喻和策划,都无法抗拒从不存在超越政治的行政,也不存在无关行政的政治的客观逻辑。在我国,"党政军民学,东西南北中,党是领导一切的",行政体制根本上是在政府政务中体现和落实党的领导的行政制度安排,通过深化改革充分发挥中央政府的积极性,必须把坚持党中央权威和集中统一领导放在首位。

(1)必须维护党中央权威。党中央是全面深化改革的决策核心和总指挥部,党中央作出的改革谋略和部署,深谙时势、站位全局、统筹各方,具有至高无上和不可违逆的权威性。维护党中央权威,就是要在深化行政体制改革中,把习近平总书记一系列重要指示,以历次党的全国代表大会、历届党的全会相关精神不折不扣地落实到机构职能调整、行政运行机制再造、行政法治体系完善、政府治理模式优化之中,在行政体制中强化保证党的领导的组织形态,同时,凸显保证贯彻落实党的理论路线方针政策的履职机制。其中,将党的领导的规律与政府行政工作的规律有机结合起来,构建由两种规律制约的职能载体、行为方式之间的协调、内嵌、耦合,是制度创新的重要任务。

(2)必须维护党中央集中统一领导。维护党中央集中统一领导的要求不是表态,而是行动,呈现的不是口号,而是实效,关键是做到令行禁止。习近平总书记指出:"党中央提倡的坚决响应,党中央决定的坚决照办,党中央禁止的坚决杜绝,决不允许上有政策、下有对策,决不允许有令不行、有禁不止,决不允许在贯彻执行中央决策部署上打折扣。"人民群众对在改革中落实层面出现的一些问题通常评价为"经是好的,但被和尚念歪了",这一鞭辟入里的评价所指的症结在于有些地方存在上有政策、下有对策、有令不行、有禁不止的行政痼疾。维护党中央集中统一领导，必须破除党中央决策在执行过程中被扭曲、被消解的弊端，保证党中央决策得到横向到边、纵向到底的贯彻落实。

2. 保证中央政府政令统一。中央政府是在党中央领导下的国家最高行政机关，在行政体制中居于政务管理最高地位。作为中央政府的国务院根据党中央的战略部署作出的政务工作部署，是各级政府行政业务工作的统摄，《宪法》第110条第2款规定："地方各级人民政府对上一级国家行政机关负责并报告工作。全国地方各级人民政府都是国务院统一领导下的国家行政机关，都服从国务院。"中央政府的积极性，具体、生动地体现在国务院及其组成部门政令、政策、法规、规章的实施效应中，发挥中央政府的积极性，就是在国务院及其组成部门自身把宏观调控能量充分激发的同时，充分传递并转化为各地各级地方政府的施政行为、过程、效果。在深化改革中，必须克服与充分发挥地方积极性正当意义毫无关联的地方保护主义倾向，对国务院作出的工作部署，地方政府必须无条件、无变异地贯彻落实，对国务院禁行的作为，地方政府必须无商量、无变通地制止归零，切实改变一些地方政府对国务院的令禁口是心非式应对、无冲突不合作式应付、选择性落实、趋利性贯彻、消极性交差的状况。

3. 赋予省级及以下政府更多自主权。党的十九大报告在作出的深化改革的部署中明确提出，"赋予省级及以下政府更多自主权"，十九届四中全会通过的《中共中央关于坚持和完善中国特色社会主义制度 推进国家治理体系和治理能力现代化若干重大问题的决定》在作出加强制度建设的部署中强调，"赋予地方更多自主权，支持地方创造性开展工作"。地方政府尤其是市县（区）级政府，直接面对"五位一体"总体布局的建设现场，担负着与生产生活领域具体对接的城市、乡村建设和管理、人民群众利益诉求的回应和实现、社会秩序的安全和稳定的责任，在保证党中央权威和集中统一领导、保证中央政府政令统一的前提下，赋予地方政府更多自主权，使其在更广阔的议事、决事、行事、办事空间容纳宏观层面难以囊括的微观生相，激活发自一线和基层的生机，是提升地方积极性的内在要求，是发挥地方积极性的着力所在。应当以明确划分国务院各个部门与地方政府相关部门涉事、涉财、涉物的权力边界为基础，按照《中共中央关于深化党和国家机构改革的决定》关于"把直接面向基层、量大面广、由地方实施更为便捷有效的经济社会管理事项下放给地方"的要求，由国务院各个部门负责，通过进一步简政放权，将属于应该由地方政府行使的各种权力，将承权载体的事项、施权环节的程序、助权运行的资金一揽子打包到位下放到相关层级政府，夯实地方政府实行有效治理的实权。

4. 规范垂直管理体制和地方分级管理体制。规范垂直管理体制和地方分级管理体制，避免在地方政府具体治理事务上形成扯皮、冲突，带来梗阻，对于充分发挥两个积极性非常必要，规范不好，要么影响中央积极性发挥，要么影响地方积极性发挥。规范的关键在于明确划分管理权限并进行有效协调，形成垂直管理部门与地方分级管理部门共同提质增效的协商、合作机制。其一，属于中央事权、由中央负责的事项，由中央设立垂直机构实行规范管理。中央垂直机构要严格履职，也要善于与地方政府及其相关部门进行沟通、协商，听取其合理化的意见，地方政府及其部门要尊重垂直管理系统的规则和垂直管理机构的意见，遇到发生冲突的问题，应当共同协商采取合理有效的办法加以解决，而不是相互抵触、掣肘；其二，属于中央和地方协同管理、需要地方分级负责的事项，要实行规范分级管理，承担中央管理职责的机构要切实对管理权限内的任务负责，而不插手地方管理机构应有的权力和应尽的责任，承担地方管理职责的机构，要专心履行好本职，而不僭越属于中央管理的事项；其三，在统筹党和国家机构改革的框架内，逐步理顺"一对多"和"多对一"的关系，在赋予地方一定机构自主权的基础上，致力于构建央地机构间的无缝衔接，中央部门要强化对地方相关部门的有效指导、协调和监督，地方部门要主动向中央对应部门请示、汇报，避免部门整合后因原有系统单一条件供给模式的改变对地方部门造成支持弱化。

第六章　加快新时代人民满意的服务型政府建设步伐

人民满意的服务型政府是党和国家立足于人民群众的主体地位，以为人民服务为宗旨，服务于社会主义市场经济发展的政府治理形式。中华人民共和国成立七十多年来，我们党领导人民以社会主义的名义成功推进国家建设，取得了经济社会发展的辉煌成就，总结其中的宝贵经验，党和政府日益深化对行政体制改革的认识。对建设一个什么样的政府才能符合促进经济社会持续发展和不断提升人民福祉的要求的时代解读，使党和政府把深化行政体制改革的目标确定为建设人民满意的服务型政府。以习近平同志为核心的党中央以人民满意为目标，坚持和完善中国特色社会主义制度、推进国家治理体系和治理能力现代化，推动市场决定性作用的发挥，深化政府职能转变，系统推进新时代"经济建设、政治建设、文化建设、社会建设和生态文明建设"的"五位一体"总体布局，极大地减少了政府对市场、对社会的微观干预，极大地释放出经济社会发展的活力。党的十九大指出，"转变政府职能，深化简政放权，创新监管方式，增强政府公信力和执行力，建设人民满意的服务型政府"。[1]党的十九届四中全会更进一步要求："必须坚持一切行政机关为人民服务、对人民负责、受人民监督，创新行政方式，提高行政效能，建设人民满意的服务型政府"，[2]

---

〔1〕 习近平："决胜全面建成小康社会　夺取新时代中国特色社会主义伟大胜利——在中国共产党第十九次全国代表大会上的报告（2017 年 10 月 18 日）"，载《人民日报》2017 年 10 月 28 日，第 1 版。

〔2〕 参见"中共中央关于坚持和完善中国特色社会主义制度　推进国家治理体系和治理能力现代化若干重大问题的决定（2019 年 10 月 31 日中国共产党第十九届中央委员会第四次全体会议通过）"，载《人民日报》2019 年 11 月 6 日，第 1 版。

并对深化行政体制改革，完善行政体制机制提出了制度建设任务。立足新时代建设人民满意的服务型政府的目标，必须把思想和行动统一到习近平新时代中国特色社会主义思想和党中央的战略部署上来，在党中央统一领导下，遵循固根基、扬优势、补短板、强弱项的要求，科学谋划、精心组织，远近结合、整体推进，致力于在优化行政体制中，不断把社会主义行政制度优势更好转化为政府治理效能，使政府成为人民满意的服务型政府，使人民成为拥有值得满意的服务型政府的人民。

一、新时代党中央对建设人民满意的服务型政府提出的新的要求

（一）党中央治国理政战略部署明确了建设人民满意的服务型政府的新任务

自 2008 年经济危机至今，世界各国经济发展形势迟滞，加之受美国单边主义政策影响，世界贸易摩擦不断增加，经济全球化进程受阻，世界局势进入不稳定时期。同时，中国正处于经济结构转型期，经济发展进入增长速度换挡期、结构调整面临阵痛期、前期刺激政策消化期的"三期叠加"的新常态，这都使中国特色社会主义事业发展面临着各种复杂风险和艰巨挑战，也迎来了重大机遇。新的历史征程上，通过推进国家治理体系和治理能力现代化，把握机遇、化解风险、迎接挑战，推动中国特色社会主义事业乘胜前进，是我们党面临的重大使命，建设人民满意的服务型政府，在这一使命中具有重要分量。党的十八大以来，以习近平同志为核心的党中央统筹推进"五位一体"总体布局、协调推进"四个全面"战略布局，带领全党和全国各族人民为了实现"两个一百年"目标而不懈奋斗，各级党组织和政府把握时代脉搏，顺应发展潮流，不断砥砺前行。习近平总书记强调："为人民服务是我们党的根本宗旨，也是各级政府的根本宗旨。"[1]在我国，为人民服务是政府体制的本源，是政府品质的基因，是政府力量的源泉。政府现代化治理最根本的体现，就是我们党全心全意为人民服务宗旨的政府形态化、行政行为化、

---

〔1〕 丁煌："将为人民服务的宗旨落到实处"，载《人才资源开发》2018 年第 19 期。

政务惠民化，因此，深化行政体制改革，必须坚持中国特色社会主义制度，推进国家治理体系和治理能力现代化，以"人民满意"为标准建设服务型政府。

党的十九大确定了新时代发展的历史方位，为建设人民满意的服务型政府确定了总纲。十九大报告"明确全面深化改革总目标是完善和发展中国特色社会主义制度、推进国家治理体系和治理能力现代化"，发挥我国社会主义制度优越性需要通过"构建系统完备、科学规范、运行有效的制度体系"。所以，政府满足人民对美好生活的向往就必须"转变政府职能，深化简政放权，创新监管方式，增强政府公信力和执行力，建设人民满意的服务型政府"，[1]这是当前以及今后一个时期内行政体制改革的根本指南。

党的十九届二中全会提出的宪法修改建议，体现了党和国家事业发展的新成就、新经验、新要求，为建设人民满意的服务型政府提供了法治保障。一是"把党和人民在实践中取得的重大理论创新、实践创新、制度创新成果特别是习近平新时代中国特色社会主义思想通过国家根本法确认下来"，[2]明确了"习近平新时代中国特色社会主义思想"在国家政治和社会生活中的指导地位，使其成为国家各项事业、各方面工作的活动准则，为建设人民满意的服务型政府提供了思想遵循；二是调整充实了中国特色社会主义事业总体布局和第二个百年奋斗目标的内容，明确推动物质文明、政治文明、精神文明、社会文明、生态文明协调发展，为建设人民满意的服务型政府提供了内容界定；三是赋予监察委员会宪法地位，发展构建国家监察体系，确保党和人民赋予政府的权力切实服务于人民，增强人民群众对党和政府的信心，为建设人民满意的服务型政府提供了法治保障。

党的十九届三中全会对深化党和国家机构改革作出了部署，在制度建设和治理能力上为建设人民满意的服务型政府提供了路径指南。党中央指出，

---

〔1〕习近平："决胜全面建成小康社会　夺取新时代中国特色社会主义伟大胜利——在中国共产党第十九次全国代表大会上的报告（2017年10月18日）"，载《人民日报》2017年10月28日，第1版。

〔2〕龚伟："为新时代坚持和发展中国特色社会主义提供有力宪法保障"，载《中国人大》2018年第5期。

转变政府职能，优化政府机构设置和职能配置，是深化党和国家机构改革的重要任务。必须聚焦发展所需、基层所盼、民心所向，"深化转职能、转方式、转作风，提高效率效能"[1]，"构建起职责明确、依法行政的政府治理体系"，[2] 而建设人民满意的服务型政府，就必须"坚决破除制约使市场在资源配置中起决定性作用、更好发挥政府作用的体制机制弊端，围绕推动高质量发展，建设现代化经济体系……调整优化政府机构职能，全面提高政府效能……合理配置宏观管理部门职能……深入推进简政放权……完善市场监管和执法体制……改革自然资源和生态环境管理体制……完善公共服务管理体制……强化事中事后监管……提高行政效率"[3]。

党的十九届四中全会回答了"坚持和巩固什么、完善和发展什么"这个重大政治问题，对坚持和完善中国特色社会主义制度、推进国家治理体系和治理能力现代化进行系统总结，为建设人民满意的服务型政府明确了制度优化。这次会议第一次系统描绘了由 13 个部分组成的中国特色社会主义制度图谱，阐明了必须牢牢坚持的重大制度和原则，又部署了推进制度建设的重大任务和举措，坚持根本制度、基本制度、重要制度相衔接，统筹顶层设计和分层对接，统筹制度改革和制度运行，建设人民满意的服务型政府突出制度建设、制度执行和制度创新，"必须坚持一切行政机关为人民服务、对人民负责、受人民监督，创新行政方式，提高行政效能"，[4] 这就需要行政体制改革在"完善国家行政体制""优化政府职责体系""优化政府组织结构""健全充分发挥中央和地方两个积极性体制机制"等领域形成点线面立体的制度变革体系，把制度优势更好转化为国家治理效能，从而不断提升服务型政府的行政效能。

---

〔1〕 "中共中央关于深化党和国家机构改革的决定（二〇一八年二月二十八日中国共产党第十九届中央委员会第三次全体会议通过）"，载《人民日报》2018 年 3 月 5 日，第 1、3 版。

〔2〕 "中共中央关于深化党和国家机构改革的决定（二〇一八年二月二十八日中国共产党第十九届中央委员会第三次全体会议通过）"，载《人民日报》2018 年 3 月 5 日，第 1、3 版。

〔3〕 "中共中央关于深化党和国家机构改革的决定（二〇一八年二月二十八日中国共产党第十九届中央委员会第三次全体会议通过）"，载《人民日报》2018 年 3 月 5 日，第 1、3 版。

〔4〕 参见"中共中央关于坚持和完善中国特色社会主义制度 推进国家治理体系和治理能力现代化若干重大问题的决定（2019 年 10 月 31 日中国共产党第十九届中央委员会第四次全体会议通过）"，载《人民日报》2019 年 11 月 6 日，第 1 版。

总之，党的十八大尤其是十九大以来，党中央通过纲举目张，致力于稳步破除国家发展的一切思想和体制障碍，赋予了服务型政府建设新的历史使命、新的时代要求，确立了建设人民满意的服务型政府的目标任务、实现路径、各种保障，以新指引、新魄力、新衡量为深化行政体制改革提供了时代坐标和基本依据，为建设人民满意的服务型政府提供了新遵循。

（二）全面深化改革的战略宗义对建设人民满意的服务型政府提出了新需要

历史唯物主义指出，经济社会的不断发展，人民需求的不断提高，要求与之相关的上层建筑随之进行变革，这是人类社会发展的普遍规律。在中国特色社会主义的发展进程中，社会主义市场经济的创造性发展带来了社会经济快速增长、国家实力迅猛增强、人民生活显著向好，并以历史不可逆转性，让我们将眼光放在用更大的勇气扬长补短、革故鼎新上，这就需要党和政府不断改革滞后于现实发展的机制、制度、体制，从而更好地推动社会主义发展，满足人民全面发展的需要。改革开放40年来，我国从计划经济体制向社会主义市场经济体制不断转型发展，在这波澜壮阔的改革进程中，行政体制亦围绕经济社会发展而不断进行着深刻变革。如习近平总书记所指出："改革的推进，经济基础的发展，自然而然会对上层建筑提出新的要求。我们党在实践中不断深化对这个问题的认识，持续推进政府职能转变"。[1]从发展历程来看，我国政府伴随经济体制改革实现了履职形态的多次转型，政府转型反映的是党和政府围绕中国经济社会发展变化而不断深化改革社会主义各项机制、制度和体制的过程，这一过程最终服务于实现党的十九大提出的"完善和发展中国特色社会主义制度、推进国家治理体系和治理能力现代化"[2]这一全面深化改革总目标、党的十九届四中全会要求的"各方面制度更加成熟更

---

〔1〕"习近平：发挥政府作用，不是简单下达行政命令"，载中华人民共和国应急管理部网，https：//www.mem.gov.cn/xw/ztzl/2018/srxxgcxjpsx/zl/shgg/201711/t20171121_231843.shtml，最后访问时间：2019年10月1日。

〔2〕习近平："决胜全面建成小康社会　夺取新时代中国特色社会主义伟大胜利——在中国共产党第十九次全国代表大会上的报告（2017年10月18日）"，载《人民日报》2017年10月28日，第1版。

加定型""把我国制度优势更好转化为国家治理效能"[1]这一制度建设重点。

为迎接新时代提出的全新挑战，习近平总书记在党的十九大报告中以"八个明确、十四条基本方略"为核心内涵，指明了当前中国共产党应该如何紧紧围绕"人民日益增长的美好生活需要和不平衡不充分的发展之间的矛盾"[2]进行全面改革。"党的十九大报告深刻把握党和国家事业历史性变革及其对组织结构和管理体制的新要求"。[3]认真贯彻落实好十九大的改革目标和举措，必然要求把握国家治理改革的体系径路，通过整体筹划的系统改革，坚决破除体制机制弊端制约，让市场在资源配置中起决定性作用和更好发挥政府作用，围绕推动高质量的创新型经济发展，不断精简和优化政府机构及其职能，深化简政放权，完善市场监管及执法体制，强化事中事后监管，优化公共服务，不断提高行政效率，从而建设人民满意的服务型政府。

然而，虽然不断持续改革使行政体制面貌发生可喜变化，但政府机构设置不够合理、职责划分不够科学、人员编制不够精简、行政管理效率不够高、政府治理效能不够理想的问题依然在不同层级的政府中不同程度地存在。深化行政体制改革，必须围绕"使人民满意"这一根本目标，着力解决体制机制突出矛盾和问题，加强和完善政府经济调节、市场监管、社会管理、公共服务、生态环境保护职能，推进重点领域和关键环节的机构职能优化和调整，构建起现代化的政府治理体系。于是，"深化机构和行政体制改革作为构建新时代中国特色社会主义公共管理体制的力举，主要任务是在全面总结以往体制改革成绩与不足、经验与教训的基础上，瞄准单一性、封闭式和碎片化改革存在的局限，按照中国特色社会主义制度的根本要求，从公共权力和职责配置的源头，超越关于行政体制改革单向谋划和推进的局限，撬动长期以来习以为常的体制壁垒，激活闲置、沉睡的机构和编制要素，重构各类机构的

---

〔1〕 参见"中共中央关于坚持和完善中国特色社会主义制度　推进国家治理体系和治理能力现代化若干重大问题的决定（2019 年 10 月 31 日中国共产党第十九届中央委员会第四次全体会议通过）"，载《人民日报》2019 年 11 月 6 日，第 1 版。

〔2〕 习近平："决胜全面建成小康社会　夺取新时代中国特色社会主义伟大胜利——在中国共产党第十九次全国代表大会上的报告（2017 年 10 月 18 日）"，载《人民日报》2017 年 10 月 28 日，第 1 版。

〔3〕 张纪南："深化机构和行政体制改革"，载《人民日报》2017 年 12 月 28 日，第 7 版。

职能结构，突破利益固化的藩篱，破解行政体制改革单打独斗难以根本解决的体制内机构臃肿、权责不清、人浮于事、效率低下、执行力结构性不足等难题，体制外对市场和社会优质公共行政资源供给不足等难题，开启全面改革，构建新时代中国特色社会主义公共管理体制的路径"。[1]

显然，通过深化行政体制改革建设人民满意的服务型政府，有效回应人民在政治、经济、文化、社会、环保等方面日益增长的需求，政府必须致力于进一步破解审批繁琐、推诿扯皮、不当作为、缺乏透明等问题，通过流程再造、机制创新、能力提升、质量改进，不断提升政府促进经济发展的效能；致力于在衣食住行、科教文卫等人民群众普遍关心的领域加大机构职能调整优化力度，以良好的公共产品和公共服务供给，满足广大人民的基本公共需求；致力于在重点领域的民生工作中更加积极转变职能、强化公共服务，优化组织结构、健全职责体系，完善运行机制、规范管理行为、改进治理方式，寓管理于服务之中。

（三）人民群众对美好生活的向往对建设人民满意的服务型政府提出了新期待

习近平总书记指出："中国共产党人的初心和使命，就是为中国人民谋幸福，为中华民族谋复兴"。[2]全心全意为人民服务是中国共产党的宗旨，是党的事业的根本出发点和落脚点，也是党领导下的政府应尽的义务和履职价值观。中国共产党始终坚持人民利益高于一切，这是绝对不能把人民赋予的权力用错地方的初心写照和使命存据，要求所有公共权力机构和公职人员始终把人民立场作为根本政治立场，做到以人民为中心，权为民所用、情为民所系、利为民所谋。

改革开放40年来，党为了满足人民需求，根据不同阶段的经济社会发展情况，确立了从"解决温饱问题"到"建设小康社会"，再到"全面建设小

〔1〕　石亚军："深化机构和行政体制改革　推动国家治理体系创新"，载《政法论坛》2018年第2期。

〔2〕　习近平："决胜全面建成小康社会　夺取新时代中国特色社会主义伟大胜利——在中国共产党第十九次全国代表大会上的报告（2017年10月18日）"，载《人民日报》2017年10月28日，第1版。

康社会"，继而到"全面建成小康社会"以及实现中华民族伟大复兴不断递进的发展目标。每个阶段的目标也让政府确立了不同阶段的改革方向和重点任务，促使中国政府经历了从"计划型政府"到"管理型政府"和"发展型政府"，再到"服务型政府"和"人民满意的服务型政府"的转型发展。从历史进程来看，"管理型政府"和"发展型政府"是一定历史时期下的产物，其发展导向主要以 GDP 为考核指标。在温饱问题尚未解决的情况下，依靠"管理型政府"和"发展型政府"的模式来"做大蛋糕"是当时经济社会发展的主要选择。伴随着中国经济的迅猛发展，中国经济社会的发展进入新的历史时期，唯 GDP 发展导向的政府模式也导致了诸多问题：虽然，经济增长速率在提高，但经济结构和产业结构不甚合理；虽然，经济发展总量在变大，但明显存在贫富差距、城乡差距、地区差距；虽然，财政收入在攀升，但广大人民群众共享改革红利的预期还未普遍实现；虽然，投资产业轰轰烈烈，但还要付出生态环境破坏、污染造成的代价。"管理型政府"和"发展型政府"的共同特征是政府本位，政府只是从对自身有用的政绩去认知和定位本职，难以避免由失准的出发点导致失落的政绩值。"服务型政府"尤其是"人民满意的服务型政府"相对"管理型政府"和"发展型政府"而言，是一场"认知性革命"，彰显人民本位的立场、价值，要求政府虚心地站在人民的立场，用人民的根本利益解读政府作为的意义，以人民如何能够"吃好蛋糕"来考虑政府如何"分好蛋糕"，坚持做人民满意的服务型政府，一定会立准政府谋划施政的出发点，一定会极大避免政府任意性导致的诸多问题。

以习近平同志为核心的党中央高度重视人民的主体地位，善于把全心全意为人民服务的宗旨化为时代践行形态。习近平总书记指出，"人民是历史的创造者，是决定党和国家前途命运的根本力量。必须坚持人民主体地位，坚持立党为公、执政为民，践行全心全意为人民服务的根本宗旨，把党的群众路线贯彻到治国理政全部活动之中，把人民对美好生活的向往作为奋斗目标，依靠人民创造历史伟业"。[1]党的十八届五中全会首次提出以人民为中心的发

---

〔1〕习近平："决胜全面建成小康社会　夺取新时代中国特色社会主义伟大胜利——在中国共产党第十九次全国代表大会上的报告（2017 年 10 月 18 日）"，载《人民日报》2017 年 10 月 28 日，第 1 版。

展思想，鲜明地回答了"依靠谁发展，为了谁发展"这一发展中的根本问题和原则问题，彰显了我国人民至上的治理理念。而在党的十九大报告中，"人民"两字出现了 203 次，贯穿整个报告十三个部分的所有核心内容，正如习近平总书记所指出的："党的一切工作必须以最广大人民根本利益为最高标准。我们要坚持把人民群众的小事当作自己的大事，从人民群众关心的事情做起，从让人民群众满意的事情做起，带领人民不断创造美好生活！"[1] 从改革开放发展的历程来看，全国人民已经走过了"稳定解决了温饱问题""总体上实现小康"的阶段，当前即将迈向"全面建成小康社会"继而实现中华民族伟大复兴的目标。人民在物质文化生活得到基本满足时，对更好的生活、对人的全面发展就有了更高的要求。党的十九大报告明确强调："我国社会主要矛盾已经转化为人民日益增长的美好生活需要和不平衡不充分的发展之间的矛盾"。[2] 然而，现实是"我国仍然处于并将长期处于社会主义初级阶段"，目前发展"不平衡不充分"的现状成为制约人民享有美好生活的关键因素。从需要方面讲，人民不仅在物质方面有更高层次的需要，还有对民主法治、人权保障、精神文化、社会和谐、生态保护等更多方面的需要。所以，在新时代做到"以人民为中心"，就需要通过建设人民满意的服务型政府，从各个方面满足人民的需求，实现"幼有所育、学有所教、劳有所得、病有所医、老有所养、住有所居、弱有所扶"，不断增强人民的获得感、安全感和幸福感，让广大人民群众过上幸福生活。

　　由党的十九大报告概括的人民对美好生活的新期待，实际上表达了中国人民对中国共产党坚强领导的信赖，对中国特色社会主义事业必胜的信念，对国家光明前途和自身美好前景的信心，深化改革的任何做法，都应当值得拥有人民的"三信"。这就决定了必须围绕中国需要为谁实现什么样的发展、怎样实现发展来把握深化行政体制改革的方向，要求政府必须把握中国社会主

---

　　〔1〕　习近平："决胜全面建成小康社会　夺取新时代中国特色社会主义伟大胜利——在中国共产党第十九次全国代表大会上的报告（2017 年 10 月 18 日）"，载《人民日报》2017 年 10 月 28 日，第 1 版。

　　〔2〕　习近平："决胜全面建成小康社会　夺取新时代中国特色社会主义伟大胜利——在中国共产党第十九次全国代表大会上的报告（2017 年 10 月 18 日）"，载《人民日报》2017 年 10 月 28 日，第 1 版。

要矛盾发生变化的新特点，以人民为主体建设人民满意的服务型政府，牢固树立和自觉践行创新发展、协调发展、绿色发展、开放发展、共享发展的理念，在人民物质生活水平不断提升的基础上，彰显并践行民主、法治、平等、公正等价值，在经济、政治、文化、社会和生态环境保护等建设中推出人民满意的新举措，创造人民满意的新成果，为实现"政治稳定、经济发展、文化繁荣、民族团结、人民幸福、社会安宁、国家统一"[1]发挥政府治理的新作用。

二、建设人民满意的服务型政府亟需大力破除的体制机制弊端

经过70年来，尤其是改革开放40多年来一次又一次、一环扣一环、接续推进的行政体制改革，我国政府的行政观念不断与时俱进、行政能力不断顺势提高、行政运行不断依规优化、行政效率不断应需提升、行政公信不断深入人心，初步建立起服务型政府，行政体制改革功不可没。但是，我们也必须清醒地看到，按照新时代为解决新的社会主要矛盾推进国家治理体系和治理能力现代化的要求，当前，我国的行政领域仍然存在许多体制机制问题和弊端，阻碍经济社会发展的行政"堰塞湖"依旧存在，减弱了贯彻落实"五位一体"总体布局和"四个全面"战略布局的效力。在经济社会建设领域和运行过程中发生的许多效率、公平、质量、安全的困扰、失衡、风险、隐患、危害，实际上是行政体制机制问题的终端投影、行政体制机制弊端的效应折射。正如党的十九大报告指出："发展不平衡不充分的一些突出问题尚未解决，发展质量和效益还不高，创新能力不够强，实体经济水平有待提高，生态环境保护任重道远；民生领域还有不少短板，脱贫攻坚任务艰巨，城乡区域发展和收入分配差距依然较大，群众在就业、教育、医疗、居住、养老等方面面临不少难题；社会文明水平尚需提高；社会矛盾和问题交织叠加，全面依法治国任务依然繁重，国家治理体系和治理能力有待加强"。[2]行政体

---

〔1〕 参见"中共中央关于坚持和完善中国特色社会主义制度 推进国家治理体系和治理能力现代化若干重大问题的决定（2019年10月31日中国共产党第十九届中央委员会第四次全体会议通过）"，载《人民日报》2019年11月6日，第1版。

〔2〕 习近平："决胜全面建成小康社会 夺取新时代中国特色社会主义伟大胜利——在中国共产党第十九次全国代表大会上的报告（2017年10月18日）"，载《人民日报》2017年10月28日，第1版。

制存在的问题和弊端是发展中的问题和弊端，需要用发展的眼光既严肃认真又实事求是地客观分析、总结并加以改进，习近平总书记强调："我们全面深化改革，是要使中国特色社会主义制度更好；我们说坚定制度自信，不是要固步自封，而是要不断革除体制机制弊端，让我们的制度成熟而持久。"[1]按照习近平总书记的指示精神，在继续深化改革中制定更有针对性的目标和改革举措，加快建设人民满意的服务型政府，建立和完善中国特色社会主义行政管理体制，需要着力解决好以下突出问题：

（一）政府本位及其部门利益仍需进一步破除

习近平总书记指出："容易的、皆大欢喜的改革已经完成了，好吃的肉都吃掉了，剩下的都是难啃的硬骨头。"[2]行政体制改革已经进入了深水区和攻坚期，必须啃下的一块硬骨头就是使政府彻底破除政府本位及其部门利益。行政体制改革的根本意涵是彻底剥离政府本位及其部门利益，使政府在改革中有资格无私无畏，在治理中有底气善治能为，以民为本、居公秉权。

冰冻三尺非一日之寒，政府本位及其部门利益在历史性体制建构环境中形成，在转型性体制探索过程中固化，是一种能让政府、部门和工作人员从中倍感显权威、有尊严甚全有利可图的效应，其深深地扎入行政体制的骨骼乃至血肉。尽管历经不断改革，取得了一些克服政府本位及其部门利益的明显成果，但状况和思想仍未得到彻底扭转，其残留潜入地下，变换手法，借用各种各样合理合法的方式，以利益固化藩篱，暗中制造推进改革的障碍，正如李克强总理所说"现在触动利益往往比触及灵魂还难"。[3]政府本位及其部门利益抵触改革的消极作用具体表现为：一是协调推进政府部门改革困难重重，导致改革重点不突出，政策效应相互抵消。长期以来，行政体制改革形成的是单边路径，"即就政府系统内部调职能、设机构、动人员，虽然不断

---

〔1〕 "习近平在省部级主要领导干部学习贯彻十八届三中全会精神全面深化改革专题研讨班开班式上发表重要讲话"，载人民网，http://pic. people. com. cn/n/2014/0218/c1016 - 24387045. html，最后访问时间：2019 年 10 月 1 日。

〔2〕 中共中央宣传部编：《习近平总书记系列重要讲话读本》，学习出版社、人民出版社 2014 年版，第 55 页。

〔3〕 李海青：《治理现代化视野中的中国改革》，人民出版社 2017 年版，第 50 页。

取得有效成就，但因为缺乏在政治体制架构中与其他各类机构的统筹改革，难免因执政与行政权力、职责的交叉、重叠设置，导致机构、编制、经费、项目等行政资源配置的结构性不协调等问题"，[1]单纯的行政体制改革难以避免一些部门因政府本位及其部门利益作祟而不能站在全局考虑问题，不能切实按照改革的要求不打折扣、不留后手地制定实施方案和落实改革措施，导致部门之间改革相左、办事扯皮、协调无效，改革的痛点、堵点久攻不溃。二是部门玩外延式改革虚活、花活甚至假活，不搞触及根本的内涵式改革。由于利益盘根错节，一些部门缺乏刀刃向内、自我断腕的自觉，不是把简政放权当作使命去履行，而是当作差事去应付。现实中形成行政审批改革由于部门利益影响陷入外延式数字游戏，改革游弋于碎片化的低效循环之中，[2]导致政府部门在改革中"存在片面追求数量指标，为减而减；部门施展对策行为，该减难减；取消的审批事项反弹，边减边设；对审批中的寻租行为，遏制有限"等问题，使行政审批改革并未达到应有效果，难以真正地服务好企业、社会组织和公民。"面对推进改革遭遇的深层阻碍，行政审批改革深化之极在于突破部门利益的藩篱，行政审批改革深化之要在于提防部门利益的裹挟，行政审批改革深化之力在于捣毁部门利益的生效机制"。[3]三是一些部门成为改革的"肠梗阻"，使中央的改革部署效应层层递减。一些地方政府部门对中央阳奉阴违，表态明确而执行含糊、口说照办而行动走样，表面上用中央的统一、普遍要求挂招牌，实际上以变了法子和花样的做法行事，使本部门管辖下的改革处于"挂空挡踩油门"的虚置空转状况，导致改革或变异推进，或滞后跟行，或罔令违禁。

习近平总书记要求，"改革是决定当代中国命运的关键一招，我们必须坚定不移高举改革旗帜，坚决冲破思想观念束缚，坚决破除利益固化藩篱，坚决清除妨碍生产力发展和社会进步的体制机制障碍，不断推进国家治理体系

---

〔1〕 石亚军："深化机构和行政体制改革　推动国家治理体系创新"，载《政法论坛》2018年第2期。

〔2〕 参见石亚军："当前推进政府职能根本转变亟需解决的若干深层问题"，载《中国行政管理》2015年第6期。

〔3〕 石亚军、卜令全："将部门利益止于改革——以银川市审批局行政审批改革实践为例"，载《行政法学研究》2019年第2期。

和治理能力现代化"[1]。进入新时代后，中国行政体制改革必须跳出单纯的就行政改革而论行政改革，在大局当中谋局部，以构建中国特色的现代国家治理体系和治理能力为根本，以发挥党在改革发展稳定大局中的领导作用为核心，通过统筹协调、整体推进党和国家机构改革，在提升改革的系统性、整体性、协同性中，致力于彻底破除政府本位及其部门利益这一行政体制的痼疾，切实在内涵式道路上推进行政体制改革和政府自我革命。

（二）政府职能体系仍需进一步优化

进入新时代后，我国经济需要从高速增长阶段转向高质量发展阶段，通过深化供给侧结构性改革、加快建设创新型国家、实施乡村振兴战略、实施区域协调发展战略、加快完善社会主义市场经济体制、推动形成全面开放新格局以贯彻新发展理念，建设现代化经济体系的任务十分繁重。要使行政体制在其中发挥好支撑作用，必须通过深化改革进一步理顺政府与市场、政府与社会的关系，切实使市场在资源配置中起决定性作用、更好发挥政府作用，让政府与市场、政府与社会做到各就其位、各得其所，使市场在充满活力中迸发促进经济发展的巨大能量，使社会在充满生机中释放营造文明进步的活跃力效，推动中国特色社会主义事业更高质量、更有效率、更加公平、更可持续的发展。深化行政体制改革，仍然要从优化政府职能体系做起，党的十九届三中全会指出，转变政府职能，优化政府机构设置和职能配置，是深化党和国家机构改革的重要任务。之所以作出这一强调，是因为政府职能转变尚未完全到位，由此牵阻着行政体制各种派生要素合理化调整，使服务型政府建设离人民满意还有不小距离，也制约了国家治理体系的完善和治理能力的提升。

一方面，政府职能转变尚未完全达成职责成分在宏观、中观、微观之间的合理分配，导致政府干涉市场的现象仍然存在。"放管服"改革中，政府虽然通过建立"三清单"制度，大幅度取消了行政审批事项、下放了行政审批权，提升了营商便利度，但仍然存在市场受阻，人民群众获得感不理想的现

〔1〕 习近平："在纪念红军长征胜利80周年大会上的讲话（2016年10月21日）"，载《人民日报》2016年10月22日，第2版。

象，问题的关键在于，政府职能转变的效力和程度并不根本体现为政府的职能在"三清单"中与以往不一样的文字表达，而是体现为在由中央政府、地方政府、基层政府构成的单一的行政性宏观、中观、微观之间，各级政府的职责成分实际上的分配，体现为在各级政府与各类企业构成的复杂的社会性宏观、中观、微观之间，各级政府的行政职责成分与各类市场主体的自主权责成分的分配。现实中，明确划分各级政府的职责边界、明确划分政府与市场的边界以实现推动经济快速、顺利发展的各类机构、实体职责成分的合理分配，尚存极大的空间，这是改革必须面对的深层的问题之一。由于政府职能转变还没有完全到位，深化改革必须直面并直击如下问题：首先，由于政府职能模块的划分大致有形，但政府之间、政府与市场之间职责成分的划分还不明晰，导致一些政府部门仍然留存为数不少的干预经济的行政权力和审批事项，这样的部门通过各种手段限制、延迟或者阻碍行政审批权的下放或取消，以行政手段直接干预市场主体，阻碍市场主体的自由竞争和正常发展，因为职责成分不明晰，不符合改革要求的做法很难因有明确的标准被识别、被制止，并在改革的时空中明显存在和产生影响；其次，建立现代企业制度的国有企业改革尚未完成，当前政府管资产而非管资本的现状也使得政府存在干涉国有企业正常生产运营的情况，在需要强调市场竞争时对国有企业以"父爱主义"进行保护，这既违背了服务于市场的初衷，也使得市场对资源起决定性配置作用受到制约。特别是超大型国有企业对上游行业的行政垄断，使得市场有效竞争不足，导致生产要素市场发展滞后，要素闲置和大量有效需求得不到满足并存；最后，政府不当干预的存在，提高了交易成本，不仅导致市场秩序不规范、市场规则不统一，致使部门保护主义和地方保护主义大量存在，而且还导致"企业寻租"和"政府捕获"的现象时有发生，以不正当手段谋取经济利益的现象广泛存在，阻碍市场主体的优胜劣汰和结构调整。

另一方面，行政机构依旧对社会管控较多，致使社会建设仍有欠缺。政府与社会组织共同合作以实现良治为目标，这是构建人民满意的服务型政府的重要内容，要求行政机构与社会组织在各自作用领域内有适当的职能边界和职能分野。然而，当前我国许多社会组织大多是源自行政机构，与现在的政府都有着诸多关联，大量行政类的权限和职责都由社会组织承担，往往使得社会组织逐渐形成行政化倾向，导致其成为"二政府"。同时，一些社会组织依附于政府受益良多，更加使得大量的社会组织难以主动与政府部门进行脱钩。于是，政事分开和管办分离取向的行政机构改革难以完全落实到位，致使政府和社会的职能和作用难以得到充分发挥。

总之，推进政府职能根本转变，要突出问题导向，致力于向体制机制弊端发力，做细做实政府与市场和社会主体的职责划分和配置，补齐政府监管和服务的短板，把该管的事管好、该放的权放足、该提供的服务提供到位，切实做好内涵式改革的文章，通过深化改革，使政府职能转变的立意价值、力为效果，全面、具体、生动地落实到政府与市场、社会合理关系的体制机制的物化形态上，展现在政府治理善为、市场运营通达、社会发展繁荣的可喜局面中。

（三）政府组织结构仍需进一步优化

政府组织结构是政府职能和行政管理活动的制度载体、行政行为的生产基地、行政运行的物质外壳，在行政体制中具有重要位能，是人们对行政体制直观感受、体验的介质。从结构功能的角度来看，"结构是社会行动者之间的关系，功能则是特定结构形成的特定结果和效能"。[1]行政管理活动的绩效，与行政机构之间的权责分配、职能安排、人财物配置密不可分。长期以来，行政体制改革专注于政府机构调整，走过了要么以机构调整囊括体制改革，要么以机构调整带动体制改革，要么以机构调整和职能转变的联动牵引体制改革的历程。政府机构的调整优化，固然是行政体制改革的应有之义，但是，政府机构调整一旦游离于政府职能转变这一核心之边、之外，便成为无本之木和无源之水，无从实现优化。曾经较为普遍存在的改革主要在职能裁剪、机构塑形、人员编排的代数性上下功夫的现象，[2]免不了产生新瓶旧酒效果，调整之后的政府机构与调整前有所不同甚至大不相同，但是这样的

〔1〕 鲍静、曹堂哲："党和国家机构改革中的绩效问题——基于'战略—结构—绩效'（SSP）范式的分析"，载《国家行政学院学报》2018 年第 6 期。

〔2〕 参见石亚军："推进实现三个根本转变的内涵式大部制改革"，载《中国行政管理》2013 年第 1 期。

不同却没有完全生发政府机构理想的履职效应，显然，不是政府机构调整优化的初衷出了问题，而是调整优化的着眼点和着力点还没有完全找准。

当前机构调整依旧存在如下亟待解决的现实问题：一是政府机构设置有待进一步深度整合。如果说政府职能表明了政府的应然存在，那么，政府机构则表明了政府的实然存在，政府机构是政府职能的实体形态，因此，政府机构的体量、配重、结构与政府职能的意涵、维度、承重之间的吻合度，决定政府机构优化的效力和程度。现实中，政府虽然对职能相近、业务范围趋同的部门进行了机构整合，但是因为职能划分需要逐步完善的原因，导致要么整合的体系还囿于系统、行业壁垒制约不够理想，要么许多机构的内设机构尚未完成有效整合，在为公众和社会提供服务方面难以实现与有效对接，依旧存在多头审批、监管缺位和扯皮、服务缺位和低效等问题。正如学者周志忍所指出："交通运输部有 11 个内设业务机构，民航总局有 10 个，均设有综合规划司（发展计划司）、运输司、财务司、法制司（政策法规司）和公安局。5 个名称几乎一样的业务机构对等独立设置。"[1]二是行政机构运行尚需进一步协同。当前，由于行政管理复杂化，牵涉的部门和事务逐渐扩大，对政府各个机构协同合作提出了新的更高要求，然而，对于涉及多个部门的常态性管理，尚缺乏相应的固定协调机制，使得行政管理工作尚未能由"物理组合"发生"化学反应"。加之行政机构的部门内部决策与执行不分、一些重要职责存在缺位，致使权责不一，易使行政运作出现权责脱节。三是机构改革有待进一步提质增效。行政体制改革催生了社会各界对行政管理精细化的要求，需要各级政府能动地将各种技术广泛推广和运用到审批、监管、服务中，以解决靠习惯做法难以有效解决的体制机制问题，提升管理效能。现实中，技术应用于行政管理的过程仍然困难重重，如随着简政放权的推行，在审批权限大幅度取消的情况下，原有的一些部门存在的意义逐渐式微，各个窗口之间本可以通过职能合并、机构整合、数据共享，进而优化服务流程，从而实现一站式政务服务，方便满足公民需求，但政府部门出于种种原因，信息数据仍然存在"孤岛现象"，行政管理过程难以整合工作流程标准，导致

---

〔1〕 周志忍："机构改革的回顾与展望"，载《公共管理与政策评论》2018 年第 5 期。

企业在准入准营和人民群众在办事过程中仍然面临体制机制的结构性阻障。

习近平总书记指出，"我国经济社会发展中的一些突出问题亟待解决，发展质量和效益还不高，创新能力不够强，生态环境保护任重道远，社会服务体系不健全，民生领域还有不少短板，全面依法治国任务依然繁重，等等。这些问题同国家治理体系和治理能力直接或间接相关，要从根本上加以解决，就必须对体制和机构进行调整和完善"。[1]党的十八大以来，在围绕政府职能根本转变的"放管服"改革中实行的政府机构调整，党的十九大以来，在围绕党和国家职能体系优化推进的统筹各类机构的改革，为各类组织机构实现子系统和总系统的优化开辟了有效路径。在深化行政体制改革中切实优化政府机构，需要沿着这一路径稳扎稳打、步步深入，必须实现政府机构与政府职能的深度吻合，不仅着手"物理重组"，实现政府机构在整体和分支上的结构优化，更要促进政府机构的"化学变化"，切实构建系统完备、科学规范、运行有效的政府机构，使政府各机构在履行职能中实现内在衔接、外在协调和内外协同。

（四）央地间积极性仍需进一步激发

人民对服务型政府的满意，是人民对政府全方位的美誉感受表达，既要包括中央政府，又要包括地方政府，只是中央政府让人民满意或者只是地方政府让人民满意，都不是建设人民满意的服务型政府的原意，唯有中央政府和地方政府都获得人民满意，建设人民满意的服务型政府才达到了目的。这就要求，中央政府必须提高宏观调控的满意度，通过不断放权、削权、还权激发地方政府发展的自主性和积极性，不断推动区域竞争深化、基层动力饱满和持续，地方政府必须提高中观和微观运行的满意度，致力于将传统的以比拼资源和成本的低质量竞争发展模式，升级为以公共服务和制度创新为主导的高质量竞争发展的模式，为在经济社会建设发展的一线活跃市场、增长财富、实惠人民创造良好的环境。我国是一个大国，从中央到地方形成"国省市县乡"五级政府，截至 2018 年底，中国内地有"省一级区划 31 个，地

---

〔1〕　参见习近平总书记在中共十九届三中全会上的讲话，载中国共产党新闻网，http://cpc.people.com.cn/n1/2018/030/c64094-29840567.html，最后访问时间：2019 年 10 月 1 日。

级 333 个，县—级 2851 个，乡镇一级 39 945 个"，[1]所有区域和层级政府都要进入人民满意的服务型政府的行列，没有例外，而只有理顺中央政府和地方政府关系，合理配置央地政府职能职责，合理设置央地政府机构，合理构建央地政府运行机制，才能发挥好中央和地方两个积极性。发挥两个积极性的基本含义是：两个积极性都要有，两个积极性都能显现应有的作用，平衡两个积极性的支点，是联接中央政府和地方政府行政活动的新的工作体系和体制机制。党的十九大提出"赋予省级及以下政府更多自主权"，[2]党的十九届三中全会提出"要统筹优化地方机构设置和职能配置，构建从中央到地方运行顺畅、充满活力、令行禁止的工作体系"，[3]党的十九届四中全会提出"健全充分发挥中央和地方两个积极性体制机制"，[4]分别为抓住中央与地方关系不顺的关键，把握重点，深化改革，进一步优化中央与地方关系指明了方向，部署了任务，提出了要求。

中央和地方的关系从来就不具有一种固定模式，而是随着经济体制的变革、社会治理的新需要发生显现时代适应性的变化，相应地，中央和地方两个积极性在经济社会发展不同的时期和阶段，各自具有不同的内涵，分别具有不同的对应。经过历次改革的调整，处理两者关系取得了积极成果，而要完成十九大作出的具有更高站位、更远眼光、更大目标的改革任务，还需要进一步理顺央地政府关系，充分发挥两个积极性。当下，中央政府与地方政府关系仍有不顺，各自的积极性还未得到充分发挥，具体表现为：一方面，中央政府因宏观调控还不够到位导致依然不同程度限制了地方政府的权限，同时，自身作用和积极性的发挥存在可提升空间。目前来看，在履行经济调

---

〔1〕 "中国统计年鉴（2019 年）"，载国家统计局网，http://www.stats.gov.cn/tjsj/ndsj/2019/indexch.htm，最后访问时间：2019 年 10 月 1 日。

〔2〕 习近平："决胜全面建成小康社会 夺取新时代中国特色社会主义伟大胜利——在中国共产党第十九次全国代表大会上的报告（2017 年 10 月 18 日）"，载《人民日报》2017 年 10 月 28 日，第 1 版。

〔3〕 "中国共产党第十九届中央委员会第三次全体会议公报"，载《中国纪检监察》2018 年第 4 期。

〔4〕 参见"中共中央关于坚持和完善中国特色社会主义制度 推进国家治理体系和治理能力现代化若干重大问题的决定（2019 年 10 月 31 日中国共产党第十九届中央委员会第四次全体会议通过）"，载《人民日报》2019 年 11 月 6 日，第 1 版。

节、市场监管、社会管理、公共服务和生态环境保护职能中，中央政府宏观调控的权位还没有完全定型，能力尚未完全充足，"职责同构"的体制结症和微观管理的路径依赖依旧没有得到根本改变，导致适合地方管理的事务，中央政府部门还拥有最终拍板和关键定夺的实权，管得过多过细进而使地方政府自主权空间不足，"中央和地方权力配置的功能关系不够明确，突出地表现为越能包揽和跨权履职两种弊端。越能包揽就是中央的一些机构混淆领导功能和实施功能的界限，不仅管规划、标准、政策、监督，还管地方的操作、运行、推进，跨权履职就是中央的一些机构运用领导权，决定、指挥和左右下一级甚至下几级地方机构的事务，导致地方由于许多实施权被替代而缺乏发挥积极性的空间和平台"。[1]

另一方面，地方政府不仅存在因管理层级不同而导致的管理职责不同，而且还受财政水平、产业结构、民族构成等因素的影响，其积极性的发挥也存在不足之处。其一，由于行政层级过多，中央与地方之间的信息在上传下达中容易发生扭曲，导致信息失真，加之官僚主义、形式主义作祟，使得地方对中央决策和命令"阳奉阴违"的情况时有发生；其二，地方政府在机构、编制、人员和资源配置中存在的倒金字塔状况没有根本改变，使层级越低的地方政府承担履行政府职能的具体事务越多，而需要支撑具体事务的机构、编制、人员和资源越少，基层一线在人财物方面难以得到有效的支持，所承权责与所具能力不相匹配，导致公共服务的效能不足，公众和社会需求难以在一线基层得到有效的回应和解决；其三，随着权力下放的不断深化，地方政府不断获得更多自主权，但是，也导致了市场不统一、地方保护主义盛行、"上有政策下有对策"等问题，为解决这一问题，中央政府各部门采取强化垂直管理以期保障中央决策能够令行禁止、执行到位，然而，由于事权的划分不到位问题，又导致地方政府职能受肢解、垂直机构干预地方随意性大等新问题。

（五）政府依法行政仍需进一步强化

当前，我国改革已经进入攻坚期和深水区，体制机制变革涉及若干利益

---

〔1〕　石亚军、邱倩："赋予省级及以下机构更多自主权的改革意涵"，载《行政法学研究》2018年第4期。

调整及深层次矛盾，旧有的"摸着石头过河"的改革思路、"政策推进型"的改革路径难以啃掉硬骨头，做到全面引领改革，同时，随着人民法治观念意识的增强，对社会公平正义价值的追求，新时期的改革越来越谋求以法治来凝聚改革共识、以法治引领和规范改革行为、以法治降低改革成本和风险，以法治巩固改革成果。这就要求在新时代建设人民满意的服务型政府必须通过更高层次、更优手段的谋划和施策，实现改革法治化、程序化、规范化，以法治思维建设法治政府，引领改革的发展方向。

全面依法治国不仅要求公民个体、企业和社会组织遵纪守法，更要求政府能够在法律规章制度下依法行政。这既是市场经济作为法治经济的要求，也是人民对服务型政府作为法治政府的要求。发挥法治对政府转变职能、强化善治的引导和规范作用，既要重视通过制定新的法律法规来巩固改革已经取得的一切成果，引导和推动深化改革的接续工作，又要重视通过修改或废止不合适的现行法律法规为深化改革扫除障碍。同时，让人民监督权力、让权力在阳光下运行，才能让政府更好行使公共权力。必须承认，经过持续不断的法治政府建设，尤其是贯彻落实党中央全面依法治国战略以来，政府治理的法治化程度不断提高，各级政府依法行政的观念、素质、能力、手段、环境都发生了向好的变化，政府的决策、执行、执法活动总体上纳入法治轨道，行政诉讼案件逐年减少。但是，由于行政管理方式处于转型之中，旧有行政陋习和积弊仍然顽固，致使现实中一些政府及其部门存在行政决策水平不高、行政执行力度不大、行政执法效果不佳等问题，而这些问题根本上来源于依法行政水平不高。由中国政法大学发布的《中国法治政府评估报告（2018）》的数据显示："法治政府的组织领导、制度建设和行政执法是法治建设的短板；权力清单普遍建立，政府权责边界渐趋厘定，但其实际应用有待加强；政府诚信状况堪忧，营商环境的改善未得到应有的重视，诚信社会需要诚信政府的引领等等。"[1]

当然，提高政府治理的法治化程度，必须高度重视处理好改革与法治的

---

[1] 中国政法大学法治政府研究院编：《中国法治政府评估报告（2018）》，社会科学文献出版社 2018 年版，第 7～10 页。

关系，但改革过程中新举措与现有法律法规条款的不适、冲突，并不构成政府可以罔顾法治的理由。一些政府在依法行政中存在的根本问题不是他们在推进改革中遇到了哪些具体的不顺和矛盾，而是他们对改革与法治的关系还没有树立起正确的、积极的态度。态度有问题，即使改革与法治不冲突，也不会自觉地依法行政；态度没问题，就是发生了改革与法治的冲突，也会在依法改革的思维下积极主动寻找解决的办法，以法治保障改革，以改革促进法治。人民对服务型政府的满意，建立在政府讲原则、守规矩的基础上，始终坚持依法行政，是政府获得人民满意的基本条件，是建设人民满意的服务型政府的基本要求。

三、新时代建设人民满意的服务型政府的改革目标

继党在十六届六中全会第一次将服务型政府写入党的指导性文件，党的十七大报告又把建设服务型政府作为发展中国特色社会主义的重要内容予以肯定，党的十八大第一次把建设服务型政府的目标表述为建设人民满意的服务型政府。党的十九大基于新时代的新战略、新使命，对建设人民满意的服务型政府提出了新要求。十九大部署的体制改革，是在推进国家治理体系和治理能力现代化框架中的整体性、系统性、重构性改革，当行政体制改革纳入这一框架，建设人民满意的服务型政府便被赋予更为广阔的叙事图谱、更具针对的行事任务、更有价效的成事预期，凝练成新的目标。深化行政体制改革，必须把正确认识和把握建设人民满意的服务型政府的目标作为前提。

根据党的十九大和十九届三中全会精神，深化行政体制改革的目标是构建系统完备、科学规范、运行高效的政府机构职能体系，形成职责明确、依法行政的政府治理体系，推动各级政府、政府各个部门在党的统一领导下协调行动、增强合力，全面提高政府治理能力和治理水平，增强政府公信力和执行力，加快建设人民满意的服务型政府。

实现这一具有重要历史意义和鲜明时代特征的目标，关键在于必须"要着眼于转变政府职能，坚决破除制约使市场在资源配置中起决定性作用、更好发挥政府作用的体制机制弊端，围绕推动高质量发展，建设现代化经济体系，加强和完善政府经济调节、市场监管、社会管理、公共服务、生态环境

保护职能，结合新的时代条件和实践要求，着力推进重点领域、关键环节的机构职能优化和调整"，[1]其中，着眼于转变政府职能，着力推进重点领域、关键环节的机构职能优化和调整是两个基本点。显然，着眼转变政府职能的眼锋，指向坚决破除制约使市场在资源配置中起决定性作用、更好发挥政府作用的体制机制弊端，着力推进重点领域、关键环节的机构职能优化调整的力矩，表现为围绕推动高质量发展，建设现代化经济体系，加强和完善政府经济调节、市场监管、社会管理、公共服务、生态环境保护职能，结合新的时代条件和实践要求，这就凸显了深化改革的需求意识、问题意识、路径意识，将深化改革的目标具象化为个三个构建。

（一）构建人民期盼的整体政府

制约使市场在资源配置中起决定性作用、更好发挥政府作用的体制机制弊端之一，是政府机构职能体系的整体性程度还不够高，表现为在纵向和横向上都有分工，但分工在职责边界上还不完全明确，在职责对接上还不完全通达，在职责运行中还不完全顺畅。这种状况不利于在重构利益格局的改革中，营造政府上下左右相互合作、维护和协调的政策情境，不利于最大限度地使用稀缺资源，不利于促使不同利益主体在政策中团结协作，不利于为人民群众提供政府无缝隙的服务，对市场和政府各自作用的正常发挥形成了阻障。

整体政府，是对人民利益集体负责的政府，是政令统一、政资统筹、政绩同辉的政府，是在各级政府和政府各个部门协同合作中让人民有整体作为感受的政府，构建整体政府是人民对行政体制改革的期盼。整体政府既是承载价值的理念，也是显现形态的模式，具有明显的特征：其一，纵横交融的机构体系。机构设置的整体性不等于机构设置无类别，而是在按类别设置的机构之间构筑一体性规格，纵横交融的机构体系形于纵横、实于交融。所谓纵横，是指由从中央到地方多层级机构和各级政府多维度机构构成的政府机构体系，体现的是政府机构职别的分流；所谓交融，特指多层级机构上下呼

---

〔1〕"中共中央印发《深化党和国家机构改革方案》"，载《人民日报》2018 年 3 月 22 日，第 1 版。

应、对接、贯通和多维度机构左右协调、互补、联动的政府机构关系，体现的是政府机构职守整体性。其二，错落有致的职能体系。职能配置的整体性不等于职能配置无差别，而是在按事权配置的职能之间打造整合性效力，错落有致的职能体系既要保证职有专为，各级各类机构事权、职责分明，同一事权和职责不在多级或多个机构重设，又要保证职有共为，各级各类机构事权、职责相促、相护、相序，发挥没有彼此阻碍、损耗、降能的共为效应。其三，政通人和的运行体系。运行体系的整体性不等于运行规则无区分，而是在按分类分级管理的流程之间形成通顺性效应。政通人和的运行机制做事于行有定则，不同层级不同类别的管理需要确定不同标准、条件、流程、环节作为规则，搭建具体事项正当推进的轨道，更为重要的是成事于行有良序，在打通各条特定轨道的交汇点，弥合各个具体程序的规范点中形成政府管理无阻、服务无误，人民群众办事不堵、营生无怨的通顺效应。

构建人民全方位受益的整体政府，是需要各级各地政府通力合作的系统工程，应当通过顶层设计、统筹谋划、整体部署、协同推进，形成集整体有力的改革方案、分级有效的改革实策、局部有为的改革举措为一体整体联动、全面改观的深化改革局面。推进人民全方位受益的整体政府建设，重在抓住二个着力：一是要基于中央政府和地方各级政府管宏观、中观、微观的分工，政府部门管系统、行业、业务、综合的分工，构建覆盖政府所有职能，上下对应或者不完全对应，左右有别或互有关联的机构体系。上位政府在本级政府机构设置中，既要充分考虑对下位政府机构的覆盖，又要为下位政府依法自主设置必要机构留有空间，并致力于构建好无论单线还是合线都能无缝连接下位政府相关机构的实现方式。下位政府应当做到，对规定必须设置的机构不能缺位，对规定可以自主设置的机构不能因瞻前顾后而无所作为，在内设机构整体构建中，既要确保本级政府职能范围无疏漏，又要避免与上位政府管理事务不相干。二是要构建在中央政府和地方各级政府之间职能同向、职责差维，在政府各个部门之间职能全套、职责分构，在政府部门内部职能饱和、职责明确的职能体系。上位政府必须恪守本职，不能因为特有位能越位行使下位政府的职权，下位政府必须忠实履职，不能因为对上位政府的依赖而罔顾职责，政府特定部门必须守土尽责，不能为了部门利益而对其他部门的职权随意插手。三是要构建政府在同一管理幅度内统一的政务服务平台，减少不同部门条块管理的摩擦，集约多个行业审理同一事项的标准，整合不同部门针对同一对象管理的程序，协调不同地区管理跨域事项的做法的运行体系。运行体系优化得益于统一权威的硬性推动、整体布局的合理考量、综合资源的有效配置，其驱动力和致效力在纵向上来自上位政府而不是下位政府，在横向上来自决策机构而不是执行机构，上位政府对纵向运行体系优化，政府决策机构对横向运行体系优化负有不可推卸的重要责任，应当发挥应有的积极性和能动性。

（二）构建人民依靠的善治政府

制约使市场在资源配置中起决定性作用、更好发挥政府作用的体制机制弊端之二，是政府治理在方式上还有所不妥，在能力上还有所不足，主要表现在行政决策、执行、监督中科学化、法治化、民主化程度还不能完全适应经济社会发展对政府治理的要求，决策结果、执行状况、监督效果还不能完全回应市场解决人为阻碍的需要，满足人民群众争取更多利益的愿望。这样的状况，一则限制了市场作用的范围，二则减弱了政府作用的效能。

善治政府，是行政权力不再被当作包打天下的万能，而作为催生万紫千红的智能，在法治阳光照耀下实现权力配置、关系、运行规范，在民主雨露滋润中实现公共事务、公共生活的合作管理，行政效率高、市场活力大、社会生机旺，以善政为标识的新型政府形态。善治政府是时代发展促进政府进步的产物，具有涉及权值、制度、政策、技术、方式等多个方面的特征，在此，主要强调其根本性的两个特征：一是全方位法治行政。人民满意的法治政府，不是实行单一、单维、单项、单层的法治行政，而是实行全方位的法治行政。这就要求，不仅行政实体而且行政程序都要法治化，不仅行政决策而且行政执行和监督都要法治化，不仅中央政府而且地方各级政府履职都要法治化，不仅政府的法治部门而且政府所有部门履职都要法治化，不仅政府日常管理而且政府改革都要法治化，形成在行政权力生成之点、生效之处点点有规范、处处有制约，以法治呵护行政权力的合法性、正当性、有效性。二是深广度民主行政。人民满意的民主政府，是能让人民群众通过不同形式真正参与行政决策、执行、监督过程，人民群众对政府重大的和涉及公共利益的决策切实拥有话语权且以真知灼见切实影响行政政策、行政措施，人民群众对政府治理的参与值具有显现广泛代表性的广度和显现具有利益相关性的深度，人民群众与政府构成实质性的互动关系。政府实现了以全方位法治行政和深广度民主行政等为特征的善治，才值得人民的信任依靠。

　　构建值得人民依靠的善治政府，需要对行政权力进行全面规范和广泛还原双向发力，使政府必须行使的权力行之有据、使之有度，使人民群众必须拥有的权力拥在自手、有在实处。一是加大法治行政建设的力度，构建体系化法治政府。要贯彻落实党的十八届四中全会的精神，加速建设行政法律规范体系、行政法治实施体系、行政法治监督体系、行政法治保障体系；要贯彻落实党的十九届四中全会精神，大力"推进机构、职能、权限、程序、责任法定化，使政府机构设置更加科学、职能更加优化、权责更加协同"；[1]要对法律、行政法规、部门规章、地方性行政法规、地方规章等架构进行整体调整优化，使其在运用过程中相衔相续；要进一步推进法治政府建设，明确各级政府依法行政的责任主体的刚性职责，广泛开展对从国务院各部门到基层政府各部门法治政府建设绩效评估，实行实质性的激励和惩罚；要进一步加大反对以权谋私、滥用权力、官商勾结、贪污腐败的力度，严厉惩处违纪违法行为。二是加大民主行政建设的力度，构建开放化民主政府。要贯彻落实党的十九大精神，"形成完整的制度程序和参与实践，保证人民在日常政治生活中有广泛持续深入参与的权利"；[2]要完善政府决策机制，在实行科学决策、依法决策的同时，建立健全将公共决策的利益相关方全部纳入决策体系的制度和运行机制；要完善公共产品和公共服务供给体系，形成由政府、企业、人民团体、社会组织、公民个人共同参与、合作推动公共事务和公共生活发展的多元主体互动格局；要推进让人民群众直接评价政务服务的制度建设，使人民群众对改革的获得感和对政府的满意度切实发挥促进政府工作的

　　〔1〕　参见"中共中央关于坚持和完善中国特色社会主义制度　推进国家治理体系和治理能力现代化若干重大问题的决定（2019 年 10 月 31 日中国共产党第十九届中央委员会第四次全体会议通过）"，载《人民日报》2019 年 11 月 6 日，第 1 版。

　　〔2〕　习近平："决胜全面建成小康社会　夺取新时代中国特色社会主义伟大胜利——在中国共产党第十九次全国代表大会上的报告（2017 年 10 月 18 日）"，载《人民日报》2017 年 10 月 28 日，第 1 版。

直接杠杆作用；要进一步健全共建共治共享的社会治理格局，将党委领导、政府负责、社会协同、公众参与、法治保障的社会治理体制的制度优势转化为治理效应。

（三）构建人民拥护的公信政府

制约使市场在资源配置中起决定性作用、更好发挥政府作用的体制机制弊端之三，是政府的公信力在某些应该具备之处还有缺失，在某些已经形成的方面还不够高，主要表现在一些政府谋事行事只顾及对自身有利的外显政绩而不顾当地发展的实际状况和人民群众的内在需要，一些政府在政策承诺与兑现中缺乏信用，实际落实与施政宣召存在较大差距，一些政府对改革采取偷梁换柱、暗度陈仓的手法，向企业和社会组织放责不放权、开关不移卡，一些政府在履职中仍然存在官僚主义、形式主义、简单粗暴，不同程度损害人民群众的切身利益，一些政府在项目分配、资源供给、政策支持、行政执法中公平性不高甚至缺失，导致人民群众对政府信任不足，对政府主张和要求另意理解、别力应付。政府的社会公信力不足，既因减损了市场信心而制约了市场应有作用的充分发挥，又因降低了政府的威望使政府的作用得不到更好发挥。

公信政府，是以人民为中心、以秉持正义为立场、以造福社会为己任的政府，是在人民群众内心深处和社会认知体系树立了对行政价值、权威、力效高度认同感、信服感，继而使行政组织、命令、工作获得公众积极拥护、响应、支持的政府，其具有以下特征：一是言必信、行必果的信用政府。信用政府体现为在落实施政纲领中言行一致，政府承诺全心全意为人民服务，就应当在管理、服务，决策、执行的各个履职环节、行为方式中切实做到以人民利益为出发点和落脚点，向人民承诺了什么理念，就必须用行动展现这种理念的感性形态，向人民承诺了什么目标，就必须用不走样的成果让人们看得见、能认可，向人民承诺了什么实惠，就必须将这种实惠送到人民的手中，嵌入人民的心里，切忌口惠而实不至的半心半意和假心假意；政府承诺把改革当作自我革命，就应当拿出革命的态度和行动将自身不良的作风、作派彻底改正，对改革承诺了怎样的简政放权，就必须不留部门利益地将该放的权放彻底，对改革承诺了何种放管结合，就必须把该管的事务管到位，对改革承诺了哪般优化服务，就必须把服务项目、流程、效果优到家，切忌在改革中避实就虚、避重就轻、隔靴搔痒、指东打西。二是怀天下、祛狭义的公正政府。公正政府是同一纲领下、统一规范中的全体人民的政府、整个社会的政府，而不是对一些群体情有独钟而对一些群体漠然相对，对一些社会诉求关怀备至而对一些社会诉求置若罔闻。在公共决策中，绝不能搞偏好式决策，把决策的红利向只是有利于政府认为值得的方面倾斜，而应当顾及全面发展；在行政执法中，绝不能搞选择性执法，将不同标准、不同规范、不同奖惩施与同一类执法对象，而应当一尺衡量、一视同仁、一碗水端平；在政府服务中，绝不能搞厚薄式服务，对领域与领域、企业与企业、项目与项目非正当区别对待，使有的领域、企业和项目获得超过预期的支持，而有的领域、企业和项目连最起码的支持都无从获取，应恪守和落实基本公共服务均等化。三是敢担当、有作为的责任政府。责任政府是不忘初心、牢记使命，坚定、坚强秉持宗旨，不论任务有多重、不管矛盾有多杂、不惧困难有多大，都敢于做事、勇于担责、善于作为的政府，而不是握权诿责、拈轻怕重、无所事事、揽功推过的政府，政府应当是哪里有挑战，就在哪里奋斗，哪里有艰难，就在哪里攻关，哪里有问题，就在哪里破局，哪里需要政府的身影，就在哪里矗立。

构建人民拥护的公信政府，关键在于政府权为民有、权为民用、秉公握权、秉公用权的诚心、诚意和诚信，政府切实建立起"三诚"资质，需要形成制度和监督的合力，使政府工作人员把"三诚"的意涵内化为履职品质、继而外化为履职形态。一是要按照党的十九届四中全会部署，建立不忘初心、牢记使命的制度，"把不忘初心、牢记使命作为加强党的建设的永恒课题和全体党员、干部的终身课题，形成长效机制，坚持不懈锤炼党员、干部忠诚干净担当的政治品格"，[1]使政府工作人员把不忘初心、牢记使命化为在履行行政职责中自身做得到、行得实，人民群众看得出、赞得了的公信基质。二是要按照党的十九届四中全会部署，在深化行政执法体制改革中，"最大限度减

────────────────

〔1〕　参见"中共中央关于坚持和完善中国特色社会主义制度　推进国家治理体系和治理能力现代化若干重大问题的决定（2019 年 10 月 31 日中国共产党第十九届中央委员会第四次全体会议通过）"，载《人民日报》2019 年 11 月 6 日，第 1 版。

少不必要的行政执法事项。进一步整合行政执法队伍，继续探索实行跨领域跨部门综合执法，推动执法重心下移，提高行政执法能力水平。落实行政执法责任制和责任追究制度"，[1]在创新行政管理和服务方式中，"加快推进全国一体化政务服务平台建设，健全强有力的行政执行系统"，[2]在完善公共服务体系中，"推进基本公共服务均等化、可及性"。[3]三是建立完备的政府信用体系，要建立政府重大决策质量保障制度和体系，建立政府优质高效执行保障制度和体系，建立政府信用数据系统，建立政府信用目标责任制和问责制，建立公务员行政承诺兑现制度，完善重大决策、重点工程督办考核制度，建立诚信政府典型表彰制度，推动公信政府建设取得实质性成效。

四、新时代建设人民满意的服务型政府的举措

党的十九届四中全会对坚持和完善中国特色社会主义制度、推进国家治理体系和治理能力现代化的若干重大问题作出决定，提出了"着力固根基、扬优势、补短板、强弱项，构建系统完备、科学规范、运行有效的制度体系，加强系统治理、依法治理、综合治理、源头治理，把我国制度优势更好转化为国家治理效能"的要求。[4]建设人民满意的服务型政府是行政领域坚持和完善中国特色社会主义制度、推进国家治理体系和治理能力现代化的重要构成和体现，必须按照十九届四中全会的精神在深化行政体制改革中采取有效措施，巩固以往改革的成果，深度化解体制机制痼疾，进一步优化政府结构和运行机制，使政府在更好地服务人民并得到人民满意中实现增强行政体制

---

〔1〕 参见"中共中央关于坚持和完善中国特色社会主义制度 推进国家治理体系和治理能力现代化若干重大问题的决定（2019 年 10 月 31 日中国共产党第十九届中央委员会第四次全体会议通过）"，载《人民日报》2019 年 11 月 6 日，第 1 版。

〔2〕 参见"中共中央关于坚持和完善中国特色社会主义制度 推进国家治理体系和治理能力现代化若干重大问题的决定（2019 年 10 月 31 日中国共产党第十九届中央委员会第四次全体会议通过）"，载《人民日报》2019 年 11 月 6 日，第 1 版。

〔3〕 参见"中共中央关于坚持和完善中国特色社会主义制度 推进国家治理体系和治理能力现代化若干重大问题的决定（2019 年 10 月 31 日中国共产党第十九届中央委员会第四次全体会议通过）"，载《人民日报》2019 年 11 月 6 日，第 1 版。

〔4〕 参见"中共中央关于坚持和完善中国特色社会主义制度 推进国家治理体系和治理能力现代化若干重大问题的决定（2019 年 10 月 31 日中国共产党第十九届中央委员会第四次全体会议通过）"，载《人民日报》2019 年 11 月 6 日，第 1 版。

优势和强化政府治理效能的担当。

（一）致力于内涵推进简政放权，实现政府机构职能优化协同高效

人民满意的服务型政府必须具备系统完备、科学规范、运行有效的组织体系和效能机制，这就要求把实现政府机构职能优化协同高效作为继续推进简政放权的着力点。党的十九大在深化机构改革和行政体制改革决策中明确提出"统筹考虑各类机构设置，科学配置党政部门及内设机构权力、明确职责。统筹使用各类编制资源，形成科学合理的管理体制，完善国家机构组织法。转变政府职能，深化简政放权，创新监管方式，增强政府公信力和执行力，建设人民满意的服务型政府"，[1]党的十九届三中全会在深化党和国家机构改革决策中把"积极构建系统完备、科学规范、运行高效的党和国家机构职能体系"[2]确定为改革的目标，为"坚持质量效应导向，机构调整、权责定夺、简政放权不以数量规模而以实质实效为追求，不以照葫画瓢而以内驱改革为推进，不以简单位移而以实际内化为目的"[3]深化行政体制改革指明了方向。行政体制作为行政权力向行政对象提供公共服务和还原公共价值的制度设计，没有机构职能在分设中的优化、在分工中的协同、在分步中的高效，就会缺乏效率与公平统一的公共服务、整体与个体兼容的公共价值。深化行政体制改革，还需实现简政放权在机构、职能、编制、政策、资金、信息等各项要素整体优化协同高效意义上，政为佳简与权力当放相一致的效应，使政府在服务人民中显现并释放高度的需求敏感性、供给回应性、效果契合性。

1. 进一步优化顶层设计，统筹推进政府机构改革。一是系统推进。以什么系统为改革背景，是政府机构改革的立足点，构成政府机构优化的根本要素，立足子系统还是立足总系统带来的优化状况大不一样。要把政府机构改

〔1〕习近平："决胜全面建成小康社会　夺取新时代中国特色社会主义伟大胜利——在中国共产党第十九次全国代表大会上的报告（2017年10月18日）"，载《人民日报》2017年10月28日，第1版。

〔2〕"中共中央关于深化党和国家机构改革的决定（二〇一八年二月二十八日中国共产党第十九届中央委员会第三次全体会议通过）"，载《人民日报》2018年3月5日，第1、3版。

〔3〕石亚军："深化机构和行政体制改革推动国家治理体系创新"，载《政法论坛》2018年第2期。

革纳入党和国家机构整体调整的架构，在对党和国家的核心、关键、重要权力进行合理的顶层配置中，系统推动党、人大、政府、政协、司法、军队、事业单位、群团、社会组织等全方位机构改革，以整体优化为目标，以强化党的全方面领导为根本，解决党政关系中存在的机构重叠、职责交叉、权责脱节等问题，对相近机构、重叠机构进行整合精简优化，在实现党和国家机构整体优化中实现政府机构优化。二是结构优化。以什么对象为改革目标，是政府机构改革的着力点，构成政府机构优化的关键要素，着力表象还是着力实质形成的优化质量大相径庭。政府部门和内设机构要按"一类事项原则上由一个部门统筹、一件事情原则上由一个部门负责"的改革思路，对相近或联系紧密的事权进行调整优化，以整合业务部门设置、调整综合性职能部门体系、加强重点领域机构变革、理顺部门之间以及部门与直属单位和事业单位之间的关系为重点，采取职能相近归口合并、灵活设定编制等方式推进政府机构调整，使部门内部机构之间形成有效整合，使组织协同形成实效。

2. 进一步推动简政放权，发挥市场配置资源的决定性作用和更好发挥政府作用。简政放权要致力于"用政府权力的'减法'，换取市场活力的'乘法'，"[1]激发市场和社会主体的创造活力，增强经济发展内生动力。一是最大限度精简行政审批事项，减少投资、许可、职业资格等审批，推动政府审批权限改革由"数量削减"向"质量提升"转变，对于确实需要保留的行政审批，也要做到标准明确、运作透明、管理规范。二是实行统一的市场准入制度。依照"全国一张清单"管理模式，落实好政府部门权限的清单制管理，[2]依靠负面清单、权力清单、责任清单等制度，进一步打破企业上游市场和垄断型国有企业的行业准入门槛，推动混合所有制改革进一步深化，充分激发企业竞争意识与活力。三是构建和发展要素市场。"保障不同市场主体平等获取生产要素，推动要素配置依据市场规则、市场价格、市场竞争实现

---

〔1〕 李克强："政府工作报告——2015年3月5日在第十二届全国人民代表大会第三次会议上"，载《人民日报》2015年3月17日，第2版。

〔2〕 参见石亚军、王琴："完善清单制：科学规范中的技术治理"，载《上海行政学院学报》2018年第6期。

效益最大化和效率最优化"[1]，强化土地要素、劳动力要素、资本要素、技术要素、数据要素的市场化价格决定机制，完善要素交易规则和服务。四是创新政府管理方式，维护市场良好运行发展。以信用监管为核心、以智慧监管为支撑、以衔接配套"制度链"为保障，建立行政监督、行业规范、社会监督相结合的综合多元化监管体系，切实加强市场经济发展的事中事后监管。同时，强化运用大数据技术，建立相对集中的行政审批服务窗口，构建以公民为中心的"一站式"终端便捷服务。

3. 加快实现政企分开和政社分开，减少政府对市场和社会的干预，把投资、生产、经营自主权充分还给企业、社会组织和公民，激发社会经济活力。一是充分尊重企业作为市场主体的地位，进一步推动国有企业完成以管资本为取向的混合所有制改革，依法保护民营企业和外资企业的产权，创造各种条件促进中小微型企业健康可持续发展，优化营商环境。在自主选择企业发展方向、目标、策略、路径、方式的过程中，让企业拥有市场主体资格确定权、生产经营活动的管理权、企业内部管理的决定权、商品价格的定价权，从准入—运营—监督全环节保障企业的自主权。[2]二是充分培育社会组织，充分发挥其在社会管理方面的作用。积极推动事业单位改革，尽快推动政府与社会组织脱钩，将目前由政府承担的行业管理与协调性职责、社会事务管理与服务性职责、技术服务性职责等，依法交由社会组织承担，实行组织自主治理、业内自主管理。同时，鼓励发展社会组织，使其在公共服务的精细化和特殊化方面满足社会需求，给予其合法性生存空间。从宏观政策层面鼓励社会组织提供适当的公共服务，如一些公益性社会组织可以依靠成员自愿，为某些特殊的社会群体提供医疗、救助、心理疏导等服务。[3]

---

〔1〕"中共中央国务院关于构建更加完善的要素市场化配置体制机制的意见"，载《社会主义论坛》2020 年第 5 期。

〔2〕 参见石亚军、高红："政府在转变职能中向市场和社会转移的究竟应该是什么"，载《中国行政管理》2015 年第 4 期。

〔3〕 参见石亚军、高红："政府在转变职能中向市场和社会转移的究竟应该是什么"，载《中国行政管理》2015 年第 4 期。

（二）致力于激发上下统合效应，实现中央和地方两个积极性的整体合力

中央政府和地方政府作为国家行政机关的重要组成部分，共同作为社会公共利益代表者、公共权力的掌握者和公共政策的制定者，"按照中央政府统一领导、地方各级政府分级管理的原则管理国家和社会事务"。[1]中国作为一个大国，幅员辽阔、人口众多、各地发展情况各异，为了实现国家有效治理的目标，必须既坚持中央政府的统一领导，集中力量办好大事，又需要地方政府因地制宜、励精图治、通力合作。为进一步处理好中央与地方的关系，党的十九届三中全会要求"统筹优化地方机构设置和职能配置，构建从中央到地方运行顺畅、充满活力、令行禁止的工作体系。科学设置中央和地方事权，理顺中央和地方职责关系，更好发挥中央和地方两个积极性"。[2]党的十九届四中全会进一步强调，充分发挥两个积极性必须注重理顺央地权责关系、事权关系、财政关系。[3]

1. 发挥央地两个积极性，重要的是以国家法制统一、政令统一、市场统一作支撑，下好"全国一盘棋"。一是要强化法制统一。法制统一是下好"全国一盘棋"的保障，要坚决贯彻落实党中央全面依法治国战略，各级政府必须遵循宪法、法律和行政法规的规定，落实《中华人民共和国立法法》（以下简称《立法法》）规定的良法审查机制，既要防止基于部门本位主义出台法律法规影响社会公益，又要切实在地方政府用好立法权的基础上，防止地方政府出台的法规与行政规章与上位法相违背，保证央地政府在统一、贯通、协调的法制体系中依法行政。二是要维护政令统一。政令统一是下好"全国一盘棋"的根本，要坚决贯彻落实党中央全面深化改革战略，切实做到上下左右政令畅通、令行禁止，中央政府和地方政府部门不得罔顾政令、自行其是，

---

〔1〕 周振超：《当代中国政府"条块关系"研究》，天津人民出版社 2009 年版，第 28 页。

〔2〕 "中共中央关于坚持和完善中国特色社会主义制度　推进国家治理体系和治理能力现代化若干重大问题的决定（2019 年 10 月 31 日中国共产党第十九届中央委员会第四次全体会议通过）"，载《人民日报》2019 年 11 月 6 日，第 1 版。

〔3〕 参见"中共中央关于坚持和完善中国特色社会主义制度　推进国家治理体系和治理能力现代化若干重大问题的决定（2019 年 10 月 31 日中国共产党第十九届中央委员会第四次全体会议通过）"，载《人民日报》2019 年 11 月 6 日，第 1 版。

防止执行方案走偏、实施政策变味、落实行动分叉的政出多门、各自为政。三是要维护市场统一。市场统一是下好"全国一盘棋"的基础，要坚决贯彻落实党中央关于简政放权的部署，在全面落实权力清单、责任清单和市场准入负面清单制度基础上，克服行业垄断和地方保护主义，着力排除围绕新增投资、生产经营活动、资质资格许可和认定、评比评估等审批，人为制造的领域性、层级性、区域性市场壁垒，废除妨碍市场统一和影响要素自由流动的制度，合力优化整体营商环境，使市场在不受来自地域、辖域的单边制约中开放性地发挥资源配置的决定性作用，立体激发各类市场主体的创新创造创业活力。

2. 发挥央地两个积极性，需要在深化行政体制改革中，切实优化政府机构设置、职能配置、工作流程，理顺部门职责关系。一是要根据公共事务和公共物品的范围和层次，合力分配中央和地方政府的事权。推进各级政府事权规范化、法律化，完善不同层级政府特别是中央和地方政府事权法律制度。按照"适当加强中央在知识产权保护、养老保险、跨区域生态环境保护等方面事权"[1]的要求，强化中央政府宏观管理、制度设定职责和必要的执法权，进一步提高其综合平衡、统筹协调水平，使其把更多精力投入全局性、战略性、基础性工作上，不断改善宏观经济调控，促进中东西部地区协调发展，重点扶持老少边穷地区加快发展，确保经济稳中求进、稳中向好、高质量发展。同时，进一步明确省级政府在区域规划、地方统筹、监督检查等方面的职责，强化市县层级在政策制定、市域治理、市场监管等方面的职责，夯实乡镇（街道）层级在社会治理、公共服务、行政执法等一线领域与人民工作生活密切相关的治理职责。在科学合理划分省市县事权的基础上，以公共服务和公共产品的均等性、可及性和整体性为标准，统筹协调下放的权力事项，减少事权衔接的"空档区"，确保关联事项能够做到同步下放，在同一层级办理，实现改革上下贯通，如在投资建设、养老、教育、医疗等社会民生问题，实行按领域"全链条"取消下放。二是优化组织机构体系，强化中央垂直管

---

[1]　参见"中共中央关于坚持和完善中国特色社会主义制度　推进国家治理体系和治理能力现代化若干重大问题的决定（2019 年 10 月 31 日中国共产党第十九届中央委员会第四次全体会议通过）"，载《人民日报》2019 年 11 月 6 日，第 1 版。

理机构，规范和创新地方行政管理机构。在事权清晰划分的基础上，优化组织机构设计。在涉及国家安全、国计民生、金融稳定等关键性领域中，进一步强化统一领导、坚决落实好中央宏观调控、大计方针、监督管理权威，做到上下贯通、管理高效。发挥地方作用则是"赋予地方更多自主权，支持地方创造性开展工作"，[1]鼓励地方按照自身发展实际和需求，在总量控制的基础上，灵活设定机构，通过合署办公等方式合并职能相近的党政机关，尤其是针对企业服务、便民服务、市场监管、综合执法、社会治理等贴近人民生活工作的具体事务上优化机构并精简人员，强化部门之间工作协同。同时，健全"条""块"信息沟通和工作协作配合机制，避免"一对多"的组织沟通遇到梗阻。

3. 发挥央地两个积极性，必须进一步理顺中央与地方的财政关系，激发地方政府发展积极性。处理好央地财政关系是激发地方积极性的关键，由此，党的十九届四中全会提出"建立权责清晰、财力协调、区域均衡的中央和地方财政关系"。[2]一是做到权责清晰，形成科学合理、依法依规、运转高效的事权与支出责任相匹配的划分模式。在合理划分好中央与地方的事权基础上，提供全国性公共产品应主要由中央财政进行支持；提供区域性公共产品和公共服务，应由省市县等地方政府因地制宜履行支出责任；提供一线基础公共产品和服务，应由乡镇（街道）履行支出责任。对中央和地方共同承担的事权，由中央和地方进行协商，形成合理的财政支出分担机制，促使中央和地方之间形成良好互利关系。二是做到财力协调，使地方政府财政支出与职能相适应，促使地方政府步入良性竞争发展态势。依据经济社会发展水平情况，合理划定中央和地方的税收分成比例。进一步通过大规模减税降费后调整中央与地方收入划分改革，"保持增值税'五五分享'比例稳定""调整完善增值税留抵退税分担机制""后移消费税征收环节并稳步下

---

〔1〕参见"中共中央关于坚持和完善中国特色社会主义制度　推进国家治理体系和治理能力现代化若干重大问题的决定（2019 年 10 月 31 日中国共产党第十九届中央委员会第四次全体会议通过）"，载《人民日报》2019 年 11 月 6 日，第 1 版。

〔2〕参见"中共中央关于坚持和完善中国特色社会主义制度　推进国家治理体系和治理能力现代化若干重大问题的决定（2019 年 10 月 31 日中国共产党第十九届中央委员会第四次全体会议通过）"，载《人民日报》2019 年 11 月 6 日，第 1 版。

划地方"，[1]从而调动地方政府向市场主体放权让利的积极性，降低地方政府经济发展模式低水平重复建设和恶性竞争的可能性。三是以完善和优化财政支出促进公共服务的效度和力度，促进区域均衡。要加大中央对中西部地区、贫困地区、偏远山区的一般性转移支付力度，确保基本民生和公共服务得到兜底保障，稳步提升区域间基本公共服务均等化水平。同时，严格落实好《中华人民共和国预算法》（以下简称《预算法》）的要求，以科学性、预见性和全面性的预算约束和事后监督，确保地方政府财政支出规范透明、优化高效、风险可控。

（三）强化法治政府建设，严格依法行政

法治政府是服务型政府的基本内涵，依法行政是保证服务型政府让人民满意的重要前提和关键保障。党的十八届四中全会对依法治国进行了全面战略部署，提出"坚持法治国家、法治政府、法治社会一体建设，实现科学立法、严格执法、公正司法、全民守法，促进国家治理体系和治理能力现代化"。[2]党的十九大明确指出："建设法治政府，推进依法行政，严格规范公正文明执法。"[3]党的十九届三中全会要求"依法依规完善党和国家机构职能，依法履行职责，依法管理机构和编制，既发挥法治规范和保障改革的作用，在法治下推进改革，做到重大改革于法有据，又通过改革加强法治工作，做到在改革中完善和强化法治"。[4]人民满意的服务型政府是行政权力有边界的有限政府、行政作为有担当的责任政府、行政程序有章法的透明政府，实现这一切必须依靠法治政府建设获得制度保障。党中央全面依法治国战略对

---

〔1〕"国务院印发《实施更大规模减税降费后调整中央与地方收入划分改革推进方案》"，载《中国注册会计师》2019年第11期。

〔2〕"中共中央关于全面推进依法治国若干重大问题的决定（二〇一四年十月二十三日中国共产党第十八届中央委员会第四次会议通过）"，载《人民日报》2014年10月29日，第1版。

〔3〕习近平："决胜全面建成小康社会　夺取新时代中国特色社会主义伟大胜利——在中国共产党第十九次全国代表大会上的报告（2017年10月18日）"，载《人民日报》2017年10月28日，第1版。

〔4〕"中共中央关于深化党和国家机构改革的决定（二〇一八年二月二十八日中国共产党第十九届中央委员会第三次全体会议通过）"，载《人民日报》2018年3月5日，第1、3版。

全面推进法治建设提出了寓意深邃、意义深远的时代要求，法治政府建设被纳入推进国家治理体系和治理能力现代化的架构、与依法执政和依法治国的关系、建设人民满意的服务型政府的境遇中，承担着新的任务。

1. 政府恪守法律法规科学公允，完善、净化法律法规体系。要进一步完善科学民主立法和法律法规清理机制，既要做到"民有所呼，法有所应"，围绕实现好、维护好、发展好人民群众的根本利益制定良法，又要痛下决心废止私藏部门利益的法规、规章，健全政府行政科学公允的法律法规体系。行政审批是政府依法行政最具显示度的职能，以此为例，一是通过修改《立法法》，建立立法机关、政府与社会互动式行政审批事项"立改废"运行机制。与经济社会发展密切相关的审批事项，需要形成立法机关、政府与社会公众沟通机制，进一步落实好立法项目向社会公开征集制度，健全开展立法前评估立法项目的论证制度，广泛采纳民众对当前现存的行政审批的意见和评价，使企业心声、社会意见、基层民意能够直达立法机关和政府部门，把不利于企业经营发展、社会组织良好发育、耗费公民精力费用的审批事项剔除出法律法规。二是必须以法律规定形式，让行政审批事项按照"权力清单、责任清单、负面清单"三清单管理制度实施动态管理，向社会予以公开并确保方便可查。严格控制新增行政审批事项，坚决贯彻落实统一的市场准入制度，对于现存的投资项目、许可、核准和职业资格认定等审批事项要重新进行梳理并进行合法性、必要性、合理性审查论证。三是以实行相对集中行政许可为抓手，破解部门利益在审批过程中的残余影响。要继续探索、完善以设立审批局等方式实现部门间的横向联通，将行政审批逐步"由统一受理场所的机械集中向实质性集中许可决定权"转变，[1]进一步优化行政审批流程，形成目录化、编码化、可视化、透明化和限时化办理流程，以精细化的规范保证审批流程优质高效。

2. 完善行政组织和行政程序法律制度，以刚性管理推进行政决策、执行和监督等权力的规范运行。"全面正确履行政府职能有赖于为政府职能履行提

―――――――――

〔1〕 王敬波："相对集中行政许可权：行政权力横向配置的试验场"，载《政法论坛》2013 年第 1 期。

供明确、稳定的外部约束。就此而言，法治是根本。"[1]一是必须通过法治规范，建立健全行政组织和行政程序法律法规制度体系，不断推进机构、职能、权限、程序、责任法定化。政府部门需进一步细化各种法律法规，在制定和落实行政组织法、行政程序法、行政收费法、行政补贴法等多种法律法规的基础上，细化职责归属、明晰机构编制、明确任务安排、做好信息公开、设定评价标准，从而为政府履职的全过程提供系统详尽的制度安排。二是以法治框架焊牢政府行政权力运行的"铁笼"。政府须研究制定重大行政决策事项清单并向社会公开，进一步强化重大决策合法性审查机制，严格执行重大行政决策终身责任制办法和集体讨论决策程序，最终把公众参与、专家论证、风险评估、合法性审查和集体讨论决定等程序形成体系并纳入法律制度安排，从源头上解决"专断决策、违法决策和主观决策"问题。同时，明确决策权、执行权、监督权既相互制约又相互协调的工作机制，严格划分不同权力的使用边界，加强对权力使用的规范和限制，以技术手段重塑行政流程，可通过大数据技术来"摸权查险，助推政府权力监督精准化""廉情预警，助推政府权力监督高效化""落实责任，助推政府权力监督无缝化"，[2]最终使得行政各环节"行有据、事有痕、责有属"。三是提升落实法律顾问参与制度，强化依法行政智力支持。进一步落实政府行政工作的法律顾问制度，建立法律专家库制度，为重大行政决策及法律审查做好决策咨询。同时，充分挖掘各类法治资源，实现各级政府及其部门的法律顾问、公职律师制度全覆盖，为行政活动的持续健康运行提供有力的法治保障。

3. 创新行政执法机制，严格规范执法行为。行政执法是一线政府工作人员直面公民执行法律意志的现场，执法是否公平、公正、公开直接体现依法行政是否到位，成为人民群众对法治政府建设的直感检验。一是深化行政执法体制改革，要通过明确法定职责范围解决执法权责交叉、争权诿责问题，推动建立权责一致、权威高效的行政执法体制，破除"九龙治水"的困境局

〔1〕 石亚军、赵鹏："建立健全全面正确履行政府职能的法治保障"，载《行政管理改革》2014年第5期。

〔2〕 谭海波、蒙登干、王英伟："基于大数据应用的地方政府权力监督创新——以贵阳市'数据铁笼'为例"，载《中国行政管理》2019年第5期。

面；要精简整合执法主体，减少执法层级，合理配置并下沉执法力量和资源，强化一线基层执法效能。二是强化重点领域执法，在安全生产、食品药品安全、环境保护、社会治安等关切人民群众切身利益的公共安全领域加强严格执法，严格落实"双随机、一公开"执法制度，通过随机抽取检查人员和检查对象、及时公开查处结果，严格依照法定权限和程序行使权力、履行职责，最大限度维护公共利益和经济社会秩序。三是落实"三个制度"，提升文明执法水平。即落实行政执法公示制度，建立执法统一公示平台，强化事前公开、规范事中公示、加强事后公开，做到执法"公开透明"；落实执法全过程记录制度，通过规范文字记录、推行音像记录、严格记录归档，做到执法"抓铁有痕"；落实重大执法决定法制审核制度，明确审核的机构、范围、内容和责任，做到执法"履责有据"；最终全面提升行政执法水平，杜绝选择执法、粗暴执法和违法执法。

（四）优化人民参政议政督政机制，充分发挥人民管理国家事务的主体作用

人民是国家的主人，是管理国家事务的主体，政府行使的公共行政权力本质上源于人民的委托和赋予。习近平总书记指出，"历史和现实都告诉我们，密切联系群众，是党的性质和宗旨的体现，是中国共产党区别于其他政党的显著标志，也是党发展壮大的重要原因；能否保持党同人民群众的血肉联系，决定着党的事业的成败"。[1]在政府治理中保持党同人民群众的血肉联系，体现为政府遵循党的政治路线、方针、政策，把贴近群众、动员群众、组织群众、依靠群众落实为突显人民意志的行政决策、突具人民力量的行政动力、突出人民作用的行政效应。这就要求，在深化行政体制改革中，必须优化人民参政议政督政机制，使政府在人民有广度的参政、有深度的议政、有力度的督政中推进现代治理，实现党的十九届四中全会强调的"使各方面制度和国家治理更好体现人民意志、保障人民权益、激发人民创造，确保人民依法通过各种途径和形式管理国家事务，管理经济文化事业，管理社会事

---

〔1〕 习近平：《习近平谈治国理政》（第一卷），外文出版社 2018 年版，第 366~367 页。

务"[1]的要求。

1. 切实维护和落实人民参政议政督政的权利。只有从制度和法律上保障好人民的知情权、参与权、表达权、监督权，才能使政府的行政动议在人民的参与中找准"可以"的依据，使政府的行政决策在人民的意见中把握"可为"的准星，使政府的行政执行在人民的监督中保持"可行"的定力。一是进一步发挥好人民代表大会作用，使其更鲜明地体现人民性。各级人民代表大会是确保人民意志集中表达的制度安排，是公民有序进行政治参与的重要渠道。因此，必须优化人大代表成员结构，增加工人、农民等基层代表人数和女性代表人数，扩大新兴产业行业代表人数，使人民代表大会在全面性基础上，及时反映社会结构的变化。同时，健全代表联络机制，通过调研、视察、走访以及代表之家、代表活动室、代表接待日、网络平台等方式和渠道，体现人民心之所想、愿之所盼，从而使得政府的发展目标和管理诉求更加全面地体现民意。二是积极发挥人民政协的作用，"形成完整的制度程序和参与实践，保证人民在日常政治生活中有广泛持续深入参与的权利"。[2]人民政协作为不同社会阶层和群体的民意表达渠道，与人大的地域性代表机制形成了有效互补，形成民意表达的"条块结合"，因此，必须进一步"完善协商于决策之前和决策实施之中的落实机制"，[3]通过建立健全"年度协商计划的统筹机制、协商活动的筹备工作机制、协商交流的互动机制、协商成果的运用机制等"，[4]不断把公民纳入专题议政性常委会议、月度协商座谈会及各类网络协商议政活动，促进政府决策的科学性与合理性。三是强化法治保障，使公

---

〔1〕 参见"中共中央关于坚持和完善中国特色社会主义制度　推进国家治理体系和治理能力现代化若干重大问题的决定（2019 年 10 月 31 日中国共产党第十九届中央委员会第四次全体会议通过）"，载《人民日报》2019 年 11 月 6 日，第 1 版。

〔2〕 习近平："决胜全面建成小康社会　夺取新时代中国特色社会主义伟大胜利——在中国共产党第十九次全国代表大会上的报告（2017 年 10 月 18 日）"，载《人民日报》2017 年 10 月 28 日，第 1 版。

〔3〕 参见"中共中央关于坚持和完善中国特色社会主义制度　推进国家治理体系和治理能力现代化若干重大问题的决定（2019 年 10 月 31 日中国共产党第十九届中央委员会第四次全体会议通过）"，载《人民日报》2019 年 11 月 6 日，第 1 版。

〔4〕 谈火生："政协作为'专门协商机构'面临的任务和挑战"，载人民政协网，http://www.rmzxb.com.cn/c/2018 - 11 - 19/2220768.shtml，最后访问时间：2019 年 10 月 1 日。

民参政议政督政权利落到实处。要制定"政府信息公开法"，明确规定各级政府对公民所提出的意见、质询和建议进行回应的方式、时限和内容，从根本上保障好人民参政议政督政的权利。

2. 完善政府决策参与机制，建立健全将公共决策的利益相关方全部纳入决策体系的制度和运行机制，确保政府的公共服务能够真切地反映并满足人民的需要。必须进一步明确人民在政府决策、执行和监督过程中的价值和作用，形成由政府、企业、人民团体、社会组织、公民个人共同参与、合作推动公共事务和公共生活发展的多元主体互动格局。一是优化决策听证制度，把听证制度作为重大决策的前置程序、重视扩大听证事项的内容范围。健全遴选机制，提升听证事项的群体覆盖范围。同时，重视专家和法律人士的作用，增强听证机制的科学性、合理性和合法性，提升政府决策的科学理性。二是建立健全反映公民意见和需求的渠道和机制，积极创设公民论坛、市长问政电视直播、市长热线等渠道机制，通过各种政务类 APP、微信公众号和微博公众号等，减少参政渠道的中间环节，缩短公民表达的利益需求信息到决策中枢系统的距离，及时有效地反映并解决人民在工作、学习、生活中普遍存在又难以解决的"小微型"公共服务难点与痛点。三是注重人民的公共需求及时在基层得到反馈和解决，进一步强化社区治理体系建设，推动社会治理重心向基层下移，以政府引导、社会调节、社（村）区居民自治为目标，发挥好社（村）区居民议事会、理事会和公益性社会组织在基层一线的作用，解决好居民公共需求。

3. 强化人民参政议政督政实效，落实人民评价政务服务制度建设，切实发挥对政府工作的"裁判"作用。建设人民满意的服务型政府凸显的是人民在服务型政府建设尤其是政府治理效果评判上的主体地位，各级政府必须进一步强化行政权力监督机制、绩效评估机制以及行政问责机制，以广大人民群众满意度倒逼政府改革深化。一是强化行政权力监督机制。落实好政务各领域办事公开制度，强化权力运行可查询、可追溯的反馈机制，如借助大数据技术，使政府行政流程以公开透明方式呈现，"通过摸权查险，助推政府权力监督精准化；通过廉情预警，助推政府权力监督高效化；通过落实责任，助推政府权力监督无缝化",[1]以技术刚性,实现公民对行政权力的监督。二是健全政府绩效考评机制。以企业、社会组织和公民的获得感为评价基准,如建立"放管服"改革监督考核评价体系,综合运用电子监察、在线评价、抽样调查等考核评价方式,重视发挥第三方评估机构的作用,"重点做好精准协同削权减证、放权工作有效承接、事中事后监管创新、政务服务便民化进展等事项的督导检查",[2]坚持以人民认可的考评来作为政府改进公共服务的依据。三是落实行政问责机制。以企业、社会组织和公民的满意度为基准来评判政府改革成效,对政府行政过程和结果做好制度设计,制定详细具体的问责标准,以群众满意度评价为导向,最大限度杜绝改革中的不担当、不作为、慢作为、乱作为、假作为等突出问题。

（五）提升公共服务供给能力,满足人民美好生活需求

人民对美好生活向往需求日益增长,对政府公共服务供给内容、类型、质量、途径及实效,提出了更高的要求,需要政府通过提升公共服务能力作出回应。政府坚持"人民本位"的服务理念,一个重要的体现,就是把人民的需求落实到政府提供公共服务的态度、作为和效应中,落实到人民从公共服务产生的获得感、幸福感、安全感上。党的十九届四中全会高度重视公共服务制度体系的完善和优化:一是健全国家基本公共服务制度体系,要求加强普惠性、基础性、兜底性民生建设,保障群众基本生活;二是创新公共服务提供方式,鼓励支持社会力量兴办公益事业,满足人民多层次多样化需求;三是"完善公共服务体系,推进基本公共服务均等化、可及性。"[3]这为政府在深化改革中以制度作保障,提升公共服务供给能力,满足人民美好生活提供了根本遵循。

1. 强化基本民生保障,进一步健全国家基本公共服务制度体系。在新时

---

〔1〕 谭海波、蒙登干、王英伟:"基于大数据应用的地方政府权力监督创新——以贵阳市'数据铁笼'为例",载《中国行政管理》2019 年第 5 期。

〔2〕 李坤轩:"新时代深化'放管服'改革的问题与对策",载《行政管理改革》2019 年第 6 期。

〔3〕 参见"中共中央关于坚持和完善中国特色社会主义制度　推进国家治理体系和治理能力现代化若干重大问题的决定（2019 年 10 月 31 日中国共产党第十九届中央委员会第四次全体会议通过）",载《人民日报》2019 年 11 月 6 日,第 1 版。

代建设服务型政府，就需要在不断促进经济稳步快速发展的基础上，把改革开放的成果更多更好地惠及民生，"多办利民实事、多解民生难事，兜牢民生底线"，[1]保证全体人民群众在"幼有所育、学有所教、劳有所得、病有所医、老有所养、住有所居、弱有所扶"方面最基本的生存发展权利。一是优化教育培训，保障人民发展机会。以办好人民满意的教育为目标，深化教育领域综合改革，加大教学基础设施建设和投入，尤其要落实偏远山区、贫困地区适龄儿童的义务教育制度，提升幼儿教育、特殊教育的物质投入水平，统筹协调职业技术教育和高等教育的发展，全方位回应人民对拥有各类各级教育机会的需要。二是扎实稳定就业，保障人民生活根基。以"大众创业、万众创新"为目标，进一步创造良好营商环境，继续大幅度取消不必要的职业资格和行业门槛，给予个人、小微型企业、创新型企业优先发展政策，创造更多就业岗位。同时，强化职业技能培训制度，完善重点群体就业支持体系，不断提升劳动力就业技能，对就业困难人员实行托底帮扶。三是加大医疗投入，提升人民健康水平。以强化医疗公共性为目标，深化医药卫生体制改革，破除"以药养医"制度。深化公立医院改革，加大县乡医疗机构基础设施建设，加强公共卫生防疫和重大传染病防控。健全重特大疾病医疗保险和救助制度，让广大人民群众享有公平可及、系统连续的健康服务。四是加强社会保障，守牢人民生存发展底线。统筹城乡、全面覆盖基础养老保险制度、医疗合作保险制度。进一步完善落实慈善福利、低保优抚、社会救助等制度。彻底打赢脱贫攻坚战，完善农村留守儿童和妇女、老年人关爱服务体系，健全残疾人帮扶制度。加快公租房、廉租房建设，建立多主体供给、多渠道保障、租购并举的住房制度。

2. 创新公共服务供给模式，提升公共服务供给质效。服务型政府要实现以最小成本、最高效率提供优质服务，需要在公共服务供给中优化组织形式、创新提供方式、提高技术水平。一是推动公共服务供给主体多元化。需要政府进一步转变政府职能，推动非营利性国有企业、事业单位形成社会服务取

---

[1] 李克强："多办利民实事　多解民生难事"，载中国新闻网，http://www.chinanews.com/gn/2018/03-05/8460108.shtml，最后访问时间：2019 年 10 月 1 日。

向的改革。同时，必须以公共利益为目标，以服务效率为标准，加强制定和落实各类社会组织扶持政策，建立政府投入、社会参与的社会组织孵化平台，积极培育具有较强公益性的社会组织，使其成为公共服务的重要供给主体，最终使政府、事业单位、社会组织形成以公共服务协同供给的新型政社关系，形成政府、企业、社会组织、公民个人共同协作的多元主体互动格局。二是平等对待各类社会主体，以公共服务的质效提升为标准，规范政府购买服务，因地制宜采取招标采购、合约出租、特许经营、政府参股等形式，进一步用好PPP模式，建立基本公共服务多元化供给机制。三是强化技术科技应用，提升公共服务提供效率。依托技术发展，实现"互联网＋公共服务"，加大技术应用程度，在公共服务从需求、生产、分配和反馈的全流程中逐渐融合云计算、大数据、物联网、人工智能等新技术，使居民能够更加便捷及时地获得基本公共服务。

3. 优化公共服务资金提供，推动公共服务均等且可及。针对由于发展不平衡造成的贫富差距、城乡差距、东西差距等社会问题，必须在发展中补齐民生短板、促进社会公平正义。一是加大中央转移支付力度，建立贫困地区、乡村地区、中西部地区的公共服务专项转移项目。通过财政支出的动态调整机制，强化基础公共服务和公共产品的数量供给，弥补不同地区公共服务的短板。二是强化基本公共服务供给侧改革。在落实好人民知情权、参与权、表达权、监督权的基础上，构建以公众需求为导向的服务提供方式，构建基本公共服务供需平台。依靠楼道长、网格员、社区议事会、移动终端等方式汇聚公众意见，从中提取出基层一线最广大公民普遍反映的基础公共服务需求，变"政府端菜"为"群众点菜"，从而科学合理调配公共服务所需资源，提高供给产品的数量和质量。三是鼓励和引导社会资本积极参与公共服务提供，特别是教育、医疗和养老等领域，要更进一步放宽基本公共服务投资的准入限制。加强公共服务融资平台建设，吸引更多的社会资本参与到不同领域的公共服务供给中去。

（六）深度规范权责运行，全面增强政府公信力

权为民所用、责为民所担，是我们党和政府为中国人民谋幸福，为中华民族谋复兴初心承诺的履职兑现，是掌握在政府手中、决定政府于人民的信

任程度和于社会的信用形象的命运法宝。政府重视、赢得、珍惜、保持自身的公信口碑，既是政府应有的信仰和自我约束，也是政府取信于人民以确保工作权威性和有效性的履职基本前提。党的十九大报告中要求："转变政府职能，深化简政放权，创新监管方式，增强政府公信力和执行力，建设人民满意的服务型政府"。[1]增强政府公信力，政府指望不了任何其他主体，只能靠自己在深度规范权责运行中付出真诚实践，让人民对政府的信任通过体验和感受扎根于心中。

1. 必须破除部门利益、本位利益和地方利益，使这些损坏政府公信力的祸端没有立身之地和发效之处。一是厉行依法配职和履职，政府及其部门必须按照十九大关于正确履行政府职能的要求，严格按照法定权限确定职能和职责，按照法定规则履行职能和职责，警惕并避免部门利益、本位利益、地方利益扰乱政府与市场、社会管理权限的合理划分，或在履职过程和环节中玩"变道加塞"游戏。要按照"完善行政组织和行政程序法律制度，推进机构、职能、权限、程序、责任法定化"[2]的要求，执行好"三清单"制度，明确政府应该履行的职责权限并向社会公开，严格"推行政府负面权力清单制度，把政府不该插手的领域，管理的事项，以及政府过去曾经染指的领域和事项通通晒出来，让全社会进行监督"，[3]使政府做什么和怎么做符合法定规范。二是切实推进职能、机构、运行机制整体优化，以合适的机构承载合理的职能，以合序的运行机制容纳合适的机构履行合理的职能，防止职能、机构、运行机制三者之间错位关联，导致改革在顾此失彼中形成"挂空挡踩油门"的虚置空转状况。只有实现"政府职能调整整合、政府机构再构和政府运行机制再造的统一"，才能"实现政府职能向创造良好发展环境、提供优质公共服务、维护社会公平正义的根本转变，实现政府组织机构及人员编制向科学化、规范化、法制化的根本转变，实现行政运行机制和政府管理方式

〔1〕 习近平："决胜全面建成小康社会　夺取新时代中国特色社会主义伟大胜利——在中国共产党第十九次全国代表大会上的报告（2017 年 10 月 18 日）"，载《人民日报》2017 年 10 月 28 日，第 1 版。

〔2〕 "中共中央关于全面推进依法治国若干重大问题的决定（二〇一四年十月二十三日中国共产党第十八届中央委员会第四次会议通过）"，载《人民日报》2014 年 10 月 29 日，第 1 版。

〔3〕 石亚军："用良法规范政府职能"，载《光明日报》2014 年 10 月 29 日，第 5 版。

向规范有序、公开透明、便民高效的根本转变，最终建构起法治政府、服务型政府"。[1]

2. 必须勇于担当政府行政责任。人民群众对政府是否信任，不仅要看政府说什么，更要看政府做什么和做成了什么。政府通过言必信、行必果积累信任的关键，是勇于担当，把为人民服务的宗旨落实到位、做到实处。一是牢固树立以人为本、执政为民理念，提升政府决策的科学性、合理性和合法性，必须严格执行重大行政决策程序，把公众参与、专家论证、风险评估、合法性审查和集体讨论决定形成固定的制度安排，并加强重大决策追责问责机制，做到每一宗政府决策都能充分地体现人民群众的意志，每一项政府政策都能完全惠及人民群众的利益，每一个政府作为都能经得起人民群众的检验。二是以人为本，针对服务型政府建设中的短板，着眼于加强重点领域和民生领域的改革，完善当前社会保障和公共服务体系，在关系到人民群众切身利益的公共事务方面，强化政府公共服务和社会管理的职能，为人民群众提供更加普惠的、公平的、可及的、均等的医疗、教育、住房、社会保障等基本公共产品和公共服务，从而切实保障和改善民生，进而满足人民群众对美好生活的向往和追求。三是政府主动依法守法用法，政府在行政过程中必须事无巨细地严格遵守法制规范，带头在法律法规约束中议事决事行事，支持人民法院依法受理行政案件，健全行政机关依法出庭应诉制度，尊重并执行人民法院生效裁判。同时，积极配合检察机关对行政管理过程中出现的行政违法行为进行监督。

3. 必须健全权力制约和监督相关的制度机制。行政权力使用不当最终造成的结果就是贪污腐化和侵害人民利益。必须划清政府的行政权力边界、建立权力监督约束机制、严格规范行政执法、增强政府工作人员的法治意识，进而使得服务型政府能够真正落实到位。一是要坚持用制度和规矩来管住行政权力，构建决策权、执行权、监督权相互制约又协调的工作机制，确保行政权力不超出规定权限范围。在政府的公共工程建设、投资采购招投标、国

〔1〕 石亚军、王湘军："以法治深入推进内涵式行政体制改革"，载《法制日报》2013 年 11 月 20 日，第 9 版。

有资产监管、公共资源转让等具有风险的部门和岗位实行分事行权、分岗设权、分级授权，做到预防腐败、防控廉政风险。二是要求公务人员廉洁自律，守住职业伦理底线要求。以"不忘初心，牢记使命"主题教育，强化公仆意识，激发公务员的荣誉感和责任感。依靠不断树立先进典型，形成榜样人物的号召力和感召力，激发广大公务员队伍为人民服务，对人民负责的精神。在此基础上，树立和巩固为人民服务的意识，培育职业责任意识，塑造职责伦理文化。三是强化公务员德才兼备水平，提升公共服务能力。提升公务员的办事能力，通过建立常态化的公务员培训、建立学习型组织等手段，使公务员尽职尽责地搞好职责范围内的每一项具体工作，使其能够事事时时以"群众利益无小事"的标准来要求自己，不断改进服务方式，做到让人民满意。